Cristianismo auténtico

Tomo 2

D. MARTYN LLOYD-JONES

Cristianismo auténtico

SERMONES SOBRE
HECHOS DE LOS APÓSTOLES

Tomo 2
Hechos 4–5

EL ESTANDARTE DE LA VERDAD

EL ESTANDARTE DE LA VERDAD
3 Murrayfield Road, Edimburgo EH12 6EL

Publicado por primera vez en inglés por
The Banner of Truth con el título
Authentic Christianity, 1999
Primera edición en español: 2007
ISBN 978-0-85151-839-8

Traducción: Gema Gutiérrez Valdivieso
Revisión: Pedro Escutia González
Versificación: Demetrio Cánovas Moreno

Publicado en colaboración con
EDITORIAL PEREGRINO, S.L.

Printed in USA

Índice

Prefacio a la versión original

Este es el segundo tomo de una serie que reúne gran parte de la predicación evangelística del Dr. Martyn Lloyd-Jones sobre Hechos de los Apóstoles. Como el tomo anterior, *Cristianismo Auténtico*, el *Tomo 2* se compone de sermones evangelísticos predicados los domingos por la tarde en *Westminster Chapel*. Los veintiún sermones de la presente colección se predicaron en la segunda mitad de 1965 y a principios de 1966. Aunque en el libro se desarrollan sucesivamente, en este caso desde Hechos 4:8 hasta Hechos 5:14, su finalidad no fue la de ser simples comentarios a los versículos en cuestión. Antes bien, su objetivo fue dar a conocer la realidad del Evangelio, descrita extraordinariamente en estos primeros capítulos del libro de Hechos, sobre todo a los oyentes inconversos. Huelga decir que son sumamente enriquecedores para quienes ya son cristianos.

El *Tomo 1* de la serie tuvo una calurosa acogida. Por ejemplo: "Lo mejor del Dr. Lloyd-Jones"; "Un libro excelente"; "Un libro estimulante hermosamente elaborado"; "El estilo es transparente como el cristal. El contenido completamente evangelístico. La gloria del Evangelio brilla en cada página". Varios críticos afirmaron "esperar ansiosos" los siguientes tomos, puesto que el primero "despertó el apetito por más". Creemos que a estos, y a muchos otros lectores que aún no han descubierto la serie, el presente volumen no los defraudará.

Los Editores
Septiembre 2001

1

El drama de la incredulidad

Entonces Pedro, lleno del Espíritu Santo, les dijo: Gobernantes del pueblo, y ancianos de Israel. Puesto que hoy se nos interroga acerca del beneficio hecho a un hombre enfermo, de qué manera éste haya sido sanado, sea notorio a todos vosotros, y a todo el pueblo de Israel, que en el nombre de Jesucristo de Nazaret, a quien vosotros crucificasteis y a quien Dios resucitó de los muertos, por él este hombre está en vuestra presencia sano.

(Hechos 4:8-10).

Antes de que empecemos a considerar esta afirmación de Pedro, es importante, obviamente, que tengamos en mente su contexto. En el capítulo anterior[1] se nos cuenta un singular incidente que tuvo lugar en Jerusalén. Una tarde, a la hora de la oración, los apóstoles Pedro y Juan subían al Templo a orar. Mientras entraban por la puerta del Templo llamada "la Hermosa", se encontraron con un hombre que estaba sentado en el suelo, un hombre que era "cojo de nacimiento" (cf. Hechos 3:2). Sus amigos y familiares solían llevarlo allí cada día y lo dejaban sentado en el suelo, donde pedía limosnas a las personas que iban a entrar en el Templo. Solo era un pobre mendigo. El mundo no podía hacer nada por él, lo dejaban, pues, allí y él ponía su gorra con la esperanza de que alguien dejara caer unas monedas en ella.

Cuando el hombre vio a Pedro y Juan les pidió una limosna, pero, en ese momento, algo sucedió. Escribe Lucas: "Pedro, con Juan, fijando en él los ojos, le dijo: Míranos. Entonces él les estuvo atento, esperando recibir de ellos algo" (Hechos 3:4-5).

Entonces Pedro pronunció aquellas palabras inmortales: "No tengo plata ni oro, pero lo que tengo te doy; en el nombre de Jesucristo de Nazaret, levántate y anda" (versículo 6). Y se acercó y asió la mano derecha del cojo. Y se nos dice: "Al momento se le afirmaron los pies y tobillos" (versículo 7). Levantándose de un salto, entró con ellos en el Templo "andando, y saltando, y alabando a Dios" (versículo 8).

El resultado fue que se juntó una gran multitud. ¡Siempre que ocurre una cosa como esta se junta una multitud! Vinieron corriendo para ver lo que había sucedido y vieron al hombre que conocían tan bien "andando, y saltando, y alabando a Dios"; un hombre que jamás había caminado. Después, miraron a los hombres que habían hecho esto, y Pedro, al verlos mirando con asombro (versículo 10), comenzó a predicarles. Y hemos considerado juntos el relato que hace Lucas del sermón de Pedro (Hechos 3:12-26).

Llegamos ahora a la consecuencia de estos acontecimientos. Pedro había predicado, había explicado lo que había sucedido, pero ese milagro y la predicación motivaron que los sacerdotes, los saduceos y la guardia del Templo arrestaran a Pedro y Juan y los sometieran a juicio. En los doce primeros versículos del capítulo 4, tenemos un informe de lo que les hicieron a los dos apóstoles, lo que les dijeron y lo que Pedro les respondió. Vemos aquí una descripción de la primera persecución a la que hizo frente la Iglesia cristiana, una persecución que surgió del rechazo de las autoridades al mensaje del Evangelio.

Este hecho, aun considerado desde un punto de vista meramente histórico, es de suma importancia. Es la primera persecución, lo cual le confiere una importancia tremenda, ya que, como quiero intentar mostrarte, tiene todas las características de cada una de las persecuciones posteriores. Por eso aún nos habla en nuestros días. La persecución siempre aparece como resultado de la incredulidad y aquí, en Hechos 4, vemos un rechazo del Evangelio: incredulidad. En esta historia se nos ofrecen las características, los elementos de la incredulidad. Recalco esta cuestión, puesto que lo que está constatado aquí, da cuenta exacta de la incredulidad que tanto caracteriza nuestros días.

Solamente el diez por ciento de las personas de este país afirma ser cristiana, y se nos dice que solo la mitad de ellas acude a un lugar de culto con cierta regularidad. Así pues, cuando vamos a la iglesia, estamos haciendo algo que hace solo alrededor de un cinco por ciento de la población de este país. ¿Por qué los otros, el noventa y cinco por ciento, están fuera?

En esta historia obtenemos la respuesta a esa pregunta. Sin duda, hay un aspecto totalmente sorprendente en este ataque a Pedro y Juan, especialmente cuando lo consideras en su contexto, siendo que sucede, como así es, justo después de los acontecimientos del gran día de Pentecostés, cuando el Espíritu Santo descendió sobre la Iglesia. ¿No es sorprendente que alguien pudiera haber reaccionado a esos acontecimientos de la forma en que lo hicieron estas personas? Sin embargo, así sucede aún con todos aquellos que no son cristianos, quienes aún no creen. Es casi increíble, pero sucedió, es un hecho histórico.

No obstante, evidentemente, debemos ser conscientes de que, en otro sentido, esta incredulidad no es nada sorprendente. Puesto que lo que les sucedió aquí a estos apóstoles fue simplemente una repetición de lo que le había ocurrido a nuestro bendito Señor mismo. Si leemos los cuatro Evangelios, encontraremos la misma sorprendente reacción. Vemos al Hijo de Dios, vemos lo que hizo, escuchamos lo que dijo y, sin embargo, vemos la antipatía que despertó; la oposición, la amargura y el rechazo. Y el final de todo ello fue que los líderes y la multitud se unieron en un clamor: "¡Fuera con éste! [...]". "¡Crucifícale [...]!" (cf. Lucas 23:18, 21). Y lo mataron. Eso es lo que le hicieron al Señor, y Él profetizó en Juan 15 que esa sería la suerte que correrían todos sus seguidores; y así les sucedió. Y sucedió aquí, en el principio mismo. La incredulidad no es nada nuevo. Es tan antigua como la predicación del Evangelio. Los hombres y las mujeres de nuestros días están siendo necios al decir que rechazar el Evangelio es algo actual. ¡Es viejo, es francamente antiguo!

La idea de que tenemos que sentirnos desilusionados cuando la gente no cree en el Evangelio, que tenemos que sentir que algo ha ido mal, es una idea totalmente equivocada. La idea de que el Evangelio es un mensaje que debe atraer al hombre y a la mujer no es una idea correcta en absoluto. Las personas, por naturaleza, siempre lo han odiado y rechazado. Pero, al hacerlo, no se dan cuenta de que están demostrando la verdad del Evangelio y la predicción de nuestro Señor. Y el drama es que el mundo no es consciente de que, al rechazar este mensaje, está rechazando lo único que puede salvarlo.

Es una calurosa tarde de domingo, mi querido amigo (y tengo tanto calor como tú), y aquí estaré, sudando en el púlpito. ¿Por qué lo hago? Te diré por qué. Tomemos este mundo nuestro. Ya hemos tenido dos guerras mundiales, y considera la situación internacional actual. ¿Qué es lo que ocurre con el mundo? ¿Qué les sucede al hombre y a la mujer? ¿No hay nada que pueda arreglar las cosas? Digo que solamente una cosa puede aún resolver los problemas del género humano: es este Evangelio. Sin embargo, la gente se opone radicalmente a él; esto es lo que están ridiculizando.

El mundo está rechazando lo único que puede arreglarlo. Y esto puede aplicarse tanto a los individuos como a la política internacional. Si tienes dificultades en tu vida, si sientes que estás destrozado y que todos tus proyectos se han hecho añicos, si sientes que has hecho de tu vida un desastre y que eres un fracaso, entonces te insto a que consideres esto con todo tu ser. Pide al Espíritu de Dios que te dé la capacidad de escuchar con una intensidad mucho mayor que nunca. Aquí hay algo que puede poner todo en su lugar.

El mundo actual se cree inteligente al rechazar el cristianismo. La tragedia más grande que existe en el mundo no es la bomba atómica, sino la negación del Evangelio, puesto que si la gente creyera en el Evangelio, no existirían las bombas. ¿Pero por qué se ha rechazado el Evangelio? ¿Eres alguien que ha blasfemado el nombre de Cristo y ha despreciado el cristianismo? ¿Por qué lo hiciste? La respuesta de nuestro Señor es: "Sin causa me aborrecieron" (Juan 15:25). O, como dijo al morir en la Cruz: "Padre, perdónalos, porque no saben lo que hacen" (Lucas 23:34).

Con el fin, pues, de tratar de informarte, te pido que consideres conmigo el caso de estas personas de Jerusalén que persiguieron a los Apóstoles, esta primera persecución en la extensa historia de la Iglesia cristiana. Al considerar los hechos desde una opinión objetiva tenemos una ventaja: nos ayuda a tener una visión más nítida. En otras palabras, estoy simplemente tratando de adoptar el método que adoptó el profeta Natán en el caso de David. David había cometido un acto terrible, no obstante, no era consciente de ello. Así pues, Natán inventó una historia que ilustraba el mismo pecado que cometió David, aunque valiéndose de una situación diferente. Entonces, dijo Natán: "Ahora me gustaría que emitieras un juicio sobre esto", y David, encendido en una justa indignación, condenó al hombre que había cometido un acto tan terrible.

Entonces, Natán miró a David y dijo: "Tú eres aquel hombre" (2 Samuel 12:7). David se había condenado a sí mismo. Había sido capaz de ver el pecado en otra persona, no así ese mismo pecado en sí mismo. Todos somos así, y por esa razón deberíamos agradecerle a Dios los detalles históricos que tenemos en la Biblia.

Confío, pues, en que, a medida que meditas conmigo sobre estos dirigentes de Jerusalén, te asombres y que, si no eres cristiano, reconozcas haber sido exactamente como ellos. Dios quiera que, mientras consideramos objetivamente los personajes de esta historia, podamos ver algo de nosotros mismos y de la terrible naturaleza de incredulidad que ha permanecido generación tras generación, ya que en este pasaje tan sumamente importante, se nos da la clave al problema del hombre y la mujer de nuestros días y su rechazo al cristianismo. Aquí tenemos analizada toda la situación.

En primer lugar, pues, consideremos juntos lo que rechaza la incredulidad. Más tarde, valoraremos los motivos de ese rechazo, pero por el momento tenemos un buen punto de partida. Todo este mundo nuestro, que está tan orgulloso de sí mismo en su repulsa al cristianismo, tiene un grave problema. Veamos lo que está rechazando, veamos cuán ridículo, cuán dramático es que alguien rechace siquiera este asombroso Evangelio que aquí se nos presenta.

Ahora bien, tengo la impresión de que esta cuestión se subdivide de una manera natural en tres apartados principales. Primero, el rechazo de los mensajeros por parte de estos gobernantes. "Les echaron mano [a Pedro y Juan], y los pusieron en la cárcel hasta el día siguiente, porque era ya tarde" (Hechos 4:3). Y se nos dice que al día siguiente "[los pusieron] en medio" y comenzaron a interrogarles. Se trataba de una persecución de la Iglesia y, en particular, de los dos apóstoles principales, Pedro y Juan, por medio de los cuales había tenido lugar este incidente. Debemos empezar con esto: la predicación de Pedro es lo que motivó el problema. La multitud se había agolpado y había escuchado, asombrada, mientras Pedro les explicaba el Evangelio. Por tanto, las autoridades se enojaron con ellos. Y quiero mostrarte que cualquier persona que no sea cristiana, cualquier persona que rechace en nuestros días el mensaje cristiano, la fe cristiana, está también, de paso, rechazando a sus mensajeros a lo largo de los siglos y edades.

Ahora bien, ¿por qué hago hincapié en este punto? Es porque se nos dice en el versículo 13: "Entonces viendo el denuedo de Pedro y de Juan, y sabiendo que eran hombres sin letras y del vulgo, se maravillaban; y les reconocían que habían estado con Jesús". Pero es ahí donde entra la contradicción, la ceguera de la incredulidad. ¿Por qué arrestaron a Pedro y Juan y los llevaron a prisión? ¿Por qué no permitieron que fuera su misma admiración y asombro los que los condujeran hacia una forma de pensar clara, inevitable y lógica? ¿Por qué no se preguntaron: "qué hace que estos hombres sean así"?

Ese es siempre el problema de la incredulidad. Desconoce cómo pensar, y este es el resultado del prejuicio, como voy a mostrarte. Vemos aquí un fenómeno extraordinario: el cojo, que jamás había caminado, anda, salta y alaba a Dios. Aparentemente lo habían hecho estos dos hombres, y el día anterior uno de ellos había predicado un sermón de lo más impactante allí, en el pórtico de Salomón, junto al Templo. Y, sin embargo, las autoridades no comprendieron el asunto principal.

¿Quiénes eran Pedro y Juan? Eran tan solo unos pescadores, hombres corrientes, "sin letras", no eran nadie (versículo 13). Algunos quizá hubieran oído hablar de ellos durante los pasados tres años, puesto que habían estado siguiendo a Jesús de Nazaret, pero, en cualquier caso, ¿quién era Él? Era un simple carpintero, y estos hombres no tenían estudios. Probablemente su discurso era basto, carente de refinamiento y sofisticación, lo que era tan importante para los dirigentes y las autoridades. No obstante, aquí los tenemos, el motivo del revuelo.

Ahora bien, el relato nos dice que los dirigentes percibían una especie de poder, se dieron cuenta de ello al observar el "denuedo" con el que hablaban Pedro y Juan (versículo 13). ¿Por qué, pues, no se preguntaron: "¿Qué es este fenómeno tan extraordinario?"? ¿Por qué no se preguntaron en primer lugar: "¿Cómo explicamos su *predicación*?"? En el relato se nos dice: "Entonces Pedro, lleno del Espíritu Santo [...]" (versículo 8), y cuando un hombre está lleno del Espíritu Santo, la gente lo nota. Aun quienes no creen lo que el predicador dice, saben que hay un poder allí, sienten una realidad, una intensidad, una fuerza; sienten que algo les está afectando, y, sin duda alguna, estos gobernantes lo sintieron y se maravillaron. Sin embargo, no se pararon a pensarlo. No se dijeron a sí mismos: "¿Qué es lo que hace que estos hombres sin letras e incultos prediquen de esta manera? ¿De dónde obtienen este entendimiento de las Escrituras? ¿De dónde obtienen este poder y capacidad para analizar y explicar? ¿De dónde obtienen esa convicción?".

Era un hecho conocido por todos que el día de Pentecostés, como consecuencia de esa primera predicación del apóstol Pedro, se convirtieron 3000 personas y se añadieron a la Iglesia. Ahora bien, en aquellos días no se invitaba a la gente a que pasara al frente al final de la predicación; eso era inaudito. Lo que ocurrió fue, simplemente, que 3000 personas fueron verdaderamente transformadas y todos fueron conscientes de ello. Ahora bien, convertirse en cristiano no era lo más recomendable. Podías ser perseguido, te podían expulsar de casa y borrar tu nombre de los documentos de la familia. Los judíos odiaban el mensaje cristiano. Sin embargo, fueron 3000 los convertidos y los que se añadieron a la Iglesia. Se nos dice: "Perseveraban en la doctrina de los apóstoles, en la comunión unos con otros, en el partimiento del pan y en las oraciones" (Hechos 2:42). Estaban juntos cada día, viviendo para todo esto.

Lo que es más, el número de convertidos se incrementó. Se añadieron 2000 más como resultado del sermón de Pedro allí, en el pórtico del Templo, junto al hombre que había sido sanado, ¡ya eran, pues, 5000 personas! ¿Por qué las autoridades no se dijeron a sí mismas al considerar todo esto: "¿Qué es lo que hace que estos hombres ignorantes e iletrados hablen de un modo que miles de personas sean transformadas completamente, con una nueva vida y un nuevo entendimiento, de tal manera que están llenos de gozo, alaban a Dios y buscan el favor de todos?"? Pero, si te das cuenta, no lo hicieron. "Llevadlos a la cárcel", había sido su respuesta.

¿Y por qué estos dirigentes no plantearon las mismas preguntas en relación con el *milagro*? El milagro era un hecho y no podían obviarlo. El versículo 14 del capítulo 4 nos dice así: "Y viendo al hombre que había sido sanado, que estaba en pie con ellos, no podían decir nada en contra". Si hubieran podido justificarlo, lo habrían hecho. Sin embargo, el hombre estaba de pie. Ahí estaba la evidencia, el hecho, y arrojar a los discípulos a la cárcel no cambiaría lo que había ocurrido.

Pero la incredulidad no afronta los hechos, la incredulidad los desestima. Dice: "El cristianismo no tiene nada que ofrecer. Desechadlo. Mandadlo a prisión. Sacadlo por la puerta de atrás; ahí termina todo". Pero no es así. No le has dado una explicación, no has respondido, no has dado una razón para ello. Te puedes deshacer de los mensajeros pero no de los hechos, no puedes deshacerte de la Verdad.

Y los hombres y las mujeres de nuestros días son tan culpables de eludir los hechos como lo fueron aquellos dirigentes de Jerusalén, hace tanto tiempo. Despreciar el cristianismo es lo más razonable que se puede hacer, ¿no es así? La gente dice: "¿Qué? ¿La gente aún cree esas cosas? ¡Increíble! ¿A la luz de todo nuestro conocimiento y nuestra ciencia actual? Es ridículo. Nadie con un mínimo de inteligencia o de estudios cree ya semejante cosa". La fe cristiana, pues, se rechaza. "Metedlos en la cárcel. Deshaceos de los testigos. Deshaceos de los mensajeros".

¿Pero no te das cuenta de lo que estás haciendo al despreciar el cristianismo, como intentas hacer, con un movimiento de tu mano? Estás intentando rechazar, en realidad, a las más importantes personalidades, a las almas más nobles que este mundo haya conocido. No solo estás rechazando a los Apóstoles, también a los mártires y a los confesores. Estás despreciando a muchos de esos primeros testigos de los tres primeros siglos que entregaron sus vidas por este Evangelio. Estás despreciando a quienes fueron capaces de trastornar el mundo antiguo (cf. Hechos 17:6), que fueron capaces de conmocionar aun al imperio romano, hasta el punto que el emperador consideró oportuno convertirse en cristiano y atraer consigo a todo su imperio. Eso es lo que estás rechazando.

¿Alguna vez has tratado de analizarlo? Allí los tenemos, unos hombres ignorantes e iletrados, tan solo un puñado de personas en el grandioso imperio romano, con Grecia y su filosofía en su contra, con Roma en su contra y con los judíos en su contra. ¿Qué fue lo que transformó a este puñado de personas en una fuerza tan poderosa que pudo trastornar el imperio romano y que se convirtió en la fuerza dominante en la vida del mundo? ¿Lo puedes despreciar fácilmente? Sin embargo, eso es lo que la gente hace en su ignorancia.

Piensa en algunos de los individuos que estás rechazando. Piensa en ese extraordinario varón, S. Agustín de Hipona; lo menciono porque un gran problema al que se enfrentan los pensadores en la actualidad es el problema de la Historia, el problema del tiempo, el problema de lo que le está sucediendo al universo. Bien, supongo que el más grandioso tratado que jamás se haya escrito sobre esta materia es *La ciudad de Dios*, de Agustín. Mucho tiempo atrás, hace largos siglos, este hombre lo vio todo, y el libro que escribió ha permanecido a lo largo de los siglos y aún se estudia en nuestros días. Agustín fue uno de los filósofos más profundos que el mundo haya conocido jamás. Poseía, quizá, una percepción más profunda del problema de la Historia y su significado que la de cualquier otro. Vemos aquí a un hombre, un filósofo pagano que, por medio del poder del Espíritu Santo, llegó a creer en este mismo Jesús. Por consiguiente, su pensamiento experimentó una revolución y le fue dado el entendimiento para elaborar esa obra maestra. Y es interesante percibir cómo los pensadores de hoy están remitiéndose a él y están cada vez más dispuestos a escucharle. Están reeditando sus obras, aun a pesar de que vivió allá por el siglo IV.

Podría continuar enumerando los nombres de estas personas a quienes estás despreciando, si rechazas la fe cristiana. Estás descartando a un hombre extraordinario como Martín Lutero, un hombre que pudo hacer frente a quince siglos de Historia y efectuar un cambio, un punto de inflexión. Estás depreciando el gigantesco intelecto de Juan Calvino, una de esas grandes mentes arquitectónicas que parecen expandir la Verdad bajo la iluminación del Espíritu y abrir perspectivas de pensamiento que continúan extendiéndose indefinidamente en el futuro. Ese es el tipo de persona que estás rechazando.

Y otro gran hombre es Oliver Cromwell. He estado leyendo de nuevo acerca de su persona recientemente. Fue el hombre —no lo olvidemos nunca— que estableció las bases de la grandeza de Gran Bretaña y fue quien fue porque era cristiano. Al decir, pues, que el cristianismo no tiene nada que ofrecer, estás rechazando esta destacada sucesión de hombres y mujeres que figuraron en la Iglesia cristiana, santos y mártires, apologistas y confesores; todos estos mensajeros son despreciados y considerados personajes sin ninguna relevancia.

Permítaseme resumir todo esto repitiendo una anécdota que a uno de mis predecesores en *Westminster Chapel* le gustaba contar. Me estoy refiriendo al Revdo. Dr. John A. Hutton, quien, a menudo, decía que en su época de estudiante, uno de sus profesores, al enfrentarse a una clase compuesta por personas que no creían en el Evangelio por sus magníficos intelectos, prologaba sus aseveraciones con palabras como estas: "Caballeros, sugiero que un Evangelio y una enseñanza que han dado lugar a un Pablo, un Agustín, un Lutero, un Calvino y un Knox, a los grandes puritanos y a Oliver Cromwell, a Whitefield y Wesley, Gladstone y Newman y todos los demás; sugiero, caballeros, que semejante Evangelio es, en cualquier caso, digno de su respetuosa consideración".

Pero después, una vez rechazados sus mensajeros, los dirigentes de Jerusalén rechazaron el mensaje. ¡Y qué mensaje rechazaron! ¿Cuál es este mensaje cristiano? ¿Cuál es este Evangelio? En este sermón introductorio únicamente puedo presentártelo en términos generales; no obstante, Pedro nos lo resume por completo. Dice: "Sea notorio a todos vosotros, y a todo el pueblo de Israel, que en el nombre de Jesucristo de Nazaret, a quien vosotros crucificasteis y a quien Dios resucitó de los muertos, por él este hombre está en vuestra presencia sano" (versículo 10). De hecho, en Hechos 4:2, Lucas nos dice que los líderes estaban resentidos por el hecho de que los Apóstoles "enseñasen al pueblo, y anunciasen en Jesús la resurrección de entre los muertos". Aquí está, pues, la cuestión principal. ¿Qué están rechazando los hombres y las mujeres de nuestros días? ¿Qué es lo que están despreciando con burlas e injurias? ¿Qué es lo que les supone casi un insulto a "las personas cultas y de hoy"? Es este extraordinario mensaje referido a la persona que aquí aparece descrita como Jesús de Nazaret.

"Pero yo creía —dice alguien— que el cristianismo era cuestión de saber quién fue la esposa de Caín o cuál fue el extraño pez que se tragó a Jonás".

Pero no se trata de eso. Esa no es la cuestión, esa no es la esencia del cristianismo. Ese no es el punto de partida. Esas son solo cuestiones periféricas. Sin embargo, eso es lo que la gente considera inteligente, ¿no es así? "¿Cristianismo? —dicen—. Oh, la ciencia lo ha desacreditado, no tiene ningún fundamento. Es totalmente ridículo. ¿Quién fue la mujer de Caín?". Seguimos, pues, adelante; adelante con el baile, con la guerra, con las bombas, con el Infierno.

¿No es hora ya de que el mundo empiece a tomar en consideración este mensaje? Es un mensaje que habla de Jesucristo de Nazaret. Nos dice que, una vez, en este viejo mundo nuestro, pecador e infeliz, nació un niño a quien pusieron por nombre Jesús. Nació en un establo, en un pequeño pueblo llamado Belén. ¿Por qué nació en un establo? Fue, se nos dice, "porque no había lugar para ellos en el mesón" (cf. Lucas 2:7). Su madre tuvo que ir a Belén con los demás a causa de un censo. Era una mujer embarazada, a punto de dar a luz a su primogénito, pero no había habitación en el mesón y nadie iba a hacerle sitio. ¿Por qué deberían hacerlo? Ellos ya habían hecho su reserva hacía meses, cada uno para sí: "Yo estoy bien, hombre. ¿Qué pasa si la mujer está embarazada? Esta habitación es mía, yo la reservé". El mundo siempre se ha comportado así, y es así en nuestros días. Este niño, pues, nació en un establo, entre la paja y los mugidos del ganado, y tuvieron que acostar su cuerpecito en un pesebre.

"¿Y qué es todo eso? —dices—. El mundo tiene grandes problemas y yo estoy preocupado por la posibilidad de que estalle una guerra con motivo de lo que está sucediendo en Vietnam". Pero yo también lo estoy, y por eso te estoy predicando. Y te digo que no hay nada más importante para ti en este momento que esto: que ese niño nació en Belén. ¿Quién era? Era el Hijo de Dios. Y la única esperanza para este mundo hoy reside en el hecho de que Dios se preocupa por este mundo y envió a su Hijo al mismo. Eso es lo que los Apóstoles estaban predicando, eso es lo que las autoridades estaban rechazando. Estaban rechazando a este niño, nacido en pobreza y humildad, a este joven que trabajó con sus manos como carpintero durante aproximadamente dieciocho años y que, de repente, emprendió su ministerio público. Estaban rechazando a este predicador y sanador.

¿Qué predicaba Jesús de Nazaret? En lo que a mí respecta, esto es lo extraordinario de la incredulidad. Podemos encontrar su enseñanza en el Sermón del Monte. ¿No es esa enseñanza precisamente la que el mundo necesita conocer? "Amad a vuestros enemigos, bendecid a los que os maldicen, haced bien a los que os aborrecen, y orad por los que os ultrajan y os persiguen" (Mateo 5:44). Orad por quienes os tratan injustamente.

¿Sabías esto? Si tan solo cada hombre y cada mujer del mundo actual viviera el Sermón del Monte, todos nuestros problemas se resolverían; todos y cada uno de ellos. Este es su mensaje, este es su modo de vida. Lo predicó, lo recomendó, lo practicó, dio ejemplo de él y rogó a las personas que lo vivieran. Ellos lo rechazaron, y si tú le das la espalda al cristianismo, eso es lo que estás rechazando. Estás despreciando una enseñanza que condena el adulterio, el asesinato, la malicia, el rencor y el odio. Estás rechazando una enseñanza que dispone el amor y la misericordia, la compasión, la bondad y el respeto y la ayuda mutuos. Quienes vivieron en los tiempos de nuestro Señor lo rechazaron. Lo rechazaron a Él. Decían: "¡Fuera con éste! [...]". "¡Crucifícale [...]!" (cf. Lucas 23:18,21). Arrojaron a los Apóstoles a la cárcel. Este es el mensaje que rechazaron. ¿Pero cuál es el problema que reside en todo esto?, te pregunto. Es precisamente lo que el mundo más está necesitando.

Estos líderes judíos rechazaron a Aquel que era "amigo de publicanos y de pecadores" (cf. Mateo 11:19). Él no era como los fariseos. Si lo hubiera sido, podría entender que la gente lo rechazara. El fariseo era un hombre muy orgulloso y beato. El fariseo decía que él jamás había pecado, que era un hombre bueno. Daba una décima parte de sus bienes a los pobres, ayunaba dos veces a la semana, nunca había cometido adulterio, jamás había perpetrado un crimen. Era un dechado de virtudes y cuando veía un recaudador de impuestos, retiraba sus vestiduras y se mantenía lo más alejado posible, creía que semejantes hombres —ladrones y estafadores— eran leprosos. Así era el fariseo. Sin embargo, nuestro Señor era exactamente lo contrario. Él condenaba a los fariseos. Se sentaba junto a los recaudadores de impuestos y los pecadores, hablaba con ellos, comía y bebía con ellos, se compadecía de ellos, los defendía frente a aquellos miserables fariseos que los condenaban continuamente.

Lo que es más, las autoridades rechazaron los milagros de nuestro Señor y sus buenas obras, su condolencia ante el sufrimiento y su mirada compasiva y misericordiosa. Nunca dejaba pasar una situación triste. Aun cuando los discípulos se enojaban con Él, insistía en detenerse; alguien estaba necesitando ayuda y no podía pasar de largo. A esta persona rechazaron. Jesucristo. ¿Alguna vez lo has observado de verdad? Quizá hayas mencionado su nombre en algún juramento, pero lo que te estoy preguntando es si has meditado en las descripciones que se hacen de Él en los cuatro Evangelios. ¿Alguna vez te has detenido a contemplarle? Hazlo, amigo mío. Este es Aquel a quien estás rechazando y el mensaje que a Él se refiere.

Pero espera un momento, ahí está, clavado a una cruz. Lo han arrestado. ¿Para qué? Nadie puede hacer una acusación en su contra. No; tratan de inventar alguna prueba, intentan idear un cargo, pero no tendrá validez alguna. No existe ningún testigo (Marcos 14:55-56). No ha hecho nada malo. Sin embargo, lo condenan y lo llevan a lo alto de una pequeña colina llamada Gólgota. Intentan que durante un tiempo lleve a cuestas su cruz, pero es demasiado pesada para Él. Se tambalea bajo su peso, de modo que alguien tiene que tomarla en su lugar, pero, por fin, llegan a la colina y allí lo clavan a un madero. En medio de la agonía y el sufrimiento, muere.

Ese es el mensaje. Aquel que jamás había hecho daño alguno, Aquel que siempre había hecho el bien, que había enseñado y predicado de la forma en que te he indicado, murió en un madero de la manera más vergonzosa que se pueda imaginar, en una agonía y un sufrimiento indescriptibles. Y, tras su muerte, bajaron el cuerpo y lo pusieron en un sepulcro. Hicieron rodar una piedra a la entrada del mismo, lo sellaron y pusieron a varios soldados para que hicieran guardia.

¡Pero no es ese el final de la historia! El cojo aún seguiría sentado en vano a la puerta del Templo llamada "la Hermosa", si la historia hubiera acabado ahí y Pedro jamás hubiera sido capaz de predicar como lo hizo. No, no; este Jesús —¿qué sucedió?—. Oh, "[se le soltaron] los dolores de la muerte" (cf. Hechos 2:24), resucitó de la tumba. ¡"Jesús, y [...] la resurrección"! (cf. Hechos 17:18). Esto es un hecho. Nunca hubiera existido apóstol alguno. Jamás hubiera habido una Iglesia cristiana si no hubiera sido por esto. Aun se nos dice, en estos fieles testimonios, que sus propios seguidores perdieron completamente la esperanza al contemplar su muerte. Se encontraban absolutamente desconsolados, sentían que había llegado el fin. Si no hubiera resucitado de entre los muertos, nunca hubiera existido el Evangelio cristiano.

¡Pero resucitó! Se apareció a los discípulos. Les dio una comisión. Ascendió al Cielo en presencia de ellos e hizo descender el Espíritu Santo sobre ellos el día de Pentecostés, como había prometido. Sucedieron, pues, milagros y pudieron predicar en el Espíritu y con poder. Ese es el mensaje. "Esto es lo que estáis rechazando", dijo Pedro, con otras palabras, a estas personas. "De eso es de lo que parecéis no ser conscientes. No somos nadie, somos hombres sin letras e ignorantes, no tenemos nada que decir por nosotros mismos, ni tenemos nada en nosotros o que proceda de nosotros para poder decir, tan solo somos testigos de estas cosas. Únicamente relatamos los hechos".

¿Y cuál es el significado de todo esto? Este es el punto fundamental del mensaje. Significa "que Dios estaba en Cristo reconciliando consigo al mundo, no tomándoles en cuenta a los hombres sus pecados [...]. Al que no conoció pecado, por nosotros lo hizo pecado, para que nosotros fuésemos hechos justicia de Dios en él" (2 Corintios 5:19,21). Escucha estas palabras, esto es lo que quiere decir todo lo sucedido. Dios es el Dios grande y eterno que hizo el universo y que creó al hombre y a la mujer a su misma imagen, el Dios a quien pertenecen todas las cosas, el Dios que está sobre todo, el Dios que va a juzgar todas las cosas, el Dios contra el que los hombres y las mujeres se han rebelado y contra el que han pecado, trayendo sobre sí mismos, como consecuencia, la desgracia y la vergüenza.

No hay nada en el mundo, en nuestros días, que sea tal y como Dios lo creó originalmente. Dios hizo al hombre recto y perfecto. Creó una mujer, una ayuda idónea para el hombre, igualmente recta y perfecta. No había pecado alguno en Adán y Eva, no había codicia, ni malos deseos, ni odio, malicia o rencor; no había nada que fuera feo o impuro. Eran justos y perfectos a los ojos de Dios.

¿De dónde, pues, procedemos todos nosotros? Oh, somos el resultado de esa rebelión contra Dios. Piensa en toda la infelicidad que existe en el mundo, en toda la aflicción y la angustia, en los matrimonios rotos, los hogares destruidos —niños pequeños con el corazón destrozado al ver que sus padres se separan—, el dolor de la vida como resultado del pecado y la maldad. Y el hombre y la mujer son absolutamente incapaces de hacer nada frente a ello. Toda tu educación no puede resolver esta cuestión, los políticos no pueden arreglarlo. No, el mensaje que el mundo está rechazando es que el Dios eterno contra el que todos nosotros nos hemos rebelado y hemos pecado, aún ama al mundo a pesar de su pecado. "Porque de tal manera amó Dios al mundo, que ha dado a su Hijo unigénito, para que todo aquel que en él cree, no se pierda, mas tenga vida eterna" (Juan 3:16).

Fue "cuando vino el cumplimiento del tiempo, [que] Dios envió a su Hijo, nacido de mujer y nacido bajo la ley, para que redimiese a los que estaban bajo la ley" (Gálatas 4:4-5). Es Dios quien envió a su Hijo al mundo, es Dios quien le envió a morir en una Cruz, es Dios quien "cargó en él el pecado de todos nosotros" (Isaías 53:6). Es Dios quien ha tomado tus pecados y los ha puesto sobre Él, castigándolos en Él, y te está ofreciendo perdón libre y gratuitamente; es Dios quien lo ha hecho. Eso es lo que Pedro y Juan estaban predicando. Ese es el mensaje que se estaba rechazando: Jesucristo de Nazaret.

¿No es este el drama del mundo? Vemos cómo hombres y mujeres se interesan por los romances, dispuestos a creer cualquier novela, cualquier película, emocionándose con cualquier fantasía que no se asemeja a la realidad, y, al mismo tiempo, rechazando la realidad de Cristo: la encarnación, Dios visitando y redimiendo a su pueblo, la gloria de la Cruz, el camino de salvación y reconciliación con Dios, Jesucristo "el cual quitó la muerte y sacó a luz la vida y la inmortalidad por el evangelio" (2 Timoteo 1:10). Jesucristo es quien derrotó a todos los enemigos de la Humanidad: el diablo, el pecado y la maldad. Venció aun a la muerte, "el postrer enemigo" (cf. 1 Corintios 15:26); ¡"Jesús, y [...] la resurrección"! (cf. Hechos 17:18). ¿Hay algo más dramático que la incredulidad que no solo desprecia a los mensajeros sino que también desecha semejante mensaje?

Pero, en tercer lugar, la incredulidad no desprecia únicamente los mensajeros y el mensaje, también rechaza los resultados del mensaje. Fíjate cómo lo expresa Pedro: "Gobernantes del pueblo, y ancianos de Israel. Puesto que hoy se nos interroga acerca —¿de qué?— del *beneficio* hecho a un hombre enfermo" (Hechos 4:8-9). Esto es lo más impactante y sorprendente de todo.

"Nos habéis arrojado a la cárcel —dijo Pedro, con otras palabras—. Ahora nos estáis juzgando, ¿pero por qué estamos aquí? ¿Por qué estuvimos en prisión la pasada noche? ¿Por qué estamos ahora ante el tribunal? ¿Qué hemos hecho? ¿Nos hemos emborrachado? ¿Hemos cometido un crimen? ¿Hemos blasfemado? ¿Hemos destruido el lugar? ¿Hemos causado estragos en Jerusalén? No, no hemos hecho nada de eso, se nos está sometiendo a juicio por que hemos hecho un bien".

¿No percibes la incredulidad? ¡Se rechaza un beneficio! Más tarde, en casa de Cornelio, Pedro dijo que Jesús "anduvo haciendo bienes" (Hechos 10:38). La multitud decía: "¡Fuera con éste! [...]". "¡Crucifícale [...]!" (cf. Lucas 23:18,21), ¿pero qué había hecho? La respuesta es que no había hecho sino el bien. El mundo jamás había visto ni jamás verá un benefactor de su talla. Vivía para hacer el bien. Aliviaba el sufrimiento y las dificultades. Era compasivo, benévolo, no había nada que no hiciera por quienes se encontraban en necesidad y que se acercaban a Él, y, sin embargo, lo crucificaron. ¡Beneficios! Y esto es lo asombroso de la incredulidad. Pedro y Juan fueron llevados a prisión y sometidos a juicio por haber hecho posible que un hombre cojo de nacimiento, se levantara, se pusiera en pie, caminara, saltara y alabara a Dios.

Y esto es tan solo una tenue ilustración de todas las bendiciones que nuestro bendito Señor y Salvador ha traído a este mundo del tiempo, y es aquí donde el mundo da muestras de su locura. Cuando Jesús estaba predicando y enseñando, Juan el Bautista, a quien habían llevado a la cárcel, empezó a dudar; de modo que envió a dos emisarios a Cristo diciendo: "¿Eres tú el que había de venir, o esperaremos a otro?". Y la respuesta que nuestro Señor le dio fue esta: "Id, y haced saber a Juan las cosas que oís y veis. Los ciegos ven, los cojos andan, los leprosos son limpiados, los sordos oyen, los muertos son resucitados, y a los pobres es anunciado el evangelio" (Mateo 11:3-5); beneficios. Por todas estas cosas lo rechazaron.

Pero todo eso es solo un esbozo de las bendiciones que disfrutan todos aquellos que creen el bendito Evangelio del Dios de gloria; las bendiciones de la vida cristiana. ¿Qué es lo que estás rechazando si no crees el Evangelio? Estás rechazando descanso para tu alma. Permanece en pie diciendo: "Venid a mí todos los que estáis trabajados y cargados, y yo os haré descansar" (Mateo 11:28). Descanso de tu incesante búsqueda de la Verdad lejos de Cristo. Descanso de tu confusión intelectual. Descanso de tu empeño en ser justo, santo, limpio y puro por tus propias fuerzas. Descanso en tu búsqueda de Dios. Descanso de todas tus dificultades.

Permíteme expresarlo en términos relacionados con la luz. Nuestro Señor dijo: "Yo soy la luz el mundo; el que me sigue, no andará en tinieblas, sino que tendrá la luz de la vida" (Juan 8:12). Estos son los beneficios, estas son las cosas que Él vino a hacer y a traer. Él trae luz, luz en Dios, luz en mi ser, luz en el mundo, luz en la forma en que podemos ser reconciliados con Dios.

Pero por encima del descanso y la luz, Él me da vida. Esto es lo que necesitamos por encima de todas las cosas. ¿Eres consciente de que si rechazas este Evangelio, como lo hicieron los dirigentes de la antigua Jerusalén, lo que en realidad estás rechazando es el perdón de pecados? ¿Sabes que en Jesucristo, el Hijo de Dios, dispones de libre perdón y misericordia? Puedes haber pecado hasta las puertas mismas del Infierno, no importa; si te arrepientes y crees este extraordinario mensaje ahora, serás perdonado de inmediato. No tienes que hacer nada, solo creer.

Al creer podrás percibir
que Cristo es todo para ti.

J.S.B. Monsell

Esto es lo que el mundo está rechazando. Los hombres y las mujeres no tienen las conciencias tranquilas. Tienen miedo de la vida, de la muerte, miedo de la eternidad, y con razón, puesto que todos hemos de morir y comparecer ante el tribunal de Dios (cf. Romanos 14:10). Por eso a estas personas que aparecen en Hechos les disgustaba el mensaje de la resurrección. Pedro predicaba que, por medio de Cristo, la resurrección era para todos. Lo consideraban y no les gustaba, pero es cierto. Sí, y en el momento en que una persona se da cuenta de ello y siente temor, el bendito mensaje acude en su socorro diciéndole que sus pecados pueden ser borrados, perdonados libremente. "Si vuestros pecados fueren como la grana, como la nieve serán emblanquecidos" (Isaías 1:18). Aunque tu pecado te haya conducido hasta las profundidades, hasta los desechos y las cloacas de la vida, si crees en el Hijo de Dios, tus pecados se disiparán como si de una nube espesa se tratase, serás reconciliado con Dios. Y no solo eso, inmediatamente podrás disfrutar de una vida nueva, tendrás un nuevo comienzo. Aquí tenemos un Evangelio que puede afirmar esto. Este es el Evangelio del hijo pródigo, es un Evangelio de nuevo nacimiento, de regeneración y renovación. Es verdad y lo tenemos aquí.

Y cuando los hombres y las mujeres rechazan este mensaje, este Evangelio, están rechazando todo eso; no únicamente el perdón y la reconciliación, también la nueva vida, el nuevo poder, el nuevo comienzo. Así lo expresa Pablo a los corintios, con una palabra para el mundo de hoy en el que vivimos: "¿No sabéis que los injustos no heredarán el reino de Dios? No erréis; ni los fornicarios, ni los idólatras, ni los adúlteros, ni los afeminados, ni los que se echan con varones, ni los ladrones, ni los avaros, ni los borrachos, ni los maldicientes, ni los estafadores, heredarán el reino de Dios. Y esto erais algunos [lo *eran*]; mas ya habéis sido lavados, ya habéis sido santificados, ya habéis sido justificados en el nombre del Señor Jesús, y por el Espíritu de nuestro Dios" (1 Corintios 6:9-11). Nos encontramos ante un Evangelio que es "poder de Dios para salvación" (cf. Romanos 1:16), que puede limpiar al hombre y a la mujer y hacerlos santos en el reino de Dios, otorgándoles una esperanza eterna que anhelar.

"Si quieres saber algo —dice Pedro, con otras palabras— acerca del beneficio que este hombre enfermo ha recibido, aquí tienes la explicación". Y, mi querido amigo, si has rechazado este Evangelio, has rechazado todo eso. Es tu única esperanza del Cielo y la eternidad, tu única esperanza de perdón, paz para tu conciencia, paz para tu mente y tu corazón, tranquilidad, nueva vida, nuevo poder, nuevo vigor, nuevas fuerzas. Vuélvete al mismo viejo mundo, y allí donde siempre caías, te mantendrás de pie. Caminarás, saltarás y alabarás al Señor. Esto es lo que el mundo está rechazando. Los más grandes beneficios que el mundo jamás haya conocido han venido a través de este Evangelio. ¡Beneficios! ¿De dónde proceden los hospitales? De la Iglesia cristiana. ¿De dónde viene la educación? De la Iglesia cristiana. ¿De dónde procede la ayuda a los pobres y a los que sufren? De la Iglesia cristiana. Piensa en las actividades misioneras. Piensa en la luz que se ha llevado a los rincones más oscuros de la Tierra. ¿Cuál es el fundamento de la libertad en Inglaterra? La Carta Magna. Sí, pero como sabes, según los mejores historiadores de nuestros días, no sirvió de mucho. ¿Sabes de dónde procede en realidad nuestra libertad actual? Yo puedo decírtelo. Vino a través de los puritanos del siglo XVII: Oliver Cromwell y los demás. ¿Cuál es el origen de la libertad en los Estados Unidos? El mismo: los padres puritanos. ¿Y sabías que los sindicatos británicos fueron resultado directo del avivamiento evangélico de hace 200 años?

¿Cuál es el origen de la moralidad? ¿De dónde nacieron los más nobles períodos de la historia de este país? La respuesta es que siempre han venido por medio del despertar de los avivamientos religiosos. Así pues, mientras el mundo, en su sabiduría, vuelva sus espaldas a este mensaje y a sus mensajeros, se está arrojando a sí mismo a lo que dos escritores de nuestros días han denominado acertadamente "el culto a la indulgencia", unido a un creciente incremento de la inmoralidad, el vicio y la falta de honradez. Cuando los hombres y las mujeres rechazan el Evangelio, están rechazando las mejores cosas, las más nobles, las más extraordinarias.

Confío de verdad en que, a medida que has meditado en los dirigentes que hace más de 1900 años gobernaron en Jerusalén, Dios, el Espíritu Santo, te haya descubierto a ti mismo por medio de ellos. Observa la locura que supone la incredulidad, piensa en su ceguera, en su drama, considera su absoluta desesperanza. ¿Sabes que puedes ser perdonado ahora? Oh, arrepiéntete y cree en el Evangelio. Entonces comenzarás a alabar al Señor que te ha hecho este "beneficio", esta maravillosa obra en ti y para ti a través de su bendito Hijo, Jesús de Nazaret.

Notas

1. Cf. *Cristianismo auténtico*, Tomo 1, Hechos 1—3 (El Estandarte de la Verdad).

2
Las características de la incredulidad

Hablando ellos al pueblo, vinieron sobre ellos los sacerdotes con el jefe de la guardia del templo, y los saduceos, resentidos de que enseñasen al pueblo, y anunciasen en Jesús la resurrección de entre los muertos. Y les echaron mano, y los pusieron en la cárcel hasta el día siguiente, porque era ya tarde [...]. Aconteció al día siguiente, que se reunieron en Jerusalén los gobernantes, los ancianos y los escribas, y el sumo sacerdote Anás, y Caifás y Juan y Alejandro, y todos los que eran de la familia de los sumos sacerdotes; y poniéndoles en medio, les preguntaron: ¿Con qué potestad, o en qué nombre, habéis hecho vosotros esto?

(Hechos 4:1-3, 5-7).

Espero poder meditar contigo acerca de todo este incidente, pero deberíamos concentrarnos, en primer lugar, en el aspecto singular del mismo, subrayado y recalcado en los versículos 1 a 3 y 5 a 7. Como hemos visto, tenemos aquí el relato de la primera persecución a la que tuvo que hacer frente la Iglesia cristiana primitiva. Ya he demostrado que hay algo casi increíble en todo esto. Es increíble que alguien reaccionara de la forma en que lo hicieron los líderes judíos. Pero lo hicieron, es un hecho histórico y, en cierto sentido, lo que entonces ocurrió ha estado sucediendo desde entonces, en mayor o menor medida.

Ahora bien, lo que tenemos en estos versículos no es solo la descripción de una persecución, sino también de la incredulidad, y por eso te pido que te fijes en este pasaje. No es un mero interés histórico el que tenemos. Los tiempos en los que tú y yo estamos viviendo son demasiado apremiantes para cualquiera de nosotros como para permitirnos el lujo de tener algún interés histórico o de anticuario. Estamos considerando estas cosas porque, desgraciadamente, la actitud que podemos observar aquí es aún la misma que tantos hombres y mujeres tienen en la actualidad, lo cual, como estoy tratando de mostrar, es el drama supremo de este mundo. Nuestro mundo es un mundo que está en dificultades, es un mundo de confusión, un mundo que está jugando con fuerzas y poderes que podrían poner fin a la civilización tal y como la conocemos. Pero aun a un mundo como este se acerca el mensaje del Evangelio cristiano. Es la única esperanza para ese mundo, y aun así la está rechazando.

Hasta ahora hemos meditado en este incidente y hemos considerado juntos lo que el mundo está rechazando. Sin duda, esta es una cuestión que debería hacer que nos detuviésemos y nos preguntáramos: ¿Por qué ocurre esto? ¿Por qué aquellos líderes judíos reaccionaron de esta manera? ¿Por qué aún reaccionan así los hombres y las mujeres? Este es el asunto sobre el cual te pido que fijes tu atención en este momento.

Hay algo muy significativo en este libro de Hechos. Es un libro de Historia, pero es más que eso. Lo significativo del mismo es que nos ofrece un embrión, podríamos decir, de prácticamente la totalidad de la historia de la Iglesia cristiana. En este párrafo, pues, vemos un extraordinario retrato de la naturaleza y las causas de la incredulidad. Vemos las razones por las cuales hombres y mujeres vuelven sus espaldas al Evangelio. Como ya hemos dicho, la ventaja que tenemos al contar con las Escrituras es que nos dan la posibilidad de considerar las cosas objetivamente. El peligro, invariablemente, es que tendemos a protegernos, a escudarnos; las cosas que en los demás reconocemos como erróneas, tendemos a excusarlas en nosotros mismos, de tal modo que, cuando una cuestión trasciende a lo personal, nos ponemos a la defensiva y no atendemos a nada más. Sin embargo, nos encontramos aquí, sentados, podemos decir, y considerando algo que está sucediendo ante nuestros ojos. Vemos aquí a los Apóstoles, a los gobernantes arrojándolos en prisión, sometiéndolos a juicio y tratándolos del modo más execrable. ¿Qué les hizo actuar de esa manera? Esta es la situación y, a medida que analicemos los motivos de sus actos, nos daremos cuenta de que estamos dando explicación al hecho de que los hombres y las mujeres hagan en nuestros días exactamente lo mismo.

¿Qué nos enseña, pues, este pasaje? Este es un aspecto importante. El bienestar de cada individuo, tanto en esta vida como en la que ha de venir, depende de su reacción ante esta Verdad. Eso es lo que hace que la predicación del Evangelio sea una responsabilidad tan solemne, casi una carga demasiado grande. El gran apóstol Pablo, examinándose a sí mismo y su ministerio, dice: "Para estas cosas, ¿quién es suficiente?" (2 Corintios 2:16). ¿Por qué hace esta pregunta? Bien, dice que somos o bien "olor de muerte para muerte", o bien "olor de vida para vida" (versículo 16). Ningún hombre ni ninguna mujer vuelven a ser los mismos tras oír el Evangelio. Estamos ante un Evangelio que ofrece salvación, ofrece vida, ofrece todo lo mejor y lo más noble de este mundo y del venidero. ¿Hay algo más importante, por tanto, que el considerar juntos lo que hace que la gente lo rechace? Y aquí, en Hechos 4, encontramos algunas de las respuestas.

Lo primero que observo aquí es que rechazar el Evangelio no es nada nuevo. La incredulidad no es algo novedoso. Empiezo en ese punto porque gran parte de las personas que no son cristianas en nuestros días —y eso, desgraciadamente, quiere decir la mayoría— cree que no son cristianas porque son "modernas", porque viven en el siglo XX. ¿No es así como lo expresan?: "¿Qué? —dicen—. ¿Aún crees eso? ¿Quieres decir que en estos tiempos ilustrados eres cristiano y vas a la iglesia?".

Se quedan pasmados. Y en respuesta, nuestro primer punto es que ¡el siglo XX no tiene nada que ver con todo eso! Estas personas en Jerusalén fueron culpables de la misma incredulidad. No solo rehusaron creer las palabras de los Apóstoles, rehusaron creer al Señor mismo. Es totalmente necio y ridículo pensar que rechazar el Evangelio es el sello de la modernidad. La incredulidad es tan antigua como el propio Evangelio. Desde el principio mismo, hubo personas que no tuvieron absolutamente nada que ver con ello. La propia Historia establece ese hecho por encima de toda duda. Así pues, si no eres cristiano, no afirmes ser moderno; eres antiguo, muy antiguo, de hecho. Perteneces al grupo de los cuales leemos en los doce primeros versículos del capítulo 4 del libro de Hechos.

Pero pasemos a una cuestión mucho más interesante. Mi segundo punto es que aquí se demuestra que la incredulidad reúne a personas esencialmente diferentes unas de otras, y aun antagónicas, de una manera extraordinaria. Una de las fuerzas unificadoras más potentes que el mundo haya conocido, ha sido la incredulidad. Para mí, este es el aspecto más fascinante de la historia que estamos examinando, y quisiera mostrarte el carácter actual del mismo. Hace poco estaba leyendo un artículo escrito por una famosa escritora de este país, una persona brillante, Miss Marghanita Laski. Ella no es cristiana, se declara atea, pero estaba escribiendo un artículo acerca de estas cuestiones, y en él dice algo parecido a esto: "No puedo hablar para personas como yo, la mayoría de los no creyentes tiene poco en común". Esa era la idea que precisamente había decidido puntualizar antes de leer su artículo.

Me gustaría exponerlo bajo dos puntos de vista: en primer lugar, lo que los no creyentes *no* tienen en común y, después, lo que *sí* tienen en común. Por otra parte, mi propuesta es que esto no es nada nuevo: también eran muy diferentes en el siglo I. Piensa en lo que se nos dice aquí; es, verdaderamente, muy significativo: "Hablando ellos al pueblo, vinieron sobre ellos los sacerdotes con el jefe de la guardia del templo, y los saduceos". Y en los versículos 5 a 7: "Aconteció al día siguiente, que se reunieron en Jerusalén los gobernantes, los ancianos y los escribas, y el sumo sacerdote Anás, y Caifás y Juan y Alejandro, y todos los que eran de la familia de los sumos sacerdotes; y poniéndoles en medio, les preguntaron [...]". Ese era el Sanedrín, el gran concilio; ellos formaban el concilio.

Era un conjunto de personas extraordinariamente interesante. Había hombres que, como dice Miss Laski, apenas tenían nada en común. De hecho, estaban en clara oposición los unos contra los otros, especialmente los saduceos y los ancianos y escribas. Es un ejemplo perfecto de lo que estoy tratando de mostrarte. ¿Quiénes eran estas personas? Tomemos, en primer lugar, a los sacerdotes. Eran los sacerdotes corrientes que debían cumplir cada día con sus deberes en el Templo. Los sacerdotes se dividían en grupos, cada uno de los cuales era responsable de las obligaciones semanales del Templo una vez cada seis meses.

El "jefe de la guardia del templo" era el líder del grupo especial de levitas (ayudantes del Templo), quienes eran elegidos para ejercer de policías con el fin de mantener el orden en el interior del Templo. Pertenecía a una de las principales familias de sacerdotes, y era el segundo en autoridad después del Sumo Sacerdote.

Nos encontramos después con estos interesantísimos personajes llamados los saduceos. Afortunadamente, lo sabemos todo acerca de ellos. Se puede describir a los saduceos como la aristocracia sacerdotal. Eran, ante todo y esencialmente, políticos, quienes se preocupaban de las posiciones, el gobierno y el orden, así como de las relaciones entre su país y el resto de países. Urdían intrigas y eran conspiradores. ¡Ni siquiera los políticos cambian con el paso de los siglos! Las autoridades nos dicen que cuando a los saduceos les convenía adoptar una actitud religiosa —y les convenía, obviamente, en aquellos días—, entonces comenzaban a interesarse por la religión. Pero no estaban interesados en ella de un modo personal, en realidad les era totalmente indiferente.

La Biblia es un libro maravilloso, ¿no es cierto? Cuando leemos libros de Historia seculares, vemos que las personas se hacían cristianas por conveniencia. Constantino se hizo cristiano por meras razones políticas. No creo que ese hombre llegara a convertirse, pero le vino bien hacerse cristiano y arrastró con él al imperio romano. Observa a todas esas personas que han vivido a lo largo de los siglos; hombres y mujeres a quienes no les interesaba Dios en absoluto, ni tampoco el estado de sus almas y, sin embargo, se adherían a ceremonias religiosas. ¿Por qué? ¡Oh, la conveniencia! A menudo he dicho desde este púlpito que he sentido una justa indignación al ver a hombres y mujeres acudiendo a servicios religiosos en ciertas ocasiones especiales, y que nunca han atravesado las puertas de un lugar de culto en ningún otro momento. Forma parte del juego, se trata de oportunismo político, se están sirviendo de la religión. Esa era la característica más destacada de los saduceos.

Los saduceos no creían en la gran tradición oral que los grandes maestros, los padres, habían desarrollado; se atenían solo a lo que estaba escrito en la Torá, los cinco primeros libros de nuestro Antiguo Testamento que le habían sido dados a Moisés. Negaban toda enseñanza relacionada con la resurrección del cuerpo, y tampoco creían en ningún tipo de recompensa futura, ni en los castigos. Decían que, cuando una persona muere, ahí termina todo. De hecho, podemos ir más lejos; no creían en los ángeles, no creían en espíritus, no creían en un mundo de ultratumba; en realidad no creían en el reino espiritual en absoluto. Eran materialistas, materialistas políticos, y creían que nuestro futuro en esta vida lo determina, exclusivamente, nuestro libre albedrío.

Pero seguimos adelante; la lista no se detiene ahí. Caifás, bien, era el Sumo Sacerdote; eso significa que solo era un saduceo con total jurisprudencia. Su trabajo era presidir el Sanedrín. Anás, el suegro de Caifás, había sido Sumo Sacerdote, pero los romanos lo habían depuesto. Los judíos, sin embargo, aún lo consideraban el Sumo Sacerdote. Anás y Caifás se llevaban bien. También se encontraban presentes Juan y Alejandro, pero no sabemos nada de ellos. Estaban, además "todos los que eran de la familia de los sumos sacerdotes". Todos ellos formaban parte del gran concilio, del Sanedrín, y estaban reunidos en Jerusalén. En otras palabras, si te prestabas a este juego y lo manejabas adecuadamente, no solo obtenías una alta posición para ti mismo, sino que, además, podías incluir a tus familiares: "la familia de los sumos sacerdotes"; nepotismo, lo llamamos, ¿no es así? Introducir a la familia y los parientes —¡recuerda que estoy hablando del siglo I, no del siglo XX!—. ¿No es sorprendente que la gente pueda decir: "¡No me interesa la Biblia, ese libro tan antiguo!"? ¿Pero no te das cuenta? Este es el libro de la vida. Es Dios revelándose a sí mismo. Esta es la revelación del hombre y de la mujer caídos y en su condición de pecado. Las personas no cambian, y aquí los tenemos.

Después, estaban los escribas; ¿quiénes eran? Eran los maestros de la Ley, los expertos en la tradición oral, en la enseñanza de los padres. Los escribas pertenecían principalmente al partido de los fariseos. Creían en la resurrección, en los ángeles, en el Juicio y en las recompensas y los castigos. Se encontraban en total contraposición con los saduceos y, sin embargo, allí estaban, todos juntos en contra de Pedro y Juan. ¿No es interesante? Por supuesto, exactamente lo mismo que le ocurrió a nuestro bendito Señor. Al final del Evangelio según Lucas encontramos una afirmación sumamente interesante que lo expresa de esta manera: "Se hicieron amigos Pilato y Herodes aquel día; porque antes estaban enemistados entre sí" (Lucas 23:12). Se odiaban, pero cuando Jesús pasó a ser en el tema de conversación, Herodes y Pilato se hicieron amigos y se unieron en su oposición contra Él.

Pablo, escribiendo a los corintios, señala que lo mismo sucedía en su tiempo: "Los judíos piden señales, y los griegos buscan sabiduría" (1 Corintios 1:22). Judíos y griegos: de nuevo, un gran contraste. El judío, el hebreo, con su modo de pensar práctico, histórico, basado en hechos, y el griego, con sus ideas y su filosofía. El griego despreciaba al hebreo ignorante, mientras que el hebreo consideraba al griego como un perro: alguien que quedaba al margen, alguien que fue arrancado de Dios y que no seguía sus preceptos. No se puede imaginar mayor contraste que el existente entre el griego y el judío, los hijos de Israel y todos los demás. Sin embargo, como indica Pablo, el Evangelio los une; los judíos demandaban señales, los griegos buscaban la sabiduría, pero ambos se mostraban de acuerdo en su rechazo al Evangelio.

Incluso en nuestros días el Evangelio aún está produciendo el mismo efecto que produjo allá por sus comienzos. Sin embargo, la gente, en la actualidad, no se percata de ello. No me cabe duda de que me estoy dirigiendo a personas que piensan que no son creyentes, y que rechazan el Evangelio porque son intelectuales. "Los grandes intelectuales —dicen— no creen en el Evangelio, y yo soy un intelectual. Soy un pensador, un lector. Tengo cerebro, y por esa razón no soy cristiano". Sin embargo, no eres el único que no cree en el Evangelio. No solamente lo rechazan los intelectuales, también es rechazado por personas que ni siquiera conocen el significado de la palabra "intelectual".

"Pero —dices— piensa en esas personas que salen en la televisión, piensa en las personas que escriben los artículos que leo; ellas rechazan el Evangelio".

Sí, pero por cada uno de ellos supongo que podría conseguir 10000 más de quienes nunca has oído hablar, que jamás han escrito un artículo y que probablemente no hayan leído muchos, y que también rechazan la fe cristiana. Intelectuales e ignorantes se unen en la incredulidad, al igual que lo hicieron los saduceos y los fariseos en la antigüedad. Tendemos a dar estas cosas por sentadas, ¿no es así? ¿Pero no es acaso importante detenernos en su consideración?

Permíteme proporcionar otra extraña combinación de personas que rechazan el Evangelio. Tomemos a los moralistas de nuestros días. Hay muchos y, permítaseme dar por sentado que son personas muy capacitadas. Permítaseme ir un poco más lejos y suponer que son hombres y mujeres muy buenos. Sin embargo, únicamente les interesa la moralidad. No creen en el Evangelio, no creen en esta enseñanza sobrenatural, no creen estos hechos relacionados con Jesús y su muerte. No; dicen que, en interés de la moralidad, deben rechazar el elemento sobrenatural presente en la fe cristiana.

Pero junto a ellos veo a los libertinos. No son solo los moralistas quienes rechazan este Evangelio. También lo hacen quienes frecuentan los clubes nocturnos. Quienes viven para ser indulgentes con su lascivia, sus pasiones y sus más bajos deseos se encuentran en unanimidad con los moralistas en su rechazo.

Podría aun dar un paso más y decir que este sencillo Evangelio también es rechazado, en último término, por los católicos romanos tradicionales y por los protestantes liberales, exactamente por la misma razón. Todos estos núcleos, aparentemente dispares, todas estas personas de las que Miss Laski dice que tienen poco en común, se acercan a un común denominador. Son uno; todos ellos se conjugan para perseguir a los apóstoles de Cristo, para rechazar el Evangelio de salvación.

La incredulidad, pues, no encierra nada nuevo en sí misma; no supone ninguna novedad la forma en que la incredulidad une a la gente, y, en tercer lugar, y quizá sea lo más impactante, las objeciones que la incredulidad impone al Evangelio tampoco son nuevas. El razonamiento es que, puesto que estamos en el siglo XX, puesto que hemos llegado a la mayoría de edad y tenemos un magnífico conocimiento e información, no podemos creer en ciertas cosas. Sin embargo, estas son las mismas cosas que objetaban estas personas en el libro de Hechos: "Hablando ellos al pueblo, vinieron sobre ellos los sacerdotes con el jefe de la guardia del templo, y los saduceos, resentidos de que enseñasen al pueblo, y anunciasen en Jesús la resurrección de entre los muertos". ¿Cuál era la enseñanza a la que se oponían estas personas? Bien, aquí la tenemos: ¡*Jesús*! El testimonio fundamental de estos Apóstoles era que ese carpintero que había nacido en Belén, que había sido educado en Nazaret, no era otro sino el eterno Hijo de Dios. Era una afirmación asombrosa. "Este no es solo un hombre", decían. Pedro, en su discurso el día de Pentecostés, había argumentado sobre este punto con detenimiento. Había dicho, con otras palabras: "David profetizó acerca de Aquel cuya alma no sería abandonada en el Infierno, y cuya carne no vería corrupción. David no podía haber estado hablando de sí mismo porque sabemos que murió, fue enterrado; su sepulcro aún está entre nosotros, él nunca se levantó de los muertos. Pero este sí lo hizo. Por tanto —arguyó Pedro—, os digo que esta persona no es otro sino el Hijo de Dios".

Y, si recuerdas, Pedro llegó a la misma conclusión en su discurso en la puerta del Templo llamada "la Hermosa":

> *El Dios de Abraham, de Isaac y de Jacob, el Dios de nuestros padres, ha glorificado a su Hijo Jesús, a quien vosotros entregasteis y negasteis delante de Pilato, cuando éste había resuelto ponerle en libertad. Mas vosotros negasteis al Santo y al Justo, y pedisteis que se os diese un homicida, y matasteis al Autor de la vida, a quien Dios ha resucitado de los muertos, de lo cual nosotros somos testigos.*
>
> (Hechos 3:13-15).

No obstante, las autoridades se opusieron a eso. ¿Jesús el Hijo de Dios? ¡Monstruoso! ¡Imposible! Hay Dios, hay hombre, pero no existe tal cosa como un Dios-hombre. Se oponían a la enseñanza acerca de la persona de Jesús. Y esta es la misma objeción que se está haciendo en nuestros días. La gente está dispuesta a creer en Jesús como maestro, como moralista, como un pacifista; creerán en un hombre. Pero no creerán que Él es el Hijo de Dios, que tuvo lugar un milagro prodigioso, que el Espíritu Santo visitó el seno de una virgen, que "lo que en ella es engendrado, del Espíritu Santo es" (Mateo 1:20). Dios-hombre: dos naturalezas, una persona. Esa fue la primera manzana de la discordia: Jesús, Hijo de Dios.

La segunda objeción se centraba en lo que predicó Pedro acerca de la muerte de Jesús de Nazaret. "Predicamos a Cristo crucificado —dijo Pablo a los corintios—, para los judíos ciertamente tropezadero, y para los gentiles locura; mas para los llamados, así judíos como griegos, Cristo poder de Dios, y sabiduría de Dios" (1 Corintios 1:23-24).

Los judíos decían: ¿Qué? ¿Predicar a un Salvador muerto? ¿Decir que un hombre salva al darle muerte? ¡Imposible! ¡Ridículo! El Mesías, el Libertador, cuando haga acto de presencia, lo hará como un poderoso jefe militar. Será fuerte y potente. Nacerá en un palacio, rodeado de pompa y se establecerá a sí mismo como rey en Jerusalén. Conquistará el mundo e Israel será cabeza de las naciones; ese es el Mesías. ¿Y tú nos estás diciendo que alguien que fue crucificado en absoluta debilidad y que murió en vergüenza e ignominia es el Hijo de Dios y el Salvador? ¡Qué tontería!

La Cruz, la muerte, fue un obstáculo fatal que se tambaleaba amenazante. Pedro ya había abordado el tema de la muerte de Cristo en el sermón que predicó a la puerta del Templo llamada "la Hermosa". Había dicho: "Matasteis al Autor de la vida [...]. Pero Dios ha cumplido así lo que había antes anunciado por boca de todos sus profetas, que su Cristo había de padecer" (Hechos 3:15,18). Y, el día de Pentecostés, había dicho que la muerte de Cristo había ocurrido de esta manera:

Varones israelitas, oíd estas palabras: Jesús nazareno, varón aprobado por Dios entre vosotros con las maravillas, prodigios y señales que Dios hizo entre vosotros por medio de él, como vosotros mismos sabéis [fíjate]; a éste, entregado por el determinado consejo y anticipado conocimiento de Dios, prendisteis y matasteis por manos de inicuos, crucificándole.

(Hechos 2:22-23).

Pero, recuerda, fue por "el determinado consejo y anticipado conocimiento de Dios". Fue el plan de Dios. La salvación por medio de un Salvador crucificado. Los judíos estaban atónitos.

Y para los griegos, por supuesto, esto era el súmmum de la necedad. Será un pensador, un filósofo quien salvará el mundo, alguien que proponga una teoría magnífica, no un carpintero ignorante, un desconocido en una pequeña tierra como Palestina. Pertenecerá a la gran serie de sabios griegos y contará con una gran palabra libertadora. ¿Morir en una Cruz? Esto es una fantasía, puerilidad.

¿Pero no es esto, acaso, lo que hombres y mujeres dicen aún? ¿Hay algo a lo que un incrédulo de nuestros días se oponga con más firmeza que a la muerte de nuestro Señor en la Cruz? Dicen: "Sí, nos interesa su persona y su enseñanza, pero cuando llegas al punto en que aparece la Cruz y afirmas que ese es el momento culminante y lo más glorioso que jamás haya ocurrido, ¡estás diciendo tonterías! Es inmoral. ¿Un hombre que muere por otro, que carga con nuestros pecados? Un Dios que hace tal cosa es injusto. Semejante enseñanza no es más que tonterías sentimentales".

Y después, en tercer lugar y especialmente, las autoridades se opusieron al hecho de que este hombre, que había sido crucificado, hubiera vuelto a la vida: "resentidos de que enseñasen al pueblo, y anunciasen en Jesús la resurrección de entre los muertos". Los Apóstoles insistían en que eran testigos de que, de hecho, había resucitado, literalmente en su cuerpo, de la tumba la mañana del tercer día. Eso no es lo que la Iglesia actual enseña, lo sé, y por eso está haciendo que la gente salga de ella. Pero los Apóstoles predicaban el hecho de la resurrección. Decían que la tumba estaba vacía, que el cuerpo no estaba. Nuestro Señor se les había aparecido, había entrado en una habitación y había hablado con ellos, había comido pez asado y miel en su presencia, había hablado con ellos, había soplado el Espíritu Santo sobre ellos. Más tarde, le habían visto ascender al Cielo. Predicaban todas estas cosas como hechos; y los líderes judíos estaban furiosos. Por ese motivo arrestaron a los Apóstoles, por eso los arrojaron a la cárcel, por eso los sometieron a juicio. "¿Resurrección? —decían—. No puede ser. Los saduceos siempre lo han dicho".

Y eso es exactamente lo que la gente sigue diciendo. Está dispuesta a creer en la influencia continuada de la enseñanza de Jesús, algunos aun están dispuestos a creer que todavía sigue existiendo en el ámbito espiritual y que puede que tenga cierta influencia sobre nosotros, pero lo más importante —dicen— es su recuerdo y su enseñanza, eso es lo que importa. Sin embargo, decir que ha resucitado, literalmente; bueno, la ciencia hace de ello un imposible.

Pero los burladores de nuestros días no solo rechazan la resurrección de Cristo, también niegan todos los milagros y la enseñanza que dice que todos nosotros hemos de comparecer ante el tribunal de Cristo y ante Dios en un Juicio Final. Odian la noción de juicio, así como la de castigo y recompensas, como lo hicieron los saduceos. Dicen que la religión está bien para celebraciones estatales o en el caso de que un personaje importante fallezca. Que tenga un funeral de Estado, dicen. Que se incluya un elemento religioso, eso está bien. Pero añaden: "Cuando nos pides que creamos que Dios va a juzgar al mundo entero y que los hombres y las mujeres van al Cielo o al Infierno, entonces no podemos creerlo, no es inteligente". Pero lo mismo se decía en el siglo I. Ese era exactamente el punto de vista de los saduceos. Hemos sentado, pues, las bases de este punto, ¿no es así? La incredulidad no es nada nuevo. Por tanto, abandona la afirmación de que no eres cristiano porque perteneces al siglo XX.

Permíteme llegar, pues, a un segundo gran principio, que dice que debería ser obvio, por tanto, para todos nosotros, que la fe o la incredulidad no son cuestiones relacionadas con el intelecto. Ya hemos considerado el argumento que decía que el rechazo del Evangelio es el mero resultado del conocimiento actual. Pero he demostrado que es imposible que sea así, cuando en el siglo I se pusieron las mismas objeciones. Dices: "No puedo creer en la resurrección a causa de la ciencia actual". Pero los líderes judíos no podían creer en la resurrección a causa de su supuesto conocimiento. El conocimiento actual no supone ninguna diferencia. Y, de igual manera, la capacidad intelectual tampoco la supone.

No preciso extenderme mucho más en este punto, puesto que cuento con una sencilla prueba: el apóstol Pablo. Pablo (primeramente llamado Saulo) fue educado como fariseo. Fue sobresaliente en sus estudios, superando a otros. Sin embargo, era un incrédulo. Odiaba el Evangelio de Cristo con toda la intensidad de su brillante y erudita naturaleza, y puso todo su empeño en acabar con la fe y con toda predicación que hablara de Cristo. Ahí lo tenemos, Saulo de Tarso, un hombre de un genio chispeante.

¿Pero recuerdas lo que le sucedió a Saulo en el camino a Damasco? Dio un giro completo y se convirtió en apóstol del Jesús a quien había injuriado. Se convirtió en predicador de esta salvación que había ridiculizado y rechazado. Sin embargo —y aquí está la clave—, aún era el mismo hombre. Aún contaba con el mismo intelecto, con el mismo genio, el mismo conocimiento, la misma habilidad como escritor, la misma lógica. Si pudieras demostrarme que después de lo que le sucedió en el camino a Damasco, Saulo de Tarso se volvió un necio, una especie de psicópata, que se volvió loco de repente y que perdió sus facultades, que se convirtió en un estúpido que se sentaba en una esquina a contemplar fijamente el fuego y que jamás volvió a hacer nada; bueno, tendrías un argumento plausible, ¿no es cierto? Sin embargo, no es ese el caso. Afortunadamente, sabemos mucho de este hombre tras el incidente en el camino a Damasco, ¿y qué encontramos? Oh, al leer sus cartas encontramos el mismo intelecto brillante, al mismo hombre con las mismas aptitudes.

¿No es acaso eso suficiente para demostrar que la incredulidad, obviamente, no tiene nada que ver con el intelecto? Podría demostrártelo con cada una de las conversiones que han tenido lugar. Podría demostrarte que, desde el punto de vista de la capacidad, algunos de los más grandes genios que el mundo haya conocido han sido cristianos.

"No obstante —dices—, piensa en la gente de nuestros días. Sin duda, no hay ningún hombre o mujer con talento que sea cristiano".

Eso no es cierto. Hay científicos que son cristianos. En la mayoría de las esferas de la vida hay hombres y mujeres dotados de un talento excepcional que aún son cristianos. La incredulidad no tiene nada que ver con el intelecto o con tu conocimiento.

¿Qué es, pues, lo que hace que incrédulas a las personas? Esta es la pregunta fundamental, ¿verdad? Miss Laski, te recuerdo, dice que la mayoría de los incrédulos tienen poco en común. Dice que todos son diferentes. Y desde un punto de vista superficial, esto es bastante acertado —saduceos, fariseos, políticos, maestros de la Ley, soñadores—; todos ellos tipos diferentes. "No tienen —dices— nada en común". Ah, pero aquí es donde se desmorona el argumento de Miss Laski. En este punto, todos los incrédulos dejan de reflexionar y no logran comprenderlo. Ella dice que tienen poco en común. ¿Pero no te das cuenta de que tienen que tener *algo* en común? ¿Qué es lo que los agrupa? ¿Qué los hace no creyentes? ¿Qué hizo que estas personas del siglo I se unieran, y a las personas, en general, desde entonces?

Ahora bien, llegamos aquí a la causa fundamental de la incredulidad, y este único párrafo de doce versículos lo expone, en mi opinión, perfectamente. ¿Qué es lo que hace que un hombre o una mujer rechace el Evangelio? La respuesta es que se debe por completo a la condición del corazón y del espíritu. El motivo no está en la mente, es más profundo, se encuentra en el verdadero centro de la personalidad, en el ámbito de los sentimientos, en el reino de las emociones; no en el conocimiento, ni en el entendimiento, sino en algo más elemental. Aquí encontramos el denominador común. Tenemos, pues, a los músicos y a los científicos, a los poetas y a las personas prácticas; todos ellos, aparentemente diferentes en el ámbito de lo intelectual, comparten una base común que los une en su oposición al Evangelio.

¿Cómo demuestro eso? Bien, fíjate en esto: "Hablando ellos al pueblo, vinieron sobre ellos los sacerdotes con el jefe de la guardia del templo, y los saduceos, resentidos [...]". Ahí está: *resentidos*. Algunos lo han traducido como: "tan preocupados, muy molestos, muy irritados, impresionados". ¿No te das cuenta de inmediato que nos encontramos en el ámbito de los sentimientos? Oh, sé que resulta sumamente atractivo pensar de uno mismo que se es un no creyente. Apenas ves un poco la televisión, cuando te encuentras con esta idea perfilada de alguna forma; la encuentras en los periódicos habituales de la mañana, y se convierte en la broma, ¿no es así? ¿Cristianos? ¿Qué son? Solo personas emotivas, solo sentimentales, gente que vive de lleno en el ámbito de los sentimientos, que se mueve por emociones. No son personas que se sientan tranquilamente y examinan los hechos de forma imparcial.

¿Y el incrédulo? ¿Un ser racional, una persona pausada, inconmovible, imparcial, con una inclinación científica? Los incrédulos no se conmueven nunca, nunca se alteran, solo observan objetivamente desde las alturas de su Olimpo y evalúan los hechos tranquilamente. Dicen: "No puedo creerlo, lo tengo que rechazar". ¡Pero no es cierto! "Resentidos", se nos dice. Y si lees a estos incrédulos de nuestros días, te darás cuenta de que siempre revelan sus sentimientos; no pueden pensar en estas cosas sin sarcasmo, sin reírse, sin hacer la gracia. Sin embargo, en el momento en que te comportas de ese mismo modo, estás fuera del ámbito intelectual, estás gobernado por tus sentimientos. No había nada de imparcial en aquellos líderes judíos, antes al contrario. Observamos vehemencia.

La vehemencia está presente en ambos casos. Un hombre o una mujer no pueden creer en el Evangelio prescindiendo de la pasión. No existe el cristiano calmado, sereno, sosegado, tranquilo; es imposible. Si los hombres y las mujeres creen que Dios ha enviado realmente a su único Hijo al mundo y aun a la Cruz, ¡cómo!, no pueden por menos que gritar, ¿no es así? No pueden por menos que sentir un arrebato de pasión, tienen que conmoverse. Creer es ser apasionado, no creer es ser apasionado. Sí, estaban "resentidos".

Fijémonos, también, en el desprecio con que hablaban los líderes judíos.

Por desgracia, la Versión Autorizada no establece una diferencia tan clara como debiera. En el versículo 7 leemos: "Y poniéndoles en medio, les preguntaron: ¿Con qué potestad, o en qué nombre habéis hecho vosotros esto?". Permítaseme ofrecer una alternativa de traducción más literal: "Y poniéndoles en medio, les preguntaron: ¿Por medio de qué poder o en qué nombre hicisteis esto vosotros?". Terminaron con la palabra "vosotros". ¿Percibes el sarcasmo, el desprecio y la amargura? "¿Vosotros? —dijeron—. ¿Sois *vosotros* el motivo del alboroto y el interés? ¿Se está agolpando la gente para veros a *vosotros*? ¿Quiénes sois *vosotros*?". Pero, por otra parte, si te das cuenta, no estaban hablando movidos por un intelectualismo calmado e imparcial. No, no; el desprecio va entrando quedamente, junto con la indirecta, la indecencia y el ridículo. La incredulidad siempre está caracterizada por esto. No es una simple cuestión de disgusto, es más profundo, es algo elemental, es apasionado.

Pero continuemos con nuestro análisis; ¿por qué se comportaron de esa manera los líderes judíos? La respuesta se encuentra aquí, a primera vista, en este pasaje: los hirieron en su orgullo. ¿Por qué arrestaron a estos dos hombres sencillos, llevándolos a prisión y sometiéndoles a juicio? La respuesta es que les preocupaba su propia autoridad. Ahí estaban los líderes de la nación: los saduceos y los fariseos, los escribas, los herodianos y los guardas del Templo; estos eran quienes ostentaban el poder, y a ellos dirigían su mirada quienes conformaban el populacho. Ahora, los líderes estaban mirando a estos dos hombres que se llamaban a sí mismos apóstoles, y lo consideraban intolerable. Estaban preocupados por su condición de maestros, por su propia reputación. Imagina a un saduceo escuchando una predicación que anunciaba que Jesús había resucitado de entre los muertos, ¡cuando él mismo siempre había afirmado que no existía tal cosa como la resurrección!

Es en este punto donde aparece la pasión. Los hombres y las mujeres de hoy creen que la ciencia tiene la explicación completa para el universo y que todo debe estar dentro de los límites y los términos que establece la ciencia. De repente, aparece este Evangelio que irrumpe en medio de todo: milagros, nacimiento virginal, dos naturalezas en una persona, demostración de poder, resurrección de los muertos, ascensión. "Tonterías —dicen— ¡Imposible!". ¿Por qué? Porque les hace parecer necios, porque es la negación de su propia enseñanza. Así es como se sintieron estas autoridades en el principio mismo. Estaban celosos porque los Apóstoles enseñaban a la gente y predicaban, en Jesús, la resurrección de los muertos. Toda Jerusalén se agolpaba para escuchar a estos hombres, ¡a estos hombres, de entre todos los demás! Todos estaban dando la espalda a la autoridad y escuchando a estos oradores demagógicos, a estas nulidades que se habían erigido a sí mismos en autoridades. ¡La situación era insostenible!

Así es como siempre ha sido. No sorprende ni un ápice que los filósofos griegos se sintieran molestos con el Evangelio y con Jesucristo. El mundo siempre se había sentado a sus pies y había acudido a ellos en busca de sabiduría; entonces aparece este arribista, este carpintero, este tipo que jamás había recibido estudio alguno, que decía: "Yo soy la luz del mundo" (cf. Juan 8:12). "Yo soy el camino, y la verdad, y la vida" (cf. Juan 14:6). ¿Dónde quedaban su autoridad, su dignidad y su estatus social ahora?

Permítaseme ser totalmente sincero. Cuando el cristianismo se convirtió en religión, se comportó exactamente del mismo modo. En tiempos de la Edad Media, la Iglesia católica romana convirtió el cristianismo en una religión, de tal modo que, cuando un hombre como Martín Lutero apareció, las autoridades se volvieron a él tratando de acallarle. "¿Quién es este que le hace frente a quince siglos de enseñanza?".

Y podrás comprobar que todos los líderes religiosos han ido teniendo el mismo comportamiento sucesivamente. El catolicismo romano trató de poner fin al protestantismo en Europa, trató de poner fin a la Iglesia primitiva en Inglaterra. Pero entonces, como respuesta, la Iglesia en Inglaterra intentó suprimir el puritanismo, y, en nuestros días, los organismos oficiales están tratando de silenciar a todos aquellos que no comulgan con ellos ni con su autoridad. Todo es una cuestión de orgullo, una cuestión de celos y envidia. ¿Cómo es posible que un hombre sea maestro a menos que *ellos* le hayan enseñado? ¿Qué autoridad tiene un hombre a menos que *ellos* se la hayan otorgado? Este es el motivo fundamental de la incredulidad. No se halla en la mente, es mucho más profundo. "Ningún hombre inteligente cree ese antiguo Evangelio en nuestros días", aseguras; sin embargo, el que está hablando es tu orgullo, tu vanidad, estás hablando con pasión y rebeldía. No es el entendimiento el que está hablando, ni el conocimiento. Crees que estás en una posición de autoridad, pero te encuentras con un Evangelio que parece aplastarla. Por esa razón los hombres y las mujeres lo odian y lo niegan.

No obstante, considera la pequeñez de la incredulidad. Estoy tratando de demostrarte cuán vil resulta ser la incredulidad cuando verdaderamente empezamos a entenderla. Considera su pequeñez. Piensa en estos hombres de Hechos. Acababa de suceder un milagro ciertamente notable. Un hombre que jamás había caminado, no solo estaba andando, sino que también saltaba y alababa a Dios: algo asombroso, una liberación maravillosa. Pero escucha a estos hombres: "Y poniéndoles en medio, les preguntaron: ¿Con qué potestad, o en qué nombre, habéis hecho vosotros esto? Entonces Pedro, lleno del Espíritu Santo, les dijo: Gobernantes del pueblo, y ancianos de Israel. Puesto que hoy se nos interroga acerca del beneficio hecho a un hombre enfermo, de qué manera éste haya sido sanado [...]". ¿Te das cuenta de la mentalidad de las autoridades? Y mi propuesta es que siempre se puede afirmar de la incredulidad. Es tan pequeña, tan insignificante. Pasa por alto el glorioso milagro pero se interesa sobremanera en la autoridad bajo la cual fue hecho. "¿Con qué potestad, o en qué nombre, habéis hecho vosotros esto?". ¿Cuál es vuestra autoridad? ¿Dónde están las leyes que os dan derecho a hacer esto? ¡A la incredulidad no le interesa el hecho extraordinario, sino los títulos! Los incrédulos se acercan, a modo de inspectores, y dicen: "¿Qué títulos tienes? ¿A qué escuela has ido? ¿Dónde te han enseñado? ¿Quién te ha otorgado esta autoridad?". El milagro está delante de sus ojos, pero no son capaces de verlo.

Desgraciadamente, esta actitud también se manifiesta en

nuestros días. Se nos dice que el mundo necesita ayuda desesperadamente, y que la más grande de las tragedias es una Iglesia desunida, que todos deberíamos unirnos para luchar contra el enemigo común. Después oímos: "Sí, pero debes aceptar el episcopado. ¿Has sido ordenado?". No tiene importancia que un hombre pueda estar predicando con "Espíritu Santo y fuego" (cf. Mateo 3:11). No importa que cientos de personas puedan convertirse bajo su ministerio. Lo que se pregunta es: "¿Le ha impuesto las manos un obispo? ¿Cuál es su autoridad? ¿Cuál es su derecho? ¿Se ha sometido a las leyes? ¿Ha pasado por nuestras universidades?". Oh, el drama de la incredulidad, que pasa por alto el glorioso hecho y, en su nimio legalismo, se interesa únicamente por los adornos.

Pero, por último, piensa en la irracionalidad de todo ello. Si los Apóstoles hubieran golpeado al cojo en la cabeza, podría entender que las autoridades los llevaran a prisión. ¡Pero figúrate que los metieron en la cárcel porque sanaron a un hombre! ¿Qué es lo que hace a las personas obrar de esa manera? Solamente hay una respuesta: la ceguera y la falta de vida a las que da lugar el prejuicio. Hay algo maligno en la naturaleza humana. La Biblia nos dice que se trata del resultado del pecado sobre el género humano, de tal modo que hombres y mujeres se han pervertido, regocijándose en el pecado y odiando el bien. Y esta sigue siendo la tragedia del incrédulo aún en nuestros días.

3
Edificadores necios y vanos

Este Jesús es la piedra reprobada por vosotros los edificadores, la cual ha venido a ser cabeza del ángulo.

(Hechos 4:11).

En un mundo como este, la única cosa fundamental es que todos nosotros conozcamos el Evangelio y sintamos su poder. No afirmo esto porque tenga una especie de interés de anticuario en la historia de la Iglesia cristiana; la vida apremia demasiado para ello. Me interesa esta cuestión exclusivamente porque yo, al igual que tú, estoy en medio de la vida. Hoy estamos aquí y mañana ya nos habremos ido, y nos enfrentamos con decisiones de tal trascendencia, que no podemos permitirnos un interés meramente académico, teórico y superficial en estas cuestiones. Todos nosotros somos seres vivos, nos enfrentamos a Dios y al Juicio eterno, y este es el único mensaje que puede ayudarnos.

Para mí, no existe nada más trágico que la incredulidad. A través de la opinión de muchas personas, uno tiene la impresión de que lo más dramático del mundo es la bomba atómica. Sin embargo, hay una cuestión aún más trágica: el hecho de que existe algo en el interior de las personas que les ha llevado a fabricar la bomba. Es en este punto donde la gente es muy superficial. No me refiero únicamente a los políticos, también estoy haciendo alusión a quienes, estando en la Iglesia, siempre hablan como los políticos; ellos son infinitamente más culpables. La cuestión que debería confrontarnos no es lo que la gente haga, sino por qué lo hacen; y el cometido del Evangelio es dar respuesta a esa pregunta.

El mundo está en su situación actual, infeliz y con problemas, simplemente porque rechaza este Evangelio. Y lo mismo ocurre con el individuo. ¿Estás atravesando un problema grave? ¿Estás apenado? ¿Te encuentras abatido? ¿Desilusionado? ¿Frustrado? El motivo es que no crees en el Evangelio de salvación y liberación. Por esa razón estamos prestando atención a esta terrible situación de incredulidad. Afirmo estas cosas por una única razón. Que Dios impida que nadie crea que me estoy limitando a exponer estos puntos para luego derrumbarlos. No cuento ni con la energía ni con el tiempo para hacerlo. No; predico de esta manera porque siento compasión por las personas que no son creyentes. Veo lo que están haciendo y veo lo que son. Pero ellos no lo ven, y mi cometido es abrirles los ojos.

Estoy tratando, pues, de emular lo que hizo Pedro. "Si de verdad queréis saber —les dijo Pedro, con otras palabras, a las autoridades—, yo os lo diré. Queréis saber con qué autoridad y poder ha sido sanado este hombre cojo. La respuesta es que el que vosotros rechazasteis es el que lo ha hecho. ¿No veis lo que estáis haciendo?". Pedro estaba preocupado por sus almas. No estaba tratando de mostrar sus habilidades, no intentaba ser inteligente. Él, junto con Juan, estaba siendo juzgado y ambos sabían que sus vidas estaban en manos de estas autoridades, quienes podían hacer con ellos lo que quisieran. Pedro no estaba actuando. Estaba diciendo la verdad y quería que estas personas la entendieran. Y en la esperanza de que, por la bendición del Espíritu, a quienes hasta ahora han rechazado el Evangelio les pueda ser concedido el poder discernir exactamente el cariz de sus acciones, es que te pido que te fijes en estas palabras escritas en Hechos.

Esto es lo significativo de la Biblia: es intemporal, pertenece a todas las épocas. Esto no se puede afirmar de ningún otro libro. Por supuesto, la gente, en su necedad, afirma lo contrario, ¿no es verdad? Los hombres y las mujeres de hoy no leen la Biblia. "¡Pasada de moda! ¡Anticuada!", dicen. Sin embargo, son los libros actuales los que se pasan de moda, los libros de ciencia necesitan una continua revisión. Los libros de texto de hace cuarenta años no son de utilidad en nuestros días en casi ninguna de sus materias. Sin embargo, la Biblia nunca caduca. Este libro, que es un libro de Historia, es también un libro que nos muestra el estado del corazón del hombre en pecado. Nos dice la verdad acerca del hombre y la mujer desde la Caída. Como hemos visto, lo que era cierto de estas personas de Hechos es igualmente cierto en cada uno de los que no creen en este Evangelio. Estamos, pues, considerando juntos este pasaje porque, como también hemos visto, siempre es más fácil reconocer algo en otra persona que en uno mismo.

Habiendo considerado, pues, la naturaleza de la incredulidad, avancemos ahora un paso más. A medida que meditamos en el versículo 11, me gustaría exponer dos características más de la incredulidad: su necedad y su futilidad.

Ahora bien, Pedro sacó a colación estos elementos citando el Salmo 118, una cita que modificó ligeramente. La palabra clave de la cita es el vocablo "edificadores": "Este Jesús es la piedra reprobada por vosotros los *edificadores*". Tengamos en mente que se estaba dirigiendo a las personalidades más importantes de Israel: los escribas, los sacerdotes, los Sumos Sacerdotes, los saduceos, los políticos. Todos estaban presentes; ellos constituían el Sanedrín. Eran los "edificadores", los líderes. Así pues, el Apóstol no habría podido recurrir a una cita más oportuna.

El problema que tiene que resolver la raza humana es el de, por expresarlo de alguna manera, construir una ciudad, una ciudad en la que podamos habitar; a esto es lo que se denomina civilización. Y hombres y mujeres están convencidos de que pueden hacerlo. Pero aquí tenemos el plan de Dios. Él está construyendo una ciudad, y lo que estamos llamados a considerar, a través de la cita del Salmo 118, es el conflicto que se genera entre ambos. Pedro hace referencia a este versículo para demostrar que Dios siempre ha ridiculizado a estos edificadores, y que siempre lo hará. Y esta es ahora, más que nunca, la palabra adecuada. Encuentro aquí, en una sola frase, la totalidad del problema de nuestros días. Esta palabra define inequívocamente a los hombres y las mujeres de hoy.

En primer lugar, examinemos la necedad de la incredulidad tal y como se nos presenta aquí. Ahora bien, la Biblia tiene muchas cosas que decir acerca de los incrédulos. Dice que han perdido el objetivo, que son blasfemos. Pero más frecuentemente dice que, en último término, son necios. "Dice el necio en su corazón: No hay Dios" (Salmo 14:1, 53:1). Nuestro Señor dijo lo mismo en la parábola del hombre rico, un hombre que se congratulaba del maravilloso orden que había impuesto en su propia vida, un hombre cuyos graneros rebosaban de producto, tanto que se tuvieron que construir graneros más grandes. Él es un ejemplo típico de las personas de éxito de nuestros días. Pero Dios dice: "Necio, esta noche vienen a pedirte tu alma" (Lucas 12:20). El pecador, el incrédulo, es, por encima de todas las cosas, un necio.

No obstante, la Biblia no solo afirma que los incrédulos son necios, lo demuestra. Muestra que la forma que, en particular, adopta esta necedad, es la del engaño a uno mismo. Si a una persona la engañan otros, en ese caso, se puede decir que quizá carece de entendimiento, o que no ha tenido el suficiente cuidado. Pero los verdaderos necios son aquellos que se engañan a sí mismos y ese, como la palabra "edificadores" demuestra, es el problema fundamental de los incrédulos. Pedro estaba diciendo: "Vosotros os consideráis edificadores, en vuestro orgullo os describís como tales y, sin embargo, esto es lo que habéis hecho: 'Este Jesús es la piedra reprobada por vosotros los edificadores'".

Las personas a las que Pedro estaba predicando eran, tengámoslo presente, quienes habían rechazado al Señor Jesucristo. El Hijo de Dios se había aparecido en medio de ellos, habían contemplado su bendito rostro, habían oído sus clementes palabras, habían visto los milagros que había hecho, le habían visto morir en la Cruz y, aun así, le habían injuriado, le habían rechazado, le habían vuelto la espalda. Habían estado tan cegados por sus prejuicios que no habían visto la gloria y el milagro. Y ahora, estaban persiguiendo a estos seguidores suyos porque creían que el Evangelio estaba mal y que lo que ellos tenían era lo correcto. ¡Ellos eran los edificadores!

Pero el Apóstol puso en evidencia su necedad. Les demostró cuán culpables eran de haberse engañado a sí mismos. Y lo hizo, primero, demostrándoles que eran jueces de sí mismos sin esperanza alguna. Se habían colgado una etiqueta. Habían dicho: "Somos edificadores. Somos hombres de entendimiento". Pero Pedro les demostró que la estima que tenían de sí mismos era completamente falsa.

¿Cómo demostró Pedro esto? Lo hizo haciendo patente que eran culpables del pecado de orgullo intelectual. ¿Por qué se llamaban a sí mismos edificadores? Porque estaban seguros de que podían resolver sus problemas. Decían al pueblo: Esta es la situación. Tenemos que construir una ciudad. Hasta ahora todo ha sido un caos. Ha habido lucha y confusión. Ahora debemos construir una sociedad perfecta. Podemos hacerlo. Tenemos los planos y todos los detalles. Nosotros somos quienes debemos hacerlo; somos los edificadores. Escuchadnos.

Y fue en este punto donde emergió su seguridad en ellos mismos. Su orgullo no tenía límites. No solo creían que podían manejar la situación, afirmaban que los seres humanos eran criaturas de un entendimiento tal, que no había nada que estuviera por encima de ellas.

¿No es esta, acaso, la raíz misma del rechazo actual a la fe cristiana? ¿No se nos está diciendo que vivimos en una era científica en la que hombres y mujeres solo creen lo que pueden ver, demostrar, probar y comprobar empíricamente? No creerán nada que se salga de esos parámetros. Dicen: "La mente humana es capaz de abarcar toda verdad". Y si les hablas de lo sobrenatural o de lo milagroso, dicen: "No creemos en eso porque no podemos entenderlo, no encaja en nuestro sistema". Ellos son los edificadores, tienen total confianza en sus intelectos. Dicen: "El hombre es el centro el universo, no hay nada fuera del conocimiento humano". No debes hablar de misterios, ni de manifestaciones sobrenaturales, no debes hablar de Dios actuando al margen de las leyes de la Naturaleza; es intolerable. ¡El hombre! Tiene que tener todo ante sus ojos, y debe abarcarlo con su mente. ¡Él es un edificador!

¿Es esto una caricatura? Creo que estarás de acuerdo conmigo en que no lo es, que te estoy dando una descripción detallada de la actitud de los hombres y las mujeres de nuestros días en cuanto a la fe cristiana. Afirman que no hay nada para lo que no estén capacitados. Tienen el poder de evaluarlo todo, a Dios incluido. Todo está sobre la mesa para su disección y análisis. Se erigen jueces. ¡Edificadores!

Como puedes ver, pues, en el falso concepto que tienen de sí mismas, las personas revelan su necedad. Admiten que el género humano tiene problemas, pero están seguras de que pueden arreglarlos. Pueden resolver el problema porque cuentan con la habilidad, con el cerebro, el conocimiento y la seguridad. Rechazan el Evangelio porque tienen sus propios remedios. ¿Qué se necesita? Según ellos, únicamente aplicar la razón. Solo hay que exponer el caso a hombres y mujeres. Ellos son criaturas tan refinadas y tienen un intelecto tan grandioso, que solo hace falta explicárselo, mostrarles los efectos malignos de ciertos pecados, para que no los cometan nunca más. Si entienden que las estadísticas demuestran que demasiado alcohol es perjudicial, entonces dejarán de tomar tanto alcohol. Muéstrales a lo que conduce la permisividad sexual, y se detendrán. Recurre a ellos: ¡animales racionales!

Así pues, se predica moralidad y se inculca Ética, se enseñan ideas sociales, se introduce la Filosofía y el pensamiento de las grandes mentes del siglo. Resumiéndolo en una sola palabra: ¡educación! Eso es lo que todas las personas necesitan. Una vez hayan sido educadas, nunca más serán culpables de ningún exceso. Una vez educadas, verán que es ridículo intentar resolver los problemas matándose unos a otros, y harán que la guerra desaparezca. Se crean, pues, ligas para poner fin a la guerra: la Liga de las Naciones, las Naciones Unidas, puedes denominarlas como quieras; la gente está muy segura de que es un hecho factible. Están muy seguros. Dicen: "No nos hables de cosas sobrenaturales, no las necesitamos. Los seres humanos son criaturas racionales, y esta es la forma que tienen de poner en orden este mundo". ¡Pero nunca lo es!

¿No es esta la postura que mantienen todos los humanistas de nuestros días? Están seguros de tener el poder para dar un diagnóstico, y la capacidad para dar lugar a los remedios adecuados. Sin embargo, yo lo resumiría todo diciendo que esto es pura sobrestimación del propio ser. ¡Los edificadores! La Humanidad con total jurisprudencia, tomando el lugar de Dios. Así es como se pone de manifiesto el engaño a uno mismo.

Pero detengámonos un momento; los hombres y las mujeres dan muestras de la misma necedad en otro sentido, que resulta ser otro matiz del autoengaño. No son únicamente sus propios jueces desesperados, ¡son jueces de piedras desesperados! ¿No es la piedra adecuada lo que busca un constructor? Especialmente cuando se está hablando de "la [gran] piedra del ángulo", la que sostendrá los muros más pesados, manteniéndolos juntos y siendo el fundamento sobre el que se puede construir todo lo demás. ¡La piedra del ángulo! Ah, los edificadores necesitan tener ojo para las piedras. Evidentemente, los novatos no las conocen, no entienden, pero los edificadores tienen ese conocimiento; saben de presiones y tensiones, saben de peso y suspensión. Son expertos en piedras. Muéstrale a un constructor la piedra adecuada y se lanzará a por ella. "Justo lo que necesitaba", dice.

Pero, según la enseñanza bíblica, eso es precisamente lo que estos líderes religiosos ni hicieron, ni pudieron hacer. "Este Jesús es la piedra reprobada por vosotros los edificadores"; ellos la rechazaron. Tenían frente a sí una piedra maravillosa, podríamos decir, ofreciéndoseles, y ellos la miraron y le volvieron la espalda con desprecio. "Inútil —dijeron—; no debemos molestarnos con ella. Desechadla".

Este es el drama que aparece descrito en los cuatro Evangelios, y hacia él se dirige a menudo nuestra atención aquí, en Hechos de los Apóstoles, especialmente al comienzo mismo. Pedro menciona "la piedra" aquí y, de nuevo, en su carta (1 Pedro 2:4,6). ¿A qué se refiere? Oh, está hablando de Jesús de Nazaret. De repente aparece, en su propia tierra de Palestina, esta bendita persona: Jesús de Nazaret; Aquel que nació en un pesebre, el niño que, a la edad de doce años, podía confundir a los doctores de la Ley en el Templo y Aquel que, a la edad de treinta años, sería el hacedor de milagros, un asombroso predicador y maestro. Y, sin embargo, vemos aquí a los expertos, los maestros religiosos, los fariseos, los políticos, los saduceos, los doctores de la Ley, los Sumos Sacerdotes, los dirigentes; todos le miran y dicen: "¿Quién es este que está aquí de pie y afirma ser un maestro?". "¿Cómo sabe éste letras, sin haber estudiado?" (Juan 7:15). "¿Con qué autoridad haces estas cosas?" (Marcos 11:28). El apóstol Pablo lo resume en 1 Corintios 2:8: "[...] ninguno de los príncipes de este siglo conoció; porque si la hubieran conocido, nunca habrían crucificado al Señor de gloria".

Aquí tenemos la prueba de un buen edificador: ¿Es capaz de escoger algo sólido, duradero, que pueda soportar la tensión y la presión? Estos líderes judíos, quienes se llamaban a sí mismos "edificadores", querían algo lo suficientemente grande y extraordinario como para construir su mundo y su civilización, pero rechazaron al Hijo de Dios. El drama supremo de toda la Historia es que, cuando los hombres y las mujeres se encuentran frente al único que es capaz de resolver los problemas y contestar las preguntas, lo rechazan con burlas y mofas.

Pero los líderes judíos no solo rechazaban a Jesús de Nazaret y su enseñanza, sino que consideraban que la doctrina apostólica acerca de su muerte era el colmo de la necedad: "para los judíos ciertamente tropezadero, y para los gentiles locura" (1 Corintios 1:23). Se mofaban ante la idea de que alguien que había muerto en una Cruz fuera el Salvador del mundo. ¡Pensaban que era monstruoso, ridículo! "La sangre de Cristo —decían—, ¡no hablemos de semejante tontería!".

Los hombres y las mujeres aún dicen esto, pero están rechazando el plan de salvación de Dios. ¿No es interesante ver las objeciones que la gente le pone al Evangelio? Siempre ha sido en este punto donde los edificadores se han descubierto. Actualmente, hay muchos que creen que Jesús fue un hombre perfecto, pero diles que es Dios: lo odian. Aceptarán su enseñanza moral, pero no sus milagros. Creerán que la suya fue la muerte de un pacifista, que el mundo no le entendió y que, trágicamente, se equivocaron al darle muerte. Eso está muy bien, e incluso hay un punto de belleza y maravilla en todo ello. Pero si les dices que Dios: "cargó en él el pecado de todos nosotros"

(Isaías 53:6), se enfurecerán y dirán que eso es insultante e inmoral. Si dices que "por su llaga fuimos nosotros curados" (Isaías 53:5), te llenarán de injurias. En el momento en que les digas que enseñó la doctrina del nuevo nacimiento y que no vino al mundo simplemente con el propósito de enseñar y hacer mejores a hombres y mujeres, sino para darles nueva vida haciendo posible que "[nacieran] de nuevo", que nacieran del Espíritu, entonces te enseñarán sus dientes y te dirán que les estás insultando. "¿Tan malos somos —dicen— que necesitamos esto?".

Estas son las doctrinas a las que la gente se opone, y vilipendia a todo aquel que las predica. Nuevo nacimiento, regeneración, el poder del Espíritu Santo en nosotros; estas son las verdades que hacen que los edificadores se descubran a sí mismos como jueces fatales de las piedras que se les ofrecen al intentar levantar una ciudad.

Y, por último, estos edificadores son considerados fraudes por la gente corriente. Fíjate en el versículo 4 de este capítulo, es muy interesante. El versículo 3 dice: "Les echaron mano [las autoridades], y los pusieron en la cárcel hasta el día siguiente, porque era ya tarde". Y después, el versículo 4 añade: "Pero muchos de los que habían oído la palabra, creyeron; y el número de los varones era como cinco mil". Esto es maravilloso. Es lo que el apóstol Pablo percibió en Corinto. Aquí es donde "la sabiduría de este mundo" siempre evidencia la verdadera necedad que encierra (1 Corintios 3:19).

Nuestro Señor mismo había enseñado que el mundo lo rechazaría. En la parábola del hombre que tenía dos hijos, el padre les dijo a ambos que fueran y trabajaran en su viña. Un hijo dijo: "¡No lo haré!". Pero después cambió de opinión y fue. El segundo hijo contestó: "Iré". Pero no fue. Entonces nuestro Señor planteó la siguiente pregunta: "¿Cuál de los hijos hizo lo que el padre quería?". Quienes le estaban escuchando respondieron: "El primero". Y después leemos:

Jesús les dijo: De cierto os digo, que los publicanos y las rameras van delante de vosotros al reino de Dios. Porque vino a vosotros Juan en camino de justicia, y no le creísteis; pero los publicanos y las rame-

ras le creyeron; y vosotros, viendo esto, no os arrepentisteis después para creerle.

(Mateo 21:31-32).

Ahí estaban las autoridades negándolo, manteniéndose al margen, mientras que la gente corriente —los recaudadores de impuestos y las prostitutas— se agolpaba a entrar en su Reino. Y vemos que la misma situación se repite aquí, en Hechos.

El apóstol Pablo, pues, recuerda a los cristianos en Corinto que era el sabio y entendido (cf. Mateo 11:25) quien rechazaba el Evangelio:

Pues mirad, hermanos, vuestra vocación, que no sois muchos sabios según la carne, ni muchos poderosos, ni muchos nobles; sino que lo necio del mundo escogió Dios, para avergonzar a los sabios; y lo débil del mundo escogió Dios, para avergonzar a lo fuerte; y lo vil del mundo y lo menospreciado escogió Dios, y lo que no es, para deshacer lo que es.

(1 Corintios 1:26-28).

Esta ha sido la maravillosa historia de la Iglesia y la fe cristianas a lo largo de los siglos. Lo que la sabiduría de este mundo no ha sido capaz de hacer, el Evangelio de Cristo lo ha hecho; y mientras que el sabio y el prudente se han quedado fuera, con sus críticas y desprecios, viviendo una vida de pecado y vergüenza y muriendo sin esperanza, las personas sencillas, ignorantes y corrientes, a veces desde las mismas cloacas de la vida, han estado entrando en el Reino, se han convertido en santos y han muerto en victoria. ¡Oh, la inefable necedad de los edificadores, estas personas inteligentes que creen que entienden y conocen! ¡Oh, el fatal autoengaño que cree que puede arreglar las cosas y que todo debe estar sometido a la crítica de su mente! ¡Oh, la necedad de todo ello!

Pero permítaseme pasar ahora a hacer mención de la futilidad de la incredulidad, lo cual, evidentemente, es aún más grave. No hay nada en este mundo que sea tan vano como la incredulidad. Todo son palabras, nada más que palabras, y a esto aludía Pedro al citar el Salmo 118. Ahí estaban aquellos inteligentes líderes, estas personas que tanto hablaban y que enseñaban a otros. ¿Qué hacían? La respuesta es: ¡nada!

¿Estoy exagerando? Bien, sometámoslo a una sencilla prueba. El cometido de un edificador es construir. Existe lo que se denomina un "tapagujeros" ¿no es así? ¡Y siempre resulta ser un buen hablador! Sin embargo, uno no lo valora por su conversación, sino por el edificio que levanta. Así pues, observa a las personas que, con tanta burla e irrisión, rechazan el Evangelio en nuestros días, como lo hicieron estas autoridades en Jerusalén en los albores mismos de la Iglesia cristiana. En nuestros días, las personas son edificadoras. Están preocupadas —dicen— por la sociedad, por la gente, por la situación del mundo. Son los humanistas que rechazan el Evangelio creyendo que pueden arreglar las cosas.

Hagámonos, pues, una sencilla pregunta: ¿Qué ha hecho la civilización? Hace ya tiempo que existe, ¿en qué ha tenido éxito, en realidad? ¿No es hora de que empecemos a examinar el edificio? No queremos charlas, queremos resultados. ¿Pero a qué han dado lugar los edificadores? Hace unos sesenta o setenta años, la Iglesia cristiana comenzó a predicar un nuevo Evangelio. Se denominaba "Evangelio social" y, desde entonces, la Iglesia lo ha estado predicando. Dice: ese antiguo Evangelio, ese viejo mensaje evangélico, estaba siempre basado en lo personal. Pero eso no es correcto, es aun antibíblico e inmoral. Necesitamos un Evangelio social, un Evangelio que arregle la situación en Vietnam y no que hable de una relación personal con Dios. No, no; necesitamos una visión amplia, una preocupación por el estado de la sociedad y los asuntos de la nación.

El antiguo Evangelio, pues, se dejó a un lado. Los predicadores del Evangelio social dicen que no hay necesidad de lo milagroso ni lo sobrenatural, que las gentes primitivas invocaban a lo sobrenatural llevados por su ignorancia, pero la ciencia ha demostrado la imposibilidad de lo milagroso. Predican, pues, moralidad, buena conducta, la importancia de la educación, e inculcan buenos principios. Dicen: "Haced esto, y el mundo será perfecto".

Bien, lo único que preguntaría en este punto, sería lo

siguiente: ¿Dónde está el edificio? Los edificadores han dicho: "Tenemos los planos, tenemos los detalles, podemos decirte exactamente lo que tienes que hacer. No tienes más que hacerlo para obtener un edificio duradero. Conseguirás un mundo perfecto. Por medio del parlamento del hombre y la federación del mundo, la guerra será abolida". Han enseñado a la gente a que deje de acudir a los lugares de culto. Han dicho que el mundo se puede mejorar a través de la política. No hay necesidad de creer en un Dios sobrenatural, lo único que se precisa es ponerse manos a la obra en cuanto a acción política, y aprobar los decretos del Parlamento. Se puede legislar un paraíso; y lo han estado intentando. Pero nuestro mundo actual es la respuesta a esos edificadores. Son unos oradores maravillosos, ¿pero qué han hecho? ¿Dónde está el edificio? ¿Hacia dónde nos ha conducido toda su educación? Veo números que demuestran el incremento de la delincuencia juvenil. ¿Cuál ha sido el resultado de toda la enseñanza ética? Piensa en las estadísticas de los juzgados de divorcio. ¿Qué ha producido la civilización? ¿Dónde está esta ciudad? La respuesta es que no hay nada que ver. Los edificadores son necios, habladores, fanfarrones; siempre están ideando planos, pero no sucede nada. Oh, permítaseme hacer un compendio de todo ello a través de una estrofa procedente de un himno:

Gloria y vanidad terrenas,
la corona y el poder;
lo que el hombre se construye
siempre al polvo ha de volver.

¿No es esto, acaso, lo que le está sucediendo a nuestra civilización? El mundo entero está podrido y desconcertado. No existe ningún lugar seguro. No hay estancia en la que uno pueda sentarse y estar tranquilo, disfrutando. El mundo se desmorona. No hay más que palabras, palabras y palabras. ¡Oh, la futilidad de las palabras de los incrédulos que no conducen a ningún edificio! La única respuesta es:

Mas de Dios
el poder
es mi templo y torre fiel.

JOACHIM NEANDER

Pero aún peor, estos edificadores no se dan cuenta de que están luchando contra el plan de Dios y contra su propósito, lo cual, evidentemente, era el punto al que Pedro quería llegar. Decía: Me preguntáis que con qué poder y bajo qué autoridad hemos hecho posible que este hombre cojo anduviera. Y Pedro continuó: "Sea notorio a todos vosotros, y a todo el pueblo de Israel, que en el nombre de Jesucristo de Nazaret, a quien vosotros crucificasteis y a quien Dios resucitó de los muertos, por él este hombre está en vuestra presencia sano" (versículo 10). Esa es la respuesta.

"¿No veis lo que estáis haciendo? —dijo Pedro, con otras palabras—. Estáis desafiando al Dios vivo, estáis resistiendo al Todopoderoso. Estáis tratando de edificar y estáis desatendiendo el edificio de Dios. No tenéis nada, pero su edificio permanece. Sois tan necios que no sois conscientes de que el que vosotros rechazasteis, es la piedra del ángulo del edificio. Jesús de Nazaret es el Salvador, Él es el Mesías. ¿No lo sabéis? —les preguntó Pedro—. ¿Por qué no leéis vuestra propia Historia? Dios ha anunciado su plan: la semilla de la mujer herirá la cabeza de la serpiente (cf. Génesis 3:15). Ahí está; ahí está el fundamento. ¿Por qué no os dais cuenta de ello? Leed los profetas, ved cómo señalan al que había de venir. Y ha venido, es la piedra del ángulo y no os dais cuenta. Decís que queréis un edificio: ¿No veis que lo que necesitáis es una "ciudad que tiene fundamentos, cuyo arquitecto y constructor es Dios" (Hebreos 11:10)?

"¿Cuándo vais a abandonar esa fatal confianza en vosotros mismos que no conduce a nada, y cuándo empezaréis a consultar y a escuchar al Arquitecto celestial? Olvidaos de vuestros pequeños planes que siempre han sido reprobados y abatidos hasta el polvo, y "humillaos [...] bajo la poderosa mano de Dios" (cf. 1 Pedro 5:6). Dios reveló su plan en el huerto de Edén, lo renovó, haciéndolo más sencillo con Abraham, Isaac y Jacob. Con Moisés dio lugar a ciertas especificaciones. Leed los profetas.

"¡Necios ciegos! —decía Pedro—. Este es el plan de Dios, el edificio de Dios, la ciudad de Dios. ¿No os dais cuenta de que Dios os ha revelado la piedra del ángulo, la cabeza del ángulo, la única piedra que puede soportar el peso, aguantar las presiones y mantener unidos los muros? Oh, edificadores, ahí estáis, interesados en vuestras naderías, haciendo caso omiso del asombroso plan de Dios. Lo ha puesto delante de vuestros ojos, y no lo habéis visto".

Oh, la ceguera de la incredulidad, la futilidad. Siempre se queda en nada. Pero permíteme recordarte esto antes de finalizar. Aquí tenemos un mensaje que nos habla, asimismo, de las amenazas que acechan a la incredulidad; las amenazas ciertas e inevitables, la destrucción. También estaba diciendo Pedro: ¿No os dais cuenta de que Dios os está poniendo en ridículo? Habéis reprobado la piedra del ángulo, y Dios os ha mostrado vuestra necedad, ¿no lo veis? Os está desenmascarando antes de que sea demasiado tarde. ¿No os dais cuenta de que estáis luchando, no solo contra la sabiduría de Dios, sino también contra su poder?

Y este es el hecho que la Biblia enseña continuamente acerca de los incrédulos. Son como los siervos del rey Canute, tan seguros de su extraordinario poder que creyeron que él podía desafiar al océano. Él tomó asiento y dijo: "Detente, no te acerques más". Pero las olas no atendieron, y se acercaron. Pensar de otro modo sería una locura, sería estar borracho de auto confianza y poder. Y, sin embargo, esa es la descripción de los incrédulos. Están luchando contra aquello que es seguro, están oponiéndose a lo irresistible.

Esto es lo que hace que las palabras de Pedro sean tan desesperadamente graves y urgentes para todos nosotros. Escuchad —dijo Pedro—, ¿quién ha hecho este milagro? Permitidme que os responda. El Jesús que vosotros crucificasteis, cuyo cuerpo pusisteis en una tumba, ¡Él lo ha hecho! No pudisteis matarlo; Él vive, vive para siempre. La piedra que vosotros los edificadores desechasteis, ha venido a ser cabeza del ángulo. Y este es el mensaje de toda la Biblia.

Antes del diluvio, la gente se reía de Noé. Lo ridiculizaban. Consideraban gracioso el que un hombre estuviera construyendo un arca y que dijera que iba a haber una gran inundación. Era un chiste estupendo. Todos se habían divertido con ello. "Estaban comiendo y bebiendo, casándose y dando en casamiento" (Mateo 24:38). Pero eso no afectó a la llegada del diluvio. La amenaza de Dios tuvo su cumplimiento.

¿No ocurrió exactamente lo mismo con Faraón, el dictador de Egipto, quien desafió al Dios viviente? Ahí lo tenemos, persiguiendo a esas personas insignificantes y diciendo: "Los tengo. ¿Quién es este Dios? Yo les mostraré quién es Dios. ¡Les demostraré quién tiene el poder!". Y ahí lo tenemos, contando sus carros y sus caballos, galopando tras ese grupo de personas. "¡Allí está el Mar Rojo! Los tengo". No, no; el Mar Rojo se abre y los hijos de Israel pasan a través del lecho marino, mientras que Faraón y sus ejércitos perecen ahogados. Los edificadores se descubren en su futilidad.

Piensa en un hombre como Nabucodonosor. Se hace a sí mismo un dios y quiere que la gente lo adore. Pero Dios golpea, y ahí lo tenemos, como una bestia en el campo, viviendo con los animales, comiendo hierba; un monstruo. Este es el Dios que actúa.

Pero, por supuesto, el ejemplo más impactante de todo esto, es el que Pedro presentó ante todas esas personas. En su amor, misericordia y compasión, Dios envió a su propio Hijo al mundo. Oh, Él dio muestras de la divinidad de su Hijo. Aun los guardas del Templo, dijeron: "¡Jamás hombre alguno ha hablado como este hombre!" (Juan 7:46). Dios encarnado, enviado para salvar al mundo, pero los edificadores del mundo lo rechazaron, y se dijeron astutamente unos a otros: "Lo único que hay que hacer con Él es darle muerte". Conspiraron, pues, juntos. Dijeron: "Si le damos muerte, se acabará todo, y entonces podremos continuar como antes". Y lo mataron. ¡Pero resucitó! "La piedra que desecharon los edificadores ha venido a ser cabeza del ángulo" (Salmo 118:22).

Guardia y sello vanos son,
Cristo la muerte venció:

Edificadores necios y vanos
el Infierno conquistó,
las puertas del Cielo abrió.

CHARLES WESLEY

"[Se le soltaron] los dolores de la muerte" (cf. Hechos 2:24), y se levantó triunfante aun de la tumba, y aquí lo tenemos, aún en activo. Lo habían rechazado, pero Él estaba allí. No te puedes deshacer de Él. Dios le ha hecho la cabeza del ángulo. La misma sanidad del cojo era una prueba absoluta de ello y, unos pocos años más tarde, la destrucción de Jerusalén fue una prueba más.

Pero las persecuciones continuaron; la Humanidad no cambia. Los emperadores romanos creyeron que podían exterminar la Iglesia cristiana. ¿Pero qué sucedió? Bien, cuantos más cristianos mataban, más crecía la Iglesia. "La sangre de los mártires es la semilla de la Iglesia". La piedra que los edificadores rechazaron, siempre se convierte en cabeza del ángulo. ¿Y no es esta la gran historia de todos los grandes avivamientos de la Iglesia cristiana? Precisamente cuando la gente está segura de que el cristianismo está llegando a su fin, Dios envía avivamientos. La Iglesia moribunda despierta, llena de vida nueva, imbuida de poder, dispuesta para mayores conquistas. "La piedra que desecharon los edificadores ha venido a ser cabeza del ángulo".

No puedes ganar contra Dios, pues estás luchando contra el Dios eterno y omnipotente. Y el propio mundo de nuestros días es una prueba positiva de todas estas cosas. La obra de los edificadores es una ruina en todo el universo. ¡Oh, la astucia y la inventiva de los hombres y las mujeres! ¡Cómo alardean de su ciencia y de su conocimiento! ¡Y mira los resultados! Pero Dios sigue adelante, y seguirá. El Cristo está siendo predicado, y hombres y mujeres están siendo salvos. Él sale "venciendo y para vencer" (cf. Apocalipsis 6:2).

Y así, desde esta perspectiva, miramos hacia el futuro, y lo que vemos es este mismo principio: "Este Jesús es la piedra reprobada por vosotros los edificadores, la cual ha venido a ser cabeza del ángulo".

A la diestra de Dios
espera a someter
al adversario cruel
rendido ante sus pies.

CHALES WESLEY

Incrédulo, le vas a ver. "Todo ojo le verá" (Apocalipsis 1:7). Él volverá otra vez. Que los hombres y las mujeres inteligentes se mofen de Él, que los edificadores se rían de Él y lo rechacen, que la Filosofía se burle de Él, porque vendrá el día en que "en el nombre de Jesús se doble toda rodilla de los que están en los cielos, y en la tierra, y debajo de la tierra; y toda lengua confiese que Jesucristo es el Señor, para gloria de Dios Padre" (Filipenses 2:10-11).

¿No puedes ver, mi querido amigo, la futilidad de todo ello? ¿No puedes apreciar la locura que supone? Estás desafiando al Dios vivo. Él te ha dado prueba definitiva de ello en la resurrección de su querido Hijo. Necios —dice Pedro—, ¿no os dais cuenta de que el Cristo, a quien vosotros rechazasteis, está vivo? Él ha sanado a este hombre. Es este Jesús de Nazaret y el poder de su nombre, el que le ha dado sanidad completa a este hombre en presencia de todos vosotros.

No podéis deshaceros de Él. Matadle: ¡vuelve! Enterradle: ¡resucita! Está sentado a la diestra de Dios, y todo poder le ha sido dado. Está llevando a cabo su plan, todos los detalles se están elaborando concienzudamente. Él conoce a su pueblo, y lo está salvando generación tras generación "hasta que haya entrado la plenitud de los gentiles; y luego todo Israel será salvo" (Romanos 11:25-26). Entonces volverá, y juzgará al mundo en Justicia, y todos aquellos que le hayan rechazado irán a la perdición eterna. Pero todos los que hayan creído en Él, quienes hayan confiado en Él, brillarán junto a Él como el Sol, y compartirán su gloria eterna, y reinarán con Él.

4
El único Salvador

Y en ningún otro hay salvación; porque no hay otro nombre bajo el cielo, dado a los hombres, en que podamos ser salvos.
(Hechos 4:12).

En el discurso que ha dirigido al pueblo, Pedro ha puesto de manifiesto la necedad y la futilidad de la incredulidad, para después llegar a este punto culminante. Es una afirmación concluyente y de gran importancia; de hecho, es un resumen del mensaje cristiano. Es, evidentemente, lo mismo que nuestro propio Señor había dicho en muchas ocasiones durante su ministerio en la Tierra. Había dicho, por ejemplo: "El Hijo del Hombre vino a buscar y a salvar lo que se había perdido" (Lucas 19:10). "Yo, la luz, he venido al mundo" (Juan 12:46). Y, especialmente, después de su resurrección, cuando había reunido a sus Apóstoles y les explicó las Escrituras del Antiguo Testamento, había dicho: "Así está escrito, y así fue necesario que el Cristo padeciese, y resucitase de los muertos al tercer día; y que se predicase en su nombre el arrepentimiento y el perdón de pecados en todas las naciones, comenzando desde Jerusalén. Y vosotros sois testigos de estas cosas" (Lucas 24:46-48). Les había dicho que les daría poder para ir y predicar el Evangelio "hasta lo último de la Tierra" (cf. Hechos 1:8), y ahora, aquí, ellos empiezan a hacerlo.

Nos encontramos, pues, cara a cara con la gran afirmación

central de la Iglesia cristiana. Obviamente, por tanto, cualquier cosa que afirme tratarse de enseñanza cristiana debe ser juzgada a la luz de esta declaración. Existe mucha confusión en el mundo actual respecto a lo que es el cristianismo, pero aquí, en este único versículo, encontramos la prueba definitiva. Si cualquier cosa que se afirme cristiana no se ajusta a esto, es falsa. Este es el cristianismo fundamental. La Iglesia está "[edificada] sobre el fundamento de los apóstoles y profetas" (Efesios 2:20), y ese fundamento está aquí, bajo esta forma sumamente sucinta y apropiada, para que todos podamos recordarla siempre.

Ahora bien, en la actualidad, es evidente que lo que se denomina "cristianismo moderno" o "cristianismo radical", no solo difiere de las palabras de Pedro en el versículo 12, sino que parece apartarse de su camino para negarlas punto por punto. Es casi increíble, pero es la verdad.

¿Qué es lo que estas personas rechazan de este antiguo Evangelio? Por encima de todo, les disgusta su afirmación exclusivista. Dicen: "Sois arrogantes. Decís que únicamente vosotros tenéis la razón, que solo vosotros conocéis la verdad acerca de Dios. ¿Y el hinduismo, el confucionismo o el islamismo? ¿Por qué decís que este mensaje, y solo este, es verdadero? No debéis afirmar eso". Y luego añaden: "No debemos enviar misioneros a la India, a África o a Asia y decirle a la gente: 'Escucha, solo esto es la Verdad'. ¡No, no! Tenemos que ir y decir: 'Lo que tenéis está bien, pero creemos que deberíais conocer esto también'. Y no debéis decir que existe el 'no cristiano'". Los teólogos de nuestros días no se cansan de decirnos que necesitamos la nueva percepción que aportan otras religiones, así como la ayuda de la Filosofía y el aprendizaje modernos, y que, tomando todo ello, de una u otra manera, en un momento u otro, nos proporcionará un destello de la Verdad.

Esa es la postura actual, con la cual estás familiarizado. Se ofrece al mundo como algo que atraerá a los intelectuales de nuestros días. Sus partidarios aseguran: "La gente ya no cree que Dios sea una persona, un Dios personal. No creen en lo sobrenatural, no creen en lo milagroso. Ahora somos científicos. Si quieres, pues, atraer a las mentes científicas, intelectuales y cultivadas, tienes que presentar este nuevo cristianismo radical". Pero este único versículo basta para responder a todo esto. Este versículo demuestra que el "cristianismo radical" no es cristianismo en absoluto, sino una negación del mismo, como voy a mostrarte, en todos y cada uno de sus puntos esenciales.

Lo que es más, lo que me parece sumamente interesante es que, lejos de atraer a los intelectuales, los humanistas, los ateos, y otros que se encuentran fuera de la Iglesia cristiana, este "cristianismo radical" no los atrae en absoluto. Ahora bien, no estoy dando únicamente mi opinión. Hace poco leí, aunque parezca extraño, en *Punch,* otro artículo importante escrito por la brillante humanista atea Marghanita Laski. Escribe Laski que el cristianismo actual que se está ofreciendo a personas como ella no es, para empezar, cristianismo. Añade que no entiende por qué los teólogos contemporáneos insisten en seguir hablando de Jesús y en mantener sus sacramentos, ya que estas cosas no guardan ninguna relación con su enseñanza. Y no duda en afirmar que, a pesar de que ella no cree en la antigua presentación, al menos es consecuente en sí misma, mientras que no se puede afirmar lo mismo de la nueva interpretación.

Los teólogos están tratando de dar lugar a un Evangelio que atraiga al intelectual de nuestros días, pero los intelectuales de hoy ven más allá y dicen: "Ahora estás diciendo lo que nosotros siempre hemos dicho". Así pues, el "cristianismo radical" no es en absoluto cristianismo; esa es la sencilla verdad. Ahora bien, quiero explicar por qué hablo de esto en relación con la gran afirmación que el apóstol Pedro pronunció en Hechos capítulo 4, versículo 12. *Esto* es el cristianismo, esto es lo que ha salvado a los hombres y las mujeres a lo largo de los siglos, y es lo único que puede salvarlos ahora.

¿Qué nos dicen las palabras de Pedro? Permíteme ofrecerte dos propuestas. La primera es la siguiente: el Señor Jesucristo es el Salvador. Fíjate en la forma en que lo expresa Pedro: "Y en ningún otro —dice— hay salvación; porque no hay otro nombre bajo el cielo, dado a los hombres, en que podamos ser salvos". Nos encontramos ante la primera gran afirmación de la fe cristiana. El acento recae sobre lo que el Señor Jesucristo hace. ¡Oh, cuán ciegos estamos a esto por naturaleza! Pedro contaba con un ejemplo obvio que podía utilizar. Ahí estaba, sometido a juicio porque había sanado a un hombre cojo. Pedro se volvió a las autoridades y dijo, con otras palabras: "Nos estáis poniendo a prueba a causa del beneficio hecho al hombre enfermo. Queréis saber por qué medios fue sanado. Yo os lo diré. No lo hemos hecho por nuestro propio poder; de hecho, nosotros no lo hemos hecho en absoluto". Así pues, ¿quién había sido el autor? Y Pedro dijo: "Sea notorio a todos vosotros, y a todo el pueblo de Israel, que en el nombre de Jesucristo de Nazaret, a quien vosotros crucificasteis y a quien Dios resucitó de los muertos, por él este hombre está en vuestra presencia sano" (versículo 10).

¿Qué sanó al hombre? Fue el nombre de Cristo. En la Biblia, las palabras "en el nombre de" significan "por el poder de". Por ese motivo las autoridades les habían preguntado: "¿Con qué potestad, o en qué nombre, habéis hecho vosotros esto?" (versículo 7). Pedro le había dicho al cojo: "En el *nombre* de Jesucristo de Nazaret, levántate y anda" (Hechos 3:6). Estaba afirmando aquí, pues, que fue el poder de Cristo lo que obró el milagro. Cristo había sanado al hombre. Cristo le había dado el poder para ponerse en pie y caminar. Y escuchad —dice Pedro—, la salvación, asimismo, es enteramente el resultado de la obra de Cristo. Él es quien lo hace todo.

Ahora bien, hago hincapié en el hecho de que es Cristo quien trae la salvación, porque hay un grave malentendido a este respecto. Hay personas que piensan que nuestro Señor es alguien que nos enseña cómo salvarnos a nosotros mismos. "Ah, sí —dicen—, Jesús fue un gran maestro. Me gusta leer el Sermón del Monte. Eso es lo que quiero, y estoy tratando de poner en práctica su enseñanza ética". Su idea es que si tomas su enseñanza y la aplicas, entonces te haces cristiano y empiezas a conocer a Dios. Otros resaltan la importancia de su ejemplo. Dicen que no solo enseñó, sino que también puso en práctica lo que enseñaba. Proporcionó prueba visible de la verdad de los principios de su propia enseñanza. Vemos ahí una vida correcta y perfecta, y lo que se debemos hacer es imitarla. Se ponen, pues, manos a la obra en la tarea de "imitar a Cristo". Lo expresan de muy distintas formas, pero todo se resume en el hecho de que le consideran alguien que vino a enseñarnos cómo podíamos salvarnos a nosotros mismos. Él nos dice lo que debemos y no debemos hacer, y entonces, a medida que pongamos sus palabras en práctica, nos iremos sintiendo mejor paulatinamente y seremos cada vez más libres.

Sin embargo, esto se contrapone radicalmente a lo que el Apóstol dice. El ejemplo lo demuestra, ¿no es así? Pedro y Juan no le dijeron al cojo que comenzara a hacer una serie de ejercicios. No le dijeron: "Bueno, buen hombre, no has podido andar en toda tu vida, pero nosotros podemos curarte, aquí tenemos un tratamiento. Si te das cuenta, has cometido un error, has perdido la esperanza, no has intentado utilizar tus músculos. Tienes que intentarlo. Al principio te parecerá inútil, pero debes concentrarte y utilizar tu fuerza de voluntad. Primero, tienes que mover los músculos de tu pierna derecha. Empieza lentamente con el pie y ve subiendo gradualmente. Después, sigue con la izquierda, haciendo lo mismo, y verás que lentamente te vas encontrando mejor y más fuerte. Y, por último, te lo aseguramos, serás capaz de ponerte de pie". No, no; Pedro dijo exactamente lo contrario.

El cristianismo no es un tratamiento, no nos da las instrucciones para que sepamos cómo ponernos bien. A un hombre que estaba paralítico, que nació cojo, el Apóstol le dijo: "En el nombre de Jesucristo de Nazaret, levántate y anda". Y lo hizo. ¡Inmediatamente! Cristo sanó a ese hombre allí y en ese momento. El primer principio de este Evangelio es que Él es el Salvador. Él no vino al mundo para decirnos lo que tenemos que hacer, sino para hacerlo por nosotros. No vino para enseñarnos cómo salvarnos a nosotros mismos, sino para salvarnos. La salvación es obra suya, Él lo ha hecho, Él es el Salvador: "Porque el Hijo del Hombre vino a buscar y a salvar lo que se había perdido" (Lucas 19:10). Ante todo y sobre todo, Él no es un instructor, ni un maestro, ni un ejemplo, sino, como prueba este ejemplo y la forma en que Pedro lo utilizó, Él es un Salvador. En *su nombre* somos salvos: "Porque no hay otro nombre bajo el cielo, dado a los hombres, en que podamos ser salvos".

Esa es la primera propuesta. ¿Lo tienes claro, o aún estás tratando de hacerte cristiano? ¿Crees que puedes conseguirlo?

¿Crees que siguiendo un tratamiento puedes hacer de ti una buena persona, un cristiano, y reconciliarte con Dios? Bueno, en ese caso, no necesitas ir más lejos, estás completamente equivocado. El inicio de este mensaje es que Él salva, por el poder de su nombre. Él es el Sanador, Aquel que nos hace libres. La salvación es obra suya en su totalidad. No se le dan instrucciones ni reglas a un hombre que ha nacido cojo, que no tiene fuerza ni puede generarla. No, no; se necesita un milagro, y nuestro Señor vino para hacer posible ese milagro.

En segundo lugar, nuestro Señor —asegura Pedro— es el *único* Salvador. "Y en ningún otro hay salvación; porque no hay otro nombre bajo el cielo, dado a los hombres, en que podamos ser salvos". Pedro lo repite dos veces para darle más importancia. Por otra parte, este segundo punto es absolutamente fundamental. Este, como he dicho, es el punto al que las personas inteligentes de nuestros días ponen más reparos. "Está bien —dicen—, nos interesa tu cristianismo, pero cuando afirmas que es el único camino, estás siendo arrogante e intolerante". Sin embargo, todo el Evangelio depende de esto, como te demostraré.

Nuestro Señor mismo reivindicó constantemente que era el único Salvador. No dudó en afirmar: "Yo soy la luz del mundo" (Juan 8:12, 9:5). Esa es la declaración más exclusiva que jamás se puede hacer. Además, dijo: "Yo soy el pan de vida" (Juan 6:35,48) y: "Yo soy el camino, y la verdad, y la vida; nadie viene al Padre, sino por mí" (Juan 14:6). Ahora bien, o esto es verdad, o es el disparate más grande que jamás haya sido pronunciado. Eso es lo que Él dijo, y Pedro y Juan estaban afirmando lo mismo. El apóstol Pablo lo expresa aún más firmemente al escribir a los gálatas, cuando dice: "Mas si aun nosotros, o un ángel del cielo, os anunciare otro evangelio diferente del que os hemos anunciado, sea anatema" (Gálatas 1:8).

Cuando Pedro dijo: "No hay otro nombre", estaba insistiendo en que ningún otro individuo que haya vivido o que viva alguna vez en este mundo, puede hacer esta afirmación de sí mismo. Sostenemos que Jesús de Nazaret es único. No pertenece a ninguna categoría, no se puede situar a nadie más en la misma clase. Él está solo. No es uno de tantos. No es simplemente el mejor de entre muchos. Hay personas que se refieren a Él en estos términos, tienen una lista. Hablan de Platón, Sócrates, Aristóteles, Moisés, Jeremías, Jesús, y después muchos otros pensadores que vivieron desde entonces. Pero eso implica negarle totalmente. No hay otro, no hay un segundo. No se trata de si es mejor que todos los demás, Él es diferente. Él y solo Él salva.

También podemos expresar esta idea de otro modo: el Apóstol no solo afirma que no existe ningún otro que pueda salvarnos o hacernos libres, sino también que nuestro Señor no necesita ayuda. Solo Él salva, y lo hace a la perfección. No tienes que traer a nadie más para que colabore como su ayudador o su asistente. Permítaseme decir esto con reverencia: Él no necesita la ayuda de la virgen María. Ella no es una "corredentora", porque Él es el Redentor completo, total y suficiente en sí mismo. Él es todo en todo, y adherirle alguien, aun su madre, es negarle, y es blasfemia.

Hablar, por tanto, de sincretismo o eclecticismo es negar el Evangelio. Hablar de un "Congreso mundial de creencias" y decir: "Sí, nos interesa mucho la contribución del hinduismo, y estamos deseando escuchar lo que el islamismo tiene que decir, y nos interesa la nueva percepción que aporta el confucionismo"; decir todo esto es negarle. Si le añades algo, desechas todo de Él. ¡No, no! "No hay otro nombre". Él, en y de sí mismo, y solo, es el Salvador del mundo. Pasemos a examinar este punto, ya que parece haber sido el que con más vehemencia ha sido impugnado, y el que el llamado intelectual imparcial y equilibrado de nuestros días, ha considerado como una afirmación asombrosamente arrogante. Veamos por qué lo dijo el Apóstol, y por qué nuestro Señor mismo efectuó tal aseveración. La respuesta la tenemos aquí ampliamente desarrollada, y en cualquier otro pasaje del Nuevo Testamento. Y, mientras consideramos su enseñanza, veremos a dónde se dirigen directamente los hombres y las mujeres modernos. Veremos, igualmente, por qué rechazan el Evangelio. Todo ello aparece aquí, frente a nosotros, con toda claridad y sencillez.

¿Por qué, pues, se levantan objeciones cuando decimos que solo Cristo es el Salvador? La respuesta es bastante simple: Se debe enteramente al hecho de que no se logra entrever la naturaleza y la profundidad del problema. Esa es la cuestión. Permíteme mostrar lo que quiero decir. ¿Por qué cualquiera de nosotros ha sido infeliz alguna vez? ¿Por qué hacemos cosas de las que luego nos arrepentimos amargamente? ¿Por qué fracasamos en la vida de la forma en que lo hacemos? ¿Por qué hay tanta desgracia y amargura? ¿Por qué tiene el mundo tantos problemas? Esas son las grandes preguntas. Y repito que la razón por que la gente no cree el mensaje referente a Cristo como el único Salvador, es que nunca, jamás, ha entendido la naturaleza y la realidad del problema. Así pues, ¿cuál es? Ese es el gran mensaje de toda la Biblia y lo encontramos aquí, resumido por Pedro. Está también resumido en los discursos que pronunció inmediatamente después de sanar al cojo y el día de Pentecostés.

Cuando tratamos de entender el problema, debemos empezar por Dios, con la naturaleza de Dios. El mundo no empieza por ahí, ¿verdad? Siempre empieza por una situación humana, con los hombres y las mujeres, y termina con ellos; propone esto y aquello, sin ningún resultado. Los edificadores, como hemos visto, nunca tuvieron éxito en producir algo. Son grandes oradores, pero no nos ayudan. Toda su charla es inútil, porque no empiezan en el lugar apropiado: por Dios.

En el caso de que crean en Dios, piensan que es alguien como ellos, y dicen: "Si hay Dios, entonces tiene que ser un Dios de amor, y por ser un Dios de amor, siempre nos sonríe. ¿Y si nos portamos mal? Oh, al igual que un padre de hoy, Él nunca nos castigará. Simplemente dirá: 'No lo hagas otra vez'". No hay disciplina, ni sentido de la Justicia, ni honradez, únicamente indulgencia. No tenemos ninguna necesidad de vivir vidas morales, limpias, decentes y puras. "El amor —dicen— no castiga nunca, siempre perdona; el amor siempre es amable y tierno, sufrido y paciente. Todos irán al Cielo. No se debe hablar de justicia cuando se habla de amor". La idea que tienen del amor es la que ven en las películas y en las novelas románticas. No obstante, otros concluyen que no puede haber Dios de ninguna manera, porque si lo hubiera, no permitiría las cosas tan horribles que suceden en el mundo.

Y así, el mundo va de mal en peor, por el simple hecho de que los hombres y las mujeres no conocen a Dios. Nuestro Señor mismo lo dijo al final de su vida. En su oración sacerdotal, pronunció estas palabras: "Padre justo, el mundo no te ha conocido" (Juan 17:25). Amigo mío, si quieres entender el problema de la Humanidad, debes empezar por aquí: por Dios, el perdurable y eterno Dios, santo, puro, recto, justo.

Oh, sí, Dios es un Dios de amor, de misericordia y compasión, pero no a expensas de su justicia, de su santidad y su rectitud. Él es el Dios de la Ley, Él fue quien reveló la Ley a Moisés. No fue Moisés quien ideó los Diez Mandamientos, Dios se los entregó a él. Dios dijo: "Yo soy Jehová tu Dios [...]. No tendrás dioses ajenos delante de mí. No te harás imagen, ni ninguna semejanza [...]. No tomarás el nombre de Jehová tu Dios en vano [...]. Acuérdate del día de reposo, para santificarlo [...]. Honra a tu padre y a tu madre [...]. No matarás. No cometerás adulterio. No hurtarás [...]" (Éxodo 20:1-17). Es *Dios* quien está hablando.

Y aún fue más lejos. Dijo que si no guardábamos sus mandamientos, nos castigaría. Y el Antiguo Testamento no es más que, en cierto sentido, el relato de los castigos que Dios impuso a su pueblo escogido por quebrantar su Ley. Cuando creó al hombre y a la mujer, los puso en un lugar llamado Paraíso y les dijo, con toda claridad, que si guardaban sus leyes crecerían en su conocimiento de Él, y les concedería la inmortalidad, pero si pecaban contra Él, los expulsaría. Y Dios los echó cuando pecaron rebelándose contra Él.

Ahora bien, no hay necesidad alguna de discutir acerca de estas cuestiones. No se pueden mezclar la luz y las tinieblas, la santidad y el pecado, no se pueden mezclar la pureza y la inmundicia; es imposible. Dios no puede tolerar la maldad; puesto que es lo que es, la idea actual acerca de Dios es una parodia. Eso no es Dios, más bien una proyección del corazón perverso de los hombres y las mujeres. El perdón de pecados no es cosa fácil para el Dios todopoderoso. No puede negarse a sí mismo. Él es "[el] Padre de las luces, en el cual no hay mudanza, ni sombra de variación" (Santiago 1:17). Nosotros, los seres humanos, a menudo nos contradecimos a nosotros mismos.

Establecemos una regla: "Si haces esto, la consecuencia será esta". Sin embargo, cuando hemos desobedecido, decimos: "Está bien, me olvidaré de lo que dije". Con reverencia lo digo, aquí y ahora, Dios no puede hacer eso. No sería Dios si lo hiciera. No sería digno de nuestra alabanza, ni de nuestro respeto y adoración. No, no; Él es inmutable y siempre consecuente consigo mismo. Pero el mundo actual no lo sabe; por tanto, ya se ha equivocado.

Pero, además, el mundo también está igualmente equivocado en su comprensión de la condición del hombre y la mujer, y el problema que ello conlleva. La gente de nuestros días tiene una opinión tan elevada de sí misma, se cree muy buena, mucho mejor que sus antepasados. Cree que no hay nada que se escape a su capacidad. Se siente segura, orgullosa y confiada, y precisamente por esto no es consciente de la verdad acerca del Señor Jesucristo. ¿Qué quiero decir? La condición de la Humanidad solo se descubre verdaderamente a través de la lectura de la Biblia, y aquí la tenemos: hombres y mujeres son culpables delante de Dios. Se han olvidado de Él y lo han rechazado. Hacen declaraciones totalmente blasfemas en relación con su persona. Quebrantan sus leyes, hacen caso omiso de sus santos mandamientos. Son pecadores culpables. En sus corazones lo saben, sus conciencias se lo dicen, pero ellos no escuchan. Tienen un sentimiento de culpa, y sienten miedo de Dios, pero ahogan estos sentimientos.

Los hombres y las mujeres de hoy no son solo culpables, también son seres caídos. Cada uno de nosotros tiene una naturaleza contaminada. Es en ese punto donde la idea de que lo único que se necesita es disciplina, educación, guía y ejemplo no alcanza su objetivo. No se trata simplemente de que la gente haga el mal, sino que les encanta hacerlo, se deleitan en hacer el mal. Como nuestro bendito Señor mismo lo expresó: "Y esta es la condenación: que la luz vino al mundo, y los hombres amaron más las tinieblas que la luz, porque sus obras eran malas" (Juan 3:19). Los hombres y las mujeres no son buenos, no son puros; son seres caídos y contaminados. Aman las tinieblas, se deleitan en ellas, sus corazones se embelesan, son criaturas viciadas, pervertidas.

Como resultado de todo esto, nos encontramos bajo el poder del pecado, bajo el poder del maligno, bajo el poder del mundo y de la carne. Ahora bien, no hay nada que cuestionarse a este respecto si somos sinceros con nosotros mismos. ¿Por qué continuamos repitiendo el mismo pecado si siempre experimentamos remordimiento? Sabemos que está mal, y, sin embargo, lo hacemos. Prometemos no hacerlo nunca más y, sin embargo, lo repetimos. ¿Qué es lo que ocurre? Se trata de que no solo estamos contaminados, sino que estamos tiranizados por el diablo, el mundo y la carne. Nos encontramos bajo el dominio del pecado, somos débiles y nos hallamos indefensos. "El querer el bien está en mí —escribió Pablo—, pero no el hacerlo [...]. Porque según el hombre interior, me deleito en la ley de Dios; pero veo otra ley en mis miembros, que se rebela contra la ley de mi mente, y que me lleva cautivo a la ley del pecado que está en mis miembros" (Romanos 7:18, 22-23). Y por encima de esto, está el miedo a la muerte, a la tumba y a la vida que se escapa. No estamos listos. No estamos preparados, y sentimos que se nos ha dejado solos, nos encontramos perdidos y desamparados. ¿No es ese nuestro estado?

Si esta es, pues, una descripción que se corresponde con la realidad, entonces, de ello se desprende que nuestra necesidad es, como el apóstol Pedro dice, de "salvación". ¿Qué se necesita? No es ayuda, ni consejo, ni un buen ejemplo, ni mejora alguna. Necesitamos ser liberados, necesitamos la salvación. Si estoy en lo cierto respecto a mi comprensión del diagnóstico que la Biblia realiza de la condición humana, eso es lo que se necesita.

Pero también necesitamos algo más; necesitamos que alguien hable con Dios en nuestro lugar. ¿Cómo puedo yo hablar con Dios? Por fin me he dado cuenta de que estaba equivocado, estoy desilusionado, no soy feliz, soy un fracaso, y, oh, empiezo a pensar en Dios. ¿Pero cómo puedo dirigirme a Él? Dios está en el Cielo, yo estoy en la Tierra; Dios es santo, yo soy indigno y vil; Dios es luz y yo soy tinieblas.

¿Cómo podré, un vil mortal,
y en gran oscuridad,

venir ante tu santa faz
y en mi alma impura soportar
el rayo celestial?

Thomas Binney

¿Cómo podría? Oh, dice Job: "[¿] no hay entre nosotros árbitro[?]" (Job 9:33). ¿No hay nadie que pueda mediar entre Dios y yo? Necesito que alguien me presente. Tengo miedo de entrar en el Palacio de Buckingham y acercarme a la Reina sin presentación alguna, ¿cómo puedo, pues, acercarme a Dios? ¿No hay nadie que pueda ejercer de intermediario y presentarme? Necesito contar con alguien. Soy indigno. ¿No es así?

Y después, necesito librarme de la culpa por mis pecados. No puedo deshacer el pasado. No puedo eliminar los borrones del cuaderno de mi vida. Soy culpable, estoy condenado por la Ley y lo sé. Los filósofos no me ayudan, pues ellos mismos son también culpables. Nadie puede ayudarme, todos ellos han fracasado. ¿Quién puede ayudarme? "¿Y cómo se justificará el hombre con Dios?" (Job 9:2). ¿Cómo puedo reconciliarme con Dios? Eso es, asimismo, lo que necesito saber.

¿Qué más necesito? Bien, evidentemente, necesito una nueva naturaleza. En mis mejores momentos me siento infeliz y digo que debo vivir una vida mejor, que debo ser mejor persona. Muere un ser querido. Me encuentro de pie ante un ataúd abierto, o una tumba, y digo que voy a ser diferente. Estoy decidido a cambiar. Pero hay algo que no marcha bien en mi interior, y todas mis decisiones se quedan en nada. Cada año, el primer día de enero, tomo las decisiones de Año Nuevo, pero solo las mantengo unos pocos días, o aun un día. Quiero ser mejor, pero no puedo ser mejor, necesito una nueva naturaleza. El error, en realidad, no está en lo que hago, sino en lo que soy. ¡Oh, si pudiera hacerme de nuevo! Pero no puedo. "¿Mudará el etíope su piel, y el leopardo sus manchas?" (Jeremías 13:23). No se puede hacer. "Lo torcido no se puede enderezar" (Eclesiastés 1:15). "No sirve de nada —dice el mundo—, eres lo que eres, tienes que cargar y vivir contigo mismo". Así pues, aquí estoy, solo con mi naturaleza caída y pervertida. No puedo dar lugar a una nueva naturaleza, ni ningún ser humano puede proporcionármela. Necesito poder para permanecer firme ante el mundo, la carne y el diablo, y no lo tengo.

Todos estamos derrotados. Todos caemos. Cuando leemos cómo santos y patriarcas fueron vencidos por el diablo, rendidos ante la sutileza de sus tentaciones, sabemos que se puede decir lo mismo de nosotros. Todos necesitamos poder. Necesitamos ayuda y fuerza en esta terrible batalla; la batalla de la moralidad, la limpieza y el bien, la lucha de vivir una vida digna, la lucha de vivir de tal forma que podamos morir sin miedo ni recelo. Estas cosas son las que todos necesitamos. El consejo, la enseñanza, la disciplina y el ejemplo no nos son de ayuda, sino que nos hacen volver de nuevo a nosotros mismos. Los filósofos son grandes hombres, pero no nos pueden ofrecer su conocimiento. Vemos ejemplos de grandes personalidades que viven vidas rectas y decimos: "¡Qué maravilla vivir así!". ¿Nos pueden ceder su moralidad? ¿Pueden las mejores personas del mundo ayudarnos cuando caemos en el pecado? No pueden darnos nada. Puede que nos ofrezcan comprensión, aunque es más probable que nos critiquen, pero no pueden darnos nada de sí mismos. Al considerar todo esto, simplemente hemos de confesar:

Cumplir nunca yo podré
las demandas de tu Ley;
aunque el celo y el llorar
no me dejen reposar,
mi pecado no expiarán.

¿No es ese tu problema? ¿No es ese el problema del mundo entero, a pesar de nuestra educación, a pesar de nuestros buenos libros, de nuestras universidades y de todos los organismos culturales? ¿Por qué todos tenemos problemas? Solamente existe una respuesta: estas cosas no pueden salvarnos.

Mi pecado no expiarán;
solo Tú puedes salvar.

Augustus Toplady

Podemos resumirlo de esta manera: una vez que se es consciente de la verdadera naturaleza del hombre y de la mujer, no se tarda en estar de acuerdo con Pedro cuando dice que solo hay uno que puede abordar este problema. Dice Pedro: "Y en ningún otro hay salvación; porque no hay otro nombre bajo el cielo, dado a los hombres, en que podamos ser salvos". Dice: Escucha, solo hay uno, el que rechazaste. Él ha venido a ser la piedra del ángulo. Él es el único Salvador. Cree en Él, porque así como hizo esto por el hombre cojo cuando nadie más podía hacerlo, de ese mismo modo, únicamente Él puede salvar tu alma.

¿Pero por qué? ¿Por qué solo Él me salva? Bien, Él es el único que por su persona es adecuado para satisfacer mis necesidades. Hemos visto que cada uno de nosotros necesita a alguien que lo represente ante Dios. Pero no hay nadie que pueda representarme, porque nadie es mejor que yo. Soy pecador, al igual que todos los demás. Nadie puede ser intermediario entre el Dios que deseo conocer y yo. Cada hombre y cada mujer están perdidos. Aun un hombre perfecto, como Adán al principio, cayó. No hay nadie, pues, apropiado para representarme y, no obstante, mi representante debe ser un ser humano, puesto que yo soy un ser humano.

¿Alguna vez te has planteado este problema? Aquí está la Humanidad, perdida, en pecado, alienada de Dios. ¿Quién le puede hablar a Dios a favor de la Humanidad? Ningún ser humano contaminado e indigno puede tener ese derecho; debe haber alguien, pues, que trascienda a todo ello, pero ese alguien tiene que ser humano, puesto que nosotros somos carne y sangre, y un representante debe pertenecer a quienes representa.

¿Puede existir tal representante? ¿Ves la respuesta? Solo hay uno. Vemos a alguien que es, al mismo tiempo, completamente Dios y completamente hombre. Él es el eterno Hijo de Dios. Sí, pero como el eterno Hijo de Dios, Él no podría salvarnos. Para poder hacerlo, tuvo que convertirse en "un hijo de hombre". Por esa razón tenemos el nacimiento en Belén. Este es el significado de la encarnación. Él es Dios, pero tuvo que hacerse hombre. Hebreos 2:14 dice: "Así que, por cuanto los hijos participaron de carne y sangre, él también participó de lo mismo", para que pudiera representarnos. ¿Lo ves? Tenemos que tener a alguien que pueda estar en una posición de igualdad ante Dios, y que pueda hablar por nosotros en presencia de Dios; no obstante, tiene que ser también hombre y compartir con nosotros nuestros problemas y dificultades. Hay una única solución: que el Hijo de Dios se convierta en el Hijo del hombre. "Y aquel Verbo fue hecho carne, y habitó entre nosotros" (Juan 1:14). Dos naturalezas en una sola persona; el Señor Jesucristo, el Hijo de Dios.

> *El cual, siendo en forma de Dios, no estimó el ser igual a Dios como cosa a que aferrarse, sino que se despojó a sí mismo, tomando forma de siervo, hecho semejante a los hombres; y estando en la condición de hombre, se humilló a sí mismo, haciéndose obediente hasta la muerte, y muerte de cruz.*
>
> (Filipenses 2:6-8).

Solo esta persona satisface mi necesidad. Tiene que ser Dios, tiene que ser hombre. No hay ningún otro, solo Él. Confucio era un hombre, Mahoma era un hombre, Buda era un hombre; todos estos maestros fueron hombres, por lo que no son suficientes para salvarme. Necesito tanto a Dios como al hombre, y aquí está el Dios-hombre en toda la perfección de su gloria.

Él, pues, satisface mi necesidad por medio de su persona, pero, oh, gracias a Dios, también satisface mi necesidad por medio de su capacidad. Ya he mencionado lo que necesitamos: alguien que no solo nos represente ante Dios, sino también alguien que pueda hacer algo con la culpa de nuestro pecado. Esa culpa está ahí y, con reverencia digo esto, ni siquiera el amor de Dios puede ocuparse de ella directamente con una palabra. No, no; Dios es justo y el pecado debe ser castigado, el culpable debe ser castigado. Dios no puede aparentar no haber visto el pecado; hacer tal cosa sería poco honrado, sería una mentira, y Dios no puede mentir. Oh, la culpa de mi pecado; ¿qué se puede hacer con ella? Ningún ser humano puede cargar con ella puesto que todos son ya culpables; sin embargo, aquí hay alguien que sí puede hacerlo. Aquí está "el Cordero de Dios, que quita el pecado del mundo" (Juan 1:29). He aquí alguien que jamás ha pecado, he aquí alguien sin mancha, alguien que jamás ha quebrantado un mandamiento, que nunca ha contravenido a su Padre. Ha agradado a su Padre en todas las cosas y en todos los sentidos. Y "Dios cargó en él el pecado de todos nosotros" (Isaías 53:6). Ningún otro podría cargar con ello, ningún otro podría soportar el castigo y seguir viviendo. Pero Él lo hizo, Él es lo suficientemente grande, lo suficientemente extraordinario. Él es Dios y hombre y Él llevó nuestros pecados en su cuerpo sobre un madero.

Y puesto que cargó con nuestros pecados, Él puede darme la nueva naturaleza que necesito. Él adoptó naturaleza humana para poder otorgarme una nueva naturaleza. Él es alguien que habla de renacimiento. Él es Aquel que dice: "Os es necesario nacer de nuevo" (Juan 3:7). Él es alguien que puede hacerme partícipe de la naturaleza divina. Ha unido la Humanidad a la Divinidad, otorgándome esta vida nueva. He nacido del Espíritu, nacido de lo alto, nacido de Dios. Él me da vida nueva, un nuevo comienzo, una nueva naturaleza, un nuevo inicio.

¿Qué más necesitamos? Necesitamos a alguien que pueda ayudarnos en la terrible lucha contra el pecado. No podemos ganar esta batalla por nosotros mismos; solo uno puede capacitarnos para ello. Él se enfrentó al diablo en un combate individual a muerte; el diablo agotó sus últimas reservas, pero nuestro Señor le derrotó. Él es Señor sobre el mundo, la carne y el diablo. Pero aún más maravilloso, Él se compadece de nosotros. Oh, permíteme hacerte una recomendación. Es posible que pienses que Él es el Hijo de Dios, santo, sin mancha, inmaculado, apartado de los pecadores, y digas: "¿Qué puede saber alguien como Él de mí, del drama de mi fracaso y de mi debilidad?". ¡Pero escucha! Él lo sabe todo de ti: "Pues en cuanto él mismo padeció siendo tentado, es poderoso para socorrer a los que son tentados" (Hebreos 2:18). "No tenemos un sumo sacerdote que no pueda compadecerse de nuestras debilidades, sino uno que fue tentado en todo según nuestra semejanza, pero sin pecado" (Hebreos 4:15). Él ha estado en este mundo. Él compartió el esfuerzo, la tensión y la angustia de tu vida y la mía. El enemigo le atacó de una manera que ni tú ni yo podremos conocer nunca. Él pasó por todo ello y se compadece, aunque Él es Dios santo. Él nos ayuda, ha prometido socorrernos. Y dice: "Y he aquí yo estoy con vosotros todos los días, hasta el fin del mundo" (Mateo 28:20).

Y, quizá, lo más maravilloso de todo sea esto: Él venció a nuestro "postrer enemigo" (cf. 1 Corintios 15:26). Según lo expresa Hebreos 2:15: "[para] librar a todos los que por el temor de la muerte estaban durante toda la vida sujetos a servidumbre"; el temor a la muerte. ¡Oh, qué pensamiento este! La muerte, el fin, la disolución del cuerpo, la partida hacia la eternidad desconocida. Él se llevó el "aguijón de la muerte" (cf. 1 Corintios 15:55). Ha hecho desaparecer el terror a la tumba. Derrotó a todo enemigo, se levantó triunfante y tomó su lugar a la diestra de Dios en la gloria eterna.

¿No lo ves? Él es el único que podía haber hecho todas estas cosas. Se necesita a un Dios para representarnos ante Dios. Se necesita a un hombre. Él es ambas cosas. Se necesita a alguien lo suficientemente fuerte para que pueda cargar con mi culpa: Él lo ha hecho. Se necesita a alguien que pueda impartirme su propia naturaleza: Él lo ha hecho por medio del Espíritu. Él es el único que ha vencido al mundo, la carne y el diablo. Venció aun al "postrer enemigo", que es la muerte. Solo ha habido una persona en este mundo que pudiera decir: "Consumado es" (Juan 19:30). ¡Consumado! Todo lo que era necesario para nuestra salvación, Él lo hizo, y únicamente Él fue capaz de hacerlo. Por esa razón dice Pedro: "Y en ningún otro hay salvación; porque no hay otro nombre bajo el cielo, dado a los hombres, en que podamos ser salvos".

¿Eres consciente de que lo que necesitas es ser salvo; te has dado cuenta de ello? ¿Pensabas que podías salvarte a ti mismo? ¿Eras tan inocente de imaginar que lo único que necesitabas era ser un poquito mejor? ¿Te has dado cuenta de cuál es tu verdadera condición? No necesitas instrucción: no te va a servir de nada. No necesitas ejemplo: no puede ayudarte. No necesitas mejorar. Necesitas ser perdonado. Necesitas nacer de nuevo. Necesitas ser renovado. Necesitas ser hecho hijo de Dios y heredero de la eternidad.

¿Eres consciente de que Él es el único Salvador? Se reduce a lo siguiente: o bien, como hicieron los sabios edificadores, lo rechazas, o bien crees en Él. Es una cosa o la otra. Frente a ti está el único Salvador. Recházalo, y continuarás siendo como has sido hasta ahora, con la diferencia de que irás empeorando cada vez más, hasta que al final de tu vida te encontrarás absolutamente desesperanzado, sobrecogido por el horror, y partirás hacia una eternidad de tristeza, vergüenza y remordimientos inútiles. Te darás cuenta de que toda tu inteligencia no tenía ningún valor. El hecho de que pertenezcas al siglo XX no supone la más mínima diferencia. Recházalo, al edificador, a la piedra del ángulo, y quedarás solo con tu desdichado fracaso y el consiguiente sufrimiento eterno.

Cree en Él, escucha su voz. Escucha el mensaje de sus Apóstoles. Confiesa tu pecado, reconoce tu completa indefensión y desesperanza y encomiéndate únicamente a su nombre. Di: "Sí, Él es el único, Él es el Salvador del mundo, y Él es *mi* Salvador". Vuélvete a Él ahora y dile estas palabras:

¡Oh Cristo!, en Ti y solo en Ti
mi alma al fin halló
perdón y paz que con afán
sin descansar buscó.

Ya ningún bien sin Cristo hay,
Él solo para mí,
luz, gozo, paz y gran felicidad
se hallan solo Cristo en Ti.

Anónimo

En el nombre de Jesucristo de Nazaret, levántate y anda ahora. Él ya lo ha hecho todo. En su nombre te digo: cree ahora, levántate de tu pecado y vive el resto de tu vida caminado, saltando y alabando a Dios.

5
Las marcas auténticas del cristianismo

Entonces viendo el denuedo de Pedro y de Juan, y sabiendo que eran hombres sin letras y del vulgo, se maravillaban; y les reconocían que habían estado con Jesús.

(Hechos 4:13).

Mi objetivo, permíteme recordarlo, en esta serie de sermones, es mostrar lo que es el verdadero cristianismo. Quizá te parezca extraño que aún tengamos que hacer eso. Este incidente ocurrió hace casi 2000 años y, desde entonces, ha existido la Iglesia cristiana. Es posible que alguien diga: "Si duda, no es necesario que continúe perdiendo el tiempo explicándonos lo que es el cristianismo", sin embargo, desgraciadamente, sí es necesario. Todo nuestro mundo se encuentra en un estado de confusión: confusión política, confusión moral, confusión internacional, pero no hay confusión más grande que la que existe en relación con esta gran pregunta: ¿Cuál es el mensaje cristiano?

¿Qué es la Iglesia cristiana? Pido disculpas por hablar de temas de actualidad. Decidí predicar acerca de este versículo y que meditáramos juntos en él, no ya la semana pasada, sino antes de que saliera de vacaciones a mediados de julio. No estoy predicando sobre este versículo por tratarse de una cuestión de actualidad, sino para poner de manifiesto la importancia de tener una opinión clara de lo que es el cristianismo. Sin embargo, algo ha sucedido durante la pasada semana, que, en mi opinión, aumenta la confusión y nos insta a que conozcamos qué es exactamente lo que este pasaje nos está diciendo. Me refiero, evidentemente, a la visita del Papa a las Naciones Unidas y el discurso y la recepción que allí tuvieron lugar; todo lo cual se nos ha enseñado con todo detalle, con numerosas repeticiones en la radio y la televisión. Vemos al Papa, quien afirma ser el sucesor directo de Pedro, el Pedro de nuestros días, podríamos decir, dirigiéndose a las Naciones Unidas, y siendo recibido por las mismas como cabeza de un Estado.

Aquí, en el libro de Hechos, encontramos al apóstol Pedro, con Juan, enfrentándose a los estados del mundo, a sus autoridades y sus poderes. Vemos a Pedro en persona. Pensemos, pues, en cuál es la situación del que dice ser su sucesor, en circunstancias similares. No perderé el tiempo haciendo patente el contraste, más bien lo dejaré a tu inteligencia. Yo no había preparado esto; es extraordinario cómo pueden pasar estas cosas, ¿no es cierto? Creo en la guía de Dios y en la presencia y el poder del Espíritu Santo. Que Dios no permita que nadie piense que este sermón habla del catolicismo romano, no es así, pero *sí* habla del verdadero cristianismo. El mundo, como digo, está confundido y no es feliz. Las personas tienen problemas. Estamos tan desconcertados que estamos dispuestos a creer casi cualquier cosa que se nos ofrezca. Y por cuanto me preocupo por esos hombres y mujeres perplejos, por la compasión que siento por ellos, te pido que te fijes en toda esta cuestión.

¿Cómo podemos decir qué es el verdadero cristianismo? Hay dos formas, principalmente. La primera es acudir al Nuevo Testamento. Aparte de lo que encontramos aquí, no sabemos nada de la Iglesia, ni del mensaje cristiano, ni de nuestro Señor. No me sirve que alguien me diga que un pensador moderno dice esto y aquello, un pensador moderno no sabe más de lo que yo sé; ¡él no estuvo allí! Si quieres saber lo que es el cristianismo, si quieres conocer la finalidad de la Iglesia, mi propuesta es que tienes la obligación moral de remitirte al Nuevo Testamento. Aquí está el testimonio, el único con el que contamos. ¿Quieres saber qué es la predicación cristiana? Vuelve y escucha a los primeros predicadores; es, obviamente, lo que se debe hacer. No se puede empezar por las opiniones de hoy, porque son humanas y una es tan buena como la otra. Si buscas una autoridad, debes acudir al Nuevo Testamento y, al hacerlo, conocerás cómo se formó la Iglesia cristiana y lo que le sucedió. Aquí tienes la historia completa. Tienes el derramamiento del Espíritu Santo y las primeras cosas que empezaron a decir y a hacer los Apóstoles. Aquí hallamos el cristianismo en sus orígenes, en toda su pureza. Esto es lo que trastornó el mundo antiguo. Esto es lo que venció aun al imperio romano en unos tres siglos. Aquí está: el cristianismo auténtico.

Sin embargo, esa no es la única forma. Esa es la positiva. Existe otro modo, a veces de gran ayuda, de averiguar qué es exactamente el cristianismo; un modo que es negativo. Se puede determinar si un mensaje que afirma ser cristiano es verdadero o no, observando la reacción del mundo ante él. El mundo reacciona de formas diferentes ante el mensaje verdadero y el falso. Esa es la prueba negativa. Aquí, en Hechos capítulo 4, vemos a los Apóstoles, a la Iglesia, enfrentándose a los poderes del mundo, al tiempo que podemos observar la reacción de esos poderes. Y esa reacción es la misma que se produce en nuestros días.

Y al considerar esto estaremos, de paso, percibiendo las verdaderas marcas de la fe y la Iglesia cristianas. El cristianismo auténtico se nos presenta aquí de una manera gráfica y efectiva. ¿Qué se nos enseña? He tratado de reducirlo a una serie de principios que sean fáciles de recordar para todos nosotros. Mi primera proposición es la siguiente: el cristianismo es un fenómeno. No es simplemente una enseñanza, ni una perspectiva, ni un punto de vista; es un fenómeno, y un fenómeno es un hecho, es algo que sucede, pertenece al ámbito de lo histórico. Eso es el cristianismo. Eso es lo que caracteriza el Nuevo Testamento; de hecho, es lo que caracteriza la Biblia en su totalidad.

Ahora bien, existen en el mundo las llamadas "religiones del mundo", así como filosofías y puntos de vista. ¿Cómo surgieron? Bien, una persona, o quizá un grupo de personas, meditaron sobre la vida y desarrollaron ideas y teorías. Las enseñaron a otros y discutieron con otros sobre ellas y, entonces, quizá, esas ideas se compilaron en un libro que leyeron otras personas. Esta enseñanza, pues, adquiere vigencia y se hace de dominio público. Sin embargo, no es eso lo que sucede con el mensaje cristiano. Esto no es una mera idea o una teoría, se basa enteramente en sucesos que acontecieron y en la obra de Dios. Ante todo, la Biblia es un libro de Historia. Es el testimonio de unos hechos que sucedieron, la constatación de la intervención de Dios, Dios participando de la temporalidad.

Y no solo eso; la Biblia es el testimonio de algo trascendente, de algo inusual, sobrecogedor, algo que capta la atención. ¿No se caracteriza por esto el incidente que estamos estudiando? Jerusalén estaba en total confusión, todos estaban emocionados, a todos les embargaba la curiosidad, todo el pueblo se agolpaba: ¿qué iba a suceder después? Los dirigentes estaban estupefactos y alarmados porque tenían que solucionar el asunto; este es el efecto que produce el cristianismo. Está vivo, es dinámico, es un reto. Te hace resolver el problema. Debes afrontarlo y tomar una decisión. Lo hace inevitable, insiste en ello. Y todo aquel que se enfrenta sinceramente a estos hechos, adopta una postura firme, en un sentido o en otro.

Ahora bien, es fundamental hacer hincapié en la historicidad del cristianismo, puesto que la opinión del ciudadano medio es que no se trata más que de una especie de tradición inerte. Evidentemente, hay personas que no tienen la suficiente capacidad como para siquiera planteárselo. De niños los educaron para ir a la capilla o a la iglesia, o para ir a la escuela dominical, y han continuado con esa costumbre, pero no hay vida en todo ello. Es una tradición muerta y aburrida, un puñado de personas intentando cantar juntas lastimosamente. Todo es sombrío y monótono. Es un insulto a la inteligencia. Y esas personas que aún afirman ser cristianos y miembros de la Iglesia cristiana, no son sino meros continuadores patéticos de una tradición muerta. ¿No es esta la impresión que se tiene?

¿Pero no ves que todo eso no es correcto? Eso no es el cristianismo, y si hay personas que dan la impresión de que lo es, entonces me permito cuestionarme el hecho de que sean cristianos. El cristianismo es un fenómeno sobrecogedor. Es algo que sucede y que llena a la gente de asombro y estupor. "¿Qué es esto?", dicen.

Vivimos en un mundo peligroso, en un mundo en el que nunca sabemos lo que va a suceder; por tanto, no hago apología al plantear una sencilla pregunta en este punto: ¿Alguna vez se te ha presentado el cristianismo como un reto? ¿Se te ha planteado como algo dinámico, algo que te ha obligado a prestar atención y que te ha llevado a tomar una decisión? Si no ha sido así, en realidad no sabes nada de él. Lo habrás calificado de ritual monótono y sin vida, pero eso no es correcto en ninguna manera.

No hay nada que haya afectado más a este mundo que el mensaje cristiano. De hecho, más adelante en el libro de Hechos, se describe a los Apóstoles como: "Estos que trastornan el mundo entero" (Hechos 17:6). ¿Hay alguna cosa en el mundo de hoy que haya trastornado a algo o a alguien, dejando aparte el mundo mismo? ¡No, no! Una religión sin vida no es cristianismo. El cristianismo del Nuevo Testamento otorga vida, es dinámico y desafiante; un fenómeno.

A continuación, el segundo punto dice que el cristianismo es un fenómeno que el mundo no comprende. Este punto es de suma importancia, y es aquí donde aparece la parte negativa de la prueba. Es el punto fundamental, obviamente, de la sanidad del cojo. Estas autoridades se veían confrontadas por este hecho. Todos en la comunidad conocían al pobre mendigo cojo, y, de repente, lo ven de pie ante ellos: "Y viendo al hombre que había sido sanado, que estaba en pie con ellos" (Hechos 4:14). No podían negarlo y, sin embargo, dijeron de todo en su contra; no en contra de la curación, sino de la forma en que había sucedido. Y eso es una característica del mensaje cristiano. El mundo se queda perplejo al contemplarlo.

Ahora bien, así es como el mundo nos hace saber si nuestro mensaje es verdaderamente cristiano. Hay representaciones falsas del mensaje cristiano que no solamente no sorprenden al mundo, sino que las entiende a la perfección, le gustan y las recomienda. Si la Iglesia cristiana tuviera que comparecer ante los gobernantes, las autoridades y los poderes con un mensaje político, recibiría una clamorosa ovación. El mundo no se sorprende ante los pronunciamientos políticos, pues los entiende, son su pan de cada día, su propio pensamiento, su propio lenguaje e idioma. Así pues, si la Iglesia le habla al mundo de guerra y paz, de deponer las bombas, etc., el mundo lo escuchará, lo aceptará y lo recomendará. Sin embargo, no fue esa la acogida que recibieron Pedro y Juan.

O, de nuevo, cuando la Iglesia da la impresión de que el Evangelio cristiano consiste únicamente en una enseñanza ética y afirma que su mensaje motiva a la gente a vivir una vida mejor, y añade que puede ayudar a las autoridades a resolver los problemas de la delincuencia juvenil, la inmoralidad sexual y la injusticia social, en ese caso, el mundo y las autoridades lo entienden a la perfección. Tienen que manejar cuestiones de ese tipo continuamente. Deben aprobar leyes parlamentarias y establecer instituciones, clubes y sociedades, y pasan la mayor parte de su tiempo intentando manejar multitud de problemas morales. Si viene, pues, la Iglesia y dice: "Eso es exactamente lo que nos preocupa; estamos aquí para enseñar a la gente a vivir una vida decente, buena y recta", el mundo le daría una clamorosa ovación. Eso lo entiende, es la clave de su pensamiento y su expresión.

O cuando la Iglesia da la impresión de que el mensaje cristiano es solo cuestión de ofrecer una pequeña edificación, de proporcionar a la gente pensamientos bellos con los que comenzar cada día, de pensamiento positivo, de cierto idealismo en un mundo materialista, entonces eso sí agrada al mundo. Al mundo le gusta pensar que es idealista, que no todo es malo, que le gusta el bien. Así que, cuando la Iglesia habla de idealismo, atrayendo a la gente en nombre de los ideales y la amistad, y cuando afirma que ese es el mensaje cristiano, el mundo lo aclama y lo acepta, y se siente agradecido por ello. Pero no fue esa la acogida que se les dio a Pedro y a Juan.

O si la Iglesia se presenta ante el mundo dando la impresión de que el mensaje cristiano no es, al fin y al cabo, más que Psicología —expresada, por supuesto, en términos cristianos—, el mundo estará dispuesto a escuchar, porque tiene problemas. Las personas sufren insomnio, el precio de los medicamentos se incrementa, hay tensión en la vida cotidiana; cómo convivir con nuestros vecinos, cómo convivir, de hecho, con el marido o con la esposa. El mundo se está desmoronando. Si la Iglesia, pues, se acerca y dice: "Os podemos ayudar con todos esos problemas, os enseñaremos a pensar y quizá aun a manejar vuestros propios dolores, malestares y enfermedades, con vuestras frustraciones y pérdidas de confianza, os enseñaremos Psicología para que podáis entender la naturaleza humana"; si la Iglesia se acerca y da la impresión de que su mensaje es simplemente una especie de Psicología aplicada, entonces, de nuevo, recibirá una clamorosa ovación. Sin embargo, ese no fue el recibimiento que tuvieron Pedro y Juan.

O, finalmente, algunos parecen dar la impresión de que el propósito de la Iglesia cristiana es proporcionar un tipo de adoración indefinida, una especie de paganismo refinado. Ya conoces lo que el pagano suele hacer cuando está enfermo: ofrece una oración, o si tiene miedo de lo que le pueda ocurrir, celebra sus ritos y ceremonias. Y si la Iglesia parece ser una organización estatal que puede funcionar perfectamente en el *Día de Conmemoración* (*), o convocar un día nacional de oración en tiempo de guerra, cuando se están perdiendo las batallas, u organizar maravillosas ceremonias religiosas a media luz y una sugestión de poderes invisibles en la coronación o en la muerte de un miembro de la familia real o de un Presidente; si la Iglesia da la impresión de que eso es el cristianismo, bien, en ese caso, el mundo lo aceptará. Le gustará. Alabará y le dará las gracias a la Iglesia ofreciéndole, repito de nuevo, una clamorosa ovación.

Pero observa el contraste. El mundo siempre se asombra ante el mensaje verdadero, como lo estaba aquí en Hechos. Por esta razón, la reacción del mundo es una de las mejores pruebas del mensaje. Si el mundo acepta el mensaje de inmediato, puedes estar seguro de que no es cristianismo. Si el mundo se queda perplejo y asombrado, se puede afirmar con bastante

(*) El *Remembrance Day*, o Día de Conmemoración, es la celebración del fin de la guerra en 1918 (y de las dos guerras mundiales). Se celebra el 11 de noviembre (N.T.).

seguridad que, de algún modo, el mensaje se aproxima al verdadero. Este es el mensaje que siempre ha sobrecogido al mundo. No comprende su lenguaje, le supone una dificultad.

Pero debo ir aún más lejos. El verdadero mensaje no solo deja perplejo, también hace enojar al mundo. El mundo siempre odia el verdadero mensaje y trata de ponerle freno, como hizo aquí, en los comienzos. ¿No es esta toda la historia de la Biblia? Piensa en cómo trató el mundo a Noé, el predicador de la Justicia, el hombre escogido por Dios para predicar a aquel mundo antiguo y llamarlo al arrepentimiento; piensa en cómo lo trató. Considera el trato que le dieron a Lot los habitantes de Sodoma y Gomorra. Pobre Lot, había tenido que bajar el listón, pero aún era un hombre recto en medio de esas dos ciudades de las llanuras. Lee acerca del trato que le propinó el pueblo de Sodoma y sus dirigentes al tratar él de reconvenirles y llevarles al arrepentimiento antes de que fuera demasiado tarde. Lee el Antiguo Testamento y fíjate en cómo trataron a los profetas. En Israel había un gran número de falsos profetas y, de vez en cuando, había un profeta verdadero. Los falsos profetas siempre eran alabados y bien recibidos. ¿Por qué? Bien, porque decían: "Paz, paz; y no hay paz" (Jeremías 6:14, 8:11). Cuando la Iglesia le dice al mundo: "Todo está bien, solo tienes que apelar a la gente, y pondrán fin a la guerra y todos estaremos verdaderamente unidos", entonces está diciendo: "Paz, paz; y no hay paz". Ese es el mensaje de un falso profeta, pero al mundo le gusta, le hace sentir un poco más feliz, retrasa la calamidad, de manera que siempre tiene una calurosa acogida.

Sin embargo, piensa en el modo en que fueron recibidos los verdaderos profetas. Se los arrojó a mazmorras, fueron odiados, perseguidos y llevados a la muerte. Mira lo que le hizo el mundo a Juan el Bautista: le cortaron la cabeza porque se aventuró a decirle a un rey que el adulterio estaba mal. Así es como los poderes han tratado siempre el mensaje verdadero y a sus verdaderos predicadores. Piensa en cómo trataron a los Apóstoles. A Pedro le condenaron a muerte, lo mismo que a Santiago. Lee la historia de los mártires, de los confesores, de aquellos que fueron arrojados a millares a los leones en la arena de Roma y en otros lugares; la masacre de los santos. Ese ha sido el trato que han recibido los cristianos a lo largo de los siglos. Los reformadores protestantes, los *covenanters*, los puritanos, los primeros metodistas, todos ellos han sido perseguidos.

> *La Verdad en la picota,*
> *y en el trono la maldad.*
>
> J.R. LOWELL

Y, por encima de todos los demás, piensa en el Hijo de Dios. Él vino a este mundo para salvarlo. Vino "a buscar y a salvar lo que se había perdido" (Lucas 19:10). Él es el mayor benefactor que el género humano haya conocido jamás, Aquel que abandonó "los lugares celestiales" (cf. Efesios 2:6) y "se humilló a sí mismo" (cf. Filipenses 2:8) rebajándose, soportando la "contradicción de pecadores contra sí mismo" (cf. Hebreos 12:3) y estando dispuesto aun a morir por ellos. ¿Y cómo lo trataron? ¿Le dieron una clamorosa ovación? No, no; dijeron: "¡Fuera con éste! [...]". "¡Crucifícale [...]!" (cf. Lucas 23:18,21). "¡Librémonos de Él!". Lo rechazaron. Fue "[reprobado]" (cf. Hechos 4:11). Fue "despreciado y desechado entre los hombres" (Isaías 53:3). Así es como el mundo ha tratado siempre el verdadero mensaje.

Permíteme expresarlo de esta manera. A veces me encuentro con cristianos que están verdaderamente preocupados y asustados porque se dan cuenta de que muchas de las eminencias de nuestros días, los pensadores, los filósofos y los científicos, no son cristianos. Esto les causa un complejo de inferioridad, y se sienten bastante avergonzados de creer en un mensaje que está siendo desechado por lo grande, lo fuerte y lo noble del mundo. Mi querido amigo, ¡cuán necio es eso! Si crees en lo que ellos están rechazando, estás en muy buena compañía. Por esta razón, como he dicho, la acogida que le da el mundo a un mensaje que pretende ser cristianismo, es una de las mejores pruebas para determinar si se trata de verdadero cristianismo o no, y si la Iglesia está hablando como la verdadera. Observa lo que le hizo el mundo a Pedro. Obtenemos datos reveladores si aplicamos esta prueba a cada uno de los que afirman ser sucesores de Pedro.

Pero debemos pasar ahora a considerar la razón por la cual el mundo no entiende y odia el mensaje cristiano. La respuesta podemos expresarla en una sola palabra: este mensaje es *sobrenatural*. Permíteme explicar ese punto. El cristianismo no lo hacemos nosotros, no depende de nosotros en ninguna manera. Esta es, obviamente, la falacia más grande que existe en la actualidad. Nos gusta pensar que podemos hacer cualquier cosa, tenemos la confianza, la capacidad y el poder. Pero aquí, en el principio mismo, enseguida se nos dice que convertirse en cristiano no depende, de ninguna manera, de nosotros ni de nuestra capacidad y poder. No es una cuestión que ataña a nuestra habilidad, nuestro entendimiento y conocimiento. No, fíjate en esto: "Entonces viendo el denuedo de Pedro y de Juan, y sabiendo que eran hombres sin letras y del vulgo, se maravillaban". ¡Por supuesto que lo hicieron! Era contrario a todo su pensamiento. Miles de personas que están fuera de la Iglesia rechazan el mensaje cristiano porque jamás han comprendido este primer postulado. Y puesto que están equivocados respecto al mismo, lo están en todo lo demás.

¿Por qué crees que nuestro bendito Señor eligió a estos hombres en particular para que fueran sus discípulos? ¿Recuerdas el tipo de hombres que eran? Algunos eran pescadores, uno era recaudador de impuestos. Eran hombres de lo más corriente, empleados en las ocupaciones más cotidianas. No eligió a fariseos, escribas, doctores de la Ley o líderes de pensamiento político; tampoco escogió a filósofos. Cuando formó su gabinete no eligió a doce de entre los más capacitados, de entre los hombres más instruidos y educados de Jerusalén. Hizo precisamente lo contrario. ¿Por qué crees que hizo tal cosa? Mi apunte es que fue para establecer, de una vez y para siempre, que los hombres y las mujeres no entran a su Reino por su capacidad, que uno no se convierte en cristiano por su propio entendimiento. Por eso eligió a "hombres sin letras y del vulgo", hombres que no eran nadie. Sé que el apóstol Pablo fue uno de los grandes genios de todos los tiempos, pero, en cierto modo, eso confirma la regla. Dios estaba diciendo que no importa que un hombre sea brillante o ignorante, el poder es siempre el mismo. De manera que, entre la mayoría, del vulgo y sin letras, tenemos a este destacado genio, y así ha sido a lo largo de los siglos.

Por supuesto, como ya hemos visto, el mundo cree que depende de su propio pensamiento y, por tanto, admira a los grandes pensadores y cree que nuestra única esperanza radica en la producción de personalidades importantes que tengan grandes ideas, que tengan una percepción profunda de nuestros problemas y nos enseñen el camino que nos conduce a la salida. Sin embargo, si crees que eso es el cristianismo, estás completamente equivocado, aun antes de que te plantees otro tipo de preguntas acerca de los milagros o la persona de Cristo.

Como prueba de todo esto, y puesto que la fe cristiana es sobrenatural, no tenemos necesidad de ser inteligentes para entenderlo o para ponerlo en práctica. Este es el núcleo de la cuestión. Se le podría denominar la paradoja del mensaje cristiano. Nos encontramos ante la verdad más profunda que existe en el mundo acerca de todo lo referente al hombre y a la mujer, a la vida, al vivir, la muerte, el cosmos y Dios y, sin embargo, nunca ha sido el resultado de un esfuerzo intelectual.

Del mismo modo, no dependemos en absoluto de nuestro esfuerzo moral para convertirnos en cristianos —no quiero detenerme en este punto ahora, me ocuparé de él más tarde—; antes bien, podemos ver que en la Iglesia no solo contamos con hombres ignorantes y sin letras, sino aun con quienes han sido ladrones, borrachos, injuriadores y jactanciosos que, de repente, han pasado a ser santos de la Iglesia de Dios.

El cristianismo es sobrenatural. No nos convertimos en cristianos porque hayamos hecho algo, sino porque se ha hecho algo por nosotros, algo nos transforma. El fenómeno es el siguiente: unos hombres del vulgo y sin letras pudieron hablar de la forma en que lo hicieron, pudieron sanar al hombre cojo, fueron llenos de poder. ¿Qué les había sucedido? Y aquí vemos el cristianismo resumido en una cáscara de nuez. No depende de nosotros; es un poder que actúa sobre nosotros, en nosotros y a pesar de nosotros. Escucha al apóstol Pablo cuando escribe a los romanos: "No me avergüenzo del evangelio —¿por qué no?—, porque es poder de Dios para salvación a todo aquel que cree" (Romanos 1:16). Por tanto, dice:

"A griegos y a no griegos, a sabios y a no sabios soy deudor. Así que, en cuanto a mí, pronto estoy a anunciaros el evangelio también a vosotros que estáis en Roma" (versículos 14-15). No postula un gran entendimiento, no postula ignorancia, no postula sino necesidad y poder de Dios. Es el poder de Dios, y actúa sobre hombres y mujeres. Pablo nunca se cansa de decir lo mismo. "Cristo —dice— [es] poder de Dios, y sabiduría de Dios [...]. Pues mirad, hermanos, vuestra vocación, que no sois muchos sabios según la carne, ni muchos poderosos, ni muchos nobles; sino que lo necio del mundo escogió Dios, para avergonzar a los sabios; y lo débil del mundo escogió Dios, para avergonzar a lo fuerte" (1 Corintios 1:24, 26-27). Dios en acción: un fenómeno; hombres corrientes, ignorantes y sin letras, hablando con denuedo y haciendo milagros. Es el poder de Dios, pero eso es el cristianismo.

Ser cristiano, pues, no depende de nosotros, sino enteramente de Dios y su poder, y de lo que ha hecho a través de la persona de su amado Hijo unigénito. Lo podemos ver en estos discípulos. Piensa en cómo pudieron comparecer ante el gran concilio exponiendo sus razones y refutándoles las suyas. Eran pescadores. Y no solo eso, ¿recuerdas a Pedro? Tenía un espíritu tan cobarde que cuando su mejor amigo y benefactor había estado en dificultades al ser sometido a juicio, Pedro lo negó para salvar su propia vida. Y, sin embargo, obsérvale ahora, de pie, con firmeza. ¿Qué había ocurrido? ¡Había sido transformado! Eso es el cristianismo. Pedro no había estado leyendo libros de Filosofía, ni estudiando ciencia, ni había estado informándose acerca de las grandes tradiciones a lo largo de los siglos. ¡No, no! Algo le había sucedido; había sido revestido de poder; era un hombre nuevo.

Y, evidentemente, el hombre cojo era un ejemplo impactante del poder sobrenatural de Dios. "Y viendo al hombre que había sido sanado, que estaba en pie con ellos, no podían decir nada en contra". Y esta ha sido la historia de la Iglesia cristiana a lo largo de los siglos. El cristianismo no lo empiezo yo, no puedo alcanzarlo por mi prodigiosa capacidad mental. Es Dios tratando conmigo, es Dios actuando sobre mí, es el poder de Dios tomando mi vida, transformándome, dándome un nuevo nacimiento, otorgándome nueva vida y haciendo de mí "[un] nuevo hombre" (cf. Efesios 4:24).

¿Cómo hace esto? Dándole al hombre y a la mujer un nuevo entendimiento. Piensa en estos hombres, Pedro y Juan, ¿qué sabían? Nunca habían ido a las escuelas y, sin embargo, podían explicar las Escrituras. Tenían un conocimiento espiritual; una percepción de la Verdad. ¿De dónde lo consiguieron? Oh, este es el milagro del nuevo nacimiento. Si te das cuenta, lo que hace del hombre y de la mujer un cristiano, es que el Espíritu de Dios trata con ellos, cambia su naturaleza: "Si alguno está en Cristo, nueva criatura es [nueva creación]; las cosas viejas pasaron; he aquí todas son hechas nuevas" (2 Corintios 5:17). Escucha cómo lo expresa de nuevo el Apóstol al escribir a los corintios: "la que ninguno de los príncipes de este siglo conoció" (1 Corintios 2:8). Ellos ni reconocieron ni conocieron al Cristo, no comprendieron. "Pero el hombre natural —dice Pablo— no percibe las cosas que son del Espíritu de Dios, porque para él son locura, y no las puede entender, porque se han de discernir espiritualmente. En cambio el espiritual juzga [entiende] todas las cosas; pero él no es juzgado de nadie. Porque ¿quién conoció la mente del Señor? ¿Quién le instruirá? Mas nosotros tenemos la mente de Cristo" (1 Corintios 2:14?16).

Esto es asombroso. Es el más glorioso de los acontecimientos. Por esa razón, un hombre débil como yo, puede estar ante un púlpito como este y dirigirse a una congregación sin saber nada de quienes la componen. No estoy interesado en si estás capacitado o, por el contrario, careces de habilidad, si eres culto o ignorante, si eres un científico o no tienes ciertos conocimientos; es exactamente lo mismo. Sé que eres un ser humano. Sé que eres un fracaso. Sé que tienes una necesidad. Tienes un alma de la que no eres consciente, y está perdida. Sé que no estás preparado para vivir ni para morir, ni para someterte al baremo de Dios en el Juicio eterno. Sé que careces de un entendimiento de las cosas más elementales de la vida, la muerte y la eternidad.

Sin embargo, predico con resolución. ¿Por qué? Oh, aquí reside la poesía y lo maravilloso de ser un predicador cristiano. Una cosa sé: que no importa en absoluto cuál sea tu estado, ni siquiera un ápice. Sé que la persona más ignorante tiene tantas posibilidades de ser cristiana como el más capacitado, porque no depende de las fuerzas de ninguno de los dos. Si la salvación dependiera de los poderes inherentes a cada individuo, la salvación sería exclusiva de unas pocas personalidades importantes, mientras que el resto estaríamos condenados para siempre. Gracias a Dios, no es así. Dios puede tomar las cosas más necias del mundo y dotarlas de entendimiento. Confiamos en el poder de Dios. Y así, el apóstol Juan, escribiendo a unos sencillos primeros cristianos, dice: "Vosotros tenéis la unción del Santo, y conocéis todas las cosas [...] no tenéis necesidad de que nadie os enseñe" (1 Juan 2:20,27). Hay falsos Cristos, falsos apóstoles y falsos maestros. No me preocupa —dice Juan—; tenéis la unción, tenéis el conocimiento del que los sabios, los cultos y los entendidos carecen.

Nuestro bendito Señor lo dijo; ya lo he citado, en parte: "Te alabo, Padre, Señor del cielo y de la tierra, porque escondiste estas cosas de los sabios y de los entendidos, y las revelaste a los niños. Sí, Padre, porque así te agradó" (Mateo 11:25?26). Aquí lo tenemos, de boca de nuestro Señor, aún está aquí. "Hombres sin letras y del vulgo", no importaba, el poder de Dios les dio entendimiento. Estos Apóstoles se habían dado cuenta de su condición de pecadores. Eran conscientes de que habían perdido sus almas. Eran conscientes, además, de que jamás podrían salvarse a sí mismos, pero se les había dado el entendimiento para ver que este Jesús, a quien habían estado siguiendo y con quien habían estado trabajando, no era otro que el unigénito Hijo de Dios, que había venido al mundo para salvarles.

Y eso es lo único que necesitas saber: que eres un pecador con una necesidad imperiosa, pero que tienes a un Salvador todopoderoso que es capaz de pagar el precio de tus pecados y llevar tu culpa en su propio cuerpo en la Cruz, y que resucitó para justificarte ante Dios; que te dio una nueva vida, un nuevo ser, un nuevo comienzo, una nueva naturaleza, que inunda de amor tu corazón y tu ser, capacitándote para vivir. Por muy pobres que seamos intelectual o moralmente, y en cualquier otro sentido, la única capacidad que nos demanda es la de aceptar lo que nos ofrece. Él nos da conocimiento. Él nos transforma, como transformó a estos hombres, y nos da paz y gozo. Nos da una felicidad como jamás nadie haya imaginado. Concede descanso al alma. Proporciona tal conocimiento de la vida que, aun cuando las circunstancias están en nuestra contra, sabemos que todo está bien. Cuando todo marcha en nuestra contra, aun podemos decir: "Y sabemos que a los que aman a Dios, todas las cosas les ayudan a bien, esto es, a los que conforme a su propósito son llamados" (Romanos 8:28). Y no lo afirmamos simplemente, sabemos que es verdad. Decimos con el apóstol Pablo que no solo nos regocijamos en Dios, "sino que también nos gloriamos en las tribulaciones, sabiendo que la tribulación produce paciencia" (Romanos 5:3). Aun las tribulaciones nos enseñan, preparándonos para lo que nos aguarda.

El poder de Dios nos da fuerza para vivir, y nos da fuerza en muchos otros aspectos. Toma a los débiles y los fracasados para ponerles tuétano y fibra moral. Les infunde un dinamismo que hace de ellos hombres y mujeres nuevos, de modo que donde antes caían derrotados, ahora vencen. Capacita a los pequeños seres humanos para mantenerse firmes y resistir al diablo, provocando su huida; el diablo, quien se aventuró aun a tentar al mismo Hijo de Dios. Les concede la fuerza para resistirle, perseverando en la fe.

Como hemos visto, el poder de Dios les otorga a los hombres y a las mujeres ignorantes, débiles y sin letras, la capacidad de confundir a las doctas autoridades. Les da un entendimiento que está "[escondido] de los sabios y de los entendidos" (cf. Mateo 11:25), de las personas sofisticadas. Y les da denuedo. "Entonces viendo el denuedo de Pedro y de Juan": Pedro, el cobarde, el conejillo asustado, que corrió para salvar su pellejo, era capaz de enfrentarse desafiante a las autoridades. No lo comprendían. Por supuesto que no. No comprendían estos milagros, no entendían que era un hombre nuevo, no entendían que ahora estaba dispuesto a morir por Cristo y por la verdad de la que antes se había sentido un tanto avergonzado y temeroso. Era un hombre nuevo, nacido de nuevo, al haber pasado por Pentecostés, que había sido lleno del poder divino, y que ahora estaba preparado para permanecer del lado de este bendito y glorioso Salvador; esto es el cristianismo. Y hay una única explicación para todo ello: "les reconocían que habían estado con Jesús".

El mundo no entiende este mensaje, se molesta ante él. Este mensaje lo humilla, demostrándole que su necesidad es tan grande como la de cualquier otro, y no le agrada. Cuando la Iglesia habla en su verdadero lenguaje original, el mundo, invariablemente, lo percibe, detectando la ofensa de la Cruz. Porque el mensaje de la Iglesia a las naciones no es un mensaje de alabanza, que las anime en sus esfuerzos por conseguir la paz. No es un mensaje que consiga ser aclamado y aprobado por los comunistas ateos y por otros. ¡No, no! Es un mensaje que le dice a todos los hombres y las mujeres que son unos viles pecadores, tan infames que jamás podrán mejorar, sino que deben nacer de nuevo.

Su pecado es tan grande que precisó la venida al mundo del Hijo de Dios para que adoptara naturaleza humana y se humillara a sí mismo aun hasta la muerte en la Cruz, muriendo como un criminal, castigado por su santo Padre por nuestros pecados, sepultado en una tumba antes de que resucitara y ascendiera al Cielo para tomar su lugar a la diestra de la gloria de Dios en poder. Desde allí administra su Reino, y un día volverá otra vez y derrotará a sus enemigos para establecer un reino de paz.

La Iglesia no le pide al mundo o a las naciones por separado que establezcan la paz, sabe que el mundo no puede hacerlo: "Oiréis de guerras y rumores de guerras" (Mateo 24:6). Solamente uno puede establecer la paz y garantizarla, y ese es el Príncipe de paz, el Hijo de Dios. Todo aquel que ha estado con Él y le conoce, cualquiera sobre el que Él haya posado su mano poderosa y creadora a través del Espíritu Santo haciéndole una nueva criatura, ha hallado paz con Dios, paz con otros hombres y mujeres, y se ha convertido en vecino de los santos y parte de la familia de Dios.

Que todos aprendamos la lección de este antiguo incidente. Encontrémonos con Jesús y escuchémosle, y pronto nos convertiremos también nosotros en unos fenómenos. Nos convertiremos en enigmas para el resto de los hombres y las mujeres. No nos entenderán; nos pondrán objeciones, puesto que, sin condenarlos abiertamente, los condenamos siendo como somos y dejando asombrados sus grandes intelectos. Pero, gracias a Dios, al reconocer nuestro pecado, nuestra indignidad e indefensión, habrán sido abiertos nuestros corazones al radiante rostro de Dios en Jesucristo. El poder del Espíritu habrá venido sobre nosotros, nos habrá hecho nuevas criaturas —hijos de Dios— y nos estará preparando para la visión beatífica y los gozos de una felicidad eterna.

6
Los testigos presenciales

Mas Pedro y Juan respondieron diciéndoles: Juzgad si es justo delante de Dios obedecer a vosotros antes que a Dios; porque no podemos dejar de decir lo que hemos visto y oído.

(Hechos 4:19?20).

Este relato de la sanidad del cojo es una historia muy rica que nos enfrenta, cara a cara, a los principios básicos del cristianismo. ¿Cuál es el mensaje de la Iglesia? Esto es, claramente, fundamental, porque si existe alguna duda a este respecto, entonces la habrá en todo lo demás. Para formular la pregunta de otro modo: ¿Qué es lo que hace que una persona sea cristiana? ¿Cuál es nuestra autoridad? ¿Cuál es nuestra autorización? ¿Cuáles son nuestras razones para creer en este mensaje? ¿Por qué, de hecho, debería creerlo nadie? Debemos tener claras estas cuestiones que, a mi entender, son las grandes preguntas que inquietan las mentes de muchas personas, y la respuesta la tenemos aquí, tan claramente como se puede desear; siempre somos nosotros quienes añadimos las complicaciones. Aquí encontramos el sencillo origen de la Iglesia, así se concibió la Iglesia; sin embargo, la gente le ha incorporado sus tradiciones, sus puntos de vista y sus filosofías, de tal modo que se ha convertido en lo más complicado que existe. De hecho, hay quienes afirman que el cristianismo no está pensado para que la gente corriente lo entienda, sino solo para los sacerdotes, los obispos, o los papas; por tanto, debemos atender a sus interpretaciones. Pero no es eso lo que encontramos aquí.

No; ante todo, lo que aquí se destaca es que cuando queramos saber qué es el cristianismo, debemos atender al mensaje que predicaron los primeros Apóstoles. Ahora bien, esta declaración es bastante simple. El apóstol Pablo dice en su carta a los efesios que la Iglesia está "[edificada] sobre el fundamento de los apóstoles y profetas" (Efesios 2:20). Ahí está su fundamento. Ahí está el comienzo. El único mensaje que tengo para impartir desde este púlpito es el mensaje de los Apóstoles, el cual encuentro en este libro.

Estos puntos son cruciales. Si quieres saber qué es el cristianismo, no puedes empezar comprando un libro de texto de Filosofía, se empieza leyendo la Biblia. No puedes entrar a las bibliotecas en busca de la vasta sabiduría y la ley del hombre. No, no; debes dirigirte directamente a este libro. John Wesley, quien acostumbraba a leer muchos libros, afirmó que tras su conversión pasó a ser "hombre de un solo Libro". ¿Por qué? Porque la Biblia es el único libro que habla con autoridad sobre estas materias. ¿Qué sabemos del cristianismo, aparte de lo que nos relatan estos Apóstoles, los primeros predicadores? Estos son los testigos, nuestro Señor los nombró como tales, diciéndoles que esa iba a ser su tarea: "Recibiréis poder, cuando haya venido sobre vosotros el Espíritu Santo, y me seréis testigos" (Hechos 1:8).

Los Apóstoles eran quienes sabían lo que era el cristianismo; por eso las autoridades les interrogaron al respecto. Las autoridades no se encontraban en situación de poder decidir: estaban sorprendidos y eran incapaces de entender. Lo único que podían hacer era preguntarles, que es lo que nosotros debemos hacer. Con todos mis respetos a más de un erudito de nuestros días, afirmo que puede que sean muy cultos, grandes pensadores, ¿pero se encuentran en posición de decirnos qué es este mensaje? Evidentemente no, pues ellos no estaban allí. La Verdad está "[edificada] sobre el fundamento de los apóstoles y profetas", y tratar de descubrir lo que es el cristianismo sin dirigirse directamente a este punto, es, repito, ir por el camino equivocado.

Permíteme desarrollar un poco este punto, porque creo que es sumamente importante. La idea de que el cristianismo cambia según las épocas y que, por tanto, en el siglo XX es distinto de como fue en el XIX, es una negación del Evangelio cristiano. Esto sucedió una vez y para siempre. En el versículo 3 de su Epístola, Judas hace referencia a "la fe que ha sido una vez dada a los santos". Ese es el punto de partida; en consecuencia, debemos considerar lo que estos hombres tienen que decir. Podemos leer acerca de ellos en el libro de Hechos; Pedro fue el primero, y Juan con él. Más tarde, apareció el gran apóstol Pablo, quien expandió el mensaje entre el mundo gentil. Ellos fueron los hombres que fundaron las iglesias, quienes "[trastornaron] el mundo" (cf. Hechos 17:6).

Entonces, en segundo lugar, ¿cuál era el mensaje que predicaban? Y, obviamente, la decisión del concilio lo resume perfectamente: "Sin embargo, para que no se divulgue más entre el pueblo, amenacémosles [a los Apóstoles] para que no hablen de aquí en adelante a hombre alguno en este nombre". Y entonces, se nos dice que los miembros del concilio hicieron entrar a Pedro y a Juan y "les intimaron que en ninguna manera hablasen ni enseñasen en el nombre de Jesús" (cf. Hechos 4:18). Este es un buen resumen; vieron, con toda claridad, cuál era la clave del asunto. Estaban molestos porque estos Apóstoles estaban predicando y enseñando "en el nombre de Jesús". Eso indica que Pedro y Juan no estaban exponiendo sus propias ideas, ni el resultado de sus propios pensamientos y reflexiones. Puede ser adecuado hacer eso bajo ciertas circunstancias, pero cuando se está predicando el Evangelio, es totalmente incorrecto. Los Apóstoles no se pusieron en pie y dijeron: "Hemos estado analizando todo este asunto, hemos tenido muchas discusiones juntos y hemos llegado a esta conclusión". Tampoco citaron a algún otro gran pensador ni a alguna autoridad. Esa no era su postura en absoluto. Predicaban y enseñaban "en el nombre de Jesús".

Al leer los Evangelios, podrás observar que, tras la predicación de nuestro Señor, a menudo muchos hacían este comentario —y era una observación de lo más perspicaz—: "porque les enseñaba como quien tiene autoridad, y no como los escribas"

(Marcos 1:22). En parte, querían decir esto: los escribas eran hombres muy cultos que dedicaban todo su tiempo y energía al estudio, no solo de las Escrituras, sino especialmente de lo que los grandes comentaristas habían dicho acerca de las mismas. Estos hombres habían impartido sus enseñanzas, otros no habían estado de acuerdo y había habido disputas, de modo que la enseñanza de los escribas era parecida a los argumentos de un abogado ante un tribunal. Hasta cierto punto, los abogados exponen sus propios puntos de vista, pero prueban sus casos valiéndose de libros y leyendo lo que estos dicen. Citan un párrafo de algún sitio, subdividen algo más, y después lo avalan con otras citas. Los abogados de las partes enfrentadas discuten uno en contra del otro, citando diferentes autoridades. De manera que los casos duran días, semanas y quizá meses. Así es como solían predicar los escribas.

Esto es, también, lo que los filósofos siempre han hecho. Se preguntan: ¿Qué dijeron Platón, Aristóteles y Sócrates? Y, por supuesto, esto se considera erudición, lo más provechoso que existe en nuestros días. La gente dice: "Este hombre ha leído muchísimo, lo conoce todo. Ha leído a los filósofos y te dirá lo que necesitas saber". Así pues, presenta sus ideas, que alguien modifica un poco, mientras que otro discrepa por completo. Aquí tenemos, pues, las escuelas rivales. ¡Los gimnastas intelectuales son todos tan brillantes! Sin embargo, es exactamente lo opuesto al cristianismo.

Los Apóstoles no malgastaban su tiempo citando autoridades. No; tenían una única autoridad. Su enseñanza se ceñía completamente a Jesús y predicaban lo que Él les había enseñado que predicaran. No tenían nada que decir aparte de lo que Jesús les había contado. Hablaban de Él, diciéndole a la gente lo que había dicho y enseñado. Su predicación era por entero en el nombre de Jesús, y nada más.

Este punto es muy importante. Pedro y Juan eran hombres "sin letras y del vulgo", pero no así el apóstol Pablo, antes al contrario. Él podía citar a los eruditos griegos, había leído a los filósofos griegos, era un experto en las autoridades que los fariseos y los escribas citaban. Los conocía mejor que la mayoría, puesto que estaba dotado de una mente brillante. Y, sin embargo, escribiendo a los corintios, dice: "Pues me propuse —decidí deliberadamente— no saber entre vosotros cosa alguna sino a Jesucristo, y a éste crucificado" (1 Corintios 2:2). Él mismo se sitúa en la misma posición en la que estaban estos hombres sin letras, Pedro y Juan, los pescadores. ¿Por qué? Porque sabía que los demás conocimientos no servían de nada, eran inútiles, un estorbo. Por esa razón muchas personas inteligentes en Corinto pensaron que era un necio, un ignorante. Está bien —decía él—, llamadme necio. Pero estoy decidido. Me he hecho necio por Cristo, y esa es la esencia de la sabiduría.

Pablo hizo también otra afirmación. Había estado predicando en Galacia, donde el pueblo había creído y habían empezado muchas iglesias. Después otros le habían seguido, algunas de las autoridades, los llamados "judaizantes", diciendo que Pablo estaba en lo cierto hasta el punto que había llegado, pero que, por supuesto, no había llegado lo suficientemente lejos. Desconocía que, a la confianza en Cristo, había que añadirle la circuncisión y la obediencia a la ley judía. El Apóstol, pues, escribió una carta a los creyentes en la que decía: "Mas si aun nosotros, o un ángel del cielo, os anunciare otro evangelio diferente del que os hemos anunciado, sea anatema" (Gálatas 1:8).

En otra ocasión, Pablo tuvo que escribir acerca de la misma cuestión a la iglesia en Corinto. En el siglo I había personas inteligentes, como las hay ahora, y algunos afirmaban que no existía tal cosa como la resurrección —era imposible, decían, no podía suceder—, ¡y aún creían ser cristianos! No son solo los predicadores de hoy quienes dicen tales cosas, también las decían en el siglo I. Pero escucha la respuesta de Pablo:

Además os declaro, hermanos, el evangelio que os he predicado, el cual también recibisteis, en el cual también perseveráis; por el cual asimismo, si retenéis la palabra que os he predicado, sois salvos, si no creísteis en vano. Porque primeramente os he enseñado lo que asimismo recibí: Que Cristo murió por nuestros pecados, conforme a las Escrituras; y que fue sepultado, y que resucitó al tercer día, conforme a las Escrituras.

(1 Corintios 15:1?4).

El Evangelio era un mensaje que Pablo había recibido, no fue idea suya. De hecho, cuando estuvo ante Agripa y Festo, les dijo lo que solía creer: "Yo ciertamente había creído mi deber hacer muchas cosas contra el nombre de Jesús de Nazaret" (Hechos 26:9). Eso es lo que él había pensado, pero ahora que era predicador, ¿qué predicaba? Predicaba lo que le había sido "revelado". Esto es lo que hacía de él un apóstol. Solía tener sus propias ideas, que eran contrarias al cristianismo. Pero entonces, en el camino de Damasco, se encontró con este Señor de gloria resucitado, quien le dijo: "Para esto he aparecido a ti, para ponerte por ministro y testigo [...] para que abras sus ojos, para que se conviertan de las tinieblas a la luz, y de la potestad de Satanás a Dios" (Hechos 26:16,18). El Señor había comisionado a Pablo. Le había dado un mensaje: "Porque primeramente os he enseñado lo que asimismo recibí" (1 Corintios 15:3).

Y lo mismo dice en el pasaje de la Cena del Señor: "Porque yo recibí del Señor lo que también os he enseñado" (1 Corintios 11:23). El Evangelio no fue una invención de Pablo, ni tampoco de ninguno de los Apóstoles, no lo excogitaron, por decirlo así, sino que les fue revelado, les fue dado. Como Pedro y Juan, todos ellos enseñaron y predicaron en el nombre de Jesús. Él había dado a conocer el mensaje, se lo había mostrado a ellos. Este punto es formidable; ¿lo has interiorizado? En el momento en que lo comprendas, la mayoría de tus problemas intelectuales quedarán resueltos.

En muchos sentidos, estos Apóstoles y los profetas del Antiguo Testamento mantuvieron posturas similares. Consideremos los profetas. ¿Qué sabes de ellos? ¿Crees que eran solo grandes pensadores, hombres capacitados, visionarios, quienes, habiendo meditado por largo tiempo y habiendo pensado seriamente en los problemas de la vida, llegaron finalmente a una serie de conclusiones y comenzaron después a enseñarlas? No era esa su postura en absoluto, y así lo afirman muy explícitamente. (Cf. Zacarías 9:1; Malaquías 1:1). "Profecía de la palabra de Jehová", decían; "vino palabra de Dios a Natán" (1 Crónicas 17:3). Esto es cierto en cada uno de los profetas. Al profeta se le decía lo que tenía que decir. Afirmaba que no estaba únicamente expresando sus propias ideas, sino que estaba siendo el portavoz de Dios. A esto se le denomina "inspiración".

"Inspiración" es un término que se ha malinterpretado. Hay quienes dicen: "Por supuesto, creo en la inspiración. Creo que los poetas están inspirados". Recuerdo lo que dijo un hombre en una reunión: "Creo que la Biblia es inspirada. Creo que los hombres que la escribieron fueron inspirados del mismo modo en que lo fueron Wordsworth, Browning y todos los grandes poetas". Pero esto no es inspiración en el sentido bíblico de la palabra. El apóstol Pablo explica exactamente lo que es inspiración en 2 Timoteo 3:16, donde dice: "Toda la Escritura es inspirada por Dios". Lo que quiere decir con esto es que toda la Escritura es *respirada por Dios*. Dios respiró en el interior de estos hombres.

El apóstol Pedro expresa esta idea con sus propias palabras en su segunda carta: "Tenemos también la palabra profética más segura, a la cual hacéis bien en estar atentos como a una antorcha que alumbra en lugar oscuro, hasta que el día esclarezca y el lucero de la mañana salga en vuestros corazones; entendiendo primero esto, que ninguna profecía de la Escritura es de interpretación privada" (2 Pedro 1:19?20). No es el resultado de la larga meditación y reflexión de un hombre. No; continúa: "porque nunca la profecía fue traída por voluntad humana, sino que los santos hombres de Dios hablaron siendo inspirados por el Espíritu Santo" (versículo 21).

Por otra parte, tenemos que tenerlo claro. Todos sabemos que una experiencia puede pasar por "inspiración" cuando no lo es. En algunas ocasiones, si algún político habla con más liberalidad de la acostumbrada, en lenguaje coloquial decimos: "Estaba inspirado aquella noche". Pero lo que, en realidad, queremos decir con tal afirmación es que se sentía bien, que no le dolía la cabeza, por ejemplo. Después la gente le ha aplaudido y aclamado, y eso le ha puesto de buen humor. Ha empezado con buen pie y no ha dudado en seguir avanzando en su discurso. Dicen, pues, que estaba inspirado. Pero no lo estaba. Simplemente estaba en su mejor momento; pero eso no es inspiración.

Lo que significa inspiración, y lo que proclamaban los profetas, es esto: "No sabemos nada. No hemos inventado este mensaje. Todo nos ha sido dado". Se les dio la forma del mensaje, la comprensión y la capacidad para predicarlo. Leemos aquí acerca de Pedro ante el Sanedrín: "Entonces Pedro, lleno del Espíritu Santo, les dijo" (versículo 8).

El mensaje que Pedro predicó fue el mensaje de Cristo. Dijo: Él es ese profeta que había de venir. Él es la luz del mundo. Él es el único que puede enseñarnos de Dios, el único que puede enseñarnos de la Humanidad. Solo Él puede enseñarnos acerca de la vida, de la muerte y del camino de salvación. Él lo comprende todo y nosotros no sabemos nada aparte de lo que Él nos ha enseñado. Él es quien da explicación al Antiguo Testamento, el único que en realidad lo comprende. Él fue que dijo: "Oísteis que fue dicho [...]. Pero yo os digo" (Mateo 5:27?28).

Así es como predicaban los Apóstoles: en el nombre de Jesús. Como lo expresa Pablo a los corintios: "Mas por él estáis vosotros en Cristo Jesús, el cual nos ha sido hecho por Dios sabiduría" (1 Corintios 1:30). Decían: "No estamos impartiendo nuestra propia sabiduría ni la de ningún otro ser humano; estamos impartiendo la única sabiduría, la sabiduría de Dios. Cristo es sabiduría de Dios. Él se ha dado a nosotros y nosotros os lo transmitimos".

Así es como comenzó el cristianismo. Ese es el origen de la Iglesia cristiana, esa es la autoridad que se esconde tras este mensaje. Hablar, pues, del siglo XX y de los últimos conocimientos es totalmente intrascendente. Si el Hijo de Dios les dio esto, es la única declaración con autoridad, y esto es lo que ellos predicaban.

Sin embargo, hay otro aspecto sorprendente en relación con el contenido del mensaje de los Apóstoles. Pedro lo expresa aquí por medio de un maravilloso y dramático lenguaje: "Juzgad si es justo delante de Dios obedecer a vosotros antes que a Dios; porque no podemos dejar de decir lo que hemos visto y oído". "Nos estáis pidiendo que paremos —dice Pedro, con otras palabras—. Nos estáis pidiendo que no prediquemos ni enseñemos más. Pero no podemos evitarlo: debemos hacerlo. Tenemos que continuar diciéndole a la gente todo lo que hemos visto y oído". Eso implica *hechos*, ¿no es cierto? Estos hombres se denominaban a sí mismos testigos: "Nosotros somos testigos suyos de estas cosas" (Hechos 5:32; cf. Hechos 2:32; 3:15). Nuestro Señor, como te he recordado, dijo, cuando los encomendó: "Me seréis testigos" (Hechos 1:8), y un testigo es alguien a quien se le sienta en el banquillo de un tribunal y se le pregunta:

—¿Estaba usted en tal y tal sitio a cierta hora?

—Sí.

—Muy bien, dígale al tribunal lo que vio.

Un testigo da prueba de lo que ha visto, y cada uno de estos Apóstoles era un testigo.

O, para expresarlo de otra manera, lo que distingue este mensaje evangélico de cualquier otra enseñanza es que es histórico, consiste en hechos que tuvieron lugar. La enseñanza de Platón no está basada en la Historia; puede que reflexione sobre el problema de la Historia, pero se trata únicamente de su pensamiento. Y lo mismo sucede con todos los filósofos, y con todas las denominadas "grandes religiones del mundo". Sin embargo, este Evangelio es cuestión de hechos: cosas vistas, cosas oídas. Cuando el apóstol Pedro era ya anciano y sabía que estaba a punto de morir, dijo: Os escribo acerca de estas cosas, porque aunque ya las conocéis, os encontráis en dificultades porque no siempre las recordáis.

Pues tengo por justo, en tanto que estoy en este cuerpo, el despertaros con amonestación; sabiendo que en breve debo abandonar el cuerpo, como nuestro Señor Jesucristo me ha declarado. También yo procuraré con diligencia que después de mi partida vosotros podáis en todo momento tener memoria de estas cosas.

(2 Pedro 1:13?15).

¿Cuáles eran esas cosas? Escucha:

Porque no os hemos dado a conocer el poder y la venida de nuestro Señor Jesucristo siguiendo fábulas artificiosas, sino como habiendo visto con nuestros propios ojos su majestad. Pues cuando él recibió de Dios Padre honra y gloria, le fue enviada desde la magnífica gloria una voz que decía: Este es mi Hijo amado, en el cual tengo complacencia. Y nosotros oímos [lo oyeron con sus oídos humanos] esta voz enviada del cielo, cuando estábamos con él en el monte santo.

(2 Pedro 1:16?18).

Ahí tenemos a Pedro, un hombre ya anciano, repitiendo las mismas palabras que pronunció aquí, en el principio mismo de la Iglesia cristiana. Estos no son cuentos de hadas, ni historias inventadas —dice—; no estamos ideando una historia inteligente. Somos testigos de hechos, os estamos diciendo la verdad. Soy un anciano que está a punto de enfrentarse a la muerte, ¿mantendría yo tal postura? Por supuesto que no. Nosotros estuvimos allí. Esto es lo que he visto y oído. Esto es todo lo que tengo que deciros y quiero que os aferréis a ello: esto es el cristianismo.

¿Cuáles eran, pues, esas cosas de las que hablaban Pedro y Juan? Evidentemente, debemos empezar por nuestro Señor mismo: habían visto a Jesús. Las autoridades "les reconocían que habían estado con Jesús" (Hechos 4:13). Habían pasado tres años junto a Él, habían visto su rostro, habían mirado esos ojos, habían visto las profundidades de su deidad eterna aflorando en ciertos momentos y esa expresión del eterno amor de Dios. ¡Oh, qué privilegio mirar el rostro del Hijo de Dios! Pero tú y yo, admitámoslo, hemos sido muy inteligentes, ¿no es así? Hemos expresado nuestras opiniones, aun a pesar de que no lo hemos visto nunca. Estos hombres lo conocían íntimamente, su persona, la personalidad de Cristo.

Habían observado muy de cerca su modo de vida. Se habían fijado en sus reacciones ante las cosas que sucedían, habían observado esa calma, esa paz, esa tranquilidad, a pesar de todo: a pesar de las multitudes, a pesar de los halagos, a pesar de los fariseos y de los escribas con toda su amargura y envidia, su malicia y su odio. Le habían visto atravesar todas esas circunstancias con la ecuanimidad del Hijo de Dios. Le habían visto levantarse por la mañana temprano, aun antes del amanecer, para ir al monte a orar a Dios. Habían visto su obediencia a los mandamientos de Dios. Nunca dijo o hizo algo incorrecto. Habían observado su humildad; se mezclaba con los recaudadores de impuestos y con los pecadores: los rechazados por la sociedad. Podía encontrarse con los doctores de la Ley en su propio terreno y, sin embargo, se sentaba con las personas más bajas, humildes e ignorantes. Habían percibido su compasión y cómo apreciaba quiénes estaban sufriendo o estaban necesitados. Nunca dejó de lado a nadie que estuviera sufriendo, por muy ocupado que estuviese. Un día, rodeado de una gran multitud, sintió cómo una mujer le rozó el manto y se volvió para sanarla. Ellos habían visto todas estas cosas, esta asombrosa vida: "lo que hemos visto y oído".

Tú y yo sabemos algo de esto. Si tenemos el privilegio de conocer a un hombre o a una mujer de renombre, nos pasamos el resto de nuestra vida hablándole a la gente de ello. ¡Describimos una y otra vez el aspecto de esa persona, su modo de hablar y su comportamiento! Multiplícalo hasta el infinito, y de eso es de lo que estaban hablando Pedro y Juan; de esta persona y de su modo de vida.

Y además, estaba su enseñanza. Eso fue lo que dejó impresionados a todos, no solo a los Apóstoles. "Gran multitud del pueblo le oía de buena gana" (Marcos 12:37). ¿Por qué? Porque podían seguirle, porque sus palabras no eran un mero despliegue de inteligencia, de retórica o de conocimiento de la Ley y de las autoridades. No; entendían lo que decía, era sencillo, directo, inmediato, y decían no haber oído jamás cosa semejante. "Porque les enseñaba como quien tiene autoridad, y no como los escribas" (Mateo 7:29). En una ocasión las autoridades enviaron a la guardia del Templo para que lo arrestara. Pero volvieron sin el prisionero, y su única explicación fue decir: "¡Jamás hombre alguno ha hablado como este hombre!" (Juan 7:46). Había algo en su modo de hablar, la certeza, la autoridad, la seguridad y el conocimiento del que hacía gala. Aparentemente solo era un carpintero, una persona corriente y, sin embargo: "¡Jamás hombre alguno ha hablado como este hombre!". No sabían lo que era, pero sentían algo, eran conscientes de algo que jamás habían conocido. Y los Apóstoles habían estado junto a Él mientras todo esto estaba sucediendo.

Y después estaban los milagros: "No podemos dejar de decir lo que hemos visto y oído". ¿Qué habían visto? Le habían visto convertir el agua en vino. Claro que le habían visto: eran milagros, eran hechos. No existiría la Iglesia de no ser por estas cosas. Son las manifestaciones de su deidad y de su condición de Salvador divino. Le habían visto tomando autoridad sobre el recio viento, las ondeantes olas, el mar agitado. Le habían visto dormido en una barca mientras se levantaba una inusitada y aterradora tormenta. Estaban convencidos de que iban a perecer ahogados; por tanto, en medio del pánico y la inquietud, le despertaron. Entonces Él se levantó y le dijo al fuerte viento: "Calla, enmudece", e inmediatamente "se hizo grande bonanza" (cf. Marcos 4:39). Le habían visto sanar al ciego, al cojo y al sordo. Le habían visto aun resucitar a los muertos en más de una ocasión. Estas eran las cosas de las que daban testimonio, de estos milagros asombrosos.

Pedro y Juan habían disfrutado de grandes privilegios, más que el resto de los Apóstoles. Hubo ocasiones en las que nuestro Señor escogió a Pedro, a Juan y a Santiago —tres únicamente, de entre doce— para que estuvieran con Él. En una de esas ocasiones (como nos narra Pedro en su segunda Epístola), nuestro Señor los llevó con Él a lo alto de un monte. Mientras estaban allí, de repente se transfiguró delante de ellos. Su ropa empezó a resplandecer con un brillo como ningún blanqueador podría haberlo hecho; brillaba como el Sol, y su rostro irradiaba su eterna deidad. Dios apareció a través de su persona, y ellos lo vieron. "Estábamos con él en el monte santo" (2 Pedro 1:18). Después los cubrió una nube y oyeron una voz que dijo: "Este es mi Hijo amado, en quien tengo complacencia; a él oíd" (Mateo 17:5). Habían presenciado la transfiguración, habían oído la voz del Cielo. Por eso estaban predicando, por eso decía Pedro: "No podemos dejar de decir lo que hemos visto y oído".

Y después le habían visto morir en total debilidad y en aparente indefensión en una Cruz. Habían presenciado su agonía, habían escuchado todo lo que había dicho estando en aquella cruz; cómo dijo: "Padre, perdónalos, porque no saben lo que hacen" (Lucas 23:34). Habían atendido a su conversación con el pobre ladrón moribundo; a pesar de que estaban en semejante agonía, tuvo tiempo para este hombre. Tuvo misericordia de Él y pronunció su bendita palabra de gracia: "De cierto te digo, que hoy estarás conmigo en el paraíso" (Lucas 23:43). Le habían visto morir, y habían visto cómo bajaban su cuerpo para ponerlo en un sepulcro con una piedra que habían hecho rodar a la entrada, la cual sellaron y dejaron custodiada por unos guardias. Lo habían presenciado todo, habían sido testigos presenciales, podían dar testimonio de ello.

También podían hablar Pedro y Juan del relato que habían escuchado de boca de algunas de las mujeres que habían acudido temprano a la tumba, en la mañana del tercer día. Al volver, las mujeres les habían dicho, con otras palabras: "Fuimos, pero el cuerpo no estaba. Vimos ángeles, pero a Él no le vimos. No está allí. Se ha ido". Al principio pensaron que las mujeres estaban locas, pero luego se habían apresurado a la tumba —Juan, adelantándose a Pedro—, miraron en su interior y vieron que la tumba estaba vacía. No estaba allí. Y entonces, esa noche, estando todos reunidos en una casa en Jerusalén, con las puertas cerradas puesto que tenían miedo de los judíos, de repente apareció nuestro Señor en medio de ellos y les habló. En presencia de todos ellos comió pescado asado y parte de un panal de miel. Esto les había sucedido a ellos, eran testigos presenciales.

Más tarde, Pedro y Juan, sintiéndose totalmente desconsolados, se fueron a pescar con los otros discípulos. Habían estado fuera toda la noche intentando pescar algún pez, pero no habían conseguido nada, y en ese momento volvían a la orilla, temprano en la mañana. De repente vieron a alguien de pie en la orilla. ¿Quién era? Se acercaron un poco más y le reconocieron: ¡Jesús! Les había preparado el desayuno, y pudieron escuchar sus últimos mandamientos y sus profecías acerca de la muerte de Pedro y cuál iba a ser la vida de Juan (Juan 21). Por encima de todas las cosas, fueron testigos de la resurrección.

¿Y qué más? Se apareció a los discípulos durante cuarenta días en diferentes momentos y de diferentes formas, pero después los llevó a todos a la cima del monte de los Olivos y, mientras hablaba, todos le vieron ascender al Cielo. "Somos testigos", dijo Pedro. Dijeron a las autoridades: Podéis decirnos que paremos, pero no podemos, pues ¡hemos visto tales cosas! ¿Cómo puede mantenerse callado un hombre habiendo visto cosas como estas?

Y no solo eso; los Apóstoles también habían vivido el día de Pentecostés. Después de que nuestro Señor ascendiera al Cielo, un ángel se les apareció diciéndoles: "Varones galileos, ¿por qué estáis mirando al cielo? Este mismo Jesús, que ha sido tomado de vosotros al cielo, así vendrá como le habéis visto ir al cielo" (Hechos 1:11). Después volvieron, y durante diez días estuvieron reuniéndose, ellos y otros, para orar. Perseveraban en la oración, pero nada había sucedido. Sin embargo, en la mañana del día de Pentecostés, estando aún reunidos orando, de repente se escuchó un ruido —¡eso es el cristianismo!—, el ruido de un viento recio e intenso que se acercaba. Llenó el lugar de gloria y de poder, de maravilla y asombro, llenándolos y otorgándoles nuevas lenguas y un gozo que era pasmoso describir. Habían visto, habían oído, habían sentido, eran testigos vivientes de todas estas cosas. Ese era su mensaje. El mensaje hablaba de Jesús. Esto es el cristianismo, si te das cuenta; no una filosofía, ni una enseñanza, sino esta persona, y todas estas cosas que tuvieron lugar, literalmente, en este mundo del tiempo.

Los Apóstoles, pues, contaban al pueblo lo que habían visto y oído, era el relato de los acontecimientos. No hay Evangelio si estos no son hechos. Esta es la base, el fundamento del Evangelio. Dios envió al mundo a su único Hijo.

Pero la pregunta es: ¿Qué significado tiene todo esto? Y este es mi último punto. Aquí es donde entra la enseñanza. Los Apóstoles predicaban, hablaban y enseñaban en el nombre de Jesús. Después daban la explicación. ¿De dónde procedía todo lo que decían? Del Señor mismo. Él mismo se lo había explicado a ellos.

Después de su muerte, los seguidores de Jesús estaban totalmente desconsolados. Ahí tenemos a dos de ellos, caminando por el camino que conducía de Jerusalén a Emaús, compadeciéndose el uno del otro, cuando se les unió el Jesús resucitado. Escuchó su necia charla y esto es lo que les dijo:

¡Oh, insensatos, y tardos de corazón para creer todo lo que los profetas han dicho! ¿No era necesario que el Cristo padeciera estas cosas,

y que entrara en su gloria? Y comenzando desde Moisés, y siguiendo por todos los profetas, les declaraba en todas las Escrituras lo que de él decían.

(Lucas 24:25?27).

Y lo tuvo que aclarar una vez más en la habitación de Jerusalén.

Y les dijo: Estas son las palabras que os hablé, estando aún con vosotros: que era necesario que se cumpliese todo lo que está escrito de mí en la ley de Moisés, en los profetas y en los salmos. Entonces les abrió el entendimiento, para que comprendiesen las Escrituras; y les dijo: Así está escrito, y así fue necesario que el Cristo padeciese, y resucitase de los muertos al tercer día; y que se predicase en su nombre el arrepentimiento y el perdón de pecados en todas las naciones, comenzando desde Jerusalén. Y vosotros sois testigos de estas cosas.

(Lucas 24:44-48).

Les dijo exactamente lo que debían decir. Habían visto, habían oído, pero no habían entendido. Así pues, después de su resurrección, les proporcionó la explicación. Ya se la había dado antes, pero no habían sido capaces de asimilarla; en ese momento se la proporcionó personalmente al haber resucitado de entre los muertos. Dijo: Salid, sed testigos de estas cosas, decidles lo que todo esto significa.

¿Y qué significa? Tengo el privilegio de mostrártelo una vez más. Que el Espíritu de Dios abra los ojos de todos aquellos que no lo han visto nunca. Significa que este es el Hijo de Dios. Las profecías del Antiguo Testamento habían profetizado acerca de Él. Está presente en los libros de Moisés, en los Salmos, en los Profetas; todos ellos señalan hacia Él, el Mesías, este gran Profeta, el que había de venir: ¡Jesús! Había venido, el Hijo de Dios. Por esa razón predicaban en su nombre. No era un mero hombre, era Dios y hombre —Dios-hombre—, Dios en la carne. ¿Por qué vino al mundo? Él les había dicho por qué: "El Hijo del Hombre vino a buscar y a salvar lo que se había perdido" (Lucas 19:10). Vino a este mundo porque todos nos hemos descarriado, porque todos estamos perdidos, y no podemos sal-

merecen. Él viene para establecer su santo Reino y devolvérselo en total perfección a su santo Padre, "para que Dios sea todo en todos" (1 Corintios 15:28). Eso es el cristianismo.

"Porque no podemos dejar de decir lo que hemos visto y oído". Les dijeron Pedro y Juan a los gobernantes: Os respetamos, sois las autoridades, sois el concilio, pero cuando nos pedís que no prediquemos o que no enseñemos en su nombre, no podemos atenderos, por las cosas que hemos visto, por quién es Él, por el motivo de su venida, por lo que ha hecho, porque es el único camino de salvación. Debemos hablar de estas cosas.

7
El mensaje transformador

Y llamándolos, les intimaron que en ninguna manera hablasen ni enseñasen en el nombre de Jesús. Mas Pedro y Juan respondieron diciéndoles: Juzgad si es justo delante de Dios obedecer a vosotros antes que a Dios; porque no podemos dejar de decir lo que hemos visto y oído.

(Hechos 4:18?20).

El mensaje cristiano, lo hemos visto, es un mensaje de hechos, de "lo que hemos visto y oído" acerca del Señor Jesucristo, además de la interpretación de esos hechos, su significado y su trascendencia en cada una de nuestras vidas. Esta es la esencia de la predicación cristiana. Pero pasamos ahora a considerar otro aspecto que resulta igualmente interesante, igualmente importante; lo maravilloso de las Escrituras es que nos exponen la Verdad central en muy diversas formas. O, para expresarlo de otro modo, parecen tomarnos de la mano y decir: Ven y considéralo desde este ángulo, o desde este otro, o de esta otra manera. Durante siglos, muchas personas han alcanzado un conocimiento de la Verdad mediante su consideración desde diferentes puntos de mira. Lo observan desde un ángulo distinto, y de repente se desvela ante sus ojos.

Algunas personas se acercan al cristianismo exclusivamente en términos doctrinales, mientras que otros lo observarán evidenciándose en la vida de una persona, lo que les impresiona, les encanta y fascina de tal modo que empiezan a plantearse cuestiones. Se preguntan: "¿Qué te hizo así? ¿Qué te ha pasado para que seas así?". Y de ese modo llegan a la misma Verdad. No debemos limitar el margen de actuación de Dios en cuanto a la revelación de su Verdad. Dios se vale de numerosos métodos, y deberíamos estarle agradecidos por ello. Por ese motivo, aun en la Biblia misma, aunque hay un único mensaje, una gran Verdad de principio a fin, ese mensaje se nos presenta de muy diversas formas: enseñanza didáctica, Historia, ejemplos y poesía.

Ahora bien, el incidente que estamos examinando es un ejemplo del poder salvador de Dios en acción. Ya hemos meditado acerca del efecto que produjo en aquellos que no lo creyeron, por lo que ahora consideraremos el efecto que produjo en aquellos que verdaderamente lo creyeron.

Este incidente nos proporciona una estupenda prueba para demostrar si nosotros mismos somos cristianos, una prueba que podemos aplicar a todo aquello que se ofrece al mundo de hoy como una representación del mensaje cristiano. Existen los "agnósticos cristianos", por ejemplo, personas inteligentes que piensan que con sus pequeñas teorías pueden darle explicación a todo lo que nuestro Señor hizo y dijo, así como a todo lo que le sucedió. La clave de todas estas "nuevas representaciones" del cristianismo, es, obviamente, que no son nuevas; ¡son tan antiguas como el Evangelio mismo! Sin embargo, el mundo cree que lo son, consiguiendo publicidad. Se puede leer acerca de tales teorías en los periódicos, y probablemente haya algún programa en la televisión en donde se le pregunte a la gente acerca de estas cuestiones para que exponga una breve opinión. Así es el mundo en el que vivimos.

Pero si quieres saber la verdad acerca de estas ideas de nuestros días, una buena prueba que se puede aplicar es plantearse esta pregunta: ¿adónde conducen? ¿Qué hacen? ¿Hacen algo además de ser un prodigio efímero, de proporcionarles un tema sobre el que escribir unos artículos, algo que debatir y discutir entre ellos? ¿Consiguen algo verdaderamente vital o que merezca la pena? Porque nuestro único argumento es que este Evangelio es "poder de Dios para salvación a todo aquel que cree" (Romanos 1:16), y si esto es así, está obligado a demostrar que produce ciertos resultados. Cuando Dios actúa, hay algo que ver. Te pido, pues, que te pruebes a ti mismo, que pongas a prueba lo que entiendes por cristianismo, que pruebes tu propia experiencia a la luz de lo que leemos aquí en Hechos.

Ahora bien, dejemos clara una cosa. No estoy diciendo que debamos poder reproducir en cada detalle todo lo que les ocurrió a estas personas. Mi argumento es que todo el Evangelio está aquí, de forma embrionaria, y que, hasta cierto punto, debemos ser capaces de dar lugar al mismo tipo de efecto en nosotros y sobre nosotros. Si no es así, no somos cristianos. Esta es, al fin y al cabo, la única línea directriz. Esta es la iglesia primitiva, de la que proviene todo lo que conocemos como cristianismo; ella debe ser nuestra norma y nuestra línea directriz para juzgar tanto lo que se nos sugiere como lo que encontramos en nuestro interior.

¿Cuál es, pues, el efecto que produce este Evangelio en aquellos que verdaderamente han creído en él? La respuesta la encontramos en Pedro y Juan, los apóstoles de nuestro bendito Señor y Salvador, de cuyas palabras y hechos extraeré los principios que nos guíen.

En primer lugar, no cabe duda de que el cristianismo nos transforma por completo. Evidentemente, conocemos bastantes datos acerca de estos dos discípulos, podemos leer de ellos en los cuatro Evangelios: Mateo, Marcos, Lucas y Juan. Cualquiera que haya leído los Evangelios y luego lea el libro de Hechos, quedará sorprendido de inmediato ante el asombroso cambio que tuvo lugar en estos hombres.

Cuando observamos a Pedro y Juan tal y como aparecen en los Evangelios, antes del día de Pentecostés, lo que más capta nuestra atención es su torpeza, de hecho, su fracaso, para que nos entendamos. El Hijo de Dios estuvo con ellos durante tres años. Los había apartado de la sociedad, había constituido un íntimo círculo de estudiantes con ellos y les había enseñado. Siempre que Él enseñaba, ellos estaban presentes, y presenciaron todos sus milagros. Le podían plantear preguntas y Él siempre tenía paciencia con ellos, siempre estaba dispuesto a responder, siempre dispuesto a darles una explicación. Jamás hombre alguno tuvo tan maravillosa oportunidad de aprender y alcanzar la Verdad. Y aun así, eran tardos para aprender, lentos y carentes de comprensión. Parecían tambalearse y caer. A pesar de que les explicaba las cosas muy a menudo, aún no lograban entender y tenía que reprenderles muy duramente.

En una ocasión, nuestro Señor aun se volvió a Pedro diciéndole: "¡Quítate de delante de mí, Satanás!" (Mateo 16:23). Esto ocurrió en Cesarea de Filipos, después de que nuestro Señor hubiera preguntado a sus discípulos: "¿Quién decís que soy yo?". Y Pedro, con esa sorprendente percepción que le había sido otorgada, respondió: "Tú eres el Cristo, el Hijo del Dios viviente" (Mateo 16:16). Y nuestro Señor le elogió diciendo: "Bienaventurado eres, Simón, hijo de Jonás, porque no te lo reveló carne ni sangre, sino mi Padre que está en los cielos" (versículo 17). Pero después, nuestro Señor continuó hablando a sus discípulos de su próxima muerte. Y Pedro empezó a reconvenirle: "Señor, ten compasión de ti; en ninguna manera esto te acontezca" (versículo 22). Y entonces fue cuando nuestro Señor se volvió a él para decirle: "¡Quítate de delante de mí, Satanás! —¡Satanás!— Me eres tropiezo, porque no pones la mira en las cosas de Dios, sino en las de los hombres" (versículo 23).

No es este el único ejemplo de la falta de entendimiento de Pedro y Juan. Podemos leer que, en muchas ocasiones, nuestro Señor estaba abordando el mismo tema de su muerte y resurrección, pero ninguno de sus discípulos entendió sus palabras, y se preocuparon y angustiaron. Una tarde, estaban tan desesperanzados que les tuvo que decir: "No se turbe vuestro corazón; creéis en Dios, creed también en mí [...] os conviene que yo me vaya" (Juan 14:1, 16:7). Pero no podían asimilarlo. En todos los Evangelios se evidencia este mismo problema. Y después, al verle morir en la Cruz, quedaron completamente disgustados y aturdidos. Y tras su muerte, podemos ver su total desconsuelo, no sabían qué hacer de sí mismos. Después, las mujeres les dijeron que habían ido a la tumba y que la encontraron vacía, pero los discípulos pensaron que se habían vuelto locas, y no las creyeron.

Y si recuerdas, en nuestro último estudio hablamos también

de los dos seguidores de Jesús que se compadecían entre sí mientras se dirigían a Emaús, y a quienes se les unió nuestro Señor sin ellos reconocerle. Él les preguntó: "¿Qué os pasa? ¿De qué habláis? ¿Por qué estáis tan tristes?".

—¿No sabes —respondieron— lo de Jesús de Nazaret? ¿No has oído lo que ha sucedido? ¿Dónde has estado? ¿Eres extranjero en estas tierras para no saber estas cosas?

—¿Qué cosas? —preguntó nuestro Señor.

—Bueno —replicaron—, todo lo relacionado con Jesús de Nazaret… confiábamos en que iba a ser Él quien restaurara el reino de Israel. Pero lo arrestaron y lo crucificaron, y lo pusieron en un sepulcro.

Y una vez más, nuestro Señor tuvo que reprenderles diciéndoles: "¡Oh, insensatos, y tardos de corazón para creer todo lo que los profetas han dicho!" (cf. Lucas 24:13-33).

Pensemos de nuevo en los discípulos en el antiguo marco de los Evangelios. Podemos ver que eran ambiciosos, celosos unos de otros, deseando la preeminencia, enfrentándose y luchando por pequeños detalles. ¡Qué grupo tan vil formaban! Sobre todo, pensemos en su pusilanimidad. Pensemos en Pedro. Cuando arrestaron a nuestro Señor, Pedro quería escuchar el juicio, de modo que entró a hurtadillas en el tribunal y se quedó allí de pie, junto al fuego, con la esperanza de que nadie lo reconociera. Pero una criada le desafió diciendo: "También éste estaba con él". Una hora más tarde, alguien más dijo: "Verdaderamente también éste estaba con él, porque es galileo". Las palabras de Pedro le habían traicionado. Pedro lo negó en cada ocasión; lo negó entre juramentos y maldiciones. Dijo: "No conozco a ese hombre. No tengo nada que ver con Él" (cf. Lucas 22:54-60). ¡Oh, miserable canalla! ¡Oh, cobarde! Tenía miedo de perder su vida, y por eso negó conocer a su mejor amigo y benefactor, a su gran maestro. ¡El espíritu cobarde, el temor, la cobardía! Todo se resume en una frase. Cuando nuestro Señor fue arrestado, leemos: "Entonces todos los discípulos, dejándole, huyeron" (Marcos 14:50), y todo porque estaban aterrados ante la posibilidad de ser arrestados, juzgados y quizá condenados ellos mismos a muerte.

Sin embargo, los vemos ahora aquí, en el libro de Hechos;

apenas podemos reconocerlos. La imagen es completamente diferente. Ahora los Apóstoles tenían un claro conocimiento de la Verdad, así como la habilidad de aseverarla; podían exponer sus argumentos, razonar, tenían el control. Y no solo eso, ¡pensemos en su denuedo! De hecho, se nos dice que cuando vieron el denuedo de Pedro y Juan, aun los miembros del Sanedrín se asombraron. Pero ahí están, sin temor alguno; ¿qué motivó el cambio?

Permíteme resumirlo de esta manera: el cristianismo no lo incorporas a tu vida, sino que transforma toda tu vida empezando por el centro. No es un artículo suplementario, ni un apéndice, no es una ocurrencia tardía ni algo que haces los domingos. No lo tomas y lo dejas. ¡No, no! El cristianismo es un poder que transforma a hombres y mujeres de los pies a la cabeza, como hizo con Pedro y Juan. Y, obviamente, a medida que continúas leyendo la historia posterior de la Iglesia cristiana, te darás cuenta de que esto es lo que inevitablemente les sucede al hombre y a la mujer que verdaderamente se han convertido en cristianos.

Permitamos que el apóstol Pablo lo exprese en sus incomparables palabras: "Si alguno está en Cristo, nueva criatura es; las cosas viejas pasaron; he aquí todas son hechas nuevas" (2 Corintios 5:17). Los cristianos no han adoptado ciertas ideas de la enseñanza de Cristo, otras de la enseñanza de Gandhi, y otras de la enseñanza de algunos filósofos de la antigüedad. No, no; son hombres y mujeres transformados radicalmente: una nueva creación, un nuevo ser, son "nacidos de nuevo". Este principio es claramente evidente en el incidente que nos ocupa.

El segundo principio que encuentro aquí es que el cristianismo, a la luz del primer punto, desde luego, es, por tanto, algo que nos gobierna. Este punto es muy importante. No lo empiezas tú, sino que empieza en ti. No lo puedes controlar y manipular, sino que te controla a ti y gobierna toda tu vida. Muchos piensan que las personas son cristianas porque han examinado el cristianismo y, habiendo escuchado sermones y debates, han decidido, por regla general, empezar a practicarlo. Así, la mayor parte de sus vidas, en su trabajo diario, probablemente se olviden de ello. Pero llega el domingo y se abandonan a sí mismos —hasta cierto punto, en cierta medida— a sus intereses religiosos. Así pues, deciden acudir a un lugar de culto, o bien solo el domingo por la mañana, o bien solo por la tarde. Por supuesto, les interesa mucho, quieren, mantenerse "en contacto" —esa es la frase—, pero si un bonito día de verano un amigo les dice: "¿Qué tal un partido de golf?", obviamente, el golf gana. Pueden recoger su cristianismo otra vez cuando no estén jugando al golf, siempre que no tengan ningún negocio urgente que atender. "Quizá hoy no, pero en otra oportunidad, seguro".

¿No es esto lo que se suele pensar? De hecho, muchos ni siquiera se acuerdan del cristianismo, y se lo tiene que recordar otra persona. Muchos ni siquiera piensan en ello hasta que se enfrentan a la enfermedad. Llevan años sin orar, pero ellos, o un familiar, cae enfermo, o se produce un fallecimiento, y en ese momento se acuerdan.

Sin embargo, todo eso está muy lejos de lo que vemos aquí en Hechos. El cristianismo no es algo a lo que estás sujeto con pinzas, algo a lo que estás vagamente conectado. No, no; el Evangelio era fundamental para estas personas, era el centro mismo de sus vidas. Los gobernaba. No podían sino decir: "No podemos dejar de decir [...]". Había algo que les sobrepasaba, era lo más grande de sus vidas.

¿No es evidente esto también en la historia del verdadero cristianismo a lo largo de los siglos? Al leer la vida de los mártires y de los confesores, vemos que todos ellos eran hombres y mujeres que fueron gobernados por Cristo y por este Evangelio. Eran esclavos, habían sido comprados, ya no eran ellos quienes pensaban y decidían, ya no tenían el control de la situación. No, el Evangelio los dirigía, los controlaba, su concepto de la vida estaba determinado por el Evangelio. Si tu fe religiosa, pues, está en la periferia de tu vida, no es fe cristiana. Puedes relegar allí tus filosofías, tus diferentes enseñanzas, pero no el cristianismo.

¿No ves lo importante que es todo esto? ¿No ves lo ridículos que son todos esos diálogos y debates, como se los denomina? ¡Debate! Como si se pudiera someter a juicio al cristianismo. El cristianismo es aquello que te juzga. Es algo que se apodera de ti. Eres un hombre o una mujer de una sola idea, de un solo Libro. Todo está en Cristo, Cristo ha ejercido su dominio sobre ti. ¡Eso es el cristianismo!

A menudo he citado desde este púlpito la memorable sentencia que hace 200 años pronunció el gran conde cristiano alemán Zinzendorf, un hombre que ejerció una gran influencia en el metodismo primitivo. Dijo así: "Una sola pasión tengo; Él, y solo Él". Eso es el cristianismo.

El tercer principio sostiene que cuando el hombre y la mujer son verdaderamente cristianos, cuando se encuentran dominados por el mensaje, por esta verdad, de la manera descrita, sienten que deben contárselo a todo el mundo. "No podemos dejar de decir lo que hemos visto y oído". La manzana de la discordia, la clave del asunto entre estos Apóstoles y el Sanedrín en este punto, era esta única pregunta: ¿Debían seguir predicando y enseñando en el nombre de Jesús? Las autoridades habían dialogado y habían decidido prohibir toda predicación que hablara de Cristo. Leemos: "Para que no se divulgase más entre el pueblo, amenacémosles [a Pedro y a Juan] para que no hablen de aquí en adelante a hombre alguno en este nombre. Y llamándolos, les intimaron que en ninguna manera hablasen ni enseñasen en el nombre de Jesús" (cf. Hechos 4:17-18). Pero Pedro y Juan replicaron que no podían dejar de hablar.

Analicemos, pues, este punto. En primer lugar, cuando el hombre y la mujer se convierten en cristianos genuinos, ya no se sienten inseguros de lo que creen. Si alguien dice: "No puedo dejar de hablar de ello", parece claro que debe saber de qué está hablando. La gente que simplemente conjetura acerca de la Verdad no puede afirmar: "No puedo dejar de hablar". Su actitud es: "Bueno, de momento, creemos que probablemente se trate de esto, pero sabemos que la Verdad cambia continuamente y que el mundo se desarrolla y avanza. Sabemos que, probablemente, dentro de veinte años se probará que esto no es lo correcto, de la misma forma que nosotros hemos demostrado que quienes nos precedieron también se equivocaron. Y así hasta el infinito". ¿Sienten esas personas que no pueden dejar de hablar? ¡Por supuesto que no! No, no; los filósofos no han conocido nunca ese impulso puesto que únicamente conjeturan, examinan; solo están tratando de descubrir la Verdad.

Sin embargo, algo esencial en estos Apóstoles es que tenían un mensaje muy definido; ya hemos estudiado este punto. Era un mensaje discreto y concreto. No se levantaron y dijeron: "En general, hemos llegado a esta conclusión", y entonces expusieron sus puntos de vista opuestos y dieron una maravillosa respuesta intelectual. ¡Nada de eso! Eran hombres con un mensaje, y cuando lo repetían, siempre era el mismo. Conocían exactamente su contenido; antes no lo habían entendido, pero ahora sí, y lo predicaban con absoluta autoridad.

Y sobre la base de la enseñanza del Nuevo Testamento, no dudo en afirmar que aquellos hombres y mujeres que no conocen lo que creen, no son cristianos. Puede que sean muy buenas personas, buenos filósofos, pero si no pueden decir: "Esta es la Verdad", no son cristianos. La postura del apóstol Pablo era la siguiente: "Yo sé a quién he creído" (2 Timoteo 1:12). "Yo sé". Las grandes afirmaciones, las grandes aseveraciones, las grandes verdades, los grandes principios absolutos.

Esta seguridad no se reduce a Apóstoles y predicadores. El apóstol Pedro, en su primera carta, dice a los cristianos corrientes, muchos de ellos esclavos y siervos: "Estad siempre preparados para presentar defensa con mansedumbre y reverencia ante todo el que os demande razón de la esperanza que hay en vosotros" (1 Pedro 3:15). ¡Una razón! Ellos podían hacerlo. El apóstol Juan, el compañero de Pedro aquí en Hechos, escribe en su primera carta: "Vosotros tenéis la unción del Santo, y conocéis todas las cosas [...] no tenéis necesidad de que nadie os enseñe" (1 Juan 2:20,27). Si te das cuenta, había falsos maestros entonces, igual que los hay ahora. No hay nada nuevo en las falsas doctrinas. A aquellos maestros se les llamaba "anticristos" en aquel tiempo, y ahora, a menudo, se convierten en dignatarios de la Iglesia. En el siglo I eran expulsados de la Iglesia porque no pertenecían a la misma, pero ahora permanecen en ella. Esa es la única diferencia que observo en ambas situaciones.

Pero Juan les dice a los cristianos corrientes a quienes estaba escribiendo, que no está preocupado por ellos. "Conocéis todas las cosas", dice. Conocían el Evangelio; todos los Apóstoles predicaron el mismo mensaje. Era el único mensaje que se les impartió y no había contradicción ni incertidumbre alguna.

Pero, aun más, fíjate también en este aspecto: los Apóstoles no se disculparon ni se mostraron indiferentes, tampoco estaban medio avergonzados de su mensaje. ¿Hay alguien —me pregunto— que se sienta un poco avergonzado de creer en el Evangelio en esta era científica? ¿Tratas, quizá, de esconder tu fe de tus compañeros de estudios o de los miembros de tu profesión? ¿Tratas de ocultarla delante de tus socios laborales? ¿Eres cristiano, temes no serlo, pero te disculpas por ello? ¿Tratas de mantenerlo en silencio o de acomodarlo a la última moda o al último supuesto descubrimiento; es esa tu postura?

Oh, qué diferente de estos dos hombres y de todos los primeros cristianos. Estos hombres se regocijaban en el Evangelio, se gloriaban en él. Decían con el apóstol Pablo: "Lejos esté de mí gloriarme, sino en la cruz de nuestro Señor Jesucristo" (Gálatas 6:14); y: "No me avergüenzo del evangelio, porque es poder de Dios para salvación a todo aquel que cree" (Romanos 1:16). Cuando estuvo en Atenas, en la colina de Marte, no se disculpó, no intentó defender su postura, luchando en la retaguardia frente al ataque de la Filosofía. ¡En absoluto! Cargó contra ellos, atacó, expuso sus argumentos. Y ese mismo fuego es el que podemos ver aquí en Pedro y Juan, ese mismo entusiasmo, el "deber", el empuje. "No podemos dejar de [hablar]".

¿Por qué? Ah, esa es la pregunta; esto es lo que nos lleva a descubrir el secreto. ¿Por qué se regocijaban y se gloriaban en el Evangelio? ¿Por qué sentían que debían contárselo a todo el pueblo y que, cualquiera que fuera la resolución del Sanedrín, aún seguirían adelante? ¿Qué los condujo a esto? La respuesta está aquí. Sentían todo esto por la gloria de los acontecimientos. No quiero detenerme en este punto ahora, porque ya nos ocupamos de él en nuestro último estudio. Pero cuando se ha estado en la presencia del Hijo de Dios, como lo estuvieron estos hombres, no se puede guardar silencio. Piensa en las cosas que vieron y oyeron, piensa en esa gloria, en ese asombroso y maravilloso carácter. Estaban obligados a contarlo, especialmente al haberlo visto resucitar de entre los muertos, con parte de la gloria de la eternidad mostrándose con más claridad que nunca. Tenían que hacerlo. Esa es la primera respuesta.

Pero hay más razones. ¿Por qué sentían que debían contárselo a todos? Por lo que el mensaje del Evangelio había hecho en ellos, por el cambio que había operado en ellos. El Evangelio no solo los había transformado, como hemos visto, también les había provisto de un gozo que nunca habían conocido. Más tarde, Pedro lo describiría como: "gozo inefable y glorioso" (1 Pedro 1:8). Este gozo era el resultado de todo lo que había sucedido el día de Pentecostés, cuando fueron llenos de un espíritu de júbilo y regocijo, y cuando Dios les dijo, en una forma que jamás hubieran pensado que fuera posible, que eran sus hijos y que Cristo era su Hijo unigénito, cuando les otorgó una nueva percepción y derramó su amor en sus corazones —"derramado" (Romanos 5:5)— por el Espíritu Santo. Fueron elevados y transportados en un éxtasis, jamás habían conocido algo semejante. La incredulidad había desaparecido, la melancolía había desaparecido, la inseguridad y la duda habían desaparecido, y en su lugar les había inundado el gozo y la felicidad.

Los Apóstoles sabían que estaban en paz con Dios, que Dios los tenía en su corazón y en su mente por toda la eternidad, y que había enviado a su Hijo a morir por ellos. Conocían el poder que habían recibido, el poder para obrar milagros, el poder en la oración, el poder en la palabra. No entendían, estaban perplejos, estaban tan extasiados y embelesados que querían contarle a todo el mundo lo que había supuesto para ellos: este nuevo conocimiento de Dios, esta nueva comprensión de la vida, esta experiencia subjetiva del poder del Evangelio que les proporcionaba claridad de conocimiento y entendimiento, así como un nuevo poder para ver las cosas a la luz de Cristo.

Pero sigamos, existe aún una razón más convincente por la que los Apóstoles insistían en contarles a todos lo sucedido: sentían compasión por los hombres y las mujeres que no lo sabían. "No podemos dejar de decir lo que hemos visto y oído". ¿Por qué? Porque se habían hecho un poco más parecidos al Señor mismo. Él miraba a las multitudes y se compadecía en su corazón por ellas, porque los veía como ovejas que no tenían pastor (Mateo 9:36). Veía a la Humanidad en su ignorancia, en las garras del pecado, y su corazón se llenaba de compasión. Tenía que hablarles. Se sentaba junto a los recaudadores de impuestos, con los pecadores y las prostitutas, ¿pero qué importancia tenía? Se preocupaba por ellos.

Pedro y Juan habían pasado a ser de esa manera. Las autoridades les decían que dejaran de enseñar en el nombre de Jesús, y ellos contestaban: "¡No podemos parar!". Se sentían como un hombre que ha tenido una experiencia de liberación extraordinaria, que al ver a los hombres y mujeres en la misma situación en la que él se encontraba, sabe exactamente lo que les puede dar la solución. Pero las autoridades le dicen que no hable y él dice: "No puedo quedarme callado. Sería un canalla".

Imaginemos a un hombre que, durante años, ha estado sufriendo alguna dolorosa y grave enfermedad, una enfermedad en las articulaciones, pongamos por caso. Ha padecido dolores tremendos y las articulaciones se le han dilatado y endurecido. No puede agarrar los objetos, no puede caminar. Se encuentra paralizado y experimentando un agudo dolor. Ha visitado muchos médicos, le han remitido a especialistas, pero ninguno ha podido ayudarle. Entonces, después de mucho tiempo, se encuentra con un médico que le dice: "Sí, sé exactamente cuál es el problema, puedo curarte". Escribe una receta y se la entrega a este pobre paciente con las palabras: "Ahora toma esto regularmente y te pondrás bien". El hombre comienza a tomarse la medicina y el dolor empieza a remitir. Entonces las articulaciones se destensan y flexibilizan y, tras un tiempo, está perfectamente sano. Puede mover las articulaciones, puede andar. Es libre. La prescripción médica lo ha conseguido.

Ahora, ahí lo tenemos, caminando una vez más por las calles de la vida. Una tarde ve a un hombre al otro lado de la calle. No conoce al hombre, pero reconoce la enfermedad que padece. Puede asegurar, por la forma en que ese hombre se sostiene, que está aquejado de su antigua dolencia, ese viejo problema de las articulaciones. El hombre sano se dice a sí mismo: "Es evidente que ese pobre hombre no conoce la receta, puesto que si lo hiciera, no estaría en ese estado". Tiene la medicina en el bolsillo. ¿Qué hace? No cabe ninguna duda, siente que debe cruzar la calle. No conoce al otro hombre, pero sí su enfermedad. Se acerca, pues, a él y le dice: "Señor, no me conoce, y yo no le conozco a usted, pero sé lo que le pasa. Dígame, ¿ha oído alguna vez de esto?". Y saca la medicación.

El hombre no tuvo que obligarse a sí mismo a cruzar la calle. Se dijo: "Si no le hablo a ese hombre del remedio que tengo en mi bolsillo, soy un canalla, no merezco ser considerado un hombre. Tengo que decírselo, nadie puede impedírmelo. ¿Voy a permitir que ese hombre siga sufriendo por ciertas reglas y normas, por mantener cierta etiqueta médica? ¡En absoluto! Mi deber con ese hombre me obliga a compartir el conocimiento que yo tengo y del que él carece".

Eso es exactamente lo que sintieron Pedro y Juan cuando se enfrentaron a las autoridades. Lo que les había sucedido les había abierto los ojos al imperioso estado de necesidad en que la Humanidad se encontraba. La Verdad de Jesús les había dado una nueva perspectiva acerca de la condición de pecado de los hombres y las mujeres. Ya no los veían como los habían visto hasta ese momento. Como Pablo, decían: "A nadie conocemos según la carne" (2 Corintios 5:16). Solían conocer a los hombres "según la carne": judíos y gentiles, negros y blancos, además de la enemistad existente entre ellos. Ahora veían a todos como esclavos del diablo, del mundo y de la carne. Veían la amargura, la infelicidad y todos los estragos del pecado. Y sentían una gran compasión.

Pero no solo eso, Pedro y Juan veían que todos estos hombres y mujeres de Jerusalén estaban bajo la condenación de la santa Ley de Dios. No los veían como meras personas que caminaban por las calles de la vida, ni veían principalmente la lucha entre naciones, ni a los pueblos luchando por sus derechos. No, no; los veían a todos como almas. Decían: "Todos tendrán que comparecer ante Dios, cualquiera que sea su raza. Todos tendrán que morir y presentarse ante Dios y su Juicio eterno y todos están bajo condenación". "No hay justo, ni aun uno" (Romanos 3:10). Al mirar los rostros de hombres y mujeres, veían almas que se precipitaban al Juicio Final y al castigo eterno. No solo veían a personas que hacían cosas mal, veían sus almas y el peligro que corría su vida eterna. Y los aterraba. Veían la ignorancia de hombres y mujeres que se vanagloriaban de su vida, pero que eran víctimas del pecado y de Satanás, fracasados morales, tanto en el plano social como en el personal. Oh, lo veían todo y sentían una gran compasión en su corazón.

Sin embargo, no se terminaba ahí, solo eso no les hubiera hecho arriesgarse hasta el punto de desafiar a las autoridades. Sabían que todo aquello en lo que estas personas estaban confiando no les podía ayudar ni salvar. Sabían que ni siquiera un sometimiento férreo a la Ley judía podía salvarlos: ellos mismos lo habían intentado. Sabían que todo aquello de lo que la Humanidad estaba prendiendo su fe, no serviría, en último término, de nada. Pero sabían de alguien que podía arreglar la situación en la que se encontraban, así como había arreglado la situación de ellos mismos. Sabían que no habían sido salvos por algo que ellos tuvieran, sino por el poder de Dios, que Cristo era el Salvador, que el Espíritu era poder de Dios. Sabían que la revelación que había tenido lugar en su interior podía manifestarse también en otros. Querían, pues, decírselo y sabían que debían hacerlo.

Hay un solo camino de salvación, y es por gracia. No importa cuán profundamente estén empapados de pecado, Cristo los puede levantar. Y todo es por fe, un simple acto de fe, creer: "Porque por gracia sois salvos por medio de la fe —dice Pablo—; y esto no de vosotros" (Efesios 2:8). Pedro y Juan sabían que debían contárselo a todos. Era lo único que podía salvarlos; su situación era desesperada.

Y después, creo yo, había una última razón, y era una razón muy humana. Querían que todos alabaran a Jesús. Antes le admiraban, aun cuando no le habían comprendido, lo habían amado. Jamás habían conocido a nadie como Él. Pero ahora le habían visto tal y como era, como el Salvador divino. Habían visto la gloria de su persona, y su preocupación más grande era que todos se acercaran a Él, que todos lo conocieran, que el mundo entero le alabara.

Por otra parte, ¿no hacemos esto a nivel humano? Pensemos en el ejemplo del hombre que finalmente encontró un médico que pudo curarle. Hablaría de ese médico durante el resto de su vida. Querría que todo el mundo supiera lo buen médico que es, querría que todos le alabaran. ¡Por supuesto! Ese mismo motivo era el que embargaba a estos Apóstoles. Decían, con otras palabras: "Nos decís que ni hablemos ni enseñemos en el nombre de Jesús. Pero no podemos dejar de hablar, puesto que Él es quien es. Hemos visto su gloria, su majestad. Sabemos lo que ha hecho por nosotros y lo que puede hacer por vosotros. Tenemos que decírselo a todo el mundo, estamos obligados a hacerlo, no podemos sino…". Esta es siempre la marca del cristianismo verdadero.

Pero debo dar un paso más. Una vez que hombres y mujeres asimilan este mensaje, que los gobierna y los guía, no solo son transformados por completo y no solo sienten que deben hablarles de él a todos, sino que están dispuestos, además, a desafiar a las autoridades y a morir por él. Pedro y Juan se estaban enfrentando a las autoridades, y estas tenían en sus manos el poder para sentenciarlos a muerte. Los Apóstoles no estaban discutiendo con sus iguales, estaban encarándose con "los sacerdotes, con el jefe de la guardia del templo, y los saduceos"; estaban discutiendo con "los gobernantes, los ancianos y los escribas, y el sumo sacerdote Anás, y Caifás y Juan y Alejandro, y todos los que eran de la familia de los sumos sacerdotes". Casi todos ellos eran aliados de Roma, y los Apóstoles se dieron cuenta de que se enfrentaban al mismo poder que había llevado a la muerte a su bendito Señor hacía tan solo unas semanas.

Y, aun así, no dudaron en desafiar a estos gobernantes. Se declara con toda claridad: "Les intimaron que en ninguna manera hablasen ni enseñasen en el nombre de Jesús". Pero veamos la respuesta que dieron Pedro y Juan: "Juzgad si es justo delante de Dios obedecer a vosotros antes que a Dios; porque no podemos dejar de decir lo que hemos visto y oído". Iban a seguir, cualquiera que fuese lo que ello implicase; aunque supusiera la muerte misma, seguirían adelante.

Y, finalmente, muchos de ellos tuvieron que dar su vida por el Evangelio, Pedro sin duda. La tradición dice que Juan murió de muerte natural, pero no tiene importancia; cientos, miles de cristianos primitivos dieron con gozo su vida. Fueron desafiados por estas autoridades y también por el imperio romano, que les dijo: "Si seguís diciendo que Jesús es el Señor, y si persistís en vuestra negación a decir que el Cesar es el Señor, os arrojaremos a los leones en la arena, u os pondremos en la reja y os arrancaremos miembro tras miembro. ¿Vais a seguir? Y dijeron: ¡Sí!". Para ellos, el más grande de los privilegios era el dar su vida por el bendito nombre de Jesús.

Durante siglos, los cristianos han estado dispuestos a hacer lo mismo. Ve a visitar Smithfield. Los mártires protestantes dieron sus vidas antes de negarle o de renunciar a su fe en Él. Se enfrentarían a la muerte antes que retractarse. ¿Por qué, pues, desafiaron todos a las autoridades? ¿Y por qué harán lo mismo en nuestros días los verdaderos cristianos, aun a costa de que se burlen de ellos en la oficina o de que los pongan en ridículo en la sala común de su trabajo? Que todo el mundo se mofe, se ría y se burle, ellos seguirán adelante, aunque implique la muerte, ¿pero por qué? La respuesta es muy sencilla. Los Apóstoles la dieron: "Es necesario obedecer a Dios antes que a los hombres" (Hechos 5:29).

¿Por qué predicaban los Apóstoles? En primer lugar, porque nuestro Señor les había encomendado que predicasen. Les había dicho: "Quedaos vosotros en la ciudad de Jerusalén, hasta que seáis investidos de poder desde lo alto" (Lucas 24:49). Y les había dicho: "Recibiréis poder, cuando haya venido sobre vosotros el Espíritu Santo, y me seréis testigos" (Hechos 1:8). Les había dado una comisión; los había enviado, les había ordenado: ¡Id! Obedecían una autoridad más alta que la de estos gobernantes. Aquellos hombres eran importantes en la Tierra, pero el Rey del Cielo les había encomendado una misión, Aquel que dijo: "Toda potestad me es dada en el cielo y en la tierra" (Mateo 28:18).

Podemos resumirlo en las palabras del apóstol Pablo. En 2 Corintios 5 nos anuncia cuál era el motivo de su predicación: "Porque el amor de Cristo nos constriñe" (versículo 14). Es maravilloso. Nos encontramos, de nuevo, ante la misma compasión por los hombres y las mujeres en pecado, vergüenza y maldad. El amor de Cristo me constriñe. Mira lo que ha hecho por mí: Él puede hacer lo mismo por ellos y yo debo decírselo.

Pero aún hay otro aspecto. "Es necesario que todos nosotros comparezcamos ante el tribunal de Cristo, para que cada uno reciba [responda por] lo que haya hecho mientras estaba en el cuerpo, sea bueno o sea malo. Conociendo, pues, el temor del Señor, persuadimos a los hombres" (2 Corintios 5:10-11). Tendremos que responder ante Dios. Pedro y Juan lo sabían. ¿Podían atender a los dirigentes? Por supuesto que no. El Señor resucitado les había encomendado una misión y debían responder ante Él. ¿Cómo podrían presentarse ante Él y sentir que habían sido unos canallas otra vez, callando para salvar sus vidas? No podían hacerlo, no tenían alternativa; tenían que obedecer a Dios antes que a los hombres.

Y si no has entendido esto, bueno, si acaso eres cristiano, no se puede decir que lo seas demasiado. Si estás anteponiendo la opinión de los hombres a la de Dios, si antepones lo que la gente pueda pensar de ti, su alabanza, a la alabanza de tu Cristo, quien murió por ti y resucitó, yo digo que no lo conoces. Eres salvo para salvar. Eres salvo para ser testigo y para compartir tu testimonio y, repito, si te mueve el temor a los demás, significa que, de uno u otro modo, no lo conoces, no has comprendido el Evangelio ni has experimentado su poder en tu propia vida.

Pero, en segundo lugar, desafiaron a las autoridades no solo porque Él les había mandado que predicaran, sino porque el hecho de no hacerlo, daría lugar a que no mereciera la pena vivir la vida. Si tenían que callar lo más maravilloso, lo que les había dado la vida, entonces no querían seguir viviendo. La vida sin esto hubiera sido una mera existencia, hubiera estado vacía. Decían, pues: No podemos dejar de predicar. No nos importa lo que suceda. Tenemos vida, un nuevo poder, un nuevo conocimiento, un nuevo gozo, y nos estás pidiendo que lo rechacemos. No podemos, es imposible.

Una vez que las personas se convierten en cristianas verdaderas, entonces la mera existencia o la mera prolongación de su vida en este mundo deja de ser lo más importante. Consideran cada detalle y dicen:

Se marchitan los placeres,
toda pompa y vanidad.

JOHN NEWTON

El mundo está vacío. Ellos dicen, pues, que deben seguir adelante, este Evangelio lo es todo. En palabras del apóstol Pablo: "Para mí el vivir es Cristo" (Filipenses 1:21). Y como Cristo es el motivo de mi vida, como es el centro de todo mi ser, como pienso y hablo por Él, y hago todo en Él, si Él no está, no me queda nada y el caos de nuevo hace acto de presencia.

La última razón para el desafío de Pedro y Juan a las autoridades, aun a riesgo de enfrentarse a la muerte, es esta —y aquí vemos la gloria del cristianismo—: que ya no temían a la muerte. Para el verdadero cristiano la muerte no encierra ningún temor. "El aguijón de la muerte es el pecado, y el poder del pecado, la ley. Mas gracias sean dadas a Dios, que nos da la victoria por medio de nuestro Señor Jesucristo" (1 Corintios 15:56-57). El cristiano puede considerar la tumba y la muerte, y decir: "¿Dónde está, oh muerte, tu aguijón? ¿Dónde, oh sepulcro, tu victoria?" (1 Corintios 15:55). "Sentenciadnos a muerte —decían Pedro y Juan, con otras palabras— y no nos haréis ningún daño, porque ya no tenemos temor a morir. Antes lo teníamos, pero ya no. La muerte ha perdido su horror, la muerte ha perdido su aguijón, la tumba no es el fin. Matadnos —decían—, ¿sabéis lo que estaréis haciendo? Simplemente nos estaréis enviando antes de lo que pensábamos a la presencia de Cristo". ¿Qué es la muerte? Es "estar con Cristo, lo cual es muchísimo mejor" (Filipenses 1:23).

Pedro y Juan habían discernido que Cristo había vencido a todo enemigo, incluyendo "el postrer enemigo" (cf. 1 Corintios 15:26), que es la muerte. "[Él] quitó la muerte y sacó a luz la vida y la inmortalidad por el Evangelio" (2 Timoteo 1:10). Habían visto destellos de esa "tierra de puro deleite, donde los santos inmortales reinan"; habían visto la gloria de su Reino y sabían que serían acomodados en ella después de la muerte. Tenían la fe que vislumbra, a través de la muerte, la gloria que aguarda a todo verdadero creyente en el Señor Jesucristo. De modo que decían:

Temedle, santos: no tendréis
más nada que temer.

NAHUM TATE y NICHOLAS BRADY

varnos. Los profetas no pueden salvarnos, los salmistas no pueden salvarnos, los filósofos no pueden salvarnos, los políticos no pueden salvarnos, la educación no puede salvarnos; nada, nadie puede salvarnos, solo hay uno que puede hacerlo: Jesús, el Hijo de Dios.

Pero quizá te preguntes, si era el Hijo de Dios, ¿por qué tuvo que morir? Él se lo explicó a sus discípulos después de la resurrección. Dijo: No os tenéis que derrumbar por esto. ¿No os dais cuenta de que tenía que morir? Mi muerte no fue un accidente. En cierto modo, fue un drama humano, pero desde otro punto de vista no lo fue. Vine al mundo para morir.

Los Apóstoles, pues, podían decir: Sabemos por qué murió. Allí, en la Cruz, Dios estaba cargando en Él el pecado de todos nosotros. Él es "el Cordero de Dios —como dijo Juan el Bautista— que quita el pecado del mundo" (Juan 1:29). Dijeron: En ningún otro hay salvación sino en Jesús. Él es el único que nos puede libertar. Él es el único lo suficientemente grande y fuerte como para cargar con el castigo de nuestros pecados y aún seguir viviendo. El Hijo de Dios no solo podía hacerlo, sino que ya lo ha hecho.

Los Apóstoles, pues, expusieron lo que habían visto, y por ello hicieron hincapié en la resurrección. La resurrección era la prueba positiva de que Él había cargado con el castigo que la santa Ley de Dios demandaba. La resurrección proclama la satisfacción de Dios, que Cristo fue entregado por nuestras ofensas y resucitado para nuestra justificación. A través de la resurrección, Dios proclama a todo el universo que su Hijo ha llevado la pena. La resurrección: justificación por la fe. Dios ofrece perdón gratuito para todo aquel que cree en Él.

¿Y qué más? Oh, explicaron que Cristo era el Salvador de todo el universo y que, de la misma manera que le habían visto ascender al Cielo, así volvería de nuevo, de forma visible, en forma corporal. La próxima vez no le verían como un bebé en un pesebre, sino como el Rey de reyes, y el Señor de señores, montado en las nubes celestiales, rodeado de sus santos ángeles. Le verían montado en el carro de la eternidad, regresando para juzgar al mundo en Justicia, para desterrar a todos los malos que le hayan odiado y rechazado a la perdición que tanto

¡Eso es! Una vez, nuestro Señor expresó todo eso: "No temáis a los que matan el cuerpo, mas el alma no pueden matar; temed más bien a aquel que puede destruir el alma y el cuerpo en el infierno" (Mateo 10:28). Bien podían haber afirmado con Augustus Toplady:

La Ley, que me infunde terror,
conmigo no tiene que ver;
la sangre de mi Salvador
me cubre: ya no he de temer.

AUGUSTUS TOPLADY

Nosotros también podemos mirar a las autoridades, con toda su "pompa y exhibición", con sus desafíos, sus edictos y su ley, y decir, con una sonrisa en nuestros rostros:

Puede el hombre atribularme,
a tu seno me enviará.
Puede el mal aprisionarme,
mas el Cielo paz dará.
El dolor ya no me daña
mientras goce de tu amor:
ningún gozo ya me encanta
si no trae tu bendición.

HENRY FRANCIS LYTE

Lo único que preocupaba a Pedro y a Juan era su relación con Él, su conocimiento de Él. El mundo sin Él sería una total vaciedad, sería un oropel, no sería sino "basura" (cf. Filipenses 3:8) y desechos. Aunque no tuvieran posesión alguna, teniéndole a Él, lo tenían todo. Así opera el cristianismo verdadero en los hombres y las mujeres. No conjeturan acerca de ideas, no pasan la mayor parte de su tiempo hablando de temas de política o asuntos internacionales. Eso no es el cristianismo; en cierto sentido, no tiene nada que ver con eso. Repito, una vez más, que el cristianismo es: "Para mí el vivir es Cristo, y el morir es ganancia [...] [porque significa] estar con Cristo, lo cual es muchísimo mejor" (Filipenses 1:21,23).

¿Te ha cambiado lo que consideras cristianismo? ¿Te gobierna? ¿Sientes que debes hablarle a todo el mundo de ello por lo que ha hecho en tu vida? ¿Estás dispuesto a morir por ello? Eso es el verdadero cristianismo.

8
El espíritu de incredulidad

Entonces viendo el denuedo de Pedro y de Juan, y sabiendo que eran hombres sin letras y del vulgo, se maravillaban; y les reconocían que habían estado con Jesús. Y viendo al hombre que había sido sanado, que estaba en pie con ellos, no podían decir nada en contra. Entonces les ordenaron que saliesen del concilio; y conferenciaban entre sí, diciendo: ¿Qué haremos con estos hombres? Porque de cierto, señal manifiesta ha sido hecha por ellos, notoria a todos los que moran en Jerusalén, y no lo podemos negar. Sin embargo, para que no se divulgue más entre el pueblo, amenacémosles para que no hablen de aquí en adelante a hombre alguno en este nombre. Y llamándolos, les intimaron que en ninguna manera hablasen ni enseñasen en el nombre de Jesús.

Mas Pedro y Juan respondieron diciéndoles: Juzgad si es justo delante de Dios obedecer a vosotros antes que a Dios; porque no podemos dejar de decir lo que hemos visto y oído. Ellos entonces les amenazaron y les soltaron, no hallando ningún modo de castigarles, por causa del pueblo; porque todos glorificaban a Dios por lo que se había hecho, ya que el hombre en quien se había hecho este milagro de sanidad, tenía más de cuarenta años.

(Hechos 4:13-22).

Lo maravilloso de la curación del cojo, así como de todos los acontecimientos que la sucedieron, es, como he dicho, que nos permite examinar la misma verdad desde diferentes ángulos y perspectivas, todos los cuales son igualmente válidos. Me gustaría considerar ahora la reacción del Sanedrín ante este legado, ante la verdad que el Señor encomendó a la Iglesia cristiana.

Ahora bien, el mensaje que predica la Iglesia cristiana, se nos recuerda aquí, implica siempre una decisión. Y aún voy más lejos: siempre da lugar a una decisión. ¿No lo evidencian los versículos 13 a 22? ¿Te has percatado de la división que existía entre quienes allí estaban? Pedro y Juan —los apóstoles— por un lado, y los dirigentes, el Sanedrín, este grupo de sacerdotes, el capitán del Templo y Anás el Sumo Sacerdote, por el otro. Pero había además otra separación análoga. En el versículo 21 leemos: "Ellos entonces les amenazaron y les soltaron, no hallando ningún modo de castigarles, por causa del pueblo; porque todos glorificaban a Dios por lo que se había hecho". El pueblo glorificaba a Dios, pero el Sanedrín estaba molesto e intentó ponerles freno. Este mensaje divide a toda la Humanidad en dos grupos: quienes están a favor del mismo y quienes están en contra; y nosotros, cada uno de nosotros, nos encontramos en uno de esos grupos.

Se expresa aquí de una manera radical. Estos dirigentes tenían un problema: no podían negar que el cojo había sido sanado. Como leemos en el versículo 14: "Viendo al hombre que había sido sanado, que estaba en pie con ellos, no podían decir nada en contra". Tenían que admitirlo. Sus palabras delatan su dilema: "¿Qué haremos con estos hombres? Porque de cierto, señal manifiesta ha sido hecha por ellos, notoria a todos los que moran en Jerusalén, y no lo podemos negar" (cf. Hechos 4:16). De modo que eran conscientes de que algo debían hacer.

El apóstol Pedro les dijo lo mismo a estos líderes. Allí estaban, elaborando su veredicto, prohibiendo toda predicación o enseñanza en el nombre de Jesús, cuando dice Pedro: "Juzgad si es justo delante de Dios obedecer a vosotros antes que a Dios" (cf. Hechos 4:19). Les lanzó el balón de vuelta a su tejado. Vosotros debéis juzgar, vosotros debéis decidir. La necesidad, pues, de la toma de una decisión, necesidad que ellos mismos habían vislumbrado, presionaba sus mentes, corazones y conciencias.

Ahora bien, esto es inherente al mensaje del Evangelio. Si leemos los Evangelios, podremos comprobar que nuestro Señor mismo siempre produjo ese efecto en el pueblo. Él lo expuso mediante una pregunta: "¿Qué pensáis del Cristo?" (Mateo 22:42). Y sus enemigos se hacían una pregunta semejante. Leemos: "hablaban entre sí qué podrían hacer contra Jesús" (Lucas 6:11). Tenían que hacer algo con Él, estaba allí, no podían evitarle. Su presencia requería una decisión.

Y, obviamente, el mensaje de Jesús nos confronta aun en la actualidad. Mi sugerencia es que si este mensaje no nos ha compelido a tomar una decisión, significa que, en realidad, nunca hemos oído hablar de él. Podemos estar oyéndolo y no haberlo escuchado. Pero cuando viene de verdad, invariablemente insiste en la toma de una decisión y da lugar a la misma. No hacer nada al respecto es una decisión: significa que lo rechazamos. Si no estamos por el Evangelio, estamos, automáticamente, en contra del mismo. No hay una posición intermedia. No hay "equilibrio entre dos opuestos", como lo expresó Aristóteles. La resistencia pasiva es resistencia. No hacer nada es una forma de resistencia y, en ocasiones, la más efectiva de todas. Nadie escapa. Repito que todos nos encontramos en una de estas dos posiciones.

Te planteo simplemente, pues, esta gran pregunta: ¿Qué has hecho con Pedro y Juan? Estás exactamente en la misma posición del Sanedrín. En la indigna y modesta medida que me corresponde —infinitesimalmente pequeña en comparación con la de estos Apóstoles—, estoy presentándote el mismo mensaje y, por tanto, la cuestión se te plantea a ti: ¿Qué harías? ¿Qué vas a hacer y que has hecho con este mensaje? ¿Cuál es tu juicio?

El gran drama en este mundo es que la inmensa mayoría de nuestros congéneres humanos han llegado a la misma conclusión que estos gobernantes. "No tiene sentido —decían—. ¡Tonterías, un argumento agotado, bobadas, sensiblería!". Y muchos ni siquiera dicen nada. Nuestro cometido es descubrir el motivo de este extraordinario rechazo. ¿Cómo se puede explicar la incredulidad? Esa es la cuestión que me preocupa.

No hay nada bajo el Cielo que sea tan importante como la

decisión que uno tome en relación con el Evangelio. Como voy a mostrarte, esto no solo te afectará mientras estés en este mundo, también te afectará en el venidero, lo que no se puede decir de ninguna otra cosa. No estoy aquí para decir algo en contra de las decisiones políticas, son necesarias, tiene que haber un Gobierno, pero las decisiones políticas solo tienen vigencia en esta vida. No tendrán ni el más mínimo interés o valor en el momento que abandonemos este mundo. Y lo mismo sucede con todo lo demás. ¿Qué opinas de cierto cuadro o de cierta composición musical? Eso, ciertamente, es de gran interés: permitámonos esa licencia, es algo excelente. Pero su interés y su valor se limitan a nuestra permanencia en este mundo. Por el contrario, el mensaje del Evangelio tendrá relevancia para nosotros por siempre y para siempre. No hay tragedia más grande, repito, que rechazar este mensaje.

¿Me estoy dirigiendo a alguien que hasta ahora ha rechazado el Evangelio? Si es así, ¿eres consciente de lo que has estado haciendo? Mi preocupación por tu alma y por tu destino eterno es lo que me lleva a suplicarte. Ahora te mostraré lo que es la incredulidad tomando como ejemplo a los miembros del Sanedrín aquí, en Jerusalén. Adopto esta aproximación porque me conozco y porque conozco la naturaleza humana. Sé que cuando nosotros mismos estamos involucrados en algo, tendemos a ser parciales, nos ponemos siempre a la defensiva. Pero, como hemos visto, cuando consideramos algo objetivamente, entonces somos más imparciales y damos una mejor valoración. Por tanto, al tiempo que meditamos acerca del drama de los miembros del Sanedrín, mucho tiempo atrás, que Dios permita que alguien pueda descubrirse a sí mismo en el día de hoy y que, al verlo, caiga cautivo y anhelante ante los ruegos del Hijo de Dios.

El problema de la incredulidad se nos presenta en este pasaje con toda claridad y precisión. He intentado reducirlo a una serie de principios para que puedas recordarlos más cómodamente. Evidentemente, el primero es el espíritu de estas personas, el espíritu que los movía. Es imposible leer el relato sin percatarse de ello, salta a la vista: la parcialidad, el prejuicio contra Pedro y Juan. ¿Te has dado cuenta de cómo estos dirigentes luchaban por su posición? No tenían ninguna razón para su resistencia —aun tuvieron que admitirlo— pero, a pesar de ello, siguieron estando en contra. Eso no es más que puro prejuicio. Era una mera cuestión de espíritu antagónico.

Se puede observar el mismo espíritu en Lucas 23. ¿No lo notas al leer cómo esa multitud reclamaba la muerte de nuestro Señor? Aun Pilato, el gobernador romano, hizo todo lo que pudo por desengañarles y por hacer que fueran sensatos y se comportaran con justicia. Pero no; cuanto más les rogaba, más gritaban ellos: "¡Fuera con éste! [...]". "¡Crucifícale [...]!" (cf. Lucas 23:18,21). Se habían entregado a una violenta predisposición en su contra y a un prejuicio irracional. Es una cuestión de un único espíritu. Y, de la misma manera, aquí, en Hechos, los miembros del Sanedrín estaban decididos a detener a Pedro y a Juan a cualquier precio, sin ninguna razón.

El prejuicio es siempre una característica de la incredulidad. Ya te he proporcionado el ejemplo más dramático. Sobrepasa mi entendimiento cómo alguien puede leer aquellos últimos capítulos de los cuatro Evangelios, con los testimonios acerca del trato que se le propinó a nuestro Señor, y no ver de inmediato que la incredulidad es una mera cuestión de prejuicio. Ahí la tenemos, la insensatez más grande de todas, la amargura y la vehemencia. Esa es la palabra que describe las acusaciones de los principales sacerdotes y los escribas hacia nuestro Señor: "acusándole con gran vehemencia" (Lucas 23:10). Y, por supuesto, la incredulidad siempre va más allá del prejuicio. No se detiene simplemente en no aceptar el mensaje, sino que lo persigue y está decidida a ponerle freno. Esto es lo que hicieron estos hombres. Tenían el poder para pararlo; y ejercitaron ese poder.

Si lees la historia de la Iglesia cristiana a lo largo de los siglos, podrás comprobar que esta persecución se ha repetido constantemente. La historia de las persecuciones es un aspecto destacado de la historia de la Iglesia cristiana. Muchas veces hemos leído de cómo príncipes, poderes y potentados han perseguido al fiel y sencillo pueblo de Dios, valiéndose de todo el poder de su autoridad para acallarlo y destruirlo, para exterminarlo por completo. Y todo ello es resultado de un prejuicio ciego e irracional.

Pero probablemente alguien esté diciendo: "Es cierto, eso ocurrió en el pasado, pero ahora no existe tal cosa".

¿No? Mi sugerencia es que en la actualidad hay una gran persecución, no simplemente entre la gente corriente, por así decir, que está fuera de la Iglesia, sino también en algunos de los más altos círculos académicos. Hace unos pocos meses, leí un artículo escrito por un científico estadounidense que afirmaba ser profesor de Ciencias y no creer en la teoría de la evolución. Añadía que conocía, además, a cierto número de profesores y conferenciantes de varias universidades que tampoco aceptaban esa teoría, pero que no se atrevían a decirlo. ¿Por qué no? Porque si lo hacían, tendrían dificultades respecto a intereses creados, se enfrentarían al prejuicio y jamás conseguirían promocionarse. Su brillante preparación académica carecería de importancia, así como lo excelente de su trabajo o los impresionantes resultados obtenidos por sus alumnos; si se hacía público que no subscribían esta doctrina desacreditada en nuestros días, sufrirían las consecuencias. Exigía un coraje excepcional estar dispuesto aun a hacer preguntas o apuntar alguna duda acerca de esta teoría mayoritaria e imperante.

Hay muchos cristianos verdaderos en nuestros días —y yo mismo he conocido a muchos— que están siendo perseguidos de esta forma. He conocido a personas a las que se les ha negado un despacho en círculos políticos por el hecho de ser cristianos. Conocí a un hombre realmente bien, un profesor que estaba alcanzando un puesto de liderazgo en el ámbito político, que en el momento en que se convirtió en cristiano, fue un hombre señalado, hasta el punto que los poderes al mando le relegaron a la escuela más pequeña e insignificante perteneciente al Ministerio de Educación sin ninguna otra razón más que la de haberse convertido en cristiano. Podría multiplicar el número de ejemplos e ilustraciones de este tipo: la parcialidad, el prejuicio, la amargura contra el cristianismo y la determinación a subyugarlo, a cualquier precio.

Esa es la verdad del espíritu de incredulidad. Evidentemente, ante nosotros aparece representado como franqueza; se habla del "libre pensamiento" y del "librepensador". La persona que rechaza el Evangelio es un librepensador, y somos nosotros, los cristianos —nos dicen—, quienes tenemos prejuicios. La misma vieja tradición que hemos heredado es la que nos mantiene cautivos; sin embargo, ellos tienen una perspectiva abierta, independiente, imparcial y científica. Siento expresarlo en estos términos, pero solo se puede decir una cosa de ese tipo de comentarios: es mentira. Hay tanta amargura, prejuicio y predisposición en los círculos científicos como en cualquier otro círculo. El prejuicio y la persecución son condiciones espirituales, y se pueden encontrar tanto en los más distinguidos ambientes como en los más bajos, y de igual manera entre intelectuales y no intelectuales.

Hay, además, algo aún más importante, que es la irracionalidad de la incredulidad. Quiero sentar estas bases porque las personas que en la actualidad no son cristianas siempre afirman que es el uso de su razón lo que les hace no serlo. Nosotros, los cristianos, solo somos unos sentimentales poco inteligentes, los que cantan coros e himnos, quienes se niegan a afrontar la realidad de la vida. Pero yo quiero demostrar que no hay nada en el mundo que sea más irracional que rechazar el Evangelio. Por esa razón he seleccionado la frase que aparece en el versículo 14: "Viendo al hombre que había sido sanado, que estaba en pie con ellos, no podían decir nada en contra". ¡Y aun así dijeron todo en contra! No podían, pero lo hicieron: eso es la incredulidad, algo absolutamente irracional.

Esto es de suma importancia. Quienes rechazan el Evangelio no rechazan opiniones, rechazan hechos, y eso es lo que se olvida con frecuencia. A menudo, el Evangelio se considera un punto de vista que puede ser aceptado o rechazado. Pero cuando hablamos del Nuevo Testamento, como constantemente intento señalar, estamos tratando con puros hechos, con cosas que se habían "visto y oído".

Cuando caemos en la cuenta de que la Biblia es Historia, entonces comprendemos cuán irracional es la incredulidad. Esta idea aparece expresada aquí en una forma muy dramática: "Viendo al hombre que había sido sanado, que estaba en pie con ellos, no podían decir nada en contra" (cf. Hechos 4:14). Si hubieran tenido algo que decir, lo hubieran dicho. Si hubieran podido hacer cojo de nuevo a ese hombre, lo hubieran hecho. El pobre hombre estaba sano, no podían negarlo. Los hechos son algo tremendo, ¿no? Si estás abordando filosofías, teorías e ideas, evidentemente, está bien, puedes seguir discutiendo para siempre, pero un hecho es algo muy sólido, y allí lo tenían, de pie ante ellos. Y se opusieron. Intentaron silenciar a los Apóstoles.

¿Hay alguien que arguya que este procedimiento es razonable? ¿Hay alguien que diga que los miembros del Sanedrín se estaban comportando racionalmente? ¿Que esta fue una forma sosegada e imparcial de considerar los hechos? Fue exactamente lo contrario, y ellos mismos tuvieron que admitirlo. Pero es así como se comporta la incredulidad.

Permíteme ahora tomar todo esto y expresarlo de manera diferente. ¿Te has planteado alguna vez la irracionalidad de la incredulidad preguntándote: ¿Qué se puede decir razonablemente en contra de este mensaje? ¿Qué se puede decir de forma razonable en contra de la persona del Señor Jesucristo? ¿Qué hay en su contra? Piensa en Él. Piensa en ese joven trabajando como carpintero en Palestina. Piensa en Él a la edad de treinta años, cuando empezaba a predicar. Síguelo, mírale a los ojos, acércate a Él, como hacía el pueblo; ¿qué objeción le encuentras? ¿De qué carece? ¿Qué hay de malo en Él? ¿Vino al mundo para arruinarlo y destruirlo? Pasó toda su vida sanando a la gente, hablando con los marginados, sentándose junto a los recaudadores de impuestos y a los pecadores para comer y beber con ellos. Considéralo, lee el relato. Dime, en nombre de la razón, ¿qué tienes en su contra? Considera esa personalidad única que aún gobierna el mundo entero. Aun el mundo que lo rechaza no puede deshacerse de Él. Piensa en Él; ¿qué posible objeción se le puede poner al Señor Jesucristo? Me gustaría saber, en el terreno de la razón, cuál es esa objeción.

Considera después su enseñanza. Lee el Sermón del Monte, como lo denominamos. ¿Qué objeción le pones? ¿Qué hay de malo en un sermón que te dice que debes ser "pobre en espíritu" (cf. Mateo 5:3)? Si todos fueran pobres en espíritu no habría conflictos internacionales. ¿Qué hay de malo en una enseñanza que dice: "Bienaventurados los pacificadores" (cf. Mateo 5:9), "Bienaventurados los que lloran" (cf. Mateo 5:4), "Bienaventurados los que tienen hambre y sed de justicia" (cf. Mateo 5:6)? ¿Qué puede haber de malo en esto? ¡Acércate! Si rechazas este Evangelio porque eres una persona racional, quiero que aduzcas tus razones. ¿Dónde está la irracionalidad del Sermón del Monte? Léelo hasta el final; su tratamiento del asesinato, del adulterio y de las limosnas, ¿cuál es la objeción? Te insto a que expongas tus razones.

Después, vuelve al Antiguo Testamento y lee los Diez Mandamientos. ¿Qué hay de malo en ellos? ¿Te opones a mandamientos que dicen: "No matarás" y "No hurtarás" (cf. Éxodo 20:13,15)? ¿Cuáles son tus objeciones racionales al mandamiento que dice: "No cometerás adulterio" (cf. Éxodo 20:14)? ¿Qué hay de malo en eso? ¿Por qué es irracional creer algo así y tratar de ponerlo en práctica? ¿Qué hay de malo en un mandamiento que dice que no se debe levantar falso testimonio en contra de nadie (cf. Éxodo 20:16)? ¿Qué hay de malo en un mandamiento que dice no se debe codiciar la mujer del prójimo, ni ninguna de sus posesiones (cf. Éxodo 20:17)? ¿Qué es, en nombre de la razón, lo que hay de malo en todo esto?

¿No te das cuenta de que si el mundo entero, y cada individuo en él, viviera según los dictados de los Diez Mandamientos y del Sermón del Monte, este mundo sería un paraíso? No habría necesidad alguna de discutir si deberíamos tener armamento al este de Suez o si deberíamos estar fabricando bombas. ¿No ves que rechazar esta enseñanza es contrario a la razón?

Piensa, además, en el gran mensaje de salvación, que es el núcleo del Evangelio. Veamos una palabra que nos dice que Dios estaba preocupado por el hombre en su condición de pecado junto con todas las calamidades que esto le había acarreado. Su amor fue tan grande que envió a su único Hijo al mundo. Leemos: "De tal manera amó Dios al mundo, que ha dado a su Hijo unigénito, para que todo aquel que en él cree, no se pierda, mas tenga vida eterna" (Juan 3:16). Este mensaje nos dice que el mundo ha traído sobre sí todas estas calamidades debido a su orgullosa rebelión en contra de Dios y a causa de su Caída, pero que, a pesar de ello, Dios envió a su único Hijo al mundo. No solo envió profetas, que lo hizo, también envió a su Hijo unigénito desde los lugares celestiales y la pura felicidad eterna. Le dijo que debía humillarse a sí mismo y nacer como hombre, nacer del seno de una virgen. Y el Hijo respondió: "Heme aquí, envíame a mí" (cf. Isaías 6:8). Así pues, "se humilló a sí mismo" y "tomó forma de siervo" (Filipenses 2:8,7), humillándose aún más.

Dios le había mandado a su Hijo que comenzara un nuevo género humano, que los rescatara y los libertara. Dijo, pues: "El Hijo del Hombre vino a buscar y a salvar lo que se había perdido" (Lucas 19:10). Y "afirmó su rostro para ir a Jerusalén" (Lucas 9:51). Se entregó a la muerte intencionadamente, puesto que la única manera en que podía salvarnos a cada uno de nosotros era cargando con el castigo. El mensaje del Evangelio nos dice que el Hijo de Dios "me amó y se entregó a sí mismo por mí" (Gálatas 2:20). Dios tomó mis pecados, los puso sobre Él y le castigó con el castigo que yo merezco.

El mensaje es ese: que Él era el Hijo de Dios inocente y sin mancha, contra el que nadie podía imputar ningún cargo, puesto que no había ningún cargo que presentar. Aun las autoridades tuvieron que admitir que no había ni un solo indicio que pudiera ser expuesto en su contra. Sin embargo, Él fue con gusto a la Cruz para cargar con el castigo por mis pecados y para que pudiera ser perdonado y reconciliado con Dios, convirtiéndome en hijo de Dios y en heredero de su felicidad eterna. Esto es lo que nos dice este mensaje. Así pues, ¿qué objeción puedes poner al amor de Dios, a ese amor "tan asombroso, tan divino", a ese amor que "no escatimó ni a su propio Hijo, sino que lo entregó por todos nosotros" (Romanos 8:32)? Vamos, sé razonable, ¿qué inconveniente ves en todo esto?

¿Razón? La incredulidad es la antítesis de la razón. Sin duda puedes admitir esto, especialmente al recordarte que este extraordinario mensaje continúa diciendo que solo tienes que creerlo para ser, inmediatamente, perdonado y aceptado por Dios. No tienes que empezar a ayunar, a sudar ni a orar. La salvación es un regalo gratuito de Dios; es por gracia, y puedes obtenerla tal y como estás en este momento, sin necesidad de preparación alguna, sin que tengas que hacer nada. Vienes como un pobre con las manos vacías. Tal y como estás puedes ser perdonado, limpiado, renovado, hecho una nueva persona y recibir una bendita esperanza que no se desvanece jamás. Así pues, en cuanto a la razón, ¿cuál es tu objeción?

Piensa, además, en los resultados que produce el creer y aceptar este mensaje. Considera los efectos que produce en cada individuo. Hazlo a medida que los ves reflejados en la Biblia, así como en la historia de la Iglesia a lo largo de los siglos. ¡Qué transformación de caracteres! Personas que antes eran violentas, viles, desesperadas, han cambiado de repente; han sido liberadas repentinamente de todo aquello que las oprimía, haciéndolas personas felices y gozosas. Este ha sido uno de los episodios más asombrosos y románticos de toda la Historia. Gracias a Dios, a menudo he tenido el privilegio de verlo. He conocido a hombres que eran esclavos del pecado, borrachos desesperados, hombres que maltrataban a sus esposas y adúlteros a los que solo les quedaba un paso para el asesinato. Y los he conocido como santos y grandes caballeros. ¿Qué produjo el cambio? ¿El oficial que vigilaba su libertad condicional? No, no; habían estado en sus manos durante años. ¿El tratamiento psicológico? No les hizo ninguna mella. Los ruegos de sus esposas y de sus hijos, de suegros, suegras, padres, hermanos, hermanas; ninguno les causó efecto alguno. Pero este mensaje sí lo hizo; los transformó completamente, hizo de ellos unos nobles ciudadanos, no solo del Reino de Dios, sino también de este mundo.

Esta es, pues, la gran historia: el poder del Evangelio de salvación para transformar a hombres y mujeres y hacerlos libres.

Del pecado quiebra el poder,
da al preso libertad;
su sangre me puede limpiar,
su sangre bastará.

CHARLES WESLEY

¿No es esta la necesidad más grande que tenemos en esta hora? Vemos la desgracia que ocasionan la bebida y las drogas, el adulterio y la promiscuidad. ¡Oh, qué infelicidad la de este mundo por causa de estas cosas! Y esos hombres y esas mujeres que son culpables de ellas son unas pobres víctimas indefensas.

Muchos darían cualquier cosa por ser liberados, pero no pueden. Sin embargo, vemos aquí un mensaje de liberación. ¡Un cojo que está de pie, sano! Y ahí, de pie ante ti, están los santos que han vivido a lo largo de los siglos. Si rechazas, pues, el Evangelio, estás rechazándolo ante la evidencia.

Consideremos, luego, la historia de la Iglesia. ¿Cómo ha permanecido? ¿Puedes despreciar la historia de los avivamientos que tuvieron lugar en el pasado? No, no; la Iglesia no tiene explicación. Si la gente hubiera podido poner fin a la Iglesia, lo hubiera hecho. Se hubiera exterminado la Iglesia aquí mismo, en Hechos, al principio; jamás hubiera sobrevivido al siglo I. Si no fuera más que una institución humana, haría tiempo que se hubiera extinguido. Sin embargo, ha permanecido a pesar de estos poderes, a pesar de reyes y príncipes, a pesar de los concilios eclesiales y a pesar de los papas, obispos y arzobispos. A pesar de toda su maldad, su poder y su odio, la Iglesia ha tenido continuación. ¿Por qué? Porque Dios actúa en ella; esa es la única explicación apropiada, y te estás oponiendo abiertamente a ella.

Y piensa, además, en lo que la Iglesia cristiana ha hecho en este mundo: simplemente estoy presentando los hechos. Creo que cualquier historiador honrado e imparcial debe admitir que la Iglesia cristiana ha sido la fuerza más civilizadora, el mayor benefactor que el mundo haya conocido. Hacemos un gran alarde de nuestra educación en la actualidad, de todos sus avances, y gracias a Dios por ellos. ¿Pero sabes quién comenzó a educar a los pobres? ¡Los cristianos! ¡La Iglesia! Y piensa en los hospitales. ¿Quién empezó a tratar a los enfermos, especialmente a los enfermos pobres? La respuesta sigue siendo la misma: la Iglesia cristiana. El hospital más antiguo de Londres, el hospital de S. Bartolomé, fue fundado por un monje hace más de ocho siglos. ¿Y quién comenzó después la ley de beneficencia? ¡La Iglesia cristiana!

Aquellos que se creen tan inteligentes están rechazando todo esto. ¿Por qué no se enfrentan a los hechos? No ha habido nada que se pueda comparar con lo que la Iglesia ha hecho. Y, por encima de cualquier duda, los santos de la Iglesia cristiana se han destacado como los mayores benefactores de este mundo.

Repito, pues, que rechazar este mensaje es ser absolutamente irracional. No hay nadie que pueda pronunciar una palabra en contra de esta bendita persona, en contra de lo que ha hecho, en contra de su enseñanza, en contra de las personas a las que dio lugar o en contra de la institución que fundó. ¿Por qué, pues, no admitirlo? Estás siendo poco razonable. Te estás oponiendo abiertamente a los hechos. Te estás dejando guiar por un ciego prejuicio.

Pero, aún más, permíteme mostrarte la decadencia de la incredulidad. Con "decadencia" quiero decir que la incredulidad es una postura enteramente negativa. ¿Has visto alguna vez una actitud más negativa que la del Sanedrín, o la actitud que adoptaron aquellas personas en el momento de la crucifixión de nuestro Señor? Allí estaban, sin nada que decir salvo: "¡No!". Eran un Molotov espiritual[1] que proclamaba: "¡No, no!" a cualquier cosa que se les propusiera. Los dirigentes judíos no podían dar explicación a la sanidad del cojo. Tenían que admitir que les superaba, que los había dejado perplejos y sobrecogidos. Y, sin embargo, se resistieron al poder que lo había hecho posible y al mensaje que lo había ocasionado.

Otra manera en la que podemos ver la despreciable naturaleza de esta actitud negativa es esta: si los dirigentes hubieran sido capaces de hacer algo por un hombre como este, si se hubiera tratado de alguna rivalidad entre ellos, en ese caso hubieran tenido una excusa. ¿No vemos esto a menudo? Dos compañías con dos productos diferentes que pueden ocuparse del mismo problema. De acuerdo, es una competitividad honesta: los dos pueden hacer lo mismo. Pero no es este el caso, en absoluto. Las autoridades no habían sido capaces de hacer nada por el cojo. Tenía más de cuarenta años y había estado allí casi desde su nacimiento. Le habían llevado a la puerta que llamaban "la Hermosa" y lo habían dejado allí, indefenso, y el Sanedrín, con su conocimiento de la Ley y todas sus citas de libros y autoridades, no había podido ayudarle; habían dejado el problema moral sin resolver. No entendían, no podían hacer nada, mantenían una posición de absoluta negación.

Esta incredulidad, pues, no es solo irracional, es también una terrible confesión de verdadera carencia. Lo único que sacerdotes y escribas podían hacer era continuar insistiendo, con un negativo dogmatismo, en que no creerían. No tenían nada que aportar, pero tampoco aceptarían el mensaje. Nuestro Señor dijo la verdad acerca de ellos: "Cerráis el reino de los cielos delante de los hombres; pues ni entráis vosotros, ni dejáis entrar a los que están entrando" (Mateo 23:13). ¿Cómo se les llama a personas como estas? ¿Qué se puede decir en su defensa?

Sin embargo, esa es la postura de todos los que aún rechazan el Evangelio. Todo se basa en un puro dogmatismo negativo. ¿No lo percibes en las palabras que pronuncian estas personas que aparecen aquí en Hechos? "Viendo al hombre que había sido sanado, que estaba en pie con ellos, no podían decir nada en contra. Entonces les ordenaron que salieran del concilio —no querían ponerse en ridículo en presencia de Pedro y Juan y del hombre sanado—; y conferenciaban entre sí, diciendo: ¿Qué haremos con estos hombres? Porque de cierto, señal manifiesta ha sido hecha por ellos, notoria a todos los que moran en Jerusalén, y no lo podemos negar" (cf. Hechos 4:15-16). Y aun así, querían detenerlo. ¿Pero cómo? Bien, repetirían una y otra vez, en una forma dogmática, que no les agradaba, que no lo creían y que no iban a tolerarlo.

Hay una cita actual que define esta actitud mejor de lo que yo nunca podría hacerlo. Procede de un libro muy instruido en el tema que se titula *Implications of Evolution* (Implicaciones de la evolución)[2] y que está incluido en una serie internacional de monografías publicada por *Pergamon Press*. Cuando lo escribió, el autor se encontraba en el Departamento de Fisiología y Bioquímica de la Universidad de Southamptom. Él no dice ser cristiano, y yo no tengo ninguna razón para pensarlo. Escribió un libro científico de principio a fin, tanto que gran parte de su contenido se me escapa, a pesar de que hubo un tiempo en que tuve que estudiar todas estas cosas y entonces podría haberlo seguido. Pero ahora quiero exponer la conclusión. Esto es lo que dice:

A veces, parece como si muchos de nuestros autores de hoy que escriben acerca de la evolución hubieran obtenido sus ideas por medio de algún tipo de revelación, y basaran sus opiniones acerca de la evo-

lución de la vida desde las formas más simples a las más complejas, enteramente en la naturaleza de una evolución específica e intraespecífica. Es posible que este tipo de evolución explique muchos de los fenómenos del tiempo presente, pero es posible y, de hecho, probable, que sean tantos como sistemas aún desconocidos quedan por descubrir. [Escucha ahora:] Es prematuro, por no decir arrogante, por nuestra parte, proponer cualquier aseveración dogmática en relación con la forma de evolución de la mayoría de las ramas del reino animal.

Ahí tenemos un científico que acusa a los científicos de dogmatismo y arrogancia. Sin embargo, en la actualidad muchas personas no son cristianas por causa de la ciencia, por la teoría de la evolución, que ha desbancado el fondo del cristianismo. Desde Darwin, se ha venido tachando a los cristianos de necios. Pero aquí está la respuesta de un científico.

Y después concluye así:

La respuesta la encontraremos en futuros trabajos experimentales, y no en aseveraciones dogmáticas que aseguren que la teoría de la evolución tiene que ser cierta porque no hay nada que pueda sustituirla satisfactoriamente.

No obstante, esto es lo que se está diciendo ahora, a pesar de que la evolución no se puede probar y no deja de ser más que una teoría. Nadie puede probar que lo que se nos relata en Génesis acerca de la creación del mundo no sea la verdad. Sin embargo, se afirma dogmáticamente que la evolución tiene que ser cierta y que el cristianismo no se debe creer bajo ningún concepto. Esta es la postura. Y es la misma vieja postura que mantuvo el Sanedrín. Es un rechazo negativo e irracional a afrontar los hechos y una determinación de defender los intereses de una pequeña teoría en particular.

Por último, consideremos la desesperada seriedad del asunto. Es un desafío a Dios. Eso fue precisamente lo que advirtió Pedro. Dijo: No estáis tratando con nosotros. Mi compañero y yo no somos nadie, solo somos pescadores, jamás hemos ido a la escuela, no podemos debatir con vosotros a vuestro mismo nivel. Somos, como vosotros decís: "Hombres sin letras y del vulgo". Pero no somos nosotros. Nosotros no hemos sanado a este hombre —¿cómo hubiéramos podido?—, no tenemos bondad o poder alguno inherente a nosotros. ¿Sabéis lo que estáis haciendo? No estáis tratando con nosotros, sino con Dios. "Juzgad si es justo delante de Dios obedecer a vosotros antes que a Dios".

Esto es, en mi opinión, lo que hace que la incredulidad sea tan aterradora. Si no crees, no estás rechazando únicamente lo que yo estoy diciendo, no estás rechazando solamente el testimonio y los testigos de la Iglesia cristiana; lo que estás haciendo, en realidad, es oponerte al Señor del Cielo. ¿Cómo puede explicarse la figura de Jesús de Nazaret si no es como el Hijo de Dios encarnado, el eterno Hijo de Dios, el Verbo hecho carne nacido del Eterno? Si le rechazas a Él y a su mensaje, estás rechazando a Dios, estás rechazando a tu Hacedor y Creador, estás rechazando a Aquel a cuyo baremo tendrás que someterte en el Juicio eterno.

Si no hubiera nada después de la muerte, quizá no estaría predicando, pero sé que hay algo después de la muerte: el Juicio. Dios es el Juez. El Dios que amó tanto al mundo que envió a su único Hijo al mismo y que puso nuestros pecados sobre Él, castigándole en nuestro lugar, Él será el Juez. Él te ha dado la salida, y tu destino eterno depende de tu reacción. Como te he dicho al principio, no es una decisión transitoria, es una decisión eterna.

Permíteme, por tanto, plantear esta pregunta: ¿Cuál es la explicación? ¿Por qué hombres y mujeres se comportan de un modo tan absolutamente irracional? ¿Cómo puede ser que personas inteligentes y capacitadas puedan negarse a afrontar los hechos y que simplemente continúen declarando su dogmatismo negativo? Solamente hay una explicación, y ya la hemos examinado con detalle en un estudio previo. Es la explicación que la Biblia nos proporciona. Cuando el primer hombre y la primera mujer desobedecieron a Dios, se rebelaron contra Él y cayeron, todas sus facultades se vieron afectadas, se torcieron. La tragedia suprema fue que el hombre y la mujer ya nunca más pudieron volver a pensar sin doblez. Se convirtieron en esclavos del diablo, en esclavos de lujurias, pasiones y deseos.

"Si nuestro evangelio está aún encubierto, entre los que se pierden está encubierto; en los cuales el dios de este siglo cegó el entendimiento de los incrédulos, para que no les resplandezca la luz del evangelio de la gloria de Cristo, el cual es la imagen de Dios" (2 Corintios 4:3-4). Esto es algo verdaderamente espantoso.

¿Hay alguna esperanza para tales criaturas? Ah, aún la encontramos en este viejo Evangelio. Aunque hayas rechazado a Dios y, en tu arrogancia, lo hayas despreciado, si te vuelves a Él aún te recibirá. Permíteme hacer este llamamiento empleando las palabras de Pedro y Juan. Cuando el Sanedrín les dijo: "No debéis predicar", ellos respondieron: "Juzgad si es justo delante de Dios obedecer a vosotros antes que a Dios" (cf. Hechos 4:19). Ahora bien, me gusta otra traducción que lo expresa así: "Si es justo delante de Dios obedecer a vosotros antes que a Dios, es decisión vuestra, vosotros tendréis que responder ante Él, no nosotros". Y otra traducción dice: "Juzgad vosotros mismos, y afrontad las consecuencias de vuestra decisión".

Por lo que a nosotros respecta —dijo Pedro—, tenemos que obedecer a Dios. No osamos hacer ninguna otra cosa. Tenemos un mensaje que ha cautivado nuestros corazones, que nos ha transformado y que sabemos que puede hacer lo mismo en otras personas. Hemos tomado nuestra decisión y estamos preparados para atenernos a las consecuencias. Si la consecuencia de nuestra decisión es nuestra muerte, bueno, está bien, estamos preparados. Pero por nuestra parte, nosotros vamos a continuar, no podemos dejar de hablar. Y por lo que respecta a vosotros, juzgad vosotros mismos y afrontad las consecuencias de vuestra decisión.

Y yo te digo, en el nombre de Dios: hay un hombre cojo de pie, delante de ti, sano. Es un hecho. Te he contado los hechos. Fíjate en el hombre, fíjate en Aquel que lo puso de pie, fíjate en Pedro y Juan. Juzga por ti mismo y ten en cuenta las consecuencias de tu decisión. Si rechazas el Evangelio, probablemente seas popular en la sala común de tu trabajo mañana por la mañana, o en la charla en la cafetería, o en la oficina o en la fábrica. Pero ellos no son tu Juez, sino Dios, y será delante de Él ante quien tengas que aducir tus razones.

Por otro lado, cree el hecho, cree en Aquel que lo ha realizado, entrégate a Él. Probablemente el mundo se ría de ti y te ponga en ridículo, quizá te compadezca. No importa, porque ya habrás "pasado de muerte a vida" (Juan 5:24). No tendrás necesidad de tenerle miedo a la vida, ni a la muerte, ni al Juicio. Pasarás a ser un hijo de Dios, heredero de felicidad eterna y, como Pedro y Juan, querrás, en lo sucesivo, vivir para dar gloria y alabanza a este bendito Hijo de Dios, quien te amó y se dio a sí mismo por ti. ¡Juzga por ti mismo!

Notas

1. Estadista soviético (1890-1986) conocido por su bloqueo a las iniciativas occidentales durante la Guerra fría.

2. G.A. Kerkut, *Implications of Evolution* (Implicaciones de la evolución), (Oxford: Pergamon Press, 1960; reeditado 1965).

9
Conocer a Dios

Y puestos en libertad, vinieron a los suyos y contaron todo lo que los principales sacerdotes y los ancianos les habían dicho. Y ellos, habiéndolo oído, alzaron unánimes la voz a Dios, y dijeron: Soberano Señor, tú eres el Dios que hiciste el cielo y la tierra, el mar y todo lo que en ellos hay.

(Hechos 4:23-24).

Obviamente, estos versículos son una continuación de los hechos que hemos venido considerando en los dos párrafos anteriores. Pedro y Juan habían sido procesados ante el gran concilio judío: el Sanedrín. Se les había sometido a juicio tanto por el milagro que habían hecho al sanar a un hombre cojo, como por su predicación, siendo quizá este último motivo el de más peso. Y, como hemos visto, ellos se habían mostrado firmes ante el tribunal y habían expuesto su mensaje con verdadero denuedo. Aunque eran hombres corrientes, pescadores, "sin letras y del vulgo", no se habían amedrentado ni atemorizado por la presencia del gran Sanedrín, y habían dicho: "Juzgad si es justo delante de Dios obedecer a vosotros antes que a Dios; porque no podemos dejar de decir lo que hemos visto y oído" (cf. Hechos 4:19-20). El Sanedrín se vio obligado a dejarlos marchar, de manera que ahora nos encontramos ante un Pedro y un Juan con una tremenda advertencia, una gran amenaza: si insistían en hablar en el nombre de Jesús, entonces no solo serían apresados de nuevo, sino que serían sentenciados a muerte.

¿Qué hicieron, pues, Pedro y Juan? Volvieron a los otros Apóstoles y a quienes, habiéndose convertido el día de Pentecostés y en los días posteriores, constituían ahora la Iglesia cristiana. Volvieron con "los suyos" y les contaron todo lo sucedido. Este punto nos interesa, no solo por su interés inherente y su valor, no solamente porque es Historia, sino porque nos atañe directamente a nosotros. Este es, en último término y como hemos venido diciendo, el auténtico relato de lo que es la Iglesia cristiana. El mero hecho de que pensemos que somos cristianos no prueba que seamos cristianos. La gente tiene unas ideas muy curiosas acerca de lo que es ser cristiano. Debemos, pues, examinarnos a nosotros mismos, probarnos a la luz de todo lo que se nos dice de estos hombres. Aquí contamos con una prueba minuciosa y profunda. Y en estos versículos aún tenemos otro que, necesariamente, debemos aplicarnos a nosotros mismos.

¿Cuál dirías que es la prueba de fuego que hay que aplicar a alguien que profesa ser cristiano? Algunos parecen creer que ser cristiano es una mera cuestión de tradición y de educación, que si resulta que te has criado en lo que se denomina un país cristiano y te han enseñado a ir a la iglesia, a la capilla y a la escuela dominical, eso, automáticamente, te convierte en cristiano. ¿Es eso lo que significa el cristianismo? ¿Se puede ser cristiano sin conocer nada de la Biblia, sin entender sus enseñanzas, sin ser capaz de dar ninguna razón que explique por qué se es cristiano? ¿Es el cristianismo una simple cuestión de costumbre o de hábito? Ahora bien, no estoy diciendo que la tradición no tenga ningún valor, porque sí lo tiene —gracias a Dios por cada buena tradición—, pero sí que si es eso todo lo que tienes, te encuentras en una situación pésima y lamentable. Eso no es lo que hace a un cristiano.

Después, hay personas que piensan que ser cristiano significa mantener un conjunto de creencias determinado. Obviamente, esto es importante, pues no se puede ser cristiano sin creer en nada. El cristianismo constituye un cuerpo de creencias, pero hay personas que creen que eso es todo lo que hay. Sin embargo, quiero demostrar que, mientras que la ortodoxia es importante —tienes que creer la Verdad—, una mera aceptación intelectual de la Verdad no hace de nadie un cristiano. Es posible recibir la enseñanza únicamente con la mente. La Teología pura y dura no tiene ningún valor. Ha habido hombres y mujeres que han conocido la Verdad y la han creído en sus mentes, pero al llegar el momento de su muerte, se han sentido desamparados y perdidos, sin nada a lo que recurrir. Eso no es el cristianismo.

Después, hay otros que piensan que lo que hace de alguien un cristiano, es una buena conducta, conservar los valores morales en un mundo en el que reina la inmoralidad. Dicen que los cristianos son personas que no hacen ciertas cosas; por ejemplo, que no beben, no cometen adulterio, no juegan ni fuman. Esta es una aproximación negativa de la cabeza a los pies. Otros aseguran que ser cristiano es algo más positivo que eso. Los cristianos tienen la intención de hacer el bien, ayudan a sus semejantes, se preocupan por la vida y por el estado actual de la Humanidad, y eso es lo que les hace cristianos.

Y aún hay otros que dirían que ninguna de estas cosas hace de una persona un cristiano. La prueba radica en el hecho de haber tenido una experiencia dramática y culminante. ¿Ha existido una visión, una bola de fuego, podríamos decir? A veces se expresa en estos términos: "Cuando alguien afirma ser cristiano, ¿ha cambiado su vida? ¿Le ha sucedido algo que le ha trastornado haciendo de él una persona diferente? Esa es la esencia del cristianismo".

Estoy de acuerdo en que no se es verdaderamente un cristiano si no se ha tenido alguna experiencia. El cristianismo no es mero intelectualismo, o bondad, es una experiencia viva y vital. Sin embargo, muchas personas han experimentado sucesos que les han hecho mucho bien. En ocasiones, la Psicoterapia y la Psicología, o personas que siguen sectas u otras enseñanzas, pueden proporcionar experiencias a la gente. Pero eso no hace que la gente sea cristiana.

¿Cómo sabes, pues, si eres cristiano o no? Esta pregunta es fundamental, porque el cristianismo es la única esperanza para el mundo. ¿Cuál sería esa prueba de fuego? Mi sugerencia es que una prueba real y minuciosa es la que encontramos en el incidente que estamos ahora considerando. Es este: ¿Cuál es nuestra reacción ante las pruebas? Puedes haber sido una persona religiosa toda tu vida, mientras la vida transcurra tranquila y regularmente y todo marche apaciblemente. Pero, de repente, te ves a ti mismo en medio de una grave crisis y por primera vez eres consciente de que tu religión no significa nada en absoluto para ti. Ni te sirve de ayuda ni tiene valor alguno para ti. La forma, pues, en que podemos probar una profesión de fe es a través de la prueba de las circunstancias, de las adversidades, de las tribulaciones, de los problemas; la muerte, quizá, ante tus propios ojos.

Esta prueba es más profunda que todas las demás. Muchos hombres y mujeres que han sido muy ortodoxos, se han dado cuenta de que su ortodoxia no les era de ayuda cuando les hacía falta. Cuando tienes un problema grave, tu propia bondad o tu moralidad no te ayudan ni te apoyan. El hecho de que hayas hecho el bien a otros, no dará respuesta, de alguna manera, a tus problemas. Y lo mismo sucede con algunas de esas experiencias de las que habla la gente. En realidad, no les prestan auxilio alguno en el momento de más necesidad.

Al decir todo esto, te he estado ofreciendo un resumen de todo el Antiguo Testamento. En el Antiguo Testamento observamos una gran disputa entre los profetas verdaderos y los falsos. Los falsos profetas siempre podían poner en escena un buen espectáculo; de hecho, era tan bueno, que, casi invariablemente, eran más populares que los profetas verdaderos. Decían lo que la gente quería oír. Su mensaje era más sencillo, y la multitud los seguía. Pero cuando llegaba el momento de la prueba, no tenían nada. Podemos resumir todo esto en un gran incidente que aparece en 1 Reyes 18: Elías en el monte Carmelo. Los falsos sacerdotes, al enfrentarse al desafío, no tuvieron nada que hacer. El profeta verdadero, Elías, un hombre de Dios, pudo volverse a Dios y hubo respuesta.

Y así ocurre aquí, en el libro de Hechos. Se dice de un amigo: "Un amigo en momentos de necesidad, es un amigo de verdad". El verdadero amigo no es uno de esos amigos que está ahí cuando hace buen tiempo, que está a tu lado y que hará cualquier cosa por ti siempre y cuando tengas dinero y todo te vaya bien, pero que en el momento que tienes problemas se escabulle y te deja solo. La prueba definitiva que determina el valor de tu profesión de la fe cristiana es tu respuesta, tu comportamiento cuando todo está en tu contra y cuando pareces estar desprovisto de toda ayuda humana y aun tú mismo te ves impotente para hacer nada.

¿Cuál es la verdadera respuesta cristiana en tiempos de prueba? La encontramos aquí. Veamos el cristianismo genuino. Cuando los dos apóstoles volvieron con los creyentes y les contaron que se les había prohibido hablar o enseñar en el nombre de Jesús, cuando les dijeron que pensaban que las autoridades estaban a punto de exterminar la Iglesia cristiana, ¿qué hicieron los creyentes? "Alzaron unánimes la voz a Dios [...]". En otras palabras, oraron. Esta es la prueba definitiva. La prueba definitiva de nuestra profesión de fe es nuestra vida de oración.

¿Qué significa la oración? Con esta, una vez más, estoy proponiendo una pregunta fundamental. ¡Cuánta vana palabrería se dice acerca de la oración! Son curiosas las nociones que la gente tiene de ella. Es casi increíble que personas que tienen la Biblia abierta frente a sí mantengan las ideas que mantienen sobre la oración. Algunos parece que piensan que la oración en una cuestión de postura, que si estás de rodillas estás orando, y que si no estás de rodillas no puedes orar. Esa parece ser la esencia de la oración, solo una actitud. Evidentemente, la actitud es importante, pero no es lo que constituye la oración. Dios sabe que posiblemente todos nosotros hayamos pasado mucho tiempo de rodillas pensando que estábamos orando y, sin embargo, nuestras mentes han estado vagando por el mundo, así como nuestra imaginación. No éramos conscientes en absoluto de la presencia de Dios, simplemente estábamos hablando con nosotros mismos. Eso no es la oración.

Y después, muchos parecen pensar que la oración es una especie de repetición irreflexiva. Nuestro Señor reprendió a los fariseos y a los escribas de su propio tiempo por creer que serían escuchados por su "palabrería" (Mateo 6:7). Puede que recuerdes haber visto en televisión alguna imagen de esas pobres personas de las denominadas religiones con su abalorio de oración o rosario en las manos; repeticiones vanas e irreflexivas. Y, de nuevo, seamos sinceros, ¿no nos hemos puesto nosotros de rodillas, muchas veces, y hemos farfullado el Padre Nuestro sin pensar en el significado de una sola de las palabras que hemos pronunciado? Eso no es la oración. "Decir tus oraciones" no es orar. Es fácil "decir tus oraciones". Pero cuando la gente emplea esta frase, ¡cómo se descubren a sí mismos! No hace mucho tiempo oí cómo describía un hombre una visita que había efectuado a cierto lugar, y decía lo siguiente: "Me empecé a sentir exhausto, así que entré en una catedral e hice una oración". Se apresuró a entrar, hizo una oración, y salió precipitadamente. ¿Es eso orar? No, no; y, de hecho, hay personas más allegadas a nosotros, que casi me asustan cuando les oigo decir con ligereza y soltura: "Tengamos unas palabras de oración por este particular". ¡"Unas palabras de oración por este particular"! ¡Casi como mandar un telegrama! Eso no es la oración.

Insisto, la verdadera oración no duda. Todos sabemos lo que es estar de rodillas cuando estamos en problemas y no saber lo que tenemos que hacer. Decimos: "¿Hay algo en el cristianismo, en realidad? ¿Hay alguien ahí que me esté escuchando?". Pasamos, pues, el tiempo de rodillas discutiendo con nuestras propias dudas e intentando convencernos a nosotros mismos. Eso no es la oración. Puede que nos conduzca finalmente a ella, pero no es oración. No, en la verdadera oración no hay incertidumbre.

También hay otras personas —todos hemos leído acerca de esto y hasta puede que hayamos actuado de esta manera— cuya noción de la oración es algo como esto: Estás en una situación desesperada y no sabes qué hacer. Entonces, de repente, te acuerdas de Dios, y en un estado de pánico y desesperación, empiezas a hablar frenéticamente. Haces una especie de experimento, gritas a "cualquier dios que exista", esperando contra toda esperanza. No sabes lo que haces, estás aturdido y consternado, y gritas al vacío con la esperanza de que algo suceda. Pero esto no es la oración.

No, las características de la verdadera oración aparecen ante nosotros con toda claridad aquí, en Hechos. Vemos a personas a las que se les había amenazado con su eliminación, con la muerte, con que todo llegaría a su fin. ¿Has percibido su calma, la forma en que hablaban, tan tranquila, segura y confiada? Estaban hablando con Dios y no lo ponían en duda. "Ellos, habiéndolo oído, alzaron unánimes la voz a Dios, y dijeron: Soberano Señor, tú eres el Dios que hiciste el cielo y la tierra, el mar y todo lo que en ellos hay". Y continuaron citando el Salmo 2. Esto es la verdadera oración. No se pusieron de rodillas simplemente y empezaron a repetir una serie de oraciones preestablecidas. Empezaron a hablar con Dios, y lo hicieron con confianza y total seguridad.

Esto es de suma importancia para nosotros. Tú y yo vivimos en un mundo extraño, un mundo de crisis, un mundo en el que nunca sabemos lo que va a pasar después, un mundo difícil, un mundo pasajero. ¿Sabemos lo que es orar? Esto es orar: hablar con Dios, una confiada conversación con Él, este traer ante Él toda la situación en la que estamos involucrados. Esto es lo que hace el cristianismo, y por eso te pido que te fijes en ello.

¿Cuál era la explicación, cuál era el motivo por que estos primeros creyentes se acercaban con tanta confianza a Dios en oración? Su secreto era que conocían a Dios. El propósito primordial del mensaje cristiano es llevarnos a un conocimiento de Dios y, por alguna extraordinaria razón esto se ha olvidado. Algunos piensan que su propósito es proporcionar cierta experiencia o una emoción maravillosa. Puede que así sea, o puede que no. Otros dicen que el objetivo del cristianismo es darme la seguridad de que mis pecados han sido perdonados. Estoy bastante de acuerdo, pero eso es solo un paso. El objetivo final de la fe cristiana es traernos al conocimiento de Dios. Si no hemos venido a este conocimiento, entonces, a decir verdad, nuestro cristianismo está bastante defectuoso. Estas personas tenían un conocimiento de Dios vivo y vital. En su apuro, acudieron a Él con una seguridad asombrosa. No había pánico ni nada frenético o exaltado en ellos; estaban tan serenos como era posible, y en esa callada confianza se dirigieron a Dios y lo conocieron.

Ahora bien, el Nuevo Testamento describe a los cristianos como personas que conocen a Dios. Escucha cómo el apóstol Pablo lo expresa a los gálatas: "Ciertamente, en otro tiempo —dice—, no conociendo a Dios, servíais a los que por naturaleza no son dioses; mas ahora, conociendo a Dios, o más bien, siendo conocidos por Dios, ¿cómo es que os volvéis de nuevo a los débiles y pobres rudimentos, a los cuales os queréis volver a esclavizar?" (Gálatas 4:8-9). A través de esta significativa declaración, Pablo arguye que aunque hubo un tiempo en el que sus lectores no conocían a Dios, ahora sí lo conocían. Esa es la esencia misma de la posición cristiana.

¿Qué caracteriza ese conocimiento que el cristiano tiene de Dios? Bien, claramente, a través de este incidente descrito en Hechos 4, podemos ver que los hombres y mujeres que formaban la Iglesia primitiva conocían a Dios como el Dios vivo. Se dirigían a una persona, a un ser vivo. Esa es la esencia de la oración, y es evidente a primera vista en este relato. No estaban gritando al vacío, estaban entrando en la presencia de alguien a quien conocían. Y, ¡oh, cuán esencial es esto! Este contraste, por otra parte, se manifiesta con toda claridad tanto en el Antiguo como en el Nuevo Testamento. Los cristianos de Galacia (y aun algunos de los que aparecen aquí en Hechos, antes de ser cristianos) habían adorado a los ídolos. Pensaban que era lo correcto y les construyeron templos. Hicieron dioses de plata, de madera y de piedra, se inclinaban ante ellos y les hacían sacrificios. Habían sido sumamente constantes en su adoración, su religión tenía un gran significado para ellos. Pero no estaban adorando a nada. Sus ídolos no tenían vida, estaban muertos. Los ídolos no podían hacer nada, sus adoradores eran quienes tenían que hacerlo todo por ellos.

Adorar a dioses muertos, a dioses sin vida, a proyecciones de las ideas del hombre, eso es idolatría. Y muchos aún lo siguen haciendo. No conocen al Dios vivo. Y esto es cierto no solo de los idólatras, también los filósofos tienen el mismo problema. Algunos de ellos dicen creer en Dios, ¿pero cuál es su Dios? No es más que un gran concepto. Examina los términos que emplean, fíjate cómo se descubren a través de ellos. Hablan del "absoluto" o de "causa primera". Pero eso no es más que un concepto, una idea. No hay persona alguna ahí, no hay vida.

Sin embargo, estas personas no estaban orando al "absoluto", o a la "realidad última" o al "fundamento de nuestro ser". No, no; oraban a una persona, a alguien a quien podían dirigirse, a un Dios personal. Esto contrasta radicalmente con la idolatría, ya sea la idolatría común del pueblo o la refinada y sutil, la sofisticada idolatría de los filósofos. Tampoco oraban a un "algo" indefinido. ¿A quién has estado hablando cuando creías estar orando? ¿Qué has estado haciendo y de qué estabas siendo consciente?

Hay personas que dicen que el valor de la oración radica en el hecho de que nos permite tener bellos pensamientos y que, por tanto, nos hace sentir mejor después de haberla practicado. Recuerdo que una vez un hombre estaba predicando acerca de la oración —lo escuché en la radio— y así es como lo expresó: "Cinco minutos al día en interés de la salud". Otros van más lejos y afirman que cuando oras por otras personas, en realidad les estás transmitiendo pensamientos de sanidad. Pero eso no tiene nada que ver con la oración. No, no; orar significa hablar con el Dios vivo, con el Dios que actúa, el Dios que sabe dónde estamos y cuáles son nuestras circunstancias, y que es capaz de hacer algo al respecto.

En segundo lugar, los cristianos de Hechos creían que este Dios vivo es todopoderoso. Se nos dice: "Alzaron unánimes la voz a Dios, y dijeron: [...] Señor". Esta es una palabra tremenda. El vocablo griego indica que es un Señor soberano de poder absoluto. Del mismo vocablo proviene nuestra palabra "déspota", aunque "déspota", evidentemente, es la degeneración que ha sufrido esa idea. El término indica poder y autoridad ilimitados. Aquel a quien estas personas se estaban dirigiendo es el Señor soberano de todo el universo. Es intrínseco a la oración el hecho de que, en medio de las más terribles y aterradoras circunstancias, uno acuda, sin vacilación, inmediata y directamente, con total confianza, seguridad y valentía, a este soberano Señor.

¿Lo conocemos? ¿Podemos volvernos a Él de esa forma en nuestros momentos de necesidad y de prueba? Eso es el cristianismo. Hubo un tiempo en el que estos primeros cristianos no pudieron hacerlo, pero en ese momento sí podían, y eso fue lo que hizo de la iglesia primitiva lo que fue, eso fue lo que hizo que trastornara el mundo. Y este mensaje dinámico, el cual se ha puesto de manifiesto en cada uno de los períodos de avivamiento y de reforma, es la única esperanza para el mundo en la actualidad. Aquí lo tenemos, un conocimiento del único y verdadero Dios, cuyo poder es infinito y eterno. Conocer a Dios de esta forma es lo que diferencia al cristianismo de la religión. El cristianismo no es religión. La religión es la falsificación que ha engañado a tantas personas y que, en mi opinión, mantiene a tantos de ellos apartados de la Iglesia cristiana. La gente piensa en nuestras iglesias y capillas y no ve más que religión, y no lo quieren. Estoy de acuerdo con ellos. Yo tampoco lo quiero. Lo que queremos, lo que necesitamos y lo que recomendamos, es esto: un conocimiento del Dios y Señor del universo. ¿Hay algo que pueda compararse a esto?

¿Tenemos ese conocimiento? ¿Somos capaces de confiar en ello con plena seguridad, cualquiera que sea lo que pueda acontecer? Permíteme expresarlo de esta manera: ¿Cómo se llega a tal conocimiento? ¿En que se fundamenta? ¿Cómo puedo llegar a conocer a Dios de modo que pueda volverme a Él y orar como lo hicieron estas personas en momentos de necesidad? La respuesta la encontramos aquí, expresada con todo detalle. No es únicamente una cuestión de experiencia. Es eso, pero no solo eso. Ahí es donde las experiencias pueden ser traicioneras. Si separas la experiencia de la verdad de la Biblia, estás metiéndote en terreno peligroso. La experiencia verdadera y de valor es aquella que resulta de la enseñanza de la Biblia.

¿Cómo, pues, según las Escrituras, se puede conocer a Dios? En primer lugar, se le puede conocer a través de la Naturaleza. Los Apóstoles, en medio de la crisis, no pensaron que estaban perdiendo el tiempo o desperdiciando palabras al decirle a Dios: "Soberano Señor, tú eres el Dios que hiciste el cielo y la tierra, el mar y todo lo que en ellos hay" (cf. Hechos 4:24). Ahora vivimos en una época en la que la gente piensa que es sabio afirmar que, puesto que es cristiana, no necesita el Antiguo Testamento. Los primeros cristianos no pensaban así. ¡Dios no empezó a vivir en el nacimiento de Jesucristo! Dios había sido y será, Dios es eterno. La encarnación no es más que un punto de inflexión. No se empieza por Jesucristo. Y digo esto a riesgo de ser malinterpretado, pero conozco a muchas personas que en la actualidad no hablan más que del Hijo, Dios el

Hijo, el Señor Jesucristo. Jamás hacen mención de Dios el Padre. Pero eso no es el cristianismo neotestamentario. El Dios en el que creo es el Dios de Génesis: "En el principio creó Dios los cielos y la tierra" (cf. Génesis 1:1). El cristianismo del Nuevo Testamento comienza con Dios el Creador.

La Biblia hace gran hincapié en esto. Dios es el Dios eterno e imperecedero. Los Apóstoles sabían que si vivían sería por Él, no habría mundo en el que ellos pudieran vivir si no fuera por Él; no habría nada, si no fuera por Dios. En el Nuevo Testamento podemos encontrar esta idea en numerosas ocasiones. Tomemos la carta a los Hebreos, por ejemplo. El autor escribe a personas que estaban pasando por dificultades, y esto es lo que dice: "*Por la fe* entendemos haber sido constituido el universo por la palabra de Dios, de modo que lo que se ve fue hecho de lo que no se veía" (Hebreos 11:3). Nuestra postura es que no nos encontramos en un mundo que evolucionó de la nada por casualidad. El Nuevo Testamento nos enseña que vivimos en un mundo que fue hecho por un Creador todopoderoso, que está sobre todas las cosas y es todo en todo, y a quien se debe atribuir toda la gloria.

Si continúas leyendo el libro de Hechos, verás que hay un momento en el que Pablo llega a un lugar llamado Listra, donde, puesto que hizo un milagro allí, el pueblo pensó que era un dios y comenzó a alabarle. Pero él dijo: "Varones, ¿por qué hacéis esto? Nosotros también somos hombres semejantes a vosotros, que os anunciamos que de estas vanidades os convirtáis al Dios vivo, que hizo el cielo y la tierra, el mar, y todo lo que en ellos hay" (Hechos 14:15). Y lo mismo les predicó a los filósofos, a los estoicos, epicúreos y a los demás en la gran ciudad de Atenas.

Y cuando remitió su carta a los romanos, Pablo expuso la misma idea. ¿Por qué no se avergonzaba del Evangelio de Cristo? Porque "[...] es poder de Dios para salvación a todo aquel que cree; al judío primeramente, y también al griego. Porque en el evangelio la justicia de Dios se revela por fe y para fe, como está escrito: Mas el justo por la fe vivirá. Porque la ira de Dios se revela desde el cielo contra toda impiedad e injusticia de los hombres que detienen con injusticia la verdad; porque lo que de Dios se conoce les es manifiesto, pues Dios se lo manifestó. Porque las cosas invisibles de él, su eterno poder y deidad, se hacen claramente visibles desde la creación del mundo, siendo entendidas por medio de las cosas hechas, de modo que no tienen excusa" (Romanos 1:16-20).

Estos hombres creían que todo el universo era obra de Dios, que Él lo controlaba y lo sostenía. Ese es el Dios a quien se dirigían. ¿Conoces a este Dios? Bien, si no lo conoces, te invito a que observes la Naturaleza y la Creación. Considera su orden, su diseño y disposición. ¿Es resultado de la casualidad? Piensa en la evidencia, en la complejidad, la delicadeza y el equilibrio de todo lo creado. ¿Es todo fortuito, eventual? ¡Por supuesto que no! Hay una mente detrás de todo ello, un gran propósito y un plan. O, como lo expresa James Jeans: Hay un gran matemático detrás de todo ello. Hay un Dios vivo, un Dios que pudo decir: "Sea la luz" (cf. Génesis 1:3), un Dios que crea cosas que antes no existían, que crea de la nada. Dios; el Creador eterno.

En segundo lugar, se nos dice que a este Dios se le conoce como resultado de la Revelación. Una vez dicho: "Tú eres el Dios que hiciste el cielo y la tierra, el mar y todo lo que en ellos hay", los creyentes añaden: "que por boca de David tu siervo dijiste". Una mejor traducción sería: "que a través del Espíritu Santo por boca de David tu siervo dijiste", y después pasan a citar el Salmo 2.

Si quieres, pues, conocer a Dios, entonces consulta la Naturaleza y la Creación, y después, una vez que hayas empezado a sentir que hay algo que no entiendes, algo inmenso, algo profundo, algo que escapa a la comprensión y al cálculo humanos, acércate a la Biblia, donde encontrarás cosas extraordinarias y nada, quizá, más extraordinario que la profecía. Piensa en David, rey de Israel, que vivió unos mil años antes del nacimiento de Cristo. Él fue quien escribió el Salmo 2, en el que describe a una gran personalidad, no a sí mismo, sino alguien de quien Dios afirma: "Mi hijo eres tú; yo te engendré hoy" (versículo 7). El que describe es alguien que puede gobernar reyes, príncipes y naciones con "vara de hierro" y de quien declara: "Honrad al Hijo" (versículo 12). Hacedlo mientras podáis, Él es un gobernador con todo poder. Con el discernimiento que les dio el Espíritu Santo, los primeros creyentes vieron, como el mismo David lo vio, que esta es una descripción del Mesías que había de venir, del Hijo de Dios. Esto es profecía, y la podemos encontrar por todo el Antiguo Testamento.

Si quieres conocer a Dios, por tanto, lee este libro. Fíjate en sus profecías, en el tiempo en que fueron dadas, percibe sus detalles, y después considera su cumplimiento en el Nuevo Testamento. David era un hombre muy capacitado, ¿pero crees que se podía imaginar, mil años antes, los detalles precisos del Hijo de Dios recogidos en los Evangelios? Tomemos a los grandes profetas del siglo VIII a. C., ¿cómo llegaron a ese conocimiento? ¿Cómo supieron que iba a nacer en un pequeño pueblo llamado Belén, o que iba a entrar en Jerusalén a lomos de un pollino? ¿De dónde obtuvieron tal conocimiento?

Aquí está la única respuesta: hay un Dios vivo, no un trozo de madera o de metal, sino un Dios que es un Dios que actúa, y que ha revelado la Verdad, que se ha dado a conocer a sí mismo, que ha proporcionado retazos de sí mismo a hombres y mujeres. Él es quien entregó los Diez Mandamientos a Moisés. Él es quien proporcionó la revelación acerca de su persona y su Verdad a través de los profetas. Si no tuviera ninguna otra razón por la que creer en Dios, esto sería suficiente. El argumento de la profecía es irrefutable.

Y el siguiente elemento es la Historia. La Historia es una gran prueba de la existencia del Dios vivo y, ¿cuántas veces hemos vuelto sobre ella en momentos de crisis? Gracias a Dios por la Historia. Este es el gran mensaje del Antiguo Testamento. La historia de la salvación de Dios no tuvo su origen, repito, en el nacimiento de Jesucristo en Belén de Judea. No, no; ha ido transcurriendo a lo largo de los siglos. Jesucristo vino "cuando vino el cumplimiento del tiempo" (Gálatas 4:4). El Antiguo Testamento es un libro de Historia que nos narra lo que Dios había estado haciendo antes de la venida de su Hijo al mundo. Y prueba el hecho de que Él es el Señor Dios todopoderoso, el gobernador del universo, y que todo poder y autoridad le pertenecen a Él.

Lee la Historia del Antiguo Testamento y encontrarás lo siguiente: Él es un Dios que no solo puede hacer un mundo, sino que además puede destruirlo. Él es un Dios que creó una nación: los hijos de Israel. Los creó partiendo de un hombre llamado Abraham, los lideró, los dirigió, y los liberó. Si puedes dar explicación a la historia de los judíos dejando de lado la intervención del Dios vivo, entonces dispones de una habilidad que no soy capaz de imaginar, y menos aún de alcanzarla. Hay una sola explicación para la existencia del pueblo de Israel, explicación que los escritores del Antiguo Testamento recalcan constantemente. El pueblo de Israel no era nadie, no eran nada. ¿Cómo obtuvieron el triunfo? Oh, Dios actuó en su nombre.

Mientras los Apóstoles oraban en Jerusalén, Dios dio una muestra más de ser un Dios vivo, y de que nada es imposible para Él. ¿Cómo lo hizo? Haciendo temblar el lugar en el que estaban orando (versículo 31). Eso probaba que Dios es un Dios vivo y que estas personas no estaban orando al vacío, ni dirigiéndose a dioses que ellos mismos habían creado, sino que se estaban dirigiendo a Aquel que hizo el universo, al que aún tenía el control del mismo y que podía hacer temblar edificios, hombres, imperios y reinos cuando quiera que Él eligiera. A ese Dios estaban orando, de ahí su tranquilidad y su confianza.

Y, repito, ¿no es esta, también, la historia del Antiguo Testamento? El Dios que creó el mundo lo destruyó en el diluvio, restaurándolo posteriormente. Cuando, en su necedad, el pueblo trató de construir una torre que llegara al cielo, Él desbarató sus planes confundiendo sus lenguas, de tal modo que ya no pudieran entenderse los unos a los otros.

Él es el Dios de Éxodo, no lo olvidemos. Cuando los descendientes de Abraham eran esclavos en Egipto, estaban completamente indefensos. Egipto era entonces la potencia líder en el mundo, y el faraón contaba con carros, ejércitos y hombres a caballo. Los hebreos eran un puñado de personas corrientes, un pueblo nómada, agricultor, que no poseía nada. ¿Se podía hacer algo por ellos? Ellos no podían hacer nada, pero Dios lo puede todo. Y al escuchar sus lamentos —como los lamentos de estas personas de Hechos—, Él les respondió. Les envió un libertador. Condujo a los hombres de faraón al Mar Rojo y allí los arrolló y destruyó. Los redujo a nada y liberó a su pueblo.

Este es el Dios en quien creían estas personas, y quien te

estoy recomendando. Lee el Antiguo Testamento, al igual que el Nuevo, y allí lo encontrarás. Piensa en la impresionante escena de Elías en el monte Carmelo junto a los 850 profetas falsos en su contra. Tras haber sajado su carne y haber gritado frenéticamente a sus dioses, quienes nada podían hacer, Elías dijo suavemente: "Oh SEÑOR —el mismo tipo de oración que los creyentes de Hechos elevaron—, [...] que se sepa hoy que tú eres Dios en Israel" (1 Reyes 18:36 LBLA). ¡Que se sepa! Y lo hizo. Envió fuego y consumió la ofrenda, la madera y las piedras, y aun lamió el agua que estaba en la zanja. Dios respondiendo: el Dios de Elías, el Dios del monte Carmelo, el Dios que destruyó un Senaquerib y todos sus poderosos enemigos en una noche; Él puede volver las tornas. Él sacude, como sacudió el edificio de Jerusalén donde estos creyentes se encontraban orando.

La Historia, pues, nos habla de este Dios. Pero, oh, por encima de todas las cosas, la prueba definitiva es Jesús de Nazaret, mencionado aquí como "tu santo Hijo Jesús". ¿Quieres tener una prueba absoluta de la existencia del Dios eterno, vivo y verdadero, del soberano Señor del universo? Aquí la tienes. Él envió a su único Hijo al mundo. Él dijo que lo haría, lo estuvo prometiendo durante siglos y cumplió su promesa con total exactitud, fiel a cada uno de sus detalles; y el bebé nació en Belén, el Hijo de Dios, la prueba de su eterno poder.

¿Quieres saber si Dios es un Dios vivo y verdadero? Considera la persona de Jesús de Nazaret. Él dijo: "El que me ha visto a mí, ha visto al Padre" (Juan 14:9). ¿Qué, pues, ves en Él? Bien, no solo se puede observar santidad, también autoridad. Se puede ver poder. Ahí lo tenemos, dormido en una barca. Había estallado una tormenta, las olas ondeaban y el vendaval bramaba, y le despiertan diciendo: "Maestro, ¿no tienes cuidado que perecemos?". Entonces, con toda tranquilidad y con la majestad de Dios, le dice al recio viento: "Calla, enmudece". Y se nos dice que "se hizo grande bonanza" (Marcos 4:37-41). Eso es poder vivo, autoridad sobre los elementos, autoridad sobre el universo.

Podía sanar al enfermo, podía resucitar al que había muerto y dar vista al ciego. No había nada que no pudiera hacer. Medita en su poder y en sus milagros. Ah, pero lo crucificaron, murió en aparente debilidad, y lo pusieron en un sepulcro.

¿Terminó ahí la historia? ¡Por supuesto que no! "[Se le soltaron] los dolores de la muerte" (cf. Hechos 2:24) y "se levantó triunfante del sepulcro". El "postrer enemigo" (1 Corintios 15:26) no tuvo poder sobre Él. Él tiene todo poder en el Cielo y en la Tierra. Todo lo vence y a todo enemigo lo reduce a nada. Estos creyentes lo habían visto, y por esa razón podían dirigirse a Dios en oración. Nuestro Señor les había dicho: Vuelvo al Padre, si queréis algo orad a mi Padre, y yo estaré allí para representaros y para presentarle vuestra oración. Vuestro Padre lo conoce todo de vosotros, así como todas vuestras necesidades, pero ofrecedle oración en mi nombre y yo estaré allí, añadiendo el incienso de mi propia persona a vuestras débiles peticiones. Ellos sabían todas estas cosas. Habían visto al Cristo resucitado, conocían el poder del Dios vivo; de modo que oraban con confianza.

Y no hemos de olvidar que estas eran las personas que habían experimentado lo sucedido el día de Pentecostés. Cuando estaban alicaídos y desanimados por su pronta muerte, les había dicho: "No se turbe vuestro corazón" (Juan 14:1). No les dejaría huérfanos. Dijo: "Yo rogaré al Padre, y os dará otro Consolador, para que esté con vosotros para siempre" (Juan 14:16). El Consolador les guiaría y les enseñaría todo lo que necesitaran saber (versículo 26). Y cuando volvió al Cielo, les envió el Espíritu Santo, y pudieron ver los resultados de ello el día de Pentecostés.

Estas son las pruebas de la existencia del Dios vivo, las pruebas que demuestran que no oramos a una abstracción, o a una "realidad última", o al "fundamento del ser", sino al Dios vivo y personal, que piensa, que actúa, que nos contempla, que lo sabe todo de nosotros, que puede responder a nuestra oración y está preparado para hacerlo. Esta es la seguridad con la que contamos.

Finalmente, con el fin de ser capaces de orar como lo hicieron estas personas, no solo debemos creer en un Dios vivo y poderoso, basándonos en las evidencias que he venido exponiendo; también debemos tener una experiencia personal con Él, como la tuvieron estos creyentes. Habían pasado por

Pentecostés, habían experimentado un cambio, sus vidas habían sido renovadas, eran hombres y mujeres nuevos, y sabían que nada ni nadie, excepto un Dios todopoderoso, podía haber operado el cambio. Sabían que tenían una nueva vida, y sabían que Dios era su Padre y que ellos eran sus hijos. Y era a la luz de este conocimiento que, amenazados de muerte por el Sanedrín, el supremo poder judío, no tenían temor. No dieron muestra alguna de pánico ni de alteración. No, no; con absoluta calma y seguridad elevaron unánimes sus voces a Dios, sabiendo que con Él nada es imposible, que las autoridades y los poderes no eran nada para Él. El Dios que pudo vencer a faraón y a Senaquerib, un Dios que podía anegar el universo entero cuando le placiera, ¿quiénes eran estos gobernantes para Él? Así pues, los Apóstoles le contaron serenamente lo sucedido y le suplicaron, por su nombre y su gloria, que reivindicara su propia Verdad, a su propio Hijo, para que todas estas personas supieran que Él es el Dios vivo y que Cristo es su Hijo, quien vino al mundo a salvarles.

Y la misma esperanza tenemos nosotros. En cualquier cosa que nos suceda, podemos volvernos a Él y decirle:

¡Oh gran misericordia,
oh puerta celestial!
¿Qué haré si tú me faltas?
¿Qué puedo pedir más?
Si todo está en mi contra
y me hace desesperar,
hay una puerta abierta,
un oído escuchará.

OSWALD ALLEN

¿Conoces al Dios vivo? Insisto en hacerte esta pregunta porque de nuevo te digo, como ya te dije al principio, que el mundo está siendo zarandeado, y quizá pronto lo sea por última vez, puesto que también tenemos una profecía acerca de esto. Así es como lo expresó, es muy sencillo: "La voz del cual conmovió entonces la tierra, pero ahora ha prometido, diciendo: Aún una vez, y conmoveré no solamente la tierra, sino también el cielo. Y esta frase: Aún una vez, indica la remoción de las cosas movibles, como cosas hechas, para que queden las inconmovibles" (Hebreos 12:26-27). Tu país será sacudido, tus reyes y reinas, tus príncipes y emperadores, los presidentes y primeros ministros, todo será reducido a nada. Los cielos y la Tierra serán conmovidos, los televisores serán aplastados, no quedará nada. Las cafeterías quedarán reducidas a escombros y las orquestas de baile se convertirán en una maraña sin sentido. Todo aquello para lo que el hombre y la mujer están viviendo, todo por lo que están viviendo quedará sumido en el olvido y la nada.

Pero tú permanecerás, y la cuestión para ti y para todos nosotros, es esta: En ese cataclismo final, ¿serás poseedor de las cosas que no serán conmovidas? ¿Conocerás a este Señor soberano del universo, vivo y verdadero a través de su bendito y querido Hijo y a través del poder del Espíritu Santo? Cristo vino al mundo para formar un Reino que no pueda ser conmovido: el Reino de Dios. Y la pregunta fundamental para todos nosotros es esta: ¿Estamos en el Reino que no puede ser conmovido?

¿Cómo entras a formar parte de él? Muy simple. Confiesa tu pecado, reconoce tu arrogancia, tu ridícula insolencia al discutir estos temas; confiésalo y pídele que te reciba, y Él lo hará. "Porque de tal manera amó Dios al mundo, que ha dado a su Hijo unigénito, para que todo aquel que en él cree, no se pierda, más tenga vida eterna" (Juan 3:16). "Cree en el Señor Jesucristo, y serás salvo" (Hechos 16:31). Entrarás en su Reino, el Reino eterno, el Reino que permanece para siempre, el Reino de Dios y de su gloria.

10
La única respuesta

Que por boca de David tu siervo dijiste: ¿Por qué se amotinan las gentes, y los pueblos piensan cosas vanas? Se reunieron los reyes de la tierra, y los príncipes se juntaron en uno contra el Señor, y contra su Cristo.

(Hechos 4:25-26).

Pasamos ahora a meditar acerca de estos primeros cristianos que se reunieron después de que a Pedro y Juan los despidieran del gran concilio de Jerusalén y les prohibieran la predicación o la enseñanza en el nombre del Señor Jesucristo. Volvieron inmediatamente a los suyos, y les contaron lo que el tribunal les había dicho. Y se nos dice que en cuanto los creyentes escucharon estas palabras, levantaron unánimes sus voces a Dios. En otras palabras, comenzaron a orar.

Estamos hoy reunidos en un día que ha pasado a ser una fecha señalada para hombres y mujeres de muchos países: el *Día de Conmemoración—*. Es a la luz de este día que debemos considerar este mensaje. Aquí estamos, un grupo de personas que hasta este momento nos hemos apartado del mundo. Hemos salido de un mundo de confusión y de problemas, un mundo de dolor y de infelicidad; y las grandes preguntas que deberían estar en la mente de todas las personas inteligentes, particularmente en un día como el de hoy, son: ¿Cuál es el problema? ¿Por qué están las cosas como están? ¿Por qué hay guerras? ¿Por qué las naciones aún siguen haciendo acopio de armamento? ¿Por qué, de hecho, existe la muerte? ¿Por qué existen el dolor y la enfermedad? ¿Por qué hay pena e infelicidad?

Ahora bien, no observamos este día desde un punto de vista meramente sentimental. Muchos de nosotros ya hemos vivido dos guerras mundiales, y ya es momento de empezar a plantearnos estas preguntas en profundidad y con una nueva seriedad. Si lees los periódicos dominicales y los de los días laborables, sabrás que está bastante claro que no hay nadie en el mundo que pueda darnos una respuesta; eso está ampliamente demostrado. Sin embargo, estoy aquí para hacer una declaración positiva, y es que la Biblia tiene la respuesta, y tiene la única respuesta.

La respuesta de la Biblia, como nos recuerda el Salmo 2 es, en primer lugar, que todo esto no es nuevo, tales problemas no son característicos del siglo XX. Nuestros congéneres comienzan con la fatal presuposición de que tenemos algo especial porque vivimos en el siglo XX. Nos hemos emborrachado de nuestro propio conocimiento, especialmente del científico. Y, por tanto, creemos que nuestros problemas son nuevos, que nadie los ha tenido nunca. Ahora bien, la Biblia, siendo un libro tan antiguo, inmediatamente nos confirma que esta idea es errónea. Los problemas de nuestros días son una manifestación de lo que ha venido sucediendo en el mundo desde hace mucho, mucho tiempo. La guerra y la muerte, personas que quedan lisiadas, la envidia y la rivalidad, todo ello está aquí, en la Biblia, desde el principio mismo; es la Historia del género humano. Tenemos aquí el libro más antiguo del mundo, y te invito a escuchar todo lo que tiene que decirnos acerca de nuestra propia situación inmediata y el estado de este mundo.

Consideraremos esto a la luz del mensaje que encontramos en el Salmo 2. Esta es solo una de las muchas declaraciones similares que podemos encontrar en toda la Escritura; no obstante, meditaremos en ella ahora puesto que aquellos primeros cristianos la citaron en su oración, hace mucho tiempo, en aquella habitación de Jerusalén. Este Salmo es fascinante desde cualquier punto de vista. En muchos sentidos, es el Salmo que más fácilmente se puede dividir. Consta de doce versículos, los cuales pueden dividirse en cuatro grupos de tres. En los tres primeros versículos, el salmista expone la situación y en los tres siguientes nos muestra la reacción de Dios. En los versículos 7,8 y 9, encontramos al Señor Jesucristo, al Hijo de Dios, hablando y, finalmente, en los últimos tres versículos, el salmista resume todo lo expuesto y hace un llamamiento para que hombres y mujeres escuchen el mensaje.

Indudablemente, el autor de este Salmo es David; sin embargo, no está escribiendo principalmente acerca de sí mismo. Él se da cuenta de que no es sino, por así decir, una pincelada de lo que será cierto del Libertador, el futuro gran Rey. Aunque el Salmo tiene su aplicación en David, es, como generalmente se acepta, un Salmo profético de la venida del Señor Jesucristo. Podemos comprobarlo por los términos que emplea. Se le llama "ungido" y el Hijo de Dios: "Mi Hijo eres tú; yo te engendré hoy" (versículo 7). Se le llama el Rey de Dios, a quien Dios ha puesto sobre el santo monte de Sion.

Los mismos judíos siempre han considerado el Salmo 2 como un Salmo mesiánico; un Salmo que señala la venida del gran Libertador. Sin embargo, podemos observar que en la oración de la Iglesia primitiva en Hechos 4, estos creyentes, llenos del Espíritu Santo, no dudan ni vacilan en aplicar el Salmo al Señor Jesucristo. En el versículo 27 leemos: "Porque verdaderamente se unieron en esta ciudad contra tu santo Hijo Jesús, a quien ungiste, Herodes y Poncio Pilato, con los gentiles y el pueblo de Israel"; y se unieron para condenarlo y sentenciarlo a muerte. En otras palabras, la reacción descrita en este Salmo, es la actitud que la Humanidad ha tenido hacia Dios a lo largo de los siglos, pero que alcanzó su punto climático, su objetivo, en la crucifixión de Jesús de Nazaret, el Hijo de Dios.

Aquí, pues, está el mensaje bíblico para nosotros. Estamos tratando, recuerda, el estado del mundo: ¿Por qué se encuentra en esta situación? Esta misma pregunta se formula en el primer versículo del Salmo: "¿Por qué se amotinan las gentes, y los pueblos piensan cosas vanas?". ¿Por qué? El salmista plantea la pregunta valiéndose de un interesante vocablo que no es solo una pregunta, sino también una expresión de horror y perplejidad. El salmista era un hombre de Dios que podía ver el comportamiento de las gentes, y no solo de ellas; la palabra "pueblos", aquí, se refiere al pueblo de Israel. La Biblia divide la Humanidad entre las gentes y los pueblos, y los pueblos siempre representan a los hijos de Israel, el pueblo escogido por Dios. El salmista, pues, observando el mundo, como tú y yo observamos un mundo parecido en la actualidad, se pregunta: ¿Por qué? ¿Por qué están las cosas así?

Escuchemos, pues, la respuesta y, al hacerlo, estaremos haciendo lo más importante que un ser humano puede hacer. No hay lugar en el mundo en la actualidad donde puedas encontrar algo que arroje luz sobre tu situación excepto aquí; ningún lugar en absoluto. Eso no implica que no tengamos necesidad de los hombres de Estado. La tenemos. Necesitamos a los gobernantes y a los hombres de Estado, necesitamos ley y orden. Demos aun por sentado que lo están haciendo lo mejor posible. Pero, obviamente, tienen dificultades, y las tienen porque tienen un concepto del mundo basado exclusivamente en la perspectiva horizontal del hombre, no lo están considerando a la luz de la profundidad que nos ha sido revelada a través de la Biblia. Escucha, pues, el mensaje.

Comencemos, en primer lugar, considerando la descripción que hace el salmista del estado del mundo. Era cierta entonces, y quiero demostrarte que es igualmente cierta ahora. El mundo se "amotina", "¿Por qué se amotinan las gentes?". La palabra "amotinarse" significa "causar tumulto". Su amotinamiento es similar al rugido y al oleaje del mar. La Biblia gusta de describir en estos términos la vida alejada de Dios. El profeta Isaías, en una gran afirmación, lo expresa de esta manera: "Pero los impíos son como el mar en tempestad, que no puede estarse quieto, y sus aguas arrojan cieno y lodo" (Isaías 57:20). Esa es una descripción del género humano separado de Dios. ¿Has visto el mar yendo de un lado a otro, elevándose, revolviendo barro, lodo y desechos: "el mar en tempestad, que no puede estarse quieto"? ¿Puedes imaginarte una descripción más acertada de la gente del mundo? Todos podemos ver esa intranquilidad, los problemas, la perplejidad, ese ser llevados de un lado para otro, víctimas del último boletín informativo o de la última edición de un periódico, sin saber lo que va a ocurrir, víctimas de las circunstancias y de la casualidad, zarandeados de acá para allá.

¿No es ese el gran problema de la vida? El hombre y la mujer han perdido todo sentido de la orientación. Se preguntan: "¿La vida sirve de algo? ¿Merece la pena vivir?". Muchos se alegrarían de estar muertos, muchos cometen suicidio. No estoy exagerando, así es el mundo y así lo dicen los periódicos. El mundo es como el mar embravecido en una tormenta. Las naciones se amotinan. ¿No oyes el sonido, el ruido sordo? Piensa en África, ese gran continente, ¿no ves cómo empiezan a formarse las olas, el oleaje que se está levantando? Ve al Este, mira en cualquier dirección, y podrás observar la tensión, la lucha, la inquietud, la confusión. Oh, adopta numerosas formas. El odio racial es solo uno de los muchos problemas. La Biblia conoce cada una de sus facetas, y por esa razón puede proporcionar una descripción tan acertada.

Pero consideremos ese amotinamiento en su manifestación en la vida y en lo maligno de la misma. El pecado lo es siempre, pero en ocasiones tiene una apariencia plácida y tranquila. A veces contemplamos el mar y no vemos olas. Decimos: "Parece seda, terciopelo, apenas se produce ningún movimiento. Una magnífica tarde de verano, qué sereno y calmado está el mar". Pero las profundidades están ahí, siempre hay movimiento, y cuando empieza a soplar una tormenta, las olas se arremolinan, se convierten en olas más grandes que empiezan a rodar y embravecerse, y se produce una gran confusión y estrépito. Tú y yo vivimos en una época así. La gente ha pecado siempre, pero nunca se ha embravecido tanto en su pecado como lo hace ahora. Ya no hay límites, es un motín, un desenfreno. El mismo comportamiento que una vez fue considerado pecaminoso no solo se justifica, aun se glorifica. El hombre y la mujer han perdido todo sentido de la decencia y del comedimiento. Escucha lo que dicen en la radio o la televisión. La vergüenza se ha esfumado y el pecado está rugiendo: bebida, drogas, sexo, violencia, disturbios, excesos. "¿Por qué —se pregunta el salmista— se amotinan las gentes?".

Consideremos, además, esta otra pregunta: "¿Y los pueblos

piensan cosas vanas?". Una mejor traducción sería: "¿Y los pueblos idean proyectos vacíos y fútiles?". ¡Oh, qué resumen tan perfecto del siglo XX! Esto es lo que se está haciendo. El Salmista ha escogido una palabra que describe perfectamente los planes del mundo. Son "vacíos", "vanos". ¿Por qué? Porque están desarraigados de Dios. Dios es. Dios es ser, Dios es el autor del ser y de la vida, y si no estás en contacto con Él, entonces en realidad no tienes nada. Por un instante puede parecer que hay algo, pero no es nada.

No solo eso, todo lo que se hace al margen de Dios siempre resulta en nada. Esta es una conclusión a la que han llegado muchos pensadores profundos, aunque no hayan sido cristianos. ¡La vida! ¿Qué es? Shakespeare, por boca de uno de sus personajes, lo expresa así: está "llena de ruido y furia y no significa nada". "¡Nada!". ¿No es esta la sencilla verdad de la vida en este mundo separado de Dios? Toda la emoción, la sofisticación, todo aquello de lo que alardea el mundo y de lo que tanto escribe, ¿a qué nos lleva? ¿A qué nos conduce? "Llena de ruido y furia y no significa nada".

Sin embargo, el mundo está muy seguro. Confía en que puede inventarse proyectos que arreglen las cosas. La gente "imagina" un programa "vano", "fútil" o "vacío" y nos lo presenta. El mundo está convencido —como lo estaba en el tiempo de David, y en el tiempo de nuestro Señor— de que puede hacer un mundo perfecto y de que nos puede proporcionar toda la paz, la abundancia, la felicidad y la diversión que necesitamos. El mundo está muy seguro de poder hacer que las cosas sean como quiere que sean.

Esto no es más que una descripción de la civilización. La civilización es la historia de los grandes proyectos y propuestas de los hombres y las mujeres. ¿Qué proponen? Bien, volviendo al tiempo de los filósofos griegos, la gente empezó a soñar con un estado ideal. En 1516, Sir Thomas More escribió *Utopía,* un libro en el que describía tal estado. No hay nada nuevo en esta aspiración, como sabes: "Nada hay nuevo debajo del sol" (Eclesiastés 1:9). ¡Esta idea de que nuestros problemas y nuestras soluciones son nuevos es irrisoria! La gente se ha imaginado utopías y lo han planeado todo: cómo se divide a las personas, como se les encomiendan diversas tareas, cómo se les gobierna, cómo se les enseña el modo en que deben comportarse. ¡Utopía: solucionar los problemas del mundo!

Como he dicho, esta es la historia de la civilización, esto es lo que los políticos han estado haciendo durante siglos, lo que los filósofos y quienes creen en la educación han estado haciendo, lo que la ciencia afirma ser capaz de hacer en la actualidad. Estos hombres y mujeres se han alejado de Dios y están totalmente convencidos de que pueden establecer una sociedad perfecta. Se llaman a sí mismos: "humanistas clásicos", "científicos humanistas", pero todos ellos son humanistas; Dios no está incluido. "Piensan", pues, sus grandiosos proyectos. Nos darán una vida que merezca la pena, resolverán nuestros problemas.

Algunos de nosotros somos lo suficientemente mayores como para recordar los discursos que se pronunciaron durante la Primera Guerra Mundial: "una tierra idónea para que los héroes la habiten", "la guerra para poner fin a la guerra". Recordamos la Liga de las Naciones y el Pacto de Locarno, así como todas esas brillantes ideas acerca de lo que íbamos a hacer después de la guerra, cuando ya no hubiera más problemas. Estábamos bastante seguros de ello. Íbamos a renunciar a la guerra; nunca más. ¡Ser viejo tienen algunas ventajas, amigo mío! Todo lo que se nos está diciendo ahora lo hemos oído muchas veces. No digo esto con ánimo de ser cínico, sino con el de ser realista. ¡Y ahora tenemos la Naciones Unidas! Piensa en el esfuerzo que se está poniendo en ello, en el entusiasmo. "Los pueblos piensan": ¡proyectos, propuestas, anteproyectos de Utopía! Pero la Biblia dice que nos son más que cosas "vanas", están vacías, se quedan en nada. ¿No es hora de que seamos realistas y que empecemos a afrontar las cosas? ¿Estás satisfecho de que se te presenten grandiosas propuestas nacidas de la imaginación del hombre?

Pero abordemos ahora un asunto mucho más serio. Muchos hombres y mujeres que no son cristianos aceptarían todo lo que acabo de decir. Algunos de los más grandes filósofos naturalistas entienden que las personas son necias y no albergan esperanza alguna ante el futuro. Lee sus obras —tienen grandes nombres, los Bertrand Russell y los Julian Huxley— y comprobarás que es cierto. Observan los hechos y ven todas estas cosas.

Pero aquí es donde entra la Biblia con algo que muchas personas desconocen. La Biblia describe la situación y además nos da la explicación. Abre nuestro entendimiento para que comprendamos los motivos de esta situación. "¿Por qué se amotinan las gentes, y los pueblos piensan cosas vanas?", solo hay una repuesta adecuada. Solo hay una explicación al hecho de por qué tenemos un *Domingo de Conmemoración*, por qué nació tal día, por qué hay guerras, problemas y dificultades: todo proviene de la rebelión de la Humanidad contra Dios. Escucha: "Se levantarán los reyes de la tierra, y príncipes consultarán unidos contra Jehová y contra su ungido, diciendo: Rompamos sus ligaduras, y echemos de nosotros sus cuerdas".

Permíteme interpretar eso. Veamos la explicación completa. Te pido que te fijes, para empezar, en que todos están involucrados en esto: "Los reyes de la tierra", los "príncipes" y "jueces de la tierra" están todos involucrados, así también los filósofos, los políticos, y las masas de personas corrientes que escuchan a sus maestros. No hay estrato de la sociedad que no esté involucrado. Pero es particularmente cierto de los "príncipes", las personas destacadas de la Tierra. Se levantan contra Dios en todos los ámbitos, le ignoran y se ponen en su contra. Sin embargo, cualquier hijo de vecino, en la esquina de la calle, está diciendo lo mismo: "La religión no aporta nada, tonterías, la idea de Dios está pasada de moda". "No hay justo, ni aun uno" (Romanos 3:10).

Pero fijémonos en el siguiente punto: no solo están todos involucrados, también se rebelan deliberadamente contra Dios. "Se levantarán los reyes de la tierra, y príncipes consultarán unidos". Esta parte es la más dramática de toda esta cuestión. No es inconsciente. Los hombres y las mujeres se han rebelado deliberadamente contra Dios, se han "[levantado]". Y aún lo siguen haciendo. Se reúnen en sus sociedades y asociaciones humanistas, se agrupan, consultan juntos, juntos escriben libros y se alaban los unos a los otros. Hay una organización premeditada de maldad "contra Jehová y contra su ungido"; contra Dios y contra sus planes y propósitos. Este aspecto es el más pasmoso de todos. El problema del hombre no es solo que sea descuidado o negligente, sino que, deliberada e intencionadamente, "con premeditación", se ha organizado en contra de Dios. Y si no puedes verlo en el mundo actual, si no percibes esos poderes que organizan la maldad detrás de los sucesos de los periódicos, de los informativos de la televisión y del despliegue de medios actuales de los que el mal se está valiendo para conducirnos al desorden, estás ciego.

Pero sigamos examinando. ¿Por qué la Humanidad se rebela contra Dios deliberadamente? ¿Por qué dicen: "No queremos a Dios, no creemos en Él, Dios es una quimera"? ¿Por qué ocurre esto con tanta asiduidad, por qué se dice con tanto celo y entusiasmo? ¿Por qué los hombres y las mujeres se glorían en su rebelión? Bien, esta es la asombrosa respuesta: lo hacen por la enemistad contra Dios que albergan en sus corazones. Escucha lo que dicen, pues sus palabras descubren su espíritu: "Rompamos sus ligaduras, y echemos de nosotros sus cuerdas". Esto implica que la enemistad contra Dios y contra su santa Ley es lo que los alienta.

El apóstol Pablo resumió esa idea en una gran declaración que aparece en Romanos 8, donde dice: "Los designios de la carne [naturales] son enemistad contra Dios; porque no se sujetan a la ley de Dios, ni tampoco pueden" (Romanos 8:7). ¡Enemistad contra Dios! Fíjate que los santos mandamientos de Dios son considerados como una "limitación", como "cuerdas", como "grilletes". Dios creó al hombre y a la mujer y les dio unas leyes con las cuales conducirse. Todos precisamos de enseñanza y Dios, en su amor, su bondad y compasión, nos ha proporcionado tal instrucción. Nos ha dado los Diez Mandamientos, nos ha provisto de la enseñanza de los grandes profetas, nos ha dado el Sermón del Monte; y toda esta enseñanza está pensada para nuestro bien.

Citando al apóstol Pablo de nuevo: "El reino de Dios no es comida ni bebida, sino justicia, paz y gozo en el Espíritu Santo" (Romanos 14:17). Dios no creó la Ley simplemente para mantenernos bajo su autoridad o para estorbarnos. Él nos dio sus leyes en beneficio nuestro, para ayudarnos, para enseñarnos cómo vivir y cómo disfrutar de una vida plena y agradable, una vida santa y tranquila. Sin embargo, en vez de agradecerle a Dios su enseñanza, la gente considera sus mandamientos intolerables. Dicen: "Nos está haciendo unos esclavos. En nosotros está la grandeza, pero Dios está ahí, poniéndonos un cepo y haciendo de nosotros unos esclavos". Por eso el mundo está en esta situación.

A menudo lo he dicho desde este púlpito, y permíteme repetirlo de nuevo en este *Domingo de Conmemoración;* si cada hombre y cada mujer, si cada nación de este mundo viviera hoy según los Diez Mandamientos y el Sermón del Monte, este mundo sería el Paraíso. No habría ningún conflicto en el sur de Rodesia. No necesitaríamos las Naciones Unidas. Si todos vivieran según los mandamientos de Dios, según las directrices divinas, según la perspectiva de Dios, todos estos problemas desaparecerían, en el ámbito nacional, internacional, individual, social y en cualquier otro ámbito. El mundo sería el paraíso que fue cuando Dios lo creó. En el Paraíso hay leyes, y precisamente el Paraíso lo es porque se observan tales leyes. En el momento en que se quebrantan las leyes llega el caos, la confusión y las contiendas, y entonces el mundo se convierte en ese "mar en tempestad, que no puede estarse quieto".

En primer lugar, pues, las personas se rebelan contra Dios por su enemistad contra Él y, en segundo lugar, por la confianza que tienen en sí mismas. Dicen: "Rompamos sus ligaduras, y echemos de nosotros sus cuerdas". Fíjate en las ocasiones que aparece la expresión de sugerencia —"Hagamos algo"— en la Biblia. En el capítulo 11 de Génesis, podemos leer que ciertas personas se rebelaron contra Dios de nuevo, diciendo: "Edifiquémonos una ciudad y una torre, cuya cúspide llegue al cielo" (Génesis 11:4). ¡"Edifiquémonos"! Esto es lo que condena al género humano: su peligrosa confianza en él mismo. El ser humano mira a Dios y sus santos mandamientos y dice: "Quebrantémoslos, aplastémoslos, deshagámonos de ellos, emancipémonos, seamos libres. Levantémonos y librémonos de esta tiranía que Dios nos ha impuesto". Creen que pueden hacerlo. Creen que pueden lograr hacer el mundo que ellos desean, y divertirse sin problemas ni nada que se interponga en su camino. Creen que pueden liberarse de Dios y de sus santos mandamientos.

Ahora bien, una vez expuestas las razones por las que existen los problemas en el mundo —la rebelión y la enemistad contra Dios y la confianza en uno mismo—, meditemos acerca de la necedad de esta situación. ¡Oh, este es el drama del hombre! "El que mora en los cielos se reirá; el Señor se burlará de ellos. Luego hablará a ellos en su furor, y los turbará con su ira. Pero yo he puesto mi rey sobre Sion, mi santo monte". Esta es la respuesta de Dios a esta necedad, a este amotinamiento, a estos vanos pensamientos, a esta fatal confianza en uno mismo que cree que puede desafiar a Dios; esta es la respuesta de Dios a todo ello.

¿Cuál es el problema de los hombres y las mujeres? Su fatal ignorancia de la persona de Dios. Este es el tema de toda la Biblia. Al final de su vida, nuestro bendito Señor, en su magnífica oración sacerdotal, dijo esto: "Padre justo, el mundo no te ha conocido, pero yo te he conocido" (Juan 17:25). Como ya hemos visto, el problema del mundo siempre es que no conoce a Dios. En ocasiones, los salmistas expresan esa idea en una forma muy gráfica y dramática. Uno de ellos dice que Dios, al contemplar la Humanidad, dijo: "Pensabas que de cierto sería yo como tú" (Salmo 50:21). Esto es lo que todos tendemos a hacer. Medimos a Dios con nuestra propia medida. Sentamos juicio contra Él. Por supuesto, la gente del siglo XX, ¿no es cierto? Tenemos un conocimiento tan extraordinario. Hacemos de Dios un objeto de análisis de nuestra mesa de laboratorio. ¡Nosotros, los grandes! Y hacemos frente a Dios.

Pero escucha la respuesta una vez más: "El que mora en los cielos se reirá; el Señor se burlará de ellos". Es aterrador pensar que el gran Dios está contemplando el mundo, nuestro "sabio" mundo, el mundo que creyó que el único libro de Charles Darwin, *El origen de las especies,* iba a deshacerse de Dios. Solamente se puede hacer una cosa con quienes creen algo así: ponerlos en ridículo delante de todos, y eso es lo que Dios está haciendo. "El que mora en los cielos se reirá; el Señor se burlará de ellos". ¿Por qué? Por quien es y por lo que es. La gente dice: "Rompamos sus ligaduras, y echemos de nosotros sus cuerdas", ¡y lo dicen de Aquel "que mora en los cielos"!

Últimamente estamos muy emocionados —¿verdad?— con esos hombres a los que enviamos en un cohete para que giren alrededor de la Tierra. ¿El Cielo? Ni siquiera lo han olido, no han llegado a ningún sitio cerca desde donde puedan haberlo visto; solo somos niños jugando con juguetes. Dios mora en los cielos. Mantiene suspendida la Tierra con nada. Habita en la eternidad. Es el Creador del universo. No es solo su Creador, sino también el que lo gobierna. Nos guste o no, le pertenece y lo controla. Está sentado en el trono de gloria sobre todo el universo, viendo el fin desde el principio.

No solo eso, no nos olvidemos nunca de que Él es el Juez. "Luego hablará a ellos en su furor, y los turbará con su ira". Mi querido amigo, vivimos en un universo moral. Sé que las personas inmorales y amorales que existen en la actualidad no lo creen, pero es cierto. Hay leyes que no se pueden falsificar. Pon el dedo en el fuego y se quemará. Quizá desees poder cambiarlo, pero no puedes. Y si tratas de jugar con las leyes de Dios, pronto te darás cuenta de que son inexorables: "Aunque los molinos de Dios muelan despacio, no obstante, lo hacen sumamente fino" (Friedrich von Logau).

"No hay paz para lo malos, dijo Jehová" (Isaías 48:22). Por esa razón ha habido dos guerras mundiales, por eso hoy es el *Día de Conmemoración*, por eso el mundo está en conflicto. Haz lo que gustes, levántate contra Dios, escribe anteproyectos de tus utopías —que jamás conseguirás— y estarás en dificultades, en sufrimiento, habrá "guerras y rumores de guerras" (Mateo 24:6). ¿Por qué? Porque estarás desafiando al Dios que posee el universo y que "juzgará los confines de la tierra" (1 Samuel 2:10). ¡Oh, qué necedad cerrar los ojos ante su ira, su indignación, su furia! Cómo alguien que haya leído la Biblia alguna vez, o aun la Historia secular de la Humanidad, puede dudar esto ni por un momento.

Pero, por encima de todo esto —y es aquí especialmente donde podemos apreciar lo necio de su actitud—, los hombres y las mujeres están tratando de levantarse y desafiar el plan de Dios y su propósito para este universo: "contra Jehová y contra su ungido". Es asombroso que los hombres y las mujeres no sean conscientes de que Dios tiene un plan, que tiene un gran propósito. Comenzó a revelarlo ya desde el origen del género humano. Aun cuando Adán y Eva cayeron, Él empezó a revelarlo. El hombre trajo el pecado, el caos y el juicio, pero Dios dijo: Está bien, tengo un plan: "Pondré enemistad entre ti [la serpiente] y la mujer, y entre tu simiente y la simiente suya; ésta te herirá en la cabeza, y tú le herirás en el calcañar" (Génesis 3:15). Ese es el principio, el bosquejo. Dios llevó adelante su plan, discurre por todo el Antiguo Testamento: el plan de Dios, seguro, cierto y que va en aumento. Lee la historia de los hijos de Israel. Dios los creó, pero se metieron en problemas y sus enemigos los vencieron. Después Dios los liberó y sus enemigos quedaron desconcertados. Y lo mismo les ocurrió otra vez, y de nuevo fueron libertados; es la historia de todo el Antiguo Testamento.

Sin embargo, como aquellos primeros cristianos reconocieron con toda claridad en aquella habitación de Jerusalén, es en la vida, la muerte y la resurrección del Señor Jesucristo que el plan de Dios aparece más claramente evidenciado. En la vida de nuestro Señor podemos ver cómo "se [levantaron] los reyes de la tierra, y príncipes [consultaron] unidos". Vemos al rey Herodes y a Poncio Pilato, antiguos enemigos que se hicieron amigos, reuniéndose junto con los dirigentes. Vemos a las gentes y a los judíos, todos conspirando unidos en contra de Cristo. Decían: "¡Fuera con éste! [...]". "¡Crucifícale [...]!" (cf. Lucas 23:18,21). Y empezaron a reírse, triunfantes.

¡Y después se rió Dios! Y se burló de ellos en la resurrección. Descubrió su indecible necedad al levantar a su Hijo de entre los muertos y al revelarlo a testigos escogidos para después llevarle de vuelta consigo a la gloria. Eso fue una parte del plan de Dios; que vengan todos —la gente, el diablo, el Infierno—, todos uniendo sus últimas reservas contra Él, que Él vencerá sobre todos ellos. Por medio de la resurrección los exhibió públicamente, triunfando sobre todos ellos precisamente en la misma obra que ellos le habían hecho a Él (Colosenses 2:15).

Y esto, en cierto modo, no es más que una profecía de lo que aún ha de suceder. "Los quebrantarás con vara de hierro; como vasija de alfarero los desmenuzarás" (Salmo 2:9). Esto es lo que el Padre le había dicho al Hijo. Y no solo le dijo: "Te daré por herencia las naciones, y como posesión tuya los confines de la tierra" (versículo 8), sino que además le hizo el Juez. Esto es lo que hace que la predicación sea una responsabilidad tan solemne. Tengo que decirte, una vez más, que el Hijo de Dios volverá a este mundo "con vara de hierro". Volverá para "[juzgar] el mundo con justicia" (Hechos 17:31). Este mundo no podrá continuar como hasta ahora para siempre, no siempre estará gobernado por el diablo. No, no; no le pertenece, es un usurpador. Aquel a quien pertenece volverá y "los [quebrantará] con vara de hierro; como vasija de alfarero los [desmenuzará]". Volverá de nuevo a este mundo "y todo ojo le verá, y los que le traspasaron" (Apocalipsis 1:7). Tratarán de esconderse del terror de su rostro, gritarán a las peñas diciendo: "Escondednos [...] de la ira del Cordero" (Apocalipsis 6:16). Pero no servirá de nada. Sin embargo, el mundo ignora todas estas cosas. Hablan de su ciencia, de su erudición, de sus utopías y sus proyectos, "piensan cosas vanas", cosas vanas acerca de sí mismos y acerca de Dios. Pero esta es la respuesta.

No obstante, no puedo terminar con este apunte. Este Salmo no es solo una muestra de la necedad del hombre, hay algo que nos enseña que es aún peor: la tragedia de la Humanidad. ¡Oh, que el mundo pudiera abrir sus ojos ante su tragedia! El hombre y la mujer no desafían meramente la fuerza, el poder y la justicia de Dios; están rechazando, además, el amor de Dios. Escucha: "Príncipes consultarán unidos contra Jehová y contra su ungido". ¿Qué significa esto? Es parte del misericordioso plan y del propósito de Dios. ¿Quién es el "ungido" de Dios? El Señor Jesucristo. Es "Jesús de Nazaret". Es el Hijo de Dios.

A la luz de este mensaje, es casi imposible entender a los hombres y a las mujeres en pecado. A pesar de habernos rebelado contra Él con arrogancia, a pesar de haberle desafiado, de haber odiado sus mandamientos y haberlos considerado como "cuerdas" y "ligaduras", a pesar de haberle insultado en su misma cara, el mensaje misericordioso de Dios aún es: "Porque de tal manera amó Dios al mundo —¡Dios lo amó tal y como es!—, que ha dado a su Hijo unigénito, para que todo aquel que en él cree, no se pierda, mas tenga vida eterna" (Juan 3:16). Dios envió a su "ungido", a su Hijo unigénito, lejos de la gloria eterna a este mundo. ¿Por qué le envió a este mundo de maldad para ser burlado, mofado, escupido, para que se rieran de Él, para que pusieran una corona de espinas en su santa frente, para tambalearse bajo el peso de la Cruz camino al Gólgota, y para ser crucificado en esa Cruz y después morir y ser sepultado? ¿Por qué sucedió todo esto? Solo hay una respuesta: ¡el amor de Dios! ¡El propósito misericordioso de Dios! Dios ungió a su propio Hijo para que fuera nuestro Salvador y nuestro Libertador, como nuestro Señor mismo afirmó en la sinagoga de Nazaret (Lucas 4:16-21).

¿Recuerdas cómo lo expresa el apóstol Pablo en el capítulo 5 de su carta a los Romanos? Este es el mensaje para nosotros en esta tarde del *Domingo de Conmemoración*: "Porque Cristo, cuando aún éramos débiles, a su tiempo murió por los impíos. Ciertamente, apenas morirá alguno por un justo; con todo, pudiera ser que alguno osara morir por el bueno. Mas Dios muestra su amor para con nosotros, en que siendo aún pecadores, Cristo murió por nosotros. Pues mucho más, estando ya justificados en su sangre, por él seremos salvos de la ira. Porque si siendo enemigos, fuimos reconciliados con Dios por la muerte de su Hijo, mucho más, estando reconciliados, seremos salvos por su vida" (Romanos 5:6-10).

Sin embargo, el mundo aún se ríe de este mensaje, se burla y se mofa de él. Ni siquiera lo consideran. Piensan que es insultante. ¡Imagina que te piden que escuches un viejo Evangelio como este, cuando puedes estar leyendo los periódicos dominicales y los conceptos, proyectos y propuestas de hombres inteligentes, sus brillantes ideas y los últimos descubrimientos científicos!

En cierto sentido, puedo entender que hombres y mujeres se rebelen contra la Ley de Dios, aunque hacerlo es terrible, y lo denuncio. Pero lo que no puedo comprender es que la gente rechace no solo la Ley, la justicia y la equidad de Dios, sino que además le arrojen su amor a la cara, que pongan en ridículo su misericordia, su bondad y su compasión. Y, sin embargo, es lo que el mundo está haciendo. Pero a pesar de este rechazo, Dios no ha abandonado al mundo. Envió a su Hijo al mundo para salvarlo y restaurarlo. Pero el mundo rechaza el amor de Dios del mismo modo que rechazó su Ley, y esa es la tragedia definitiva: "Despreciado y desechado entre los hombres" (Isaías 53:3).

Permíteme terminar mi exposición presentándote el llamado del Salmista. A la luz de todo esto, dice: "Ahora, pues, oh reyes, sed prudentes; admitid amonestación, jueces de la tierra. Servid a Jehová con temor, y alegraos con temblor. Honrad al Hijo, para que no se enoje, y perezcáis en el camino; pues se inflama de pronto su ira. Bienaventurados todos los que en él confían".

Escucha el llamado: "Sed prudentes". ¡Deteneos y reflexionad! Apaga la televisión por un momento, la radio, tu música. Aparta los periódicos. Detente un momento, escucha y piensa lo que la Palabra de Dios tiene que decirte. Y después "[admite] amonestación", disponte a ser enseñado. Sé sincero y admite que no sabes dónde estás, que no entiendes la vida, que no comprendes la muerte, ni por qué hay guerras y rumores de guerras en este siglo XX ilustrado, sabio y científico. Si no entiendes ninguna de estas cosas, admítelo, hazte como un niño y disponte a recibir enseñanza.

Veamos la enseñanza: ser consciente de lo que está sucediendo, ser consciente de por qué el mundo se encuentra en su actual estado. Y la respuesta es la siguiente: "Honrad al Hijo, para que no se enoje, y perezcáis en el camino; pues se inflama de pronto su ira". Creo que en nuestros días estamos viendo un poco de esa ira inflamada de Dios. Él está reteniendo su misericordia. Está poniendo freno a las limitaciones y está permitiendo que recojamos las consecuencias de nuestra necedad descabellada. Ese freno, ese abandonarnos a nuestra propia suerte, es parte de su ira sobre el pecado. Y si nosotros, en este momento, estamos haciendo del mundo un pequeño infierno, no es nada en comparación con lo que será el Infierno mismo.

¿Crees que este mundo es un infierno? Exclamas: "¡La vida es un infierno!", muchos dicen esto. Están hartos del placer, pero no encuentran satisfacción. Se complican hasta el punto que ya no saben qué hacer de sí mismos. Se revuelven en su locura sin saber qué hacer. Pueden matar a la próxima persona que vean. No quieren hacerlo, pero no saben lo que hacen, están dementes. Eso es el infierno. Oh, no, no lo es; es solo un atisbo del Infierno, es solo una pequeña parte del mismo. El Infierno es todo eso multiplicado hasta el infinito, y que sigue hasta el infinito, por siempre y para siempre.

Ten cuidado, dice el Salmista. Cuida que no pierdas el rumbo. El mundo lo ha perdido, pero tú vuelve —dice— a este camino. Sé prudente. Escucha, considera, recibe amonestación. Mira por dónde vas. Mira el final del camino en el que estás andando. Detente mientras haya tiempo. Sé consciente de que estás desafiando a Dios, al Señor del universo en cuyas manos estás y de quien no puedes escapar. "¡Horrenda cosa es caer en manos del Dios vivo!" (Hebreos 10:31). Puedes decir: "Jamás volveré a escuchar semejante predicación". Sin embargo, tienes que seguir con tu vida y aún tienes que morir, y después de la muerte tendrás que enfrentarte al Juicio. Solo eres un necio. Crees que olvidando esta palabra o, en cualquier caso, impidiendo que entre con demasiada frecuencia en tu conciencia, de alguna manera te desharás de ella. ¡Pero no lo harás! ¡Quedará, permanecerá, es la palabra del Dios vivo! Sé sabio, recibe la enseñanza, ten cuidado de no apartarte del camino.

¿Cómo puedes asegurarte de que no te perderás? Arrepintiéndote, meditando de nuevo en todas estas cosas, reconociendo tu vanidad, tu rebelión, tu enemistad deliberada, tu necedad y la tragedia de tu negativa a atender a Dios. ¿Y después qué haces? Aquí está el llamado: "Honrad al Hijo". No podemos ver al Hijo, pero el Salmista te urge —como lo hago yo—: "[Honra] al Hijo". Cuando una persona acude al Palacio de Buckingham y la reina le encomienda una tarea, esa persona le besa (*) la mano. Con ese gesto se pone de manifiesto la sumisión a su persona y el cumplimiento de sus mandatos con todas sus facultades.

El Hijo de Dios está extendiendo su mano hacia ti en este momento. "[Honra] al Hijo", amigo mío. Cesa tu rebelión, sométete a Él, haz juramento de lealtad y confía en Él. En medio

(*) La Versión del Rey Jacobo de este versículo del Salmo 2 dice: "*Kiss the Son*", lo que literalmente significa: "Besad al Hijo". De aquí la comparación que el *Doctor* establece con el ejemplo de la Reina de Inglaterra. En la versión Reina-Valera se tradujo como "Honrad al Hijo" (N.T.).

de tu desconcierto, de tu confusión, de tu infelicidad, cree sencillamente que Jesús de Nazaret es el eterno Hijo de Dios y que vino al mundo a salvarte. Acepta su mensaje, cree el Evangelio tal y como es, sé un niño pequeño y ríndete a Él y al Evangelio. Confía en que te ha salvado, confía en que te mantendrá junto a Él, confía en que compartirá su gloria eterna contigo. Después, inmediatamente, comienza a servirle. "[Sirve] a Jehová con temor" y comienza a "[alegrarte] con temblor" (versículo 11). Y entonces estarás de acuerdo con la última declaración de este viejo Salmo: "Bienaventurados todos los que en él confían".

11
La Cruz de Cristo

Y puestos en libertad, vinieron a los suyos y contaron todo lo que los principales sacerdotes y los ancianos les habían dicho. Y ellos, habiéndolo oído, alzaron unánimes la voz a Dios, y dijeron: Soberano Señor, tú eres el Dios que hiciste el cielo y la tierra, el mar y todo lo que en ellos hay; que por boca de David tu siervo dijiste: ¿Por qué se amotinan las gentes, y los pueblos piensan cosas vanas? Se reunieron los reyes de la tierra, y los príncipes se juntaron en uno contra el Señor, y contra su Cristo. Porque verdaderamente se unieron en esta ciudad contra tu santo Hijo Jesús, a quien ungiste, Herodes y Poncio Pilato, con los gentiles y el pueblo de Israel, para hacer cuanto tu mano y tu consejo habían antes determinado que sucediera.

(Hechos 4:23-28).

Al valerse del Salmo 2, los primeros cristianos demostraron haber entendido el motivo de su persecución. Pero después, en su oración, hicieron algo verdaderamente extraordinario. De repente, hicieron mención de la reciente muerte del Señor Jesucristo en Jerusalén. Esto es lo que dijeron: "[...] contra su Cristo. Porque verdaderamente se unieron en esta ciudad contra tu santo Hijo Jesús, a quien ungiste, Herodes y Poncio Pilato, con los gentiles y el pueblo de Israel, para hacer cuanto tu mano y tu consejo habían antes determinado que sucediera". La pregunta que se nos plantea es: ¿Por qué estas personas, de repente, hicieron referencia a todo esto en su oración? Ahora bien, esta es la oración de la Iglesia primitiva, esto es el verdadero cristianismo. No hay nada de irracional en la oración del cristiano verdadero, no es una mera proclama de algo, de cualquier cosa o de nada. Esta es la oración motivada e inspirada por el Espíritu Santo. No hay nada violento o desordenado en esta oración, se trata de una línea de pensamiento ordenada que, sin embargo, se ve de repente enriquecida por esa referencia a la muerte de nuestro Señor; y había una razón para ello.

Ahora bien, se puede afirmar que tal referencia aparece de forma natural, como una interpretación del Salmo 2 que se acaba de citar. Estoy totalmente de acuerdo; Cristo dio cumplimiento al Salmo, como hemos visto, pero hay algo más que eso. Los creyentes observaron también que la crucifixión de nuestro Señor arrojaba luz sobre el apuro en el que se estaban viendo. Estaban diciendo, con otras palabras: "Nos están haciendo esto a nosotros, pero es precisamente lo que le hicieron a Él. Es el mismo principio". Eso, pienso yo, también está relacionado. Pero también, por medio de esta referencia a la muerte de nuestro Señor, y especialmente por el modo en el que aparece expresada, nuestros ojos pueden abrirse para atender a la enseñanza apostólica acerca de su muerte en la Cruz en el monte Calvario. Aquí, en el versículo 28 especialmente, tenemos la opinión de la Iglesia primitiva en lo que concierne a la muerte de Jesucristo, el Hijo de Dios.

Hago hincapié en estas palabras porque son cruciales en cuanto a la fe cristiana. El verdadero núcleo de la predicación cristiana es la predicación de la Cruz. Ya hemos considerado eso. Si recuerdas, en el día de Pentecostés, Pedro se levantó y comenzó a predicar, y en su predicación expuso la que había sido la muerte de nuestro Señor. Y lo mismo sucedió en el episodio de la curación del cojo que estaba a la puerta del Templo llamada "la Hermosa". Cuando Pedro comenzó a predicar y a explicar que ese hombre no había sido sanado ni por él ni por Juan sino por el Señor, trajo a colación la Cruz. Y una vez más, al comparecer ante el Sanedrín, hizo exactamente lo mismo: "Este Jesús es la piedra reprobada por vosotros los edificadores, la cual ha venido a ser cabeza del ángulo. Y en ningún otro hay salvación; porque no hay otro nombre bajo el cielo, dado a los hombres, en que podamos ser salvos" (Hechos 4:11-12). Esa es la predicación de la Cruz. En el momento, pues, en que la Iglesia primitiva comenzó a predicar y a enseñar, predicó a Jesucristo y a Él crucificado. La Cruz es el corazón mismo del mensaje. Y aquí, con aquella oración, podemos comprobarlo de nuevo.

Por otro lado, cuando consideramos en ministerio del gran apóstol Pablo, podemos ver que él también centró su mensaje en la Cruz. Si leemos el relato del sermón que pronunció en Antioquía de Pisidia (Hechos 13), podremos comprobar que explicó el mensaje de la Cruz, y que siempre lo hizo así. Lo tenemos resumido de una vez y para siempre en una frase sumamente memorable que escribió el Apóstol en su primera carta a los Corintios: "Me propuse no saber entre vosotros cosa alguna sino a Jesucristo, y a éste crucificado" (1 Corintios 2:2). Aquí lo encontramos, fuera de Corinto, ¿de qué va a predicar, cuál es el corazón y el núcleo del Evangelio? Es "Jesucristo, y [...] éste crucificado". En el capítulo 15 de la misma Epístola, Pablo recuerda de nuevo a los cristianos en Corinto el mensaje que primeramente les había predicado: "Que Cristo murió por nuestros pecados, conforme a las Escrituras", etc. (versículos 3-4). Y de nuevo, en la segunda carta a los Corintios, dice: "Somos embajadores en nombre de Cristo, [...] os rogamos en nombre de Cristo: Reconciliaos con Dios". Y seguidamente: "Al que no conoció pecado, por nosotros lo hizo pecado, para que nosotros fuésemos hechos justicia de Dios en él" (2 Corintios 5:20-21).

Es este mensaje de reconciliación, que "Dios estaba en Cristo reconciliando consigo al mundo, no tomándoles en cuenta a los hombres sus pecados" (2 Corintios 5:19), el gran mensaje central de la fe cristiana. Siempre es crucial. La Iglesia primitiva siempre le concedió la máxima importancia. El apóstol Pablo, de hecho, emplea una audaz simbología en la que se compara a sí mismo con un cartel. Dice: "Jesucristo fue ya presentado claramente —literalmente 'puesto en un cartel'— entre vosotros como crucificado" (Gálatas 3:1). Pablo lo había puesto frente a ellos. ¿Qué les había anunciado? Siempre la muerte del Señor Jesucristo. Y nunca ha existido un período de avivamiento y de reforma que no haya predicado siempre lo central y lo crucial de la muerte de nuestro Señor en la Cruz.

Por tanto, lo que sigue, por lógica e inevitable necesidad, es que lo que en último lugar prueba si somos o no cristianos, es nuestra concepto de la Cruz. No me interesa cómo te denominas, ni si llevas una buena o una mala vida, no me interesan las experiencias que hayas podido tener. No, nuestro concepto de la Cruz es nuestra piedra de toque, es la prueba de fuego, es lo que determina, por encima de toda duda, dónde nos encontramos exactamente. Si te juzgas a ti mismo por medio de otra prueba, te apartarás del camino. El mundo puede falsificar muchas de las cosas que tú y yo afirmamos y de las que alardeamos, pero hay algo que jamás se puede falsificar: la muerte en la Cruz en el monte Calvario.

¿Cuál es, pues, el significado de esa muerte? Considerémoslo juntos, "examinemos la maravillosa Cruz". ¿Qué ocurrió allí? Muchos creen que esto no supone ningún problema. Dicen que es muy sencillo: la muerte de nuestro Señor no fue más que la acción de hombres crueles e ignorantes, de la torpe Humanidad. Asesinaron a Sócrates, mataron a los profetas, siempre han matado a los grandes benefactores, y este no es sino otro ejemplo de ello. Pero esa idea, evidentemente, no es suficiente, puesto que no explica ni se ocupa de la cuestión de la persona de Cristo. Ahí lo tenemos. Era capaz de hacer milagros, podía controlar la furia de los elementos, podía dar vista al ciego, hacer que el sordo oyera, que el cojo anduviera, podía aun resucitar al que había muerto. ¿Por qué, pues, murió? ¿Fue únicamente por la torpeza de hombres ignorantes; por qué una persona tal permitió que sucediera?

Esta explicación, además de no abordar la cuestión de la persona de Cristo, tampoco se ocupa del poder de Dios. En esta oración de Hechos 4, vemos que se insiste sobremanera en el poder de Dios: "que hiciste el cielo y la tierra, el mar y todo lo que en ellos hay", y se hace referencia a la maravillosa historia de su intervención en el Antiguo Testamento. ¿Por qué, pues, tuvo que existir la Cruz si fue simplemente una acción humana? Además, los testimonios de los Evangelios nos dicen que nuestro Señor mismo afirmó que se podía haber salvado muy fácilmente. Si Dios arrebató al Cielo a un Elías, ¿por qué no al Hijo de Dios? (Mateo 26:53).

La gran pregunta, pues, que se nos sigue planteando es esta: ¿Cuál es el papel de Dios en la muerte en la Cruz? ¿Y dónde entra el ser humano? ¿Cómo se reconcilian estos dos elementos? La Cruz no puede explicarse en términos meramente humanos. ¿Pero cómo se relacionan Dios y la Humanidad en la Cruz? Ese es exactamente el problema que aparece resuelto en el texto que nos ocupa. Sin duda, fue por esa razón que los primeros cristianos oraron de la forma en que lo hicieron en este punto: "Se unieron en esta ciudad [...] Herodes y Poncio Pilato, con los gentiles y el pueblo de Israel para hacer —y lo hicieron— cuanto tu mano y tu consejo habían antes determinado que sucediera": el papel de Dios. Aquí, en esta única y significativa frase, se nos ofrece una idea de la Cruz que nos presenta toda la situación: El papel de Dios y el papel del hombre manifestados con toda claridad y sencillez en una oración. ¡Qué cosa tan maravillosa es la oración!

Permíteme, pues, mostrar cómo esta declaración no solo nos ofrece una magnífica y certera exposición del significado de la muerte de Jesucristo, sino que también, al hacerlo, se ocupa de todos los malentendidos que en la actualidad existen en torno a la Cruz, al tiempo que los refuta completamente. Este malentendido es el gran drama del mundo. Las Escrituras nos dicen que esta fue la tragedia de las tragedias; los judíos, de entre todos los demás, malentendiéndola y tropezando en ella, los griegos ridiculizándola y poniéndola en evidencia delante de todos. Y el mundo ha continuado haciéndolo desde entonces. Y lo más asombroso de todo es que no solo el mundo la ha rechazado siempre, sino que la Iglesia misma, desafortunadamente, a menudo ha estado absolutamente confundida a este respecto, pretendiendo que fuera casi lo contrario de lo que en realidad es.

Ahora bien, veamos algunos de los conceptos erróneos de los que se ocupa esta extraordinaria afirmación. En primer lugar, la muerte de Jesucristo en la Cruz no fue un accidente. Aparece aquí como un hecho inevitable: "Para hacer cuanto tu mano y tu consejo habían antes determinado que sucediera". La

Cruz no fue algo inesperado. En nuestros días, la opinión generalizada es que tomaron desprevenido a nuestro Señor y que se molestó. Recuerdo que una vez un hombre interpretó esas gloriosas palabras: "Consumado es" como si significaran: "Todo ha terminado. Soy un completo fracaso. Creía que podría convencerlos, pero no pude". "Murió de pena —dijo el hombre—. Había venido a reformar a su pueblo en primer lugar, y a través de ellos, a todo el mundo, pero todo salió mal".

Pero, sin duda, no podrás mantener esta idea ni un segundo, y no únicamente por esta oración. Nuestro Señor mismo les dijo a sus discípulos en numerosas ocasiones que iba a morir. En Cesarea de Filipos, tras esa gran declaración del apóstol Pedro: "Tú eres el Cristo, el Hijo del Dios viviente" (Mateo 16:16), al momento comenzó a decirles que iba a ser entregado en manos de hombres crueles y que le iban a dar muerte. A Pedro no le gustó, no podía comprenderlo. "Señor, [...] en ninguna manera esto te acontezca", dijo. Pero nuestro Señor le respondió: "¡Quítate de delante de mí, Satanás!" (Mateo 16:22-23). Les enseñó, sencillamente, que su muerte estaba cerca. Dijo: "El Hijo del Hombre no vino para ser servido, sino para servir, y para dar su vida en rescate por muchos" (Marcos 10:45).

Y cuando Elías y Moisés se aparecieron a nuestro Señor en el monte de la transfiguración, se nos dice que ellos "hablaban de su partida, que iba Jesús a cumplir en Jerusalén" (Lucas 9:31). Después de esto, nuestro Señor habló constantemente de su muerte. Sus seguidores no podían asimilarlo, pero eso no quiere decir que no se lo dijera. Les estuvo preparando constantemente: "No se turbe vuestro corazón", dijo (Juan 14:1). La muerte de nuestro Señor no fue un accidente, no fue inesperada, no le tomó por sorpresa.

O, para expresarlo de otro modo, la muerte de nuestro Señor en la Cruz no fue algo que pudiera haberse evitado ni que pudiera no haber sucedido. Eso forma parte de la misma idea errónea. La gente dice: "Oh, qué error. Si no hubiera insistido en subir a Jerusalén, si se hubiera mantenido alejado durante un tiempo hasta que se calmara el revuelo, jamás hubiera sucedido. Fue una tragedia que se podía haber evitado".

Una vez más, hay una respuesta completa para ello. Al ser

arrestado, cuando uno de sus discípulos desenvainó su espada para defenderle, nuestro Señor reprendió a su discípulo. "Vuelve tu espada a su lugar —dijo— […]. ¿Acaso piensas que no puedo ahora orar a mi Padre, y que él no me daría más de doce legiones de ángeles?" (Mateo 26:52-53). Si esa hubiera sido su elección, podría haber sido llevado al Cielo muy fácilmente. Pero no, su muerte tenía que suceder. Era absolutamente necesaria, no podía evitarse. Debemos, pues, deshacernos de este concepto que dice que la Cruz fue, en cierto sentido, un accidente que debe atribuirse únicamente a la torpeza y la ceguera de la naturaleza caída del hombre.

Permíteme ahora tomar un segundo grupo de personas que malinterpretan por completo la muerte de nuestro Señor. Dicen que la Cruz no se propone sino ser un ejemplo para nosotros. Esta idea es muy frecuente en la actualidad, y, de nuevo, se expresa de diferentes formas. En el último sermón, estuvimos meditando sobre las dos guerras mundiales. Soy lo suficientemente mayor como para recordar lo que tan a menudo se decía durante la Primera Guerra Mundial; la segunda vez no lo escuchamos mucho. La muerte de Cristo se empleó para inculcar un espíritu de patriotismo. Pero en el extremo opuesto, la muerte de nuestro Señor se ha malempleado exactamente de la misma manera. El pacifista dice: "Vemos aquí el ejemplo supremo de alguien que no hace nada para defenderse. Tenía toda la razón, mientras que sus oponentes estaban completamente equivocados, pero Él no lucha, no mueve un dedo. Les deja hacer con Él lo que quieran. En absoluta pasividad, se somete sin quejarse ni protestar, y prohíbe que nadie le defienda con una espada". El pacifista mantiene que nuestro Señor, desde la Cruz, nos enseña a seguir su ejemplo y a hacer lo mismo. ¿No es este un concepto muy habitual de la Cruz de Cristo?

Una tercera variación de la idea de que la Cruz es un ejemplo, demanda para sí el más extraordinario acopio de entendimiento intelectual. Se dice que, en la Cruz, nuestro Señor nos dio el ejemplo más perfecto y glorioso del modo en que debíamos estar dispuestos a someternos total y absolutamente a Dios y a su voluntad, aun cuando suponga nuestra muerte. Nuestro Señor estuvo dispuesto a morir, y lo hizo, en obediencia al

Padre. Él ha establecido el ejemplo más grande de una total sumisión a Dios.

El tercer grupo de personas que malinterpretan la Cruz dice que la Cruz de Jesucristo es algo a lo que Dios es sensible y algo que Dios utiliza. La Cruz, se nos dice, fue enteramente la acción del hombre, de estos hombres crueles, los miembros del Sanedrín, estos misteriosos fariseos, escribas y saduceos, estos eclesiásticos, teólogos y políticos. En ellos recayó toda la responsabilidad; no debieron haberlo hecho, pero lo hicieron. Sin embargo, Dios vio una oportunidad en lo que hicieron y reaccionó valiéndose de ello. Podemos escuchar este parecer de boca de personas consideradas evangélicas. "Dios —dicen— mira el mundo y dice: 'Aunque le hicisteis eso a mi único Hijo, a mi querido Hijo, aún os amo. No debisteis haberlo hecho, habéis matado a mi único Hijo, pero aun eso os perdonaré'".

¿Ves lo que se está diciendo con eso? Este criterio nos enseña que es el hombre quien actúa y Dios meramente reacciona. Dios aprovecha una acción humana y la usa para revelar su extraordinario y eterno amor. Otros añadirían que nuestro Señor hizo lo mismo en la Cruz. Nos miraba y decía: Aunque me habéis hecho esto, aún os amo. La Cruz, se nos dice, es solo una gran proclamación de que Dios nos ama a todos, a cada uno de nosotros, lo sepamos o no, y a través de la Cruz nos está diciendo que por mucho que le desobedezcamos, por mucho que violemos sus mandamientos y escupamos a su santidad, aun si matáramos a su Hijo unigénito, Él aún nos ama, a pesar de todo.

Pero ese no era el significado de la Cruz según los Apóstoles. El versículo 28 nos muestra que Dios no reaccionó a lo que ocurrió en la Cruz, Dios fue el *autor* de la Cruz. Aquí, en este único texto, se expresa todo con absoluta perfección. Fue la acción de Dios. Así es como la Iglesia lo explica en mitad de una oración.

A veces me pregunto si en realidad hemos orado alguna vez, amigo mío. ¡Esto es orar! Esto es orar con conocimiento. Esto es orar como resultado de la revelación de la gran doctrina de la salvación, la cual es dada por Dios a su pueblo. Los hombres crucificaron a nuestro Señor realmente, pero su muerte estaba determinada por Dios; no estaban sino cumpliendo el plan de

Dios. Eso es lo que enseñaron los Apóstoles. Pedro ya había dicho todo esto en su sermón el día de Pentecostés. En Hechos 2:23 leemos: "A éste, entregado por el determinado consejo y anticipado conocimiento de Dios, prendisteis y matasteis por manos de inicuos, crucificándole".

¡Oh, qué mensaje para proclamar, qué privilegio ser un pequeño heraldo de tal mensaje! ¿Cuál es el significado de la Cruz? Yo te lo diré. La Cruz no es la acción del hombre. En cierto sentido, estos dirigentes fueron meros instrumentos mecánicos, porque no sabían lo que estaban haciendo; como nuestro Señor mismo dijo en la Cruz: "Padre, perdónalos, porque no saben lo que hacen" (Lucas 23:34). Pero Dios lo sabía y el Hijo lo sabía. Porque el Hijo lo sabía derramó gotas de sangre en su angustia en el huerto de Getsemaní: Si es posible, pase de mí, pero si no, seguiré adelante con ello.

La muerte de Jesucristo en la Cruz del monte Calvario fue algo que estaba planeado "desde antes de la fundación del mundo". Pedro lo dijo el día de Pentecostés, y ahora escucha lo que años después escribe en su Epístola, ya anciano:

Sabiendo que fuisteis rescatados de vuestra vana manera de vivir, la cual recibisteis de vuestros padres, no con cosas corruptibles, como oro o plata, sino con la sangre preciosa de Cristo, como de un cordero sin mancha y sin contaminación, [fíjate en esto:] ya destinado desde antes de la fundación del mundo, pero manifestado en los postreros tiempos por amor de vosotros, y mediante el cual creéis en Dios, quien le resucitó de los muertos y le ha dado gloria, para que vuestra fe y esperanza sean en Dios.

(1 Pedro 1:18-21).

¿La Cruz un accidente? ¿La Cruz una sorpresa? ¿La Cruz algo que podía no haber ocurrido y que no era necesario que ocurriera? ¿La Cruz meramente algo de lo que Dios se vale? No; la Cruz fue planeada, destinada, antes de que el mundo fuera creado. Antes de que el hombre fuera creado, Dios había planeado la muerte de Cristo, su Hijo. Esta es la explicación, y estos primeros creyentes lo habían visto: "Cuanto tu mano y tu consejo habían antes determinado que sucediera".

De hecho, puedo demostrarte esto desde el Antiguo Testamento. ¿Por qué Abel le ofreció a Dios una ofrenda más aceptable que Caín? Solamente hay una respuesta: era una ofrenda de sangre. Empieza en ese momento, si te das cuenta. Después, continúa leyendo el Antiguo Testamento. Lee el libro de Levítico, Éxodo antes y Números, etc. Todos los holocaustos y los sacrificios, el cordero que se mataba y se ofrecía tanto por la mañana como por la tarde, el sacerdote poniendo sus manos sobre la cabeza de un animal, matando al animal, recogiendo su sangre, presentándola, siempre esta insistencia en la sangre. ¿Y de qué trata todo esto? Trata de profecía. Es el Dios que había planeado la muerte de su Hijo en la Cruz, preparando a la Humanidad para ello, especialmente a su propio pueblo. Estos sacrificios y ofrendas del Antiguo Testamento son tipos, sombras, profecías; llámalos como quieras. No son nada en sí mismos, por así decir, sino que señalaban hacia adelante. Dios le estaba diciendo al pueblo que iba a hacer esto.

Después, acércate a los grandes libros proféticos del Antiguo Testamento. Tomemos el capítulo 53 del libro del profeta Isaías. Allí, en los términos más sencillos posibles, Isaías profetiza la muerte del Hijo de Dios en la Cruz. Sin embargo, esas sabias personas de la Iglesia nos están diciendo que fue un accidente, que jamás hubiera sido necesario que ocurriera, y que Dios simplemente se sirvió de ello. Dios, digo, no solo lo planeó, también informó a esa estirpe de personas, y a través de ellas al mundo, de que lo iba a llevar a cabo, que era el núcleo de su grandiosa y gloriosa actividad.

Pero después llegamos al Nuevo Testamento, y el primer predicador que encontramos es Juan el Bautista; ¡un hombre extraordinario! Allá lo veo un día con dos de sus discípulos, cuando de repente ve a Jesús de Nazaret, y de inmediato dice: "He aquí el Cordero de Dios, que quita el pecado del mundo" (Juan 1:29). *El* Cordero, el propio Cordero de Dios, el Cordero que Dios mismo había provisto, no el cordero provisto por los sacerdotes en el Tabernáculo y en el Templo. Aquí está el propio Cordero de Dios que quitará el pecado del mundo. El primer predicador, el precursor, da de lleno en el asunto, señala directamente hacia esa idea. Este es el significado; ni accidente, ni acción humana, sino el determinado plan de Dios; ha llegado la hora y está a punto de ocurrir.

Y después, cuando leemos la propia enseñanza de nuestro Señor en los Evangelios, encontramos que dice: "Como Moisés levantó la serpiente en el desierto, así es necesario que el Hijo del Hombre sea levantado, para que todo aquel que en él cree, no se pierda, mas tenga vida eterna" (Juan 3:14-15). Está diciendo lo mismo. De nuevo dice: "Ha llegado la hora para que el Hijo del Hombre sea glorificado" (Juan 12:23). *La hora*: presta atención a esa expresión, especialmente en el Evangelio según Juan. Había venido para una hora determinada. Leemos, pues, que: "Afirmó su rostro para ir a Jerusalén" (Lucas 9:51). Sus propios amigos trataron de detenerle. Cuando recibió un informe que decía que Herodes estaba planeando matarle, dijo: "Id, y decid a aquella zorra: He aquí, echo fuera demonios y hago curaciones hoy y mañana, y al tercer día termino mi obra" (Lucas 13:32). Lo sabía perfectamente, y así lo enseñó. Y como hemos visto, estuvo en angustia allí, en el huerto. Sabía lo que iba a suceder. Dijo: Padre, ¿es este el único camino? Está bien, seguiré adelante. "No se haga mi voluntad, sino la tuya" (Lucas 22:42).

Y sus últimas palabras en la Cruz fueron: "Consumado es" (Juan 19:30). Lo que tenía que hacer, lo había hecho. Después murió y lo sepultaron, pero resucitó y ahí lo tenemos, apareciéndose de repente a dos hombres en el camino hacia Emaús. Están deprimidos, y dicen: "Nosotros esperábamos que él era el que había de redimir a Israel" (Lucas 24:21).

"¡Oh insensatos, y tardos de corazón para creer todo lo que los profetas han dicho! ¿No era necesario que el Cristo padeciera estas cosas, y que entrara en su gloria?" (Lucas 24:25-26). Y se lo explica todo a ellos. La muerte; ¿no era necesario que hubiera muerto? ¡Debía hacerlo! Había sido profetizado. Lee ese último capítulo del Evangelio según Lucas y comprueba cómo se lo explicó todo de nuevo en aquella habitación de Jerusalén. Los condujo a través de los libros de Moisés, de los Salmos y de los profetas, y se mostró a sí mismo en todos ellos. Puso de manifiesto cómo tenía que morir y resucitar de nuevo, y que todo ello formaba parte de este plan de Dios, grandioso y eterno.

Y cuando lees el resto del Nuevo Testamento y las Epístolas, encuentras que se dice exactamente lo mismo: "[Dios,] al que no conoció pecado, por nosotros lo hizo pecado, para que nosotros fuésemos hechos justicia de Dios en él" (2 Corintios 5:21). Ya hemos considerado las palabras de Pedro. Dice Pedro: Los profetas investigaron esto, pero no lo comprendieron cuando escribieron acerca de los sufrimientos de Cristo y la gloria que después vendría. No lo comprendieron, pero lo escribieron y también lo investigaron los ángeles; la obra más extraordinaria de Dios (cf. 1 Pedro 1:10-12).

El autor de la Epístola a los Hebreos lo expresa a su manera: "Todavía no vemos que todas las cosas le sean sujetas [al hombre]. Pero vemos a aquel que fue hecho un poco menor que los ángeles, a Jesús [...] —hecho hombre; ¿para qué?— [para el] padecimiento de la muerte" (Hebreos 2:8-9). Por esa razón nació, por esa razón vino a este mundo. Jesucristo, el Hijo de Dios, nació en Belén para que pudiera gustar la muerte por todos. Lejos de ser un accidente, Él vino al mundo para poder morir. Toda la enseñanza bíblica tiene este propósito; y eso es precisamente lo que estos hombres resumen, con una sola frase, en mitad de su oración, cuando se encontraban fuertemente presionados por el veredicto del Sanedrín. Los hombres llevan a cabo las acciones, pero el propósito es de Dios. Es Dios quien lo llevó allí, es Dios quien lo planeó todo, "antes de la fundación del mundo" (cf. 1 Pedro 1:20).

¿Pero por qué envió Dios a su Hijo unigénito a morir? Esta es la verdad más profunda del universo y siempre lo será; no obstante, en cierto sentido, es muy sencilla. ¿Por qué envió Dios a su Hijo? Solamente hay una respuesta: ¡Porque Él es Dios! Por esa razón debemos empezar siempre por Dios. Como hemos visto, la mayoría de nuestros problemas se deben a que no conocemos a Dios, no conocemos su Verdad y pensamos que "de cierto sería [...] como [nosotros]" (Salmo 50:21), pero no lo es. La Cruz tuvo lugar porque Dios es Dios. Eso significa que Él es justo. Significa que es santo. Significa que es recto. Significa que es verdadero, que Él es la Verdad.

El pecado del hombre enfrenta al Dios eterno y perdurable con un problema. ¿Cómo un Dios santo, justo y recto podría perdonar a los seres humanos pecadores? La naturaleza de Dios requiere que el pecado sea castigado, y Dios lo ha dicho una y otra vez. Lo reveló constantemente en el Antiguo Testamento, con un lenguaje explícito, con todos los holocaustos y los sacrificios. En Hebreos está resumido en una extraordinaria frase: "Sin derramamiento de sangre no se hace remisión [de pecados]" (Hebreos 9:22). El pecado debe ser castigado. Dios lo ha dicho y, a diferencia de los políticos, Él no varía las leyes. Él es: "[El] Padre de las luces, en el cual no hay mudanza, ni sombra de variación" (Santiago 1:17). Dios es, y lo que Dios dice es eterno. No puede modificarlo, no puede cambiarlo. Dios no puede mentir. Dios no puede retractarse de lo que dice. Su propia naturaleza aborrece el pecado, y el pecado no puede vivir en su presencia. Él es "fuego consumidor" (Hebreos 12:29). "La paga del pecado es muerte" (Romanos 6:23); toda persona que haya pecado alguna vez, merece morir. Es inevitable. La naturaleza justa, recta y santa de Dios lo requiere.

Este es, pues, el problema. ¿Significa eso, entonces, que toda la Humanidad está consignada a la muerte y a la nada? No, no; eso hubiera significado el triunfo del diablo. Dios, por su misma gloria, debe salvar a su pueblo. ¿Pero cómo puede hacerlo? La Ley no sirve porque es "débil por la carne" (Romanos 8:3). ¿Qué podía hacer, pues, Dios?

Solo hay una cosa, y lo digo con reverencia, que Dios podía hacer y que ha hecho. Envió a su único Hijo a este mundo "a causa del padecimiento de la muerte, para que por la gracia de Dios gustase la muerte por todos" (Hebreos 2:9). El Hijo de Dios llevó nuestros pecados sobre sí: "Jehová cargó en él el pecado de todos nosotros" (Isaías 53:6). Dios tiene que castigar el pecado y Dios ha castigado el pecado en Él. Y puesto que ha castigado el pecado en Él, Dios continúa siendo recto, verdadero y santo, y puede darme perdón libre y gratuitamente. Era el único modo por el cual los pecados de un solo individuo podrían ser perdonados.

Si hubiera existido otro modo, Dios lo hubiera adoptado. Pero no lo había. Nuestro perdón precisaba la encarnación, el Verbo hecho carne, y su camino hacia la Cruz. Podía haber huido — por supuesto que podía— pero si hubiera huido no hubiera cumplido toda justicia. Tenía que cargar con la paga del pecado, tenía que recibir el castigo. Los hombres lo mataron, sí, pero al hacerlo estaban llevando a cabo este propósito eterno de Dios. La muerte del Hijo de Dios es el instrumento de nuestra salvación.

Murió para así perdonarnos,
y buenos poder ser.

CECIL FRANCES ALEXANDER

"Quien llevó él mismo nuestros pecados en su cuerpo sobre el madero, para que nosotros, estando muertos a los pecados, vivamos a la justicia; y por cuya herida fuisteis sanados" (1 Pedro 2:24).

La muerte de nuestro Señor es el único camino de salvación, el único modo por el cual aun Dios puede perdonarnos. Es el único modo por el que "él [Dios] sea el justo, y [al mismo tiempo] el que justifica al que es de la fe de Jesús" (Romanos 3:26). Esto es lo que hace que un hombre o una mujer sean cristianos: que sean conscientes de que el Hijo de Dios murió, que tuvo que morir, por sus pecados, para que pudieran ser perdonados. Los cristianos dicen con el apóstol Pablo: "[…] [el] Hijo de Dios, el cual me amó y se entregó a sí mismo por mí" (Gálatas 2:20). En realidad, pues, no estarás orando a menos que pases por la muerte de Cristo; esto debe aparecer en tu oración. No hay acceso a Dios fuera de esto. Por medio de ello, por la sangre de Jesús, estás reconciliado con Dios, entras al Lugar Santísimo sabiendo que tus pecados han sido perdonados, sabiendo que eres un hijo de Dios, sabiendo que eres un heredero de la gloria que aguarda a todo el pueblo de Dios.

12
Jesús y la resurrección

Y ahora, Señor, mira sus amenazas, y concede a tus siervos que con todo denuedo hablen tu palabra, mientras extiendes tu mano para que se hagan sanidades y señales y prodigios mediante el nombre de tu santo Hijo Jesús. Cuando hubieron orado, el lugar en que estaban congregados tembló; y todos fueron llenos del Espíritu Santo, y hablaban con denuedo la palabra de Dios. Y la multitud de los que habían creído era de un corazón y un alma; y ninguno decía ser suyo propio nada de lo que poseía, sino que tenían todas las cosas en común. Y con gran poder los apóstoles daban testimonio de la resurrección del Señor Jesús, y abundante gracia era sobre todos ellos.

(Hechos 4:29-33).

Quiero ocuparme ahora, en particular, de esa porción del versículo 33 donde leemos: "Y con gran poder los apóstoles daban testimonio de la resurrección del Señor Jesús".

Hemos estado meditando acerca de la reacción de estos primeros cristianos ante la persecución. Ahora hemos llegado al momento de la oración en el que se mencionan a sí mismos. Hasta entonces solo habían estado adorando y venerando a Dios a pesar de su problema, a pesar de encontrarse, en cierto sentido, cara a cara con la muerte. Adoraban a Dios por su grandeza y por su gloria. Eran conscientes de que Él aún era el Dios que inspiró el Salmo 2, el Dios de los salmistas y de los profetas. Y hemos visto, además, cómo recordaron la muerte del Señor en la Cruz.

Después, por fin, se refieren a ellos mismos y a su propio problema. Pero fíjate por lo que oraron: no que pudieran ser puestos en libertad, ni que se les concediera una etapa feliz o fácil, ni que Dios los librara del apuro. ¡No, no! "Señor —dijeron—, mira sus amenazas, y concede a tus siervos que con todo denuedo hablen tu palabra". Querían seguir hablando la Palabra de Dios. Y por otra parte, en el versículo 31 leemos: "Cuando hubieron orado, el lugar en que estaban congregados tembló; y todos fueron llenos del Espíritu Santo, y hablaban con denuedo la palabra de Dios". Y en el versículo 33: "Y con gran poder los apóstoles daban testimonio de la resurrección del Señor Jesús".

Ahora bien, ya habían hablado de nuestro Señor como "tu Santo Hijo Jesús", y como Aquel ungido por Dios. Ya habían hecho referencia a su gloriosa persona y a su muerte en la Cruz, y ahora se acercaban a este otro convincente hecho: la resurrección. Esto es el cristianismo, esta bendita persona: su nacimiento, su enseñanza, sus milagros, su muerte, su entierro, su resurrección. Estas cosas son las que los Apóstoles predicaban. No predicaban sobre sí mismos. Más tarde, el apóstol Pablo hace una declaración que jamás hemos de olvidar, cuando dice: "No nos predicamos a nosotros mismos, sino a Jesucristo como Señor" (2 Corintios 4:5). Eso es doctrina apostólica. A medida que vas leyendo estos primeros capítulos de Hechos, presta atención a esta idea y te darás cuenta de que cada vez que estos hombres tenían la oportunidad de predicar, predicaban hechos, predicaban acontecimientos y sucesos históricos, su sentido y su significado. Eran testigos de la resurrección; hablaban de las cosas que habían visto y oído.

Y, obviamente, los discípulos predicaban de esta manera porque era crucial para su situación como cristianos. No eran personas que habían tenido una mera experiencia. Habían tenido una experiencia, gracias a Dios, esta es *la* experiencia, pero no es eso lo que predicaban. No; predicaban a Aquel que les había proporcionado esa experiencia, predicaban los acontecimientos que habían hecho posible la experiencia. Estaban obligados a hacerlo, porque jamás hubieran sido Apóstoles de no ser por esta persona, por Jesucristo. Nunca hubieran sido cristianos, y nunca hubiera habido una Iglesia cristiana, de no ser por estos acontecimientos y, particularmente, de no ser por la resurrección.

Consideremos a los dos hombres en el camino de Emaús: abatidos, compadeciéndose el uno del otro; o a los discípulos en la habitación de Jerusalén tras la resurrección. Estaban todos absolutamente deprimidos. Ese hubiera sido el final de la historia si no hubiera sido por este acontecimiento formidable que tuvo lugar: la resurrección. Insisto tanto en esto por causa de la confusión actual. La gente hoy nos dice —y le están dando gran publicidad en la televisión, en la radio, y en todos los demás medios; sus libros se han popularizado y están controlando el pensamiento teológico, en particular en el continente y en otras partes del mundo como consecuencia de ello— que los hechos no tienen ninguna importancia. De hecho, no duda en decir que no se puede estar seguro de casi ningún hecho.

La enseñanza que predomina en nuestros días es que no puedes creer todos estos relatos que tenemos aquí, pero eso no tiene ninguna importancia siempre que aprecies el "valor religioso" de las historias. No importa si Jesús nació o no de una virgen, en realidad no importa si hizo milagros o no, ni si expió nuestros pecados por su muerte. En realidad no importa si resucitó en cuerpo de la tumba. Los hechos no importan —dicen—, mientras se tenga el valor religioso de Jesús y de su enseñanza. A eso es a lo que hay que asirse. Ahora bien, es por todo esto que estoy haciendo hincapié en este pasaje. En cierto sentido, estos Apóstoles no predicaban sino hechos, los cuales eran sumamente importantes para ellos. Insistían en hablar de "lo que hemos visto y oído". La experiencia de estos hombres nació directamente de los hechos de los cuales hablaban constantemente. Y si tu experiencia no es el resultado de los acontecimientos de la vida y muerte de Cristo, entonces no es una experiencia cristiana.

En su oración, los discípulos subrayaron el hecho extraordinario de la resurrección. Me pregunto si me estoy dirigiendo a alguien que se llame a sí mismo o a sí misma cristiano y que esté adoptando la idea actual que dice que el creer en la resurrección o no, carece de importancia. La respuesta a esto la encontramos en el capítulo 15 de la primera carta de Pablo a los Corintios, uno de los capítulos más extensos del Nuevo Testamento, el cual Pablo escribió para mostrar que el creer en la resurrección es absolutamente fundamental. Como sucede en la Iglesia de nuestros días, en la Iglesia primitiva también había personas que decían que la resurrección ya había pasado, que jamás sucedió de forma literal y que no tenía importancia. "¿No importa? —dice Pablo, con otras palabras—. Si no importa, no tengo nada, toda mi predicación ha sido una mentira y no tiene ningún valor".

Si ha existido alguna vez un tiempo en el que necesitemos resaltar los hechos, estos grandes hechos fundacionales en los cuales se basa toda nuestra fe, es este momento presente. El mundo se encuentra en su actual estado porque no cree estos hechos. Si presentas tu experiencia al mundo dirá: "Está bien, si eso es lo que te agrada, sigue con ello. A mí no me interesa, no tiene nada que ver conmigo". Y por encima de eso, se puede oír que los defensores de los cultos o sectas dicen: "Créenos y tendrás felicidad. Aunque no hayas dormido durante años, serás capaz de dormir". Pero nosotros predicamos hechos, predicamos el testimonio apostólico de los hechos, incluyendo este hecho tremendo y glorioso de la resurrección del Señor Jesucristo.

¿Qué significa, pues? Bien, permíteme, en primer lugar, destacar que la resurrección es, ciertamente, un hecho. Estos Apóstoles no predicaban meramente que Jesús —ese Jesús a quien todos habían conocido y escuchado, Aquel que había sido crucificado, que había muerto y había sido sepultado— aún vivía en el reino espiritual. Lo predicaban, pero la resurrección no significa únicamente que Jesús aún vive en el reino espiritual; significa mucho más que eso, y esto es lo que debemos tener claro. Estos hombres predicaban la tumba vacía. Decían: Fuimos testigos, le vimos crucificado, oímos su grito de abandono, le oímos cómo al final decía: "Padre, en tus manos encomiendo mi espíritu" (Lucas 23:46). Vimos cómo bajaban su cuerpo, vimos cómo lo depositaban en el sepulcro, cómo hicieron rodar una piedra en la entrada, cómo la sellaron y cómo pusieron soldados romanos para custodiarlo. Vimos aquello, pero también vimos la tumba vacía en la mañana del tercer día.

De estas cosas fueron testigos, y estas predicaban. No únicamente que Jesús aún puede vernos desde el reino de lo invisible, sino que Jesús resucitó literalmente, no dejando tras de sí sino las ropas con las que fue sepultado. Se levantó en cuerpo; era un cuerpo transformado pero, en esencia, era el mismo cuerpo: era su cuerpo. Pudo enseñarles sus manos y su costado. Recuerda el incidente relacionado con Tomás, que era tardo para creer y se rindió a la evidencia. "Pon aquí tu dedo —dijo nuestro Señor—, y mira mis manos; y acerca tu mano, y métela en mi costado" (Juan 20:27). Era el mismo cuerpo, pero transformado.

Y consideremos el razonamiento que dio a entender allá, en la habitación, tal y como se recoge en ese último capítulo del Evangelio según Lucas. Dijo: "¿Tenéis aquí algo de comer?". Le dieron "parte de un pez asado, y un panal de miel, [...] y comió delante de ellos" (cf. Lucas 24:42-43). ¿Por qué? Porque creían que era un fantasma, un espíritu. Dijo: "Un espíritu no tiene carne ni huesos, como veis que yo tengo" (Lucas 24:39). Un espíritu no come, es inmaterial, pero nuestro Señor estaba demostrando que era material, aunque diferente. Podía atravesar una puerta cerrada. Las puertas estaban todas cerradas porque los discípulos tenían miedo de los judíos, y entonces apareció de repente. No obstante, era el mismo cuerpo en esencia. No era un espíritu, ni una aparición, ni un fantasma. Literalmente, resucitó de la tumba en el cuerpo que había tenido anteriormente, y se les había aparecido. Eso es lo que se entiende por resurrección.

Ahora bien, evidentemente, nuestra era científica no puede creer algo así, pero tampoco podían creer cosas como esa en el siglo I. Esto no tiene absolutamente nada que ver con la ciencia. En el último capítulo de Mateo, leemos que los sabios de aquella época inventaron una historia y sobornaron a los soldados romanos para que mintieran, y se desaprobara así la resurrección. Hasta ese punto llegaron, y en nuestros días la gente está haciendo cosas parecidas. Esa es la falta de honradez de la incredulidad. ¡La idea de que solo la incredulidad es sincera y de que los creyentes falsean los hechos es contraria a la verdad! La incredulidad está en una situación tan desesperada, que tiene que sobornar a la gente y mentir intencionadamente, como hicieron estas autoridades del Sanedrín. Tiene que pasar por alto los hechos. Estamos familiarizados con todas esas explicaciones que intentan rebatir la resurrección, pero se contradicen unas a otras, y todas ellas se abordan, en cierto modo, en las Escrituras.

Pero el argumento definitivo en pro de la verdad de la resurrección física es, sin duda, este: los Apóstoles mismos. Ya hemos visto que cuando las autoridades percibieron el denuedo de Pedro y Juan, de estos hombres "sin letras y del vulgo", se maravillaron. ¡Así es, y bien podían hacerlo! ¿Cómo se explica la conducta de estos apóstoles? ¿Cómo pudo nacer la Iglesia cristiana? Hemos visto que, antes de la resurrección, estos hombres estaban absolutamente abatidos y totalmente desesperanzados. Ellos solos nunca podrían haber hecho nada. Pero, en realidad, hicieron cosas formidables. Ellos fueron los hombres sobre quienes se fundó la Iglesia. Se extendió por todo el mundo, trastornó el mundo antiguo, con el tiempo venció al imperio romano, y ha permanecido desde entonces.

Se tienen que explicar estas cosas, pero no hay explicación alguna excepto el hecho literal de la resurrección. No solo eso, aun personas que no son cristianas siempre han tenido que admitir que la enseñanza de los Apóstoles en las Epístolas del Nuevo Testamento es la literatura más gloriosa que tenemos. ¿Cómo lo hicieron si eran un fraude, si se inventaron los hechos, si fingieron que su Señor había resucitado de los muertos cuando no era verdad? Sin embargo, el autor de un libro absurdo publicado recientemente, ha estado intentando decir que ¡habían ideado su enseñanza y que la resurrección fue una inteligente invención para imponerle esa enseñanza al pueblo! ¿Pero cómo semejantes impostores podrían haber producido nunca tal literatura? ¿Cómo podrían haber ejercido una influencia tan beneficiosa en este mundo, como ha hecho la Iglesia cristiana? La idea es ridícula, el bien no procede del mal. No, no; solamente hay una explicación: la resurrección es un hecho. Por eso estos Apóstoles se aferraron a ella y por eso siguieron predicándola. Por eso estaban dispuestos aun a morir antes que negarla.

¿Por qué, entonces, sentían que la resurrección era tan vital? En primer lugar, es la resurrección la que prueba, en último término, quién es Cristo. Si lees los Evangelios de nuevo, encontrarás que, en ocasiones, estos discípulos sí se daban cuenta de algo. Pedro, en Cesarea de Filipos, dijo: "Tú eres el Cristo, el Hijo del Dios viviente" (Mateo 16:16). Y en otra oportunidad, cuando Jesús dijo: "¿Queréis acaso iros también vosotros?", Pedro, hablando en nombre de todos, dijo: "Señor, ¿a quién iremos? Tú tienes palabras de vida eterna" (Juan 6:68). Habían tenido instantes de lucidez, habían tenido destellos de la realidad de su persona y de su gloria. Pero no lo veían claro y, por supuesto, cuando murió, quedaron destrozados; este término no es lo suficientemente fuerte. No podían asimilarlo, no podían entenderlo. Los destellos no habían sido suficientes. Fue la resurrección lo que les proporcionó la prueba definitiva.

¿Pero por qué? Porque ante ellos estaba Aquel que había resucitado de los muertos literalmente. Como lo expresa más tarde Pablo al predicar a Agripa y Festo: "[Él] había de [...] ser el primero de la resurrección de los muertos" (Hechos 26:23). Lo que sucedió con Lázaro no fue una resurrección, aquello había sido simplemente una resucitación. Lázaro sencillamente había sido traído de vuelta a la vida por un tiempo, antes de que muriera de nuevo. Pero aquí estaba el primero en resucitar de los muertos, literalmente en cuerpo: "El primogénito de los muertos" (Apocalipsis 1:5), "primicias de los que durmieron" (1 Corintios 15:20), "el primogénito entre muchos hermanos" (Romanos 8:29). Este es el hecho asombroso y formidable que finalmente convenció a estos Apóstoles. Había resucitado literalmente. Les había dado prueba de ello por encima de toda duda o de toda pregunta, repetida en varias ocasiones durante cuarenta días.

Lo que es más, nuestro Señor también enseñó las Escrituras a sus seguidores, como vemos en Lucas 24. Entonces lo vieron todo. Había profecías en el Antiguo Testamento no solo acerca de su muerte, sino también de su resurrección, profecías que mostraban que era seguro que le darían muerte, pero también que resucitaría en la mañana del tercer día. A los dos discípulos que se dirigían a Emaús los condujo a través de las Escrituras. Les mostró que Moisés, los Salmos y los profetas habían anunciado las mismas cosas que le habían sucedido. Por eso les dijo a los dos discípulos: "¡Oh insensatos, y tardos de corazón para creer todo lo que los profetas han dicho!" (Lucas 24:25). Y la misma enseñanza impartió en aquella habitación, mostrando a sus discípulos, a través de las Escrituras, las cosas que hacían referencia a su persona. Si quieres, pues, estar seguro de estas cosas, empieza a conocer la Biblia; ese es el fundamento.

Aquellos primeros discípulos no tuvieron únicamente una prueba visual de la resurrección de nuestro Señor, también vieron que ese era el cumplimiento de todas las grandes profecías. Como lo expresa Pedro en aquella su última carta: "Tenemos también la palabra profética más segura" (2 Pedro 1:19). Pedro está aconsejando a los cristianos sobre esto. "Estamos —dice, con otras palabras— soportando una gran presión y nos estamos encontrando con burladores y blasfemadores. Prestemos atención, pues, a los profetas, quienes nos proporcionan una profecía 'segura'".

Y después estaban las profecías de nuestro Señor mismo. Les dijo a los discípulos en aquella habitación: "Estas son las palabras que os hablé, estando aún con vosotros: que era necesario que se cumpliese todo lo que está escrito de mí" (Lucas 24:44). Y si lees los Evangelios, te darás cuenta de que constantemente les decía que iba a resucitar al tercer día. En más de una ocasión usó el ejemplo de Jonás. Sin embargo, ellos no podían verlo. Pero ahora veían que se había verificado su profecía.

¿Quién era este que había resucitado de los muertos, y que fue capaz de profetizar que lo haría? Solo hay una respuesta: este es el eterno Hijo de Dios. Por esta razón, la resurrección fue tan vital, fue esto lo que finalmente lo corroboró y les dio seguridad a los discípulos. Pablo lo expresa en una forma inigualable en los versículos 3 y 4 del capítulo 1 de su Epístola a los Romanos: "Nuestro Señor Jesucristo, que era del linaje de David según la carne, que fue declarado Hijo de Dios con poder, según el Espíritu de santidad, por la resurrección de entre los muertos". La gente necesitaba saber que este Jesús de Nazaret era el unigénito Hijo de Dios; y era la resurrección lo que probaba esto.

La resurrección fue, por tanto, absolutamente vital y por esa razón siguieron predicándola los Apóstoles. Como se nos dice: "Con gran poder los apóstoles daban testimonio de la resurrección" (versículo 33). El enemigo les amenaza, pero no importa, ellos continúan diciéndolo. "Lo que hemos visto y oído". Le vimos crucificado, le vimos muerto, le vimos sepultado, le hemos visto resucitado. No estaban hablando de sí mismos, sino de Él. Y esto es lo que importa en el mundo actual, que el *Hijo de Dios* lo ha visitado.

En segundo lugar, pues, es la resurrección la que da prueba definitiva de que la muerte de nuestro Señor logró todo lo que de ella afirmaba. La resurrección proclama que la muerte de Cristo ha dado completa satisfacción al santo Dios y a su santa Ley. ¡Oh, qué fundamental es esto! No es sorprendente que Pablo diga: "El cual fue entregado por nuestras transgresiones, y resucitado para nuestra justificación" (Romanos 4:25). ¿Te has dado cuenta de esto? ¿Cuál es el argumento de 1 Corintios 15? Has escuchado la lectura de ese capítulo frecuentemente, ¿no es así? Lo solemos oír en los funerales; y qué capítulo es. Cuando ha muerto un santo, estas palabras transforman el funeral y lo convierten en un momento de regocijo, de alabanza y de acción de gracias.

¿Pero cuál es el argumento de este capítulo? Es este: "Si Cristo no resucitó, vana es entonces nuestra predicación, vana es entonces vuestra fe [...] aún estáis en vuestros pecados [...]. Si en esta vida solamente esperamos en Cristo, somos los más dignos de conmiseración de todos los hombres" (versículos 14, 17, 19). Supongamos que Cristo no resucitó de los muertos. Supongamos que cuando lo pusieron en el sepulcro, permaneció allí. O adoptemos una de las brillantes teorías. Una es que alguien robó el cuerpo, o, aún más necia, que, de un modo u otro, las condiciones de la tumba eran tales, que extrajeron la humedad del cuerpo y que no había nada que ver porque se había convertido en polvo. La gente continúa repitiendo estos cuentos de hadas, ¡y ese es el tipo de historia al que tiene que recurrir cuando niega los hechos! Pero supongamos que esto es correcto y que jamás resucitó físicamente de entre los muertos. ¿Cuál es nuestra situación? Es esta: "La paga del pecado es muerte" (Romanos 6:23). Dios lo ha dejado perfectamente claro. "El alma que pecare, esa morirá" (Ezequiel 18:4,20). No puedes jugar con los mandamientos de Dios, pues son principios absolutos. Todos hemos pecado, cada uno de nosotros y, por tanto, todos tenemos que afrontar la muerte, y muerte eterna, además.

Ahora bien, hay un único camino de salvación, como he tenido el privilegio de intentar demostrar al predicar sobre la muerte de Cristo. Él se ofreció a sí mismo, Dios le tomó como su propio cordero, tomó nuestros pecados y los puso sobre Él, castigándolos en Él. ¿Cuál era el castigo? La muerte. La pregunta, pues, es esta: ¿Nos puede salvar nuestro Señor? Solo puede salvarnos si puede probar que es lo suficientemente grande y fuerte como para soportar este castigo, que es la muerte, y pasar a través de ella; y solo podía demostrarlo apareciendo al otro lado, que es la resurrección. Y eso es precisamente lo que hizo. La resurrección del Señor Jesucristo es la proclamación que Dios hace al universo de que su Hijo llevó el castigo por los pecados de su pueblo, que recibió todas las "copas de la ira de Dios" (cf. Apocalipsis 16:1) en Él, y lo completó todo levantándose al otro lado; "el cual fue entregado por nuestras transgresiones, y resucitado para nuestra justificación" (Romanos 4:25). "Te estamos confundiendo —dice, con otras palabras, Pablo en 1 Corintios 15—. Te estamos engañando, y te estás engañando a ti mismo. Aún estás en tus pecados y tienes que morir por ellos, y morirás eternamente si Él no ha completado la obra. Pero lo ha hecho, y ha dado prueba de ello. Ha resucitado". Por esa razón, "con gran poder los apóstoles daban testimonio de la resurrección del Señor Jesús". Escuchad —decían—, Él es el Salvador, Él lo ha hecho.

Lo siguiente que prueba la resurrección es que Cristo puede salvarnos de todos nuestros enemigos. Yo os anuncio que Jesús de Nazaret es el Hijo de Dios y el Salvador del mundo. ¿Salvador? ¿De qué nos salva? Nos salva del mundo, de la carne, del diablo y de la Ley de Dios. Sí, la Ley de Dios está contra nosotros, y, en ese sentido, es nuestro enemigo. "Por medio de la ley es el conocimiento del pecado" (Romanos 3:20), y la Ley nos condena: "Por las obras de la ley nadie será justificado" (Gálatas 2:16). La Ley de Dios nos acusa, y no podemos escapar de ella. Nos vigila y permanece en nuestra contra.

Mundo, carne, diablo, Ley. Y tras todos ellos se encuentra el más aterrador de todos: la muerte, "el postrer enemigo" (cf. 1 Corintios 15:26), el enemigo con el que el mundo de hoy está tratando de luchar con toda su inventiva, su inteligencia y su ciencia. Todos nosotros luchamos por mantenernos jóvenes, por no sucumbir ante la vejez ni ante la muerte. Podemos posponerla por un año o dos, pero no evitarla. Ahí está, con su guadaña, acercándose cada vez más y más, hasta que —todos lo sabemos— llegue el día en que inevitablemente, golpee tu puerta y te diga: "Andando", y tengas que marcharte. "El postrer enemigo". Y no es solo el último enemigo cronológicamente, es también el último enemigo en cuanto a que nos enfrenta al Juicio, a la Ley y a la santidad de Dios y, posiblemente, a un destino de tristeza, desgracia e infelicidad: "el postrer enemigo".

Ahora bien, nuestro Señor afirma ser el Salvador, y si no puede salvarnos de todos nuestros enemigos, no merece tal denominación. Pero gracias a Dios que puede afrontar el reto. Cuando estuvo aquí, en la carne, hizo frente al diablo en numerosas ocasiones y le venció con facilidad. El mundo no pudo tocarlo, vivió apartado de él. Nunca conoció los pecados de la carne. Externamente, fue tentado en todos los aspectos en que nosotros lo somos, pero sin pecado; nunca fue tentado por el pecado que brotase de su interior. En cuanto a la Ley de Dios, en mi último sermón tuve el privilegio de mostrarte cómo cumplió cada una de sus exigencias, jamás quebrantó la Ley de su Padre y allá, en la Cruz, dio total y perfecta satisfacción a todas sus necesidades.

Sí, pero esa obediencia suponía su muerte. ¿Le atrapó "el postrer enemigo"? Una cosa es abatir el mundo, la carne, el diablo y la Ley de Dios, ¿pero y "el postrer enemigo"? ¿No le venció, no triunfó sobre él? El mundo dijo: "¡Sí, lo ha hecho!". Empezaban a celebrarlo, pero su triunfo fue efímero. Se hizo pedazos con la resurrección. Él venció a nuestro "postrer enemigo", permitiendo que su pueblo mirara a la muerte a la cara y dijera: "¿Dónde está, oh muerte, tu aguijón? ¿Dónde, oh sepulcro, tu victoria?" (1 Corintios 15:55). Continuó Pablo: "El aguijón de la muerte es el pecado, y el poder del pecado, la ley. Mas gracias sean dadas a Dios, que nos da la victoria por medio de nuestro Señor Jesucristo" (versículos 56-57). Él ha vencido al "postrer enemigo". Él es un Salvador completo, perfecto. No sería capaz de decirlo si no hubiera resucitado de la tumba en cuerpo, literalmente. Pero puedo decirlo porque es un hecho. "Y con gran poder los apóstoles daban testimonio de la resurrección del Señor Jesús". Esto es lo que hace un hombre o una mujer que está lleno del Espíritu Santo, como lo estaban estos hombres; de esto daban testimonio. En este hecho se fundamenta todo, y este es el hecho que el mundo necesita conocer.

¿Puedo hacerte una pregunta poco corriente en este punto? ¿Estás disfrutando de esto? Si no es así, estás fuera, estás bajo la ira de Dios, estás bajo la condenación de la Ley. Es comida y bebida para el cristiano. Es el vino celestial para el verdadero creyente. "Jesús, y [...] la resurrección" (cf. Hechos 17:18). Es una prueba para quienes creen en Él, en lo que le ha ocurrido y en lo que ha hecho, es una prueba de que nuestra redención será completa.

Cuando el hombre cayó, cayó como un todo. No cayó exclusivamente en su voluntad, ni en su corazón, ni en su mente; cayó todo él, su mismo cuerpo cayó. El apóstol Pablo utiliza un término extraordinario en relación con nuestros cuerpos: La Versión Autorizada lo expresa de esta manera en Filipenses 3:21: "nuestro cuerpo *vil*". La Versión Revisada ha mejorado la traducción de alguna manera, diciendo: "el cuerpo de la humillación nuestra" y, sin embargo, los antiguos traductores aportan un matiz. El cuerpo humano es un cuerpo vil, es un cuerpo que contiene en sí corrupción; "Si Cristo está en vosotros, el cuerpo en verdad está muerto a causa del pecado, mas el espíritu vive a causa de la justicia" (Romanos 8:10). Por eso tenemos dolores y achaques, por eso tenemos enfermedades y dolencias, por eso el cuerpo se va agotando; hay corrupción en el cuerpo. Recuerdas el razonamiento de Pablo en 1 Corintios 15: "Ni la corrupción hereda la incorrupción" (versículo 50). Este cuerpo actual es un "cuerpo vil", es "el cuerpo de la humillación nuestra".

Nuestra corrupción humana es el resultado de la Caída. Si el hombre no hubiera caído, su cuerpo no hubiera sido así. Este es el cuerpo de la "carne de pecado", y Pablo nos dice que Cristo vino "en semejanza de carne de pecado" (Romanos 8:3). Su cuerpo no era pecaminoso, pero se asemejaba a él, de modo que se parecía a nosotros. Mi redención no será completa hasta que mi cuerpo sea liberado, y la resurrección me dice que lo será, que es posible, puesto que Cristo no solo redimió el espíritu, también redimió el cuerpo. Cuando vino a este mundo, adoptó un cuerpo humano porque vino a redimir al hombre y a la mujer en su totalidad. Juan, en su primera Epístola, nos dice que nuestro Señor vino al mundo para deshacer las obras del diablo, y que si no las deshizo, no es un Salvador perfecto (cf. 1 Juan 3:8). Pero tú y yo tenemos un Salvador perfecto. Él vino a reducir a la nada, a invalidar todas las obras del diablo, y lo último, por tanto, es la redención del cuerpo.

Por eso escribe Pablo a los cristianos en Filipos: "Esperamos al Salvador, al Señor Jesucristo; el cual transformará el cuerpo de la humillación nuestra, para que sea semejante al cuerpo de la gloria suya, por el poder con el cual puede también sujetar a sí mismo todas las cosas" (Filipenses 3:20-21). O, una vez más, escribe Pablo a los romanos: "También nosotros mismos, que tenemos las primicias del Espíritu, nosotros también gemimos dentro de nosotros mismos, esperando la adopción, la redención de nuestro cuerpo" (Romanos 8:23). Esto es lo que el apóstol Pablo dice en la madurez de su experiencia espiritual.

Vendrá un día en que quienes creen en Él, como nos recuerda Juan, le verán tal y como Él es, y serán hechos semejantes a Él (cf. 1 Juan 3:2). Cuando resucitó de los muertos, su cuerpo fue glorificado, por eso los discípulos que iban camino hacia Emaús no le reconocieron. Se apareció entre los discípulos y se aterrorizaron. ¿Por qué? Fue porque, aunque su cuerpo era el mismo, sin embargo era diferente: un cuerpo glorificado. Nuestros espíritus, inmortales y libres de todo pecado, de toda mancha y arruga, serán revestidos de cuerpos glorificados; el cuerpo será redimido.

Él nos libera completamente, cosa que únicamente prueba la resurrección. Es, como hemos visto, "el primogénito entre muchos hermanos" (Romanos 8:29), "primicias de los que durmieron" (1 Corintios 15:20), y cuando Él vuelva, habrá un levantamiento de todos aquellos que están en Cristo: "Los muertos serán resucitados incorruptibles, y nosotros seremos transformados" (1 Corintios 15:52). Se nos darán cuerpos glorificados y, en esos cuerpos, pasaremos la eternidad con Él.

Pero, en último lugar, la resurrección es absolutamente esencial para nosotros aunque solo fuera porque prueba el hecho de que Él será quien nos juzgue a todos. ¿Recuerdas cómo lo expresó Pablo en Atenas? Cuando se dirigió a los estoicos y a los epicúreos, los sabios filósofos de Atenas, se refirieron a él como un "palabrero" (cf. Hechos 17:18), pero él les predicó diciéndoles: "Dios, habiendo pasado por alto los tiempos de esta ignorancia, ahora manda a todos los hombres en todo lugar, que se arrepientan —¿por qué?—; por cuanto ha establecido un día en el cual juzgará al mundo con justicia, por aquel varón a quien designó, dando fe a todos con haberle levantado de los muertos" (Hechos 17:30-31).

En esta tierra, ser juzgado por tus iguales es un principio de justicia, y toda la Humanidad será juzgada por un hombre: el hombre Cristo Jesús. Él ha sido "[designado]". Dios ha puesto en conocimiento del universo que habrá un Juicio Final para todo el mundo y que el Juez será Aquel que nació como niño en Belén y que fue acostado en un pesebre, el niño que pudo confundir a los doctores de la Ley a los doce años, el carpintero de Nazaret, el Jesús que empezó a predicar a los treinta años, el hacedor de milagros, el hombre que enseñó como nadie lo había hecho hasta entonces. El Juez será Aquel que murió en aparente debilidad e indefensión en una Cruz y cuyo cuerpo bajaron y sepultaron en una tumba. Pero resucitó porque la muerte no pudo retenerle, porque Él es Dios y hombre al mismo tiempo. Después de que se apareciera a sus testigos escogidos, ascendió al Cielo mientras le contemplaban —ese es otro hecho— y después, dio la prueba definitiva de que era quien decía enviando sobre ellos el Espíritu que les había prometido. Y entonces, llenos del Espíritu, daban, con gran poder, testimonio de Él, de su vida, de su muerte, de su resurrección, de su actual actividad y de su venida en gloria para juzgar el universo con Justicia y llevar a cabo ese Juicio.

Eso es lo que los Apóstoles predicaban, y yo lo estoy predicando ahora por la misma razón. ¿No ves la relevancia de todo esto? ¿Por qué tuvo que venir el Hijo de Dios a este mundo? ¿Por qué tuvo que sufrir esa muerte? ¿Por qué tuvo que ser sepultado? ¿Por qué resucitó? Solo hay una respuesta: porque es la única manera en que cada uno de nosotros puede ser salvo y evitar la condenación de la Ley y el castigo de muerte eterna. Los Apóstoles predicaban esto continuamente porque sabían que, lejos de esto, los hombres y las mujeres iban al Infierno. La muerte no significaba nada para estos Apóstoles. Habían pasado ya de muerte a vida. Al haber pasado del Juicio a la vida en Él, ya no tenían miedo de la muerte. Sabían a dónde se dirigían: iban a "estar con Cristo, lo cual es muchísimo mejor" (Filipenses 1:23).

Los discípulos no se preocupaban de sus propias vidas, de modo que, en su oración, no pidieron ser aliviados o liberados. No, pidieron poder para seguir predicando este mensaje. Los líderes judíos eran ignorantes. En su ignorancia habían crucificado a Cristo, en su ignorancia aún le rechazaban. No sabían que estaban bajo la condenación de la Ley, no sabían que se iban a encontrar con Dios en el Juicio. De manera que los Apóstoles oraron por poder para hablarles de su tremenda situación y de lo que Dios mismo había hecho a través de su Hijo unigénito para salvarlos. Los Apóstoles sabían que la necesidad primordial del hombre y de la mujer no es la felicidad ni la salud. Su necesidad es la de ser salvos, salvos de la "ira venidera" (cf. 1 Tesalonicenses 1:10), ser reconciliados con Dios, ser hechos aptos para encontrarse con Él en su venida y para entrar con Él en los gozos de la eternidad. Lee de nuevo, te suplico, la predicación de estos Apóstoles. Lee estos primeros capítulos de Hechos y encontrarás que, en todos ellos, continuaron predicando a "Jesús, y [...] la resurrección" (cf. Hechos 17:18) y lo que ello significaba.

No te estoy preguntando, pues, si eres feliz o desdichado; no te estoy preguntando si sufres o no de insomnio, o si eres víctima de distintas fobias. No te estoy preguntando por tus problemas de salud. Tengo una gran pregunta que hacerte, puesto que es la pregunta que se deriva de estos hechos: ¿Estás preparado para encontrarte con Dios en el Juicio? ¿Sabes dónde vas a pasar la eternidad? Ese es el verdadero sentido y significado de estos hechos.

"Con gran poder los apóstoles daban testimonio de la resurrección del Señor Jesús". ¿Has oído este testimonio? ¿Lo has creído y aceptado? ¿Te has sometido completamente a Él? Si no lo has hecho nunca, hazlo ahora, y sabrás que tus pecados son perdonados, que eres un hijo de Dios y coheredero con Él de todas las glorias de Dios.

13
Dios, el Espíritu Santo

Cuando hubieron orado, el lugar en que estaban congregados tembló; y todos fueron llenos del Espíritu Santo, y hablaban con denuedo la palabra de Dios.

(Hechos 4:31).

La mayoría de las personas, estoy seguro, casi por instinto, cree que la Iglesia cristiana es una vasta institución que ha estado en el mundo durante mucho tiempo, con edificios suntuosos, una poderosa jerarquía, diferentes órdenes —papas, obispos, arzobispos, diáconos—; un sistema enorme, reconocido y utilizado por el Estado a su conveniencia. Eso es lo que la gente piensa del cristianismo, que es prácticamente una rama del Estado que se caracteriza por su apreciable pompa y ceremonia.

Además, están aquellos que, dentro de esta vasta institución, parecen estar pasando la mayor parte de su tiempo en refinadas disputas filosóficas y teológicas. Los hombres y las mujeres corrientes no saben de lo que están hablando y, sin embargo, continúan haciéndolo; viven en una atmósfera enrarecida. Lanzan términos y conceptos maravillosos y, algunas veces, se te concede el privilegio de verlos en la televisión y escucharles, y ahí está todo esto —algo— ¿pero el qué?

Ahora bien, todo esto había ocurrido antes, bajo la antigua dispensación, el Antiguo Testamento. Había una religión, y podemos delinear su origen, pero el relato nos muestra cómo se convirtió en lo contrario de lo que había sido al principio, de manera que cuando vino nuestro Señor, su principal enfrentamiento fue con las autoridades religiosas. Quienes debieron haber sido los primeros en darle la bienvenida, en creer su mensaje y en rendirse a Él y seguirle, fueron los mismos que le rechazaron e incitaron a otros a hacer lo mismo. La religión de los judíos se había vuelto tan severa, fosilizada e institucionalizada, que se convirtió en el mayor enemigo de la fe cristiana.

Este rechazo por la religión institucionalizada aún tiene vigencia; mi sugerencia es que, lo que se conoce por "cristiandad", lo que el ciudadano medio piensa que es la Iglesia cristiana, está tan lejos de la Iglesia del Nuevo Testamento como nadie pueda imaginar. ¿Pero por qué es importante todo esto? Porque, según el relato del Nuevo Testamento, en la enseñanza de los Apóstoles encontramos la única Verdad que puede salvar al hombre o a la mujer. La opinión que tengas de muchas de las cosas del mundo no supone ninguna diferencia. Yo soy uno de aquellos que piensa que no importa mucho lo que votes en unas elecciones generales; al final, el resultado es el mismo. Hacemos una montaña de tales cuestiones, pero no son vitales. Tenemos nuestras ideas y nuestras opiniones; bueno, está bien, disfrutemos de ellas.

Pero lo que afirma el mensaje cristiano es que nuestra reacción ante el mismo no solo determina lo que nos ocurra en este mundo, sino que también determina nuestro destino eterno, nuestra actitud hacia el Evangelio nos acarrea consecuencias que jamás podrán enmendarse. Este Evangelio afirma ser un mensaje que procede de Dios, no del hombre y, por tanto, no es un tema del que podamos opinar, antes bien debemos escuchar y atender a lo que el propio Dios todopoderoso tiene que decirnos. De hecho, es sumamente urgente que tengamos una idea clara acerca de este mensaje, del cual el mundo está hoy tan necesitado, más que de ninguna otra cosa.

Ahora bien, hemos visto que el cristianismo no es solo un sistema filosófico o una opinión. Tampoco es una cuestión de comportamiento moral o de una idea particular de la Ética. No; el cristianismo es sobrenatural, es milagroso, es la acción del

Dios vivo en medio de los hombres y las mujeres. Lo que es más, el cristianismo no es una mera experiencia. Muchas personas en la actualidad dicen que no importa mucho lo que la gente piense mientras hayan tenido una experiencia que les haya hecho bien y que haya hecho de ellos mejores personas. Pero nosotros no podemos aceptar tal cosa. Este punto es fundamental, y estoy de acuerdo en que la experiencia es esencial: debe serlo, puesto que, por definición, el cristianismo es la acción de Dios en nosotros. Hay un elemento subjetivo importante en la fe cristiana y, repito, si tú y yo no hemos tenido ninguna experiencia —no me importa cuán insignificante—, si no hemos tenido ninguna experiencia de Dios tratando con nosotros, entonces no somos cristianos. El cristianismo es la actividad, el poder de Dios. Hemos tenido que tener alguna experiencia. Puede ser incompleta, puede ser parcial y muy pequeña, pero tiene que estar ahí; de otro modo, tu fe es una mera creencia árida e intelectual que no tiene ningún valor.

Pero también me interesa decir que esto no significa que adoptemos la posición que dice que no importa lo que conduzca a la experiencia siempre y cuando la tengamos. Lo asombroso del relato bíblico es que tiene dos caras. Hay una cara subjetiva, experimental, la cara de la experiencia, pero también una cara objetiva, y es este acento en lo objetivo lo que deseo presentarte ahora.

He estado haciendo hincapié en la historicidad de lo que ocurrió, y me veo obligado a hacerlo porque vemos que aquí, en estos primeros capítulos del libro de Hechos, se insiste en ello. Lo que es más, es la respuesta al ataque psicológico a la fe cristiana. El modo de probar la validez de una experiencia es preguntar por la base de la misma. Hay muchos medios que le pueden hacer a la gente mucho bien, y no sirve de nada negarlo. Muchos de los cultos o sectas populares pueden hacerle bien, de otro modo, jamás tendrían éxito, y los psicoterapeutas y los médicos pueden ayudar a las personas indicándoles diversas causas y remedios para sus problemas. Hay muchos medios que hacen sentir a la gente mucho más feliz, incluyendo las drogas.

Y la acusación es que nosotros, los cristianos, hacemos hincapié en la experiencia. "Te estás engañando a ti mismo —dice la gente—; simplemente has experimentado una especie de autosugestión que te hace sentir más feliz y más brillante. Cantas y disfrutas. Fomentas un estado de felicidad en ti, evitando los hechos, huyendo de ellos, estimulándote psicológicamente, y después te vas a casa sintiéndote un poquito más feliz. Pero los problemas vuelven y otra vez estás en dificultades. De modo que vuelves por otra dosis. La Iglesia es una farmacia que proporciona tranquilizantes. Está bien —continúan—, no queremos criticar. Mientras tu religión te haga mejor y más feliz, sigue con ella, pero no esperes que nos unamos a ti". Este es su razonamiento. La religión está bien para quienes son de una naturaleza emocional o psicológica que es susceptible a la religión, para gente con un complejo religioso.

Pero nosotros negamos tal cosa, porque el cristianismo no es meramente subjetivo, también es objetivo, y el elemento subjetivo surge del objetivo. La respuesta a la acusación psicológica son los hechos y los acontecimientos históricos. Esto ya ha sido resaltado por medio de la asombrosa oración que ofreció la Iglesia cristiana, e igualmente subrayado por la respuesta a esa oración.

Fijémonos en estos Apóstoles. La prueba de que no tuvieron una mera experiencia subjetiva es que, en medio de las dificultades, no intentaron consolarse con algún tipo de autosugestión, no expresaron una mera esperanza o aspiración piadosas. No, no; empezaron con hechos objetivos destacados: Dios el Padre, Dios el Creador. No se miraron a sí mismos, ni a su propia experiencia, miraron hacia fuera. "Alzaron unánimes la voz a Dios, y dijeron: Soberano Señor, tú eres el Dios que hiciste el cielo y la tierra, el mar y todo lo que en ellos hay [...]" y nosotros hemos tenido en cuenta todo eso. Como los salmistas, empezaron con Dios el Creador, y después se recordaron a sí mismos que Dios es el que controla la Historia.

En medio de dificultades, el pueblo de Dios, aun en el Antiguo Testamento, recapitulaba su Historia: "Dios de Abraham, Dios de Isaac, Dios de Jacob, Dios de Moisés, Dios de los hijos de Israel, Dios del mar Rojo". ¡Historia! ¡Acontecimientos! Esta es la única base de la fe. No se estaban engañando a sí mismos. Decían: "Creemos en este Dios vivo que ha dado prueba de ser un Dios vivo; nuestra Historia abunda en esta historia".

Asimismo, el elemento de la profecía siempre fue importante. Aquí, en la oración misma de Hechos 4, los creyentes se dieron cuenta de que David estaba profetizando la venida del Mesías. Le concedieron gran importancia a la profecía, porque es algo que puede comprobarse. Lo que 800 años atrás unos hombres dijeron que sucedería, sucedió. Eso no es persuadirse a uno mismo, eso no es autosugestión, es un relato objetivo, escrito con todo detalle.

Después, los creyentes hablaron de Dios el Hijo y de lo que habían visto y oído (Hechos 4:20). Ellos no tenían una fórmula mágica para hacer a la gente feliz. No, no; solo informaban, eran testigos de esta persona, y ya hemos meditado acerca de la gran importancia que le concedieron a "Jesús, y [...] la resurrección" (cf. Hechos 17:18). Hemos visto que "con gran poder los apóstoles daban testimonio de la resurrección" (cf. Hechos 4:33). Todo esto daba cuenta de la fe y de la seguridad de los creyentes.

Sí, pero aún tengo un hecho más que presentarte. Estos versículos hablan de Dios el Padre, Dios el Hijo, y también de Dios el Espíritu Santo. "Cuando hubieron orado, el lugar en que estaban congregados tembló; y todos fueron llenos del Espíritu Santo" (cf. Hechos 4:31). Esta no es la primera vez que hemos topado con el poder del Espíritu Santo al estudiar estos primeros capítulos del libro de Hechos, pero aquí lo tenemos de nuevo, en el contexto mismo de esta oración. El Espíritu Santo es una parte vital y esencial de la predicación cristiana. El cristianismo es trinitario de principio a fin. Suena extraño, ¿no es verdad? Sin embargo, el modo en que se diferencia el cristianismo de cualquier otra religión o secta, o de cualquier otra cosa que pretenda ser cristiana, es preguntando: ¿Es o no es trinitario?

Ahora bien, esto no se puede entender. Si el cristianismo es milagroso y sobrenatural, por definición, no se puede entender. Lo siento, "Sr. Hombre De Hoy", ni aun tu brillante cerebro puede entender los milagros, y cuanto antes te des cuenta de ello, mejor. Si el Evangelio fuese algo que tú y yo pudiéramos entender, no sería "el glorioso evangelio del Dios bendito" (cf. 1 Timoteo 1:11), sería una filosofía que se analiza minuciosamente y que se comprende. Pero no lo es. Podemos encontrar esto desde el principio: "Quita el calzado de tus pies" (cf. Éxodo 3:5). Este fue el mandato que recibió Moisés cuando vio la zarza ardiendo, el mismo que le fue dado a Josué (Josué 5:15).

Todos somos muy inteligentes, vemos un fenómeno y hacemos que nuestras magníficas mentes se ocupen de ello: "Me apartaré ahora un momento y examinaré este gran fenómeno", dijo Moisés, como quieren hacer los hombres y las mujeres de hoy. Quieren analizar a Dios y entenderle, y dicen: "No voy a creer nada a menos que lo entienda". Está bien, amigo mío, no estás diciendo nada muy original; la gente lo ha dicho desde el principio, y por eso el mundo se encuentra en su actual estado. Los hombres y las mujeres no pueden entenderse a sí mismos, ¡pero aun son lo suficientemente necios como para decir que quieren entender a Dios, lo milagroso y lo sobrenatural! Y puesto que no pueden, lo rechazan y su mundo se convierte en un Infierno cada vez mayor. ¡Oh, cuán necia es la actual confianza de la Humanidad en su propio intelecto! Me encuentro aquí para predicaros un Evangelio milagroso y sobrenatural, un mensaje trinitario. ¿Entenderlo? Por supuesto que no. Yo tampoco puedo. Simplemente retrocedo con el apóstol Pablo y digo: "Grande es el misterio de la piedad: Dios fue manifestado en carne [...]" (1 Timoteo 3:16). Y lo mismo digo de esta gran doctrina de la santa y bendita Trinidad.

¿Qué significa esta doctrina? Declara que hay un Dios trino, declara que hay tres benditas Personas en la Divinidad: Dios el Padre, Dios el Hijo, Dios el Espíritu Santo. Mi cometido ahora no es hacerte sentir bien y cómodo, no es hacer que te olvides de tus problemas, de tus dificultades y pruebas durante más o menos una hora. No, mi cometido es declararte la Verdad, declarar lo que ha sido revelado. Las tres Personas de la Trinidad son equivalentes y eternas, son desde la eternidad hasta la eternidad. Pero quiero resaltar, con la máxima claridad que me sea posible, que tú y yo no estamos llamados a creer esto de boca de un pequeño predicador, estamos llamados a creerlo por la forma en que se han manifestado a sí mismas en la Historia. La Trinidad no se ha manifestado únicamente a través de la experiencia, sino que ha sido una revelación objetiva que tuvo lugar en la Historia: las tres Personas se han dado a conocer a sí mismas.

Podemos ver esta revelación, en primer lugar, en el Antiguo Testamento. Principalmente, aunque no exclusivamente, el Antiguo Testamento revela la actividad de Dios el Padre. Cuando leemos acerca de la creación, del diluvio, de la nueva estirpe en Abraham, de todas sus vicisitudes y de todo lo que les ocurrió, a ellos y al resto de naciones relacionadas con ellos, podemos ver que Dios hace continuamente que su gran propósito se cumpla.

Después, llegamos a los cuatro Evangelios, y en ellos vemos, principalmente, a Dios el Hijo. "Cuando vino el cumplimiento del tiempo, Dios envió a su Hijo, nacido de mujer y nacido bajo la ley, para que redimiese a los que estaban bajo la ley" (Gálatas 4:4-5). Las páginas de los cuatro Evangelios no nos confrontan con una teoría, sino con una persona, una persona concreta que ha entrado a formar parte de la Historia. Este es Dios el Hijo manifestando a Dios en la carne. "Aquel Verbo fue hecho carne, y habitó entre nosotros" (Juan 1:14). Nuestro Señor dijo: "El que me ha visto a mí, ha visto al Padre" (Juan 14:9). Lo invisible se hizo visible.

Y después aquí, en "Hechos de los Apóstoles", como se le denomina, observamos principalmente la obra de Dios el Espíritu Santo, la cual es tan fundamental para el mensaje cristiano como la obra del Padre y del Hijo. ¿Cuál es la enseñanza relacionada con el Espíritu Santo? Permíteme resumirla. El Espíritu Santo había actuado en el Antiguo Testamento. No podemos leer los primeros versículos de Génesis sin encontrarnos con Él y con parte de su actividad. "En el principio creó Dios los cielos y la tierra. Y la tierra estaba desordenada y vacía, y las tinieblas estaban sobre la faz del abismo, y el Espíritu de Dios se movía sobre la faz de las aguas" (Génesis 1:1-2). Las tres benditas Personas están involucradas en toda la historia de la Tierra y del género humano. El Espíritu Santo estaba allí, tomando parte en la Creación.

Pero la otra gran actividad del Espíritu Santo es que allá, en aquella antigua dispensación, guió a los hombres a escribir las sagradas Escrituras. "Toda la Escritura es inspirada por Dios", es respirada por Dios (2 Timoteo 3:16). Esa es la acción del Espíritu Santo. Lee los relatos que hicieron los profetas del Antiguo Testamento respecto a la forma en que recibieron su mensaje y cómo empezaron a escribirlo, y te darás cuenta de que siempre dicen: "el Espíritu del Señor", el Espíritu del Señor vino sobre ellos. Fueron tomados. Una inspiración divina los tomó y los poseyó, les dio un mensaje, les dio entendimiento y la habilidad para escribir. Todos negaban ser los autores de sus mensajes. La gran enseñanza es que fue el Espíritu Santo, y solo Él, el autor de las sagradas Escrituras. Son la Palabra de Dios, y Él es el agente de la inspiración. Y esto, por supuesto, se destaca especialmente en la cuestión de la profecía. El apóstol Pedro, al escribir su segunda Epístola, su última carta a las Iglesias, lo expresa con aquellas conocidas palabras:

Tenemos también la palabra profética más segura, a la cual hacéis bien en estar atentos como a una antorcha que alumbra en lugar oscuro, hasta que el día esclarezca y el lucero de la mañana salga en vuestros corazones; entendiendo primero esto, que ninguna profecía de la Escritura es de interpretación privada.

(2 Pedro 1:19-20).

"Sabéis —dice Pedro, con otras palabras— que aquellos hombres que escribieron las profecías, aquellos profetas, no eran exactamente hombres sabios y capacitados". No eran el tipo de personas que escriben estos artículos y comentarios especiales en la prensa del domingo, los grandes pensadores que elaboran sus columnas semanales y dan su opinión de los acontecimientos y de los tiempos, haciéndoles sugerencias a los gobiernos, mientras el periodista normal y corriente corre de arriba para abajo informando de las decisiones de los juzgados. No era así. "Ninguna profecía de la Escritura es de interpretación privada". Las Escrituras no nacen del entendimiento humano. ¿Qué era, pues? "Porque nunca la profecía fue traída por voluntad humana, sino que los santos hombres de Dios hablaron siendo inspirados por el Espíritu Santo" (versículo 21). Esa es la acción del Espíritu en el Antiguo Testamento.

Hay una gran profecía que discurre por todo el Antiguo Testamento, que dice que llegaría el día en que el Espíritu de Dios se derramaría sobre toda carne. Lo leemos en la profecía de Joel, y Pedro cita esos mismos versículos, si recuerdas, en el sermón que pronunció en Jerusalén en el día de Pentecostés. La gente se agolpó para preguntar: "¿Qué ha pasado?". Algunos decían: "Están llenos de mosto". Pero Pedro, poniéndose en pie con los once, dijo:

> *Varones judíos, y todos los que habitáis en Jerusalén, esto os sea notorio, y oíd mis palabras. Porque éstos no están ebrios, como vosotros suponéis, puesto que es la hora tercera del día. Mas esto es lo dicho por el profeta Joel: Y en los postreros días, dice Dios, derramaré de mi Espíritu sobre toda carne, y vuestros hijos y vuestras hijas profetizarán; vuestros jóvenes verán visiones, y vuestros ancianos soñarán sueños; y de cierto sobre mis siervos y sobre mis siervas [pescadores y personas de ese estilo] en aquellos días derramaré de mi Espíritu, y profetizarán.*
>
> (Hechos 2:14-18).

Esta era la profecía: llegaría el día en que la acción del Espíritu Santo no sería parcial, como lo había sido durante el tiempo del Antiguo Testamento, con una persona que de vez en cuando tenía una palabra profética o un don en relación con la construcción del Templo o algo parecido; todo eso ya no iba a ser inusual y excepcional, sino general, abundante.

Y en Ezequiel capítulo 36, se enseña exactamente lo mismo. Los profetas del Antiguo Testamento profetizaron que llegaría un día en el que tendría lugar un acontecimiento impactante, el Espíritu del Dios viviente se derramaría sobre un grupo de personas y las revolucionaría, capacitándolas para hacer cosas imposibles en las fuerzas del hombre. Sería un fenómeno, un fenómeno asombroso. Dios les quitaría "el corazón de piedra de en medio de su carne, y les [daría] un corazón de carne" (Ezequiel 11:19). Las llenaría del Espíritu.

Y después, nuestro Señor prometió lo mismo, y podemos

leer esto en los Evangelios. En una ocasión, "el gran día de la fiesta" en Jerusalén, dijo: "Si alguno tiene sed, venga a mí y beba" (Juan 7:37). Dijo: "El que cree en mí, como dice la Escritura, de su interior correrán ríos de agua viva" (versículo 38). Estaba hablando en ese momento —dice Juan— del Espíritu que aún no habían recibido, "que habían de recibir los que creyesen en él" (versículo 39).

Pero no solo eso, en Juan 14 podemos encontrarle diciendo: "No se turbe vuestro corazón [...]. No os dejaré huérfanos" (Juan 14: 1,18). No les dejaría huérfanos. Él partía, pero les dejaría otro Consolador, enviaría el Espíritu. Posteriormente, en el capítulo 16, dice: "Os conviene que yo me vaya; porque si no me fuese, el Consolador no vendría a vosotros; mas si me fuere, os lo enviaré" (Juan 16:7). ¿Podemos creerle? ¿Es este el Hijo de Dios? ¿Cómo puedo saber que es el Hijo de Dios? Bien, por su resurrección. Sí, pero no solo por eso: por el derramamiento del Espíritu Santo.

Más tarde, de nuevo efectuó la promesa del Espíritu Santo específicamente. En Hechos 1:7?8, leemos: "Les dijo: No os toca a vosotros saber los tiempos o las sazones, que el Padre puso en su sola potestad; pero recibiréis poder, cuando haya venido sobre vosotros el Espíritu Santo, y me seréis testigos en Jerusalén, en toda Judea, en Samaria, y hasta lo último de la tierra". Así pues: "Quedaos vosotros en la ciudad de Jerusalén, hasta que seáis investidos de poder desde lo alto" (Lucas 24:49).

Estas afirmaciones son categóricas. Esto no es psicoterapia, ni autosugestión, ni algún eslogan que le hará sentirse un poquito más feliz a la gente. Vemos aquí una promesa específica, una profecía específica. Era tan real y tan concreta como cualquier otra. ¿Ves la importancia de esto? Los Apóstoles no eran hombres que hubieran tenido una experiencia psicológica. Eran hombres que estaban comparando la promesa y su cumplimiento, profecía y hecho. Eran hombres que estaban en la realidad, hombres que quedaron destrozados cuando murió, pero que ahora se regocijaban. ¿Por qué? Porque lo que había dicho se había cumplido.

Por eso el día de Pentecostés es de una importancia vital para la predicación cristiana. Es uno de los grandes hechos de

Dios. El día de Pentecostés es tan importante como la encarnación, la muerte, la resurrección y la ascensión. Estas son las magníficas y maravillosas obras de Dios, y este día es uno de los más maravillosos de todos ellos. Si te das cuenta, una vez más estoy hablándote de hechos, te estoy narrando algo que sucedió en la Historia. Aquí se encontraba un grupo de personas, unas 120, reunidas en una habitación donde habían estado orando durante días. Y entonces leo:

Cuando llegó el día de Pentecostés, estaban todos unánimes juntos. Y de repente vino del cielo un estruendo como de un viento recio que soplaba, el cual llenó toda la casa donde estaban sentados; y se les aparecieron lenguas repartidas, como de fuego, asentándose sobre cada uno de ellos. Y fueron todos llenos del Espíritu Santo, y comenzaron a hablar en otras lenguas, según el Espíritu les daba que hablasen.

(Hechos 2:1-4).

Eso es un hecho, es un acontecimiento.

Después, posteriormente, estaban allí, mirándose los unos a los otros, estos pobres cristianos. No eran nadie; sin letras, sin influencia, sin relevancia. Pedro y Juan habían sido amenazados y se les había prohibido predicar y enseñar en el nombre de Jesús. Si desobedecían, sabían que se enfrentaban al exterminio. Volvieron a los otros a contarles lo sucedido y empezaron a orar, como hemos visto. Y de repente, me encuentro con esta frase: "Cuando hubieron orado, el lugar en que estaba congregados tembló".

Esto es precisamente otro hecho, un acontecimiento. No se dice simplemente que estas personas se empezaron a sentir mejor y más felices. Lo hicieron, eso es muy cierto. Todos fueron llenos de gran gozo, de osadía y de muchas otras cosas que esperamos considerar más tarde. Pero lo primero que se nos dice es que "el lugar […] tembló". Y a esto lo llamo yo humor divino, porque la gente de nuestros días cree que esto es bastante ridículo. ¿Dios haciendo temblar un edificio? "Los edificios no tiemblan", dicen. Pueden decirlo, aunque sepan que los edificios sí tiemblan pero, como el Sanedrín, tratan de justificar los hechos.

Uno de los intentos de explicación más absurdos dice que lo que pasó en realidad es que estas personas tenían tanto miedo y temblaban tanto, que creyeron que el edificio estaba temblando. ¡Y esto se plantea en serio!

Ahora bien, ese es el sinsentido de la incredulidad. La incredulidad no es más que un puro sinsentido. Ya te mostré esto en el apartado anterior. El Sanedrín no tenía razón alguna. Tenían ante sus propios ojos el hecho de que el mendigo había sido sanado, pero ellos trataron de zafarse hábilmente consiguiendo hacer de sí mismos unos ridículos necios. Y eso es lo que hace esta explicación. Se nos pide que creamos que el Pedro y el Juan que, inmediatamente después de ser amenazados y advertidos de la manera más solemne, pudieron mirar directamente a los miembros del Sanedrín y decirles, con otras palabras: "Decidid vosotros mismos si hemos de escucharos a vosotros o a Dios. Os estamos diciendo que no podemos dejar de hablar de lo que hemos visto y oído": ¡se nos pide que creamos que, momentos después, por así decir, estos mismos hombres estaban sobrecogidos por un temor cobarde y temblaban tanto, que pensaron que el edificio estaba temblando en derredor suyo, y los demás con ellos! Pero estos Apóstoles no estaban preocupados de sí mismos. No habían levantado ni una sola petición acerca de sí mismos, ni de su propia tranquilidad y seguridad. Lo único que pidieron fue: "Señor, mira sus amenazas, y concede a tus siervos que con todo denuedo hablen tu palabra". Y Dios respondió a su oración haciendo temblar el edificio.

Repito, este es uno de los hechos de Dios. Es objetivo y externo, en la misma línea de la división del mar Rojo. Dios quería que su pueblo supiera que su fe no había sido depositada en Él en vano, que no había caído en saco roto. Dijo, podríamos decir: "Estáis hablando conmigo, haciéndome peticiones a mí, asegurándome que creéis que yo soy el Dios viviente, el Creador de los confines de la Tierra y el que sustenta el universo, y que conmigo no hay nada imposible. Quiero que sepáis que tenéis razón, y aquí está la manifestación de mi poder". Por eso tembló el edificio. Esa es la cara objetiva de nuestra fe. También está el aspecto subjetivo, el cual abordaremos posteriormente. Pero ahora estoy poniendo frente a ti esta destacada y gran objetividad: ¡las acciones, los hechos, los sucesos, los acontecimientos! Esto es lo que creemos, y en esto se basa nuestra fe.

Y esto es una parte de la evidencia del Dios vivo. El mensaje del cristianismo es que la bendita Trinidad se preocupa de este viejo mundo donde tú y yo vivimos, este trágico mundo, este mundo vergonzoso, este infeliz mundo nuestro, este mundo que se está precipitando a sí mismo no sabe a dónde, a algún cataclismo final que lo conduzca a su destrucción definitiva. ¡Oh, qué mensaje, y cuánto debemos agradecer a Dios por ello; que las tres benditas Personas de la Trinidad estén preocupadas por nuestro mundo, que tengan un plan de redención y que estén cooperando en ello! El Padre elaboró su plan "antes de la fundación del mundo" (cf. 1 Pedro 1:20), lo ideó, era el único camino. Y después el Hijo se ofreció voluntario, vino y llevó a cabo el plan. No hay esperanza para ninguno de nosotros fuera de la encarnación. Como hemos visto, si el Hijo de Dios no hubiera venido a este mundo, no habría esperanza para nadie. Se debe tratar con el pecado, y el Hijo hizo el trabajo que era absolutamente imprescindible para que conociéramos a Dios, para que nos bendijera y para que fuéramos libertados de la destrucción que sobreviene a este mundo. Esa es su parte.

Y después, la parte que le corresponde al bendito Espíritu Santo es aplicar todo eso en nosotros. Todo lo necesario ya se ha hecho, pero debe ser aplicado. Si no se toma, si no se aplica, no puede hacer ningún bien. Y lo asombroso, se nos dice, es que la tercera Persona de la bendita Trinidad, nada menos que el Espíritu Santo, ha sido enviado y ha venido para aplicar en ti y en mí la gran salvación conseguida por el Hijo, según los dictados del Padre. Esto es absolutamente vital. Vino en el día de Pentecostés y comenzó a actuar, y ha estado haciéndolo desde entonces.

Brevemente, se puede dividir la actividad del Espíritu Santo en dos partes principales. Tiene un trabajo habitual que, gracias a Dios, aún sigue desempeñando en la Iglesia cristiana: convencer, convertir, llevar a un nuevo nacimiento, y la labor y el proceso de santificación. Este es su trabajo continuo, y es subjetivo, más o menos. Pero estoy haciendo hincapié ahora en su enorme objetividad, y quiero presentarte algo que confío será una gran ayuda para cualquier cristiano débil que quizá esté casi atemorizado por la crítica del mundo. ¡Considera la objetividad de la acción del Espíritu Santo! ¿Dónde la veo? Bien, te he proporcionado la evidencia bíblica, pero no se detiene ahí. ¿Sabes? Si no tuviera ninguna otra razón para creer en este Evangelio, a veces pienso que mi siguiente punto sería más que suficiente para mí, de hecho, desempeñó un papel importante en mi acercamiento a la fe cristiana.

Tuve el privilegio de crecer en un país que ha sido conocido como "la tierra de los avivamientos". ¡Avivamientos! ¿De qué estoy hablando? Yo te lo diré, y si quieres saber si hay o no Espíritu Santo, si existe esa persona, escucha la evidencia de los avivamientos y de la reforma. A esto llamo yo su obra *excepcional.* Tiene su obra normal, pero también su obra excepcional, que destaca en la historia de la Iglesia.

Al leer la Historia, leemos acerca de la Edad Media, cuando la Iglesia, como he dicho, no solo se institucionalizó, aun se fosilizó. Se convirtió en casi lo opuesto a lo que leemos en el libro de Hechos: la Iglesia católico romana de la Edad Media, adinerada, arrogante, mundana, subyugaba a todos a un estado de servidumbre y los relegaba a la oscuridad y la noche de la ignorancia espiritual, con una tiranía sacerdotal aún peor que la tiranía política. Qué situación tan absolutamente desesperada.

Pero entonces vino la Reforma protestante. Martín Lutero fue capaz de levantarse contra aquella gran institución y toda su pompa, su autoridad y poder, y contra sus quince siglos de tradición. La hizo temblar hasta sus cimientos, y tuvo lugar la gran Reforma. ¿Cómo ocurrió? ¿Fue por la brillantez de Martín Lutero? Era un hombre muy capacitado, casi un genio, pero también lo fue John Hus antes que él, así como John Wycliffe en Inglaterra y muchos otros. Sin embargo, ellos no pudieron hacer lo que Martín Lutero fue capaz de hacer; ¿por qué no? Oh, eso fue obra del Espíritu Santo. No fue un hombre, fue el Espíritu Santo de Dios el que actuó. Ningún hombre, ni ningún grupo de hombres, pudo haber conmocionado jamás la Iglesia católico romana del período medieval. Pero Dios el Espíritu Santo, a través de un hombre, pudo hacer lo imposible, y lo hizo.

Y lo mismo observamos en el siglo XVIII, 200 años después

de la Reforma. Inglaterra se encontraba en una situación deplorable; en muchos sentidos estaba tan mal, si no peor, como lo está ahora. La situación moral era pasmosa. Era como si el cristianismo se hubiera acabado. Las iglesias estaban vacías, la gente se burlaba, los racionalistas —los deístas, como se los llamaba— negaban lo milagroso y lo sobrenatural, negaban la existencia del Espíritu Santo y reducían el cristianismo a un poco de moralidad. Parecía no haber esperanza. Pero de repente, un joven llamado George Whitefield, educado en una taberna en Gloucester, empezó a predicar de un modo que conmovió congregaciones, conmovió iglesias y ¡finalmente conmovió Inglaterra! Este joven, este mozuelo, este don nadie, por así decir, de repente predicó de una manera dinámica. Más tarde lo siguieron los hermanos Wesley. Y el rostro de toda Bretaña cambió.

¿Qué es esto? ¡Oh, es el Espíritu Santo! Está vivo, es vital, no es una teoría, no es una fuerza, no es una sugestión. Es una Persona viva, la tercera Persona de la santa y bendita Trinidad. Y esto ha sucedido en cualquier otro avivamiento que te pueda contar en la extensa historia de la Iglesia cristiana. Este es el mensaje del cristianismo. Nos dice lo que Dios ha hecho, el Dios que lo hizo todo, el Dios que no ha abandonado al mundo, sino que aún actúa. Tienes hechos, tienes evidencias, tienes acontecimientos objetivos. Son tan reales como el 55 a. C., o cuando quiera que viniera por primera vez Julio Cesar a este país y lo conquistara; pertenecen a la misma urdimbre y trama de la Historia. Esta es la intervención de Dios.

"¿Pero por qué deberíamos prestarle atención?", preguntas.

Ya he dado la respuesta. Un día te verás confrontado por estos hechos, confrontado por Dios el Padre, Dios el Hijo, Dios el Espíritu Santo, confrontado por estos acontecimientos de la Historia. La pregunta que nos hará la santa Trinidad a cada uno de nosotros es esta: ¿Por qué vienes a este Juicio Final en tu estado, con tus pesados y sólidos pecados sobre ti? ¿Por qué sales de una vida de entera carnalidad, en la que has vivido solo para la carne, para el mundo y el diablo, sin saber nada de nosotros ni de las gloriosas posibilidades que hemos ofrecido? ¿Por qué vienes así?

Y puede que intentes decir: "No tuve el tipo de temperamento que se interesa por la religión, no era ese tipo de persona emotiva". Puedes decir mil y una cosas, pero te harán callar y solo te preguntarán: ¿Y los hechos? ¿Y los acontecimientos históricos? ¿Y "las maravillas de Dios" (cf. Hechos 2:11)? ¿Y el niño acostado en el pesebre en Belén? ¿Y el hombre en la Cruz? ¿Y la tumba vacía? ¿Y el monte de los Olivos? ¿Y el día de Pentecostés en Jerusalén? ¿Y el temblor del edificio en Jerusalén? ¿Y Martín Lutero, George Whitefield y los Wesley? ¿Y los hombres y mujeres que han vivido en el mismo mundo que tú, que una vez fueron como tú? Allí están, míralos, resplandeciendo, con la Justicia del Hijo sobre ellos, brillando como las estrellas del firmamento; ¿cómo han llegado a ser lo que son?

Solo hay una respuesta: creyeron los hechos y se rindieron a ellos. Se arrepintieron, reconocieron y confesaron sus pecados, y creyeron en el Señor Jesucristo como su Salvador. Amado, afronta los hechos de la Historia, los hechos relacionados con el Padre, los hechos relacionados con el Hijo, los hechos relacionados con el Espíritu Santo, y cree.

14
La obra del Espíritu Santo

Y ahora, Señor, mira sus amenazas, y concede a tus siervos que con todo denuedo hablen tu palabra, mientras extiendes tu mano para que se hagan sanidades y señales y prodigios mediante el nombre de tu santo Hijo Jesús. Cuando hubieron orado, el lugar en que estaban congregados tembló; y todos fueron llenos del Espíritu Santo, y hablaban con denuedo la palabra de Dios. Y la multitud de los que habían creído era de un corazón y un alma; y ninguno decía ser suyo propio nada de lo que poseía, sino que tenían todas las cosas en común. Y con gran poder los apóstoles daban testimonio de la resurrección del Señor Jesús, y abundante gracia era sobre todos ellos.

(Hechos 4:29-33).

La Iglesia, como hemos visto, está formada por personas que han creído el mensaje apostólico y que consideran hechos esta serie de "maravillas de Dios" (cf. Hechos 2:11) la cual culminaba, como estuvimos meditando en el último sermón, con la venida del Espíritu Santo el día de Pentecostés y sus posteriores actividades en la Iglesia.

La pregunta, pues, que ahora nos queda por considerar es esta: ¿Cómo se relaciona todo esto con nosotros? Empezamos por averiguar el contenido de este gran mensaje. Pero después, nos preguntamos cómo llega este mensaje al hombre y la mujer. Aquí, por otra parte, hay algo que se nos muestra en este incidente con toda claridad, y es un aspecto sumamente importante de todo el asunto. La respuesta a la pregunta es que esto fue exactamente por lo que oraron estas personas, por esa razón lo hicieron. No oraron, como puedes comprobar a través de los términos mismos de la oración, por sí mismos, no oraron para que pudieran ser liberados ni para que sus oponentes, estas autoridades, pudieran ser silenciados. No, no; el objeto de la oración de la Iglesia cristiana al principio era este únicamente. Les habían dicho a Pedro y Juan que volvieran y que dijeran a todos sus amigos y ayudantes que ya no debían predicar ni enseñar ni hacer nada "en el nombre de Jesús" (Hechos 4:18). Eso es lo que les hizo orar.

Los discípulos oraron porque lo único que querían hacer era continuar predicando, enseñando y trabajando en el nombre de Jesús, y eran conscientes de que solo había una manera en que podían hacerlo: solo podrían continuar si Dios los capacitaba. Ellos sabían que no podían hacerlo. ¿Quiénes eran ellos? No había ningún hombre ni ninguna mujer que fuese famoso entre ellos, no tenían influencia, ni autoridad, ni dinero, ni poder; nada. No eran nadie, y estaban en contra de las grandes autoridades, del Sanedrín, del poder romano que se escondía tras él y de los filósofos de Grecia que estaban detrás de ellos. ¿Qué podían hacer? Estaban indefensos. Solo podían hacer una cosa: volverse a Dios y pedirle que los capacitase.

Esa fue la oración de los discípulos, y cuando llegaron a la petición, la expresaron de esta manera: "Ahora, Señor, mira sus amenazas, y concede a tus siervos que con todo denuedo hablen tu palabra, mientras extiendes tu mano para que se hagan sanidades y señales y prodigios mediante el nombre de tu santo Hijo Jesús". Pidieron que les fuera posible contarles a todos lo que habían visto y oído, estas "maravillas de Dios". Lo único que podemos deducir de esto es que esa capacitación es la obra especial del Espíritu Santo. En el último sermón, empezamos a ocuparnos de la doctrina del Espíritu Santo tal y como se enseña aquí, y consideramos las evidencias históricas objetivas de la obra del Espíritu Santo. Ahora estamos abordando la misma cuestión de una manera más subjetiva. La obra especial del Espíritu Santo hace posible que este mensaje sea proclamado y predicado con santo denuedo.

El testimonio que tenemos aquí deja muy claro, así como cualquier otro pasaje del Nuevo Testamento, que el Espíritu Santo capacita a los cristianos en dos sentidos, principalmente. En primer lugar, obviamente, capacita al predicador para predicar el mensaje. Ahora bien, cuando digo "predicador" no solo me refiero a un hombre como yo, de pie en un púlpito. Cualquiera que habla a otro de estas cosas está predicando. Y podrás comprobar que en los primeros tiempos la gente predicaba, y lo ha hecho desde entonces, hablando los unos con los otros. En Hechos capítulo 8, leemos que hubo una gran persecución en Jerusalén, y los creyentes "todos fueron esparcidos por las tierras de Judea y de Samaria, salvo los apóstoles" (versículo 1). Después, en el versículo 4, leemos: "Así que los que habían sido esparcidos iban predicando la palabra" (Hechos 8:4 LBLA), y la palabra griega que se utiliza aquí para decir "predicar" es una palabra que significa "hablándola". Se ha dicho que una buena traducción sería esta: "fueron por todos los sitios charlando de la palabra", hablando la palabra, explicándola a diferentes personas con las que establecían contacto. El Espíritu Santo capacita a los cristianos mediante lo que en el Nuevo Testamento se denomina "unción"; derrama unción, da entendimiento, libertad y claridad de palabra, proporciona una autoridad.

Hay muchos términos que se pueden utilizar en relación con la facilidad de palabra dada por Dios. Hay una cita que, en mi opinión, lo resume muy bien. La primera carta que, probablemente, escribió Pablo fue la que dirigió a la Iglesia en Tesalónica, y en el primer capítulo de la primera Epístola, recuerda a los creyentes cómo llegó a ellos el Evangelio. Lo expresa de esta manera: "Nuestro Evangelio no llegó a vosotros en palabras solamente, sino también en poder, en el Espíritu Santo y en plena certidumbre" (1 Tesalonicenses 1:5). Está diciendo Pablo: "Yo hablé, pero no era yo, fui un medio". A medida que hablaba supo que había sido un mero vehículo, el canal, el instrumento que el Espíritu Santo estaba utilizando. Fue tomado, estaba fuera de sí mismo, estaba, por decirlo así, poseído por el Espíritu, y sabía que estaba predicando "en plena certidumbre". Todo estaba en su contra. Tesalónica era una ciudad pagana de la región de Macedonia. El pueblo no tenía antecedentes judíos ni las Escrituras del Antiguo Testamento, no conocían a los profetas, no sabían nada. Vivían una vida de pecado y degradación, en completa ignorancia y, sin embargo, cuando el Apóstol se presentó ante ellos, fue capaz de hablar con seguridad. ¿Por qué? Porque no era solo su palabra, sino "en poder, [y] en el Espíritu Santo".

Pedro y todos los Apóstoles dicen exactamente lo mismo. Su experiencia fue la misma y, por tanto, tenían que describirla de la misma manera. Dice Pedro:

> *Los profetas que profetizaron de la gracia destinada a vosotros, inquirieron y diligentemente indagaron acerca de esta salvación, escudriñando qué persona y qué tiempo indicaba el Espíritu de Cristo que estaba en ellos, el cual anunciaba de antemano los sufrimientos de Cristo, y las glorias que vendrían tras ellos. [Y después fíjate:] A éstos se les reveló que no para sí mismos, sino para nosotros, administraban las cosas que ahora os son anunciadas por los que os han predicado el evangelio por el Espíritu Santo enviado del cielo; cosas en las cuales anhelan mirar los ángeles.*
>
> (1 Pedro 1:10-12).

Pedro está insistiendo en que el Evangelio, "estas cosas", les había sido anunciado "por el Espíritu Santo enviado del cielo"; el Espíritu Santo estaba utilizando al predicador. Eso es lo que quiero decir con "unción" y con "poder". Así es como estas "buenas nuevas" (cf. Lucas 4:18; Romanos 10:15) y estas "maravillas de Dios" se han dado a conocer. El Espíritu Santo toma a las personas y les ayuda a hablar con claridad: esta es la capacitación que proporciona.

Y después, además de eso, como se nos recuerda aquí, de vez en cuando se dan señales de este gran poder del Espíritu. De hecho, la gente oró por ello aquí. No solo estaban pidiendo "que con todo denuedo hablen tu palabra", también oraban para que "[extiendas] tu mano para que se hagan sanidades y señales y prodigios mediante el nombre de tu santo Hijo Jesús". Los Apóstoles habían visto a nuestro Señor haciendo milagros, y Él les había dicho que los capacitaría para que hicieran lo mismo. Habían tenido la experiencia de Pentecostés, habían hablado en lenguas, y habían visto milagros. Pedro y Juan habían hecho un milagro, y sabían que esto les concedía autoridad y autenticidad. El milagro no es más grande que el poder de la Palabra, es una demostración que lo acompaña. De hecho, en cierto sentido, se encuentra en un nivel inferior porque es visual, y lo visual atrae a la gente mucho más, muy a menudo, que lo estrictamente oral. Al principio, pues, estas señales acompañaban a la predicación del Evangelio.

Encontramos que se afirma lo mismo en la Epístola a los Hebreos: "¿Cómo escaparemos nosotros, si descuidamos una salvación tan grande? La cual, habiendo sido anunciada primeramente por el Señor, nos fue confirmada por los que oyeron, testificando Dios juntamente con ellos, con señales y prodigios y diversos milagros y repartimientos del Espíritu Santo según su voluntad" (Hebreos 2:3-4). Fíjate en estas palabras. Ellos no podían hacer estos milagros cuando quisieran. Era "según su voluntad". A veces, la predicación iba acompañada de manifestaciones visibles. Y, como te he recordado, si leemos los relatos de los grandes avivamientos a lo largo de la extensa historia de la Iglesia cristiana, podremos ver que en los momentos de avivamiento se producían fenómenos, como si, en tiempos de especial dificultad, Dios estuviera diciendo: "Ahora tengo que manifestar este poder en una forma visible, así como en el poder del predicador". Pero la habilidad de predicar y de hacer milagros, ambas forman parte de la capacitación.

Ahora bien, ese es el equilibrio en estas cuestiones. Puede que haya señales, puede que no haya señales, pero el poder del Espíritu es manifiesto tanto en una predicación de autoridad y que convierte, como en los grandes avivamientos y en los más espectaculares milagros. Es la misma autoridad, el mismo Espíritu Santo el que obra en ambos casos.

Así es como el Espíritu Santo obra, pero hay otro modo, que es, evidentemente, su acción en quienes escuchan. Si el Espíritu Santo solo obrara en el predicador, no habría conversiones. También actúa en los oyentes, y esto aparece en numerosas ocasiones ante nuestros ojos, especialmente aquí, en Hechos. El ejemplo supremo es lo que sucedió cuando Pedro predicó en

Jerusalén el día de Pentecostés. En Hechos capítulo 2, leemos que a mitad de su sermón, mientras explicaba las Escrituras, el pueblo "se [compungió] de corazón, y [dijo] a Pedro y a los otros apóstoles: Varones hermanos, ¿qué haremos?" (versículo 37). Lo hizo el Espíritu Santo, no fue el sermón de Pedro, que era una sencilla exposición de la Escritura. El poder, el poder de convicción del Espíritu Santo estaba allí, obrando en quienes escuchaban. Aquel día se añadieron a la Iglesia 3000 personas. El principio del capítulo 4 nos dice que, más o menos al día siguiente, se añadieron otras 2000.

Esta es, pues, la doble acción del Espíritu Santo. Toma al predicador, al que habla, bien sea desde un púlpito o en privado, y le da esta capacitación. Después actúa en quienes están escuchando y trata con sus mentes, sus corazones y sus voluntades. Ambas cosas suceden al mismo tiempo.

Después, quiero subrayar la forma en que actúa el Espíritu Santo. Todo se encuentra expresado aquí, ante nosotros, de una manera extraordinaria. Los creyentes oraron: "Ahora, Señor, mira sus amenazas, y concede a tus siervos que con todo denuedo hablen tu palabra". Esto es lo que siempre ponían en primer lugar: "tu palabra". Después pidieron "señales y prodigios". ¿Por qué? Para que la Palabra fuese confirmada y demostrada. Leemos luego: "Cuando hubieron orado, el lugar en que estaban congregados tembló; y todos fueron llenos del Espíritu Santo". ¿Y a qué los condujo eso? "Hablaban con denuedo la palabra de Dios". Estas dos: "el Espíritu Santo", "la palabra de Dios". Nunca debemos separarlas, y si alguna vez lo hacemos, nos desviaremos del camino.

Algunas personas hacen hincapié únicamente en la "palabra", estos son los intelectuales. "Ah —dicen—, no importa nada, solo la Palabra". Pasan el tiempo leyendo y estudiando, y se convierten en autoridades en Teología y en doctrina. Como resultado, pueden volverse orgullosos de su gran conocimiento personal, y pueden tener la admiración de otros que se unen a ellos; sin embargo, esto no es más que una sociedad de admiración mutua. Nadie se convierte, nadie se convence. Cabezas atestadas de conocimiento y entendimiento; ¡inútil! "Solo la palabra", si te das cuenta.

Y hay personas que ponen todo el acento en el Espíritu Santo. La Palabra no les interesa. Dicen: "No importa lo que crea una persona". Hace poco oí de un hombre que gritó en una reunión: "¡Dejaos llevar! ¡Dejaos llevar!", y se dejaron llevar, me han dicho. Pero el Nuevo Testamento jamás le ha dicho a nadie que se deje llevar. ¡Jamás! El Espíritu Santo no da lugar a una mera experiencia, el Espíritu Santo utiliza la Palabra. Él es el Espíritu de verdad, el Espíritu de luz. Él es el Espíritu que conduce al entendimiento. Jamás hemos de desechar el intelecto que Dios nos ha dado. No hay necesidad alguna de hacerlo. El Espíritu Santo puede ocuparse de nuestros cerebros, así como de cualquier otra parte de nosotros. Es una falsa enseñanza la que induce a la gente a dejarse llevar. Si lo haces, estás dando rienda suelta a la imaginación y a los sentimientos, te estás dejando llevar hacia espíritus malignos y poderes que están a tu alrededor, siempre dispuestos para tomar posesión de ti, para utilizarte y burlarse de ti. ¡El Espíritu y la Palabra! "Hablaban con denuedo la palabra". Repito: estas cosas nunca deben ir separadas.

Veamos la obra y la función del Espíritu Santo. Él toma estos hechos —hemos estado considerándolos: "las maravillas de Dios", lo que los Apóstoles habían visto y oído—; Él los toma y después nos muestra su significado. La predicación cristiana no es mera exhortación, no es un mero llamamiento, es un recital de hechos. El Espíritu Santo capacita a las personas para dar testimonio de esos hechos, y después muestra su sentido y su significado a quienes están escuchando.

Los primeros cristianos, pues, oraron. Dijeron: "Señor, mira sus amenazas, y concede a tus siervos que con todo denuedo hablen tu palabra". No pidieron solo señales y milagros, pidieron que estas cosas pudieran acompañar a la predicación para que se demostrase la Palabra. La Palabra es vital, y siempre se trata de la Palabra que tiene que ver con el Señor Jesucristo. El Espíritu Santo fue enviado para glorificarle. Nuestro Señor mismo dijo: "Él me glorificará" (Juan 16:14), y siempre lo hace. En este libro de Hechos, el cual algunos dicen debería llamarse Hechos del Espíritu Santo ?y no estoy dispuesto a discutir con ellos del tema?, ¿qué hace el Espíritu? La respuesta es: siempre glorifica al Señor Jesucristo. Y esa es la oración aquí: "Que se hagan [...] señales y prodigios mediante el nombre de tu santo Hijo Jesús".

¿Cómo, pues, hace exactamente el Espíritu esta obra de glorificación de Jesús? Mi sugerencia es que la mejor explicación a esta parte de Hechos 4 la encontramos en las propias palabras de nuestro Señor. Cuando estaba hablando a los discípulos acerca del Espíritu Santo, dijo: "Y cuando él venga, [reprenderá] al mundo de pecado, de justicia y de juicio. De pecado, por cuanto no creen en mí; de justicia, por cuanto voy al Padre, y no me veréis más; y de juicio, por cuanto el príncipe de este mundo ha sido ya juzgado" (Juan 16:8-11).

Permíteme comenzar con esta palabra: "reprender". "Cuando él venga, [reprenderá] al mundo de pecado [...]". Generalmente se acepta —y yo coincido con los comentaristas— que "reprender" no es una buena traducción aquí, en la Versión Autorizada (*). Encontrarás, a medida que consultas varias traducciones, que oscilan entre dos palabras. La mitad, aproximadamente, utiliza la palabra "condenar", y la otra mitad utiliza la palabra "convencer", y mi sugerencia es que ambas son correctas, y que ambas, unidas, son mucho mejor que la palabra "reprender".

El elemento de reprensión, evidentemente, tiene cabida, pero es más que eso. Hay un elemento de culpa, así como un elemento de convicción. Hay una diferencia fundamental entre "culpa" y "convicción". Culpar es establecer un cargo, hacer una acusación. Pero aquí se establece una distinción importante. Tomemos el ejemplo de un hombre que comparece ante un tribunal acusado de un cargo criminal, un prisionero en el banquillo de los acusados. Ese hombre puede ser declarado culpable aunque alegue su inocencia hasta el final. El hecho de que sea culpado del crimen no significa que admita haberlo hecho

(*) La Versión del Rey Jacobo que utiliza el autor traduce este versículo como se ha expresado en el texto, con el verbo "reprender". La Versión Reina-Valera no establece tal distinción, empleando directamente el verbo "convencer", tal y como prefiere el *Doctor*. El versículo se ha modificado para atender mejor a su propuesta. (N.T.).

ni que se declare culpable. El jurado puede presentar un veredicto de culpabilidad, puede culpar al hombre del crimen, mientras que él se expresa radicalmente en contra del veredicto. Sin embargo, el hecho de que el prisionero no esté de acuerdo con el veredicto, no supone la más mínima diferencia, es el tribunal el que lo condena. Es un prisionero declarado culpable, y por eso está condenado.

Ahora bien, cuando consideramos nuestra comparecencia ante Dios, esta distinción adquiere una importancia tremenda. El Espíritu Santo siempre culpa; siempre. Pero no siempre convence, y en este libro de Hechos encontrarás numerosos ejemplos de personas culpadas sin tener convicción de ello. La historia de Esteban en Hechos 7 ilustra esto. Esteban, el evangelista, había estado predicando, y en la aplicación de su sermón, dice: "¡Duros de cerviz, e incircuncisos de corazón y de oídos! Vosotros resistís siempre al Espíritu Santo" (Hechos 7:51). No se puede "[resistir] [...] al Espíritu Santo" sin sentir algo de su poder de condenación. Solo quienes han sentido algo del poder del Espíritu son quienes resisten al Espíritu. Si la gente no siente nada no se resiste, no hay nada de lo que resistirse, hasta donde tiene conocimiento. Pero Esteban dice: "[...] como vuestros padres, así también vosotros. ¿A cuál de los profetas no persiguieron vuestros padres? Y mataron a quienes anunciaron de antemano la venida del Justo [...] . Y después fíjate: "Oyendo estas cosas, se enfurecían en sus corazones, y crujían los dientes contra él" (versículos 51-52, 54).

¿Qué les hizo hacer tal cosa? Cuando no estás de acuerdo con algo, no "crujes los dientes", ¿no? Simplemente dices: "No estoy de acuerdo". Puede que te acalores un poco y puede que empieces a gritar, ¡pero no crujes los dientes! ¿Por qué no? Porque no estás "enfurecido en tu corazón". ¿Qué hace que uno se enfurezca en el corazón? El Espíritu Santo. Era el Espíritu Santo culpando y haciendo que se dieran cuenta del mensaje, y lo odiaron. Crujieron sus dientes y mataron a Esteban. Este es un caso de sentimiento de culpa sin convencimiento.

Otro ejemplo de esto es el famoso caso que aparece al final de Hechos 24, en el que el apóstol Pablo, el prisionero, se dirige a Félix y Drusila. Esto es lo que leemos: "Al disertar Pablo acerca de la justicia, del dominio propio y del juicio venidero, Félix se espantó". Entonces detuvo a Pablo y dijo: "Ahora vete; pero cuando tenga oportunidad te llamaré" (Hechos 24:25). ¿Qué estaba ocurriendo allí? A menudo has escuchado cosas con las que no estás de acuerdo, pero no te hacen temblar, ¿verdad? Sin embargo, este hombre estaba temblando. Era un destacado gobernador romano, pero tembló, sus rodillas temblaron. ¿Por qué? Oh, era la convicción del Espíritu Santo, pero él se resistió a ella.

No obstante, la palabra griega traducida como "reprender" incluye también la noción de "convicción". Vemos aquí a un hombre que está de acuerdo con la sentencia y que se declara culpable. No solo es culpable, también está convencido de ello. Y esta es la extraordinaria historia que leemos en Hechos. Eso fue lo que les ocurrió a los 3000 el día de Pentecostés. Fueron culpados y también estaban convencidos de esa culpa. Habiendo gritado angustiados: "Varones hermanos, ¿qué haremos?", se arrepintieron, creyeron y fueron bautizados; se unieron a los Apóstoles.

También encontramos esto mismo en la predicación de Felipe en Samaria (Hechos 8:12), y cuando predicó a un solo hombre, al eunuco etíope (Hechos 8:36-38). Y hay otros ejemplos: Cornelio y su familia (Hechos 10), Lidia en Filipos (Hechos 16:14-15); los ejemplos son innumerables. El apóstol Pablo habla de esto en muchas de sus epístolas. Es lo que quiere decir al escribir a los tesalonicenses: "Pues nuestro evangelio no llegó a vosotros en palabras solamente, sino también en poder, en el Espíritu Santo y en plena certidumbre [...]. Y vosotros vinisteis a ser imitadores de nosotros y del Señor, recibiendo la palabra en medio de gran tribulación [...] os convertisteis de los ídolos a Dios, para servir al Dios vivo y verdadero" (1 Tesalonicenses 1:5-6,9). Estas personas no solo eran culpables, también estaban convencidas de ello. En Juan 16, pues, nuestro Señor está diciendo que cuando el Espíritu venga, culpará y convencerá de esa culpa. Y repito que ambos aspectos son de una importancia tremenda.

Aquí, en Juan 16, nuestro Señor dice que el Espíritu Santo convencerá al mundo entero, cosa que hizo por su derramamiento el día de Pentecostés. La venida del Espíritu Santo fue una vindicación y comprobación de las profecías, así como el cumplimiento de las promesas que el Señor Jesucristo mismo había dado (Juan 14:16, 26; 16:7). La venida del Espíritu Santo, pues, es una comprobación de la identidad de nuestro Señor y la forma en que condena a todos aquellos que no creen.

Y el Espíritu Santo convence haciendo posible que los hombres y las mujeres crean, como hemos visto. Quiero que tengas claro que solo es Él quien puede hacerlo. Nadie puede convencer a nadie de la verdad de estas cosas, a excepción del Espíritu Santo. Por eso nuestro Señor dijo a los Apóstoles: "Quedaos vosotros en la ciudad de Jerusalén, hasta que seáis investidos de poder desde lo alto" (Lucas 24:49). Conocían todos los hechos, habían sido testigos presenciales de los mismos. Pero no servía de nada; jamás convencerían a nadie hasta que el poder del Espíritu Santo fuera sobre ellos. Solo Él puede dar luz y convencer.

El Espíritu Santo divide la Humanidad en dos grupos: quienes solo son culpables y quienes también están convencidos de esa culpa. En 1 Corintios 2, Pablo lo expresa con una claridad insólita. Dice el Apóstol: "La que ninguno de los príncipes de este mundo conoció" (versículo 8). Los príncipes de este mundo, los grandes hombres, los filósofos, los miembros de las casas reales, los líderes de la ciencia y del pensamiento, ellos no conocen a Cristo, están ciegos. "El hombre natural no percibe las cosas que son del Espíritu de Dios, porque para él son locura" (versículo 14). Ahí está toda tu sabiduría humana.

Pero, gracias a Dios, existe otro grupo:

Pero Dios nos las reveló a nosotros por el Espíritu; porque el Espíritu todo lo escudriña, aun lo profundo de Dios [...]. Y nosotros no hemos recibido el espíritu del mundo, sino el Espíritu que proviene de Dios, para que sepamos lo que Dios nos ha concedido, lo cual también hablamos, no con palabras enseñadas por sabiduría humana, sino con las que enseña el Espíritu, acomodando lo espiritual a lo espiritual [...]. En cambio el espiritual juzga todas las cosas; pero él no es juzgado de nadie.

(Versículos 10,12,13,15).

"Las maravillas de Dios" (cf. Hechos 2:1) han sucedido. Pero la mayoría de las personas no las creen porque jamás han sido convencidos por el Espíritu Santo. Por otra parte, en 1 Corintios 2, el Apóstol dice: "Estuve entre vosotros con debilidad, y mucho temor y temblor; y ni mi palabra ni mi predicación fue con palabras persuasivas de humana sabiduría" (versículos 3-4). Y recuerda, esto incluye todos los métodos. No tiene por qué haber juegos de luces ni la puesta en escena de ningún espectáculo, ni tampoco hace falta entretener a la gente para llamar su atención y ganársela, ni ningún tratamiento psicológico. No, no; Él aborrece tales sugerencias. "[No] con palabras persuasivas de humana sabiduría, sino con demostración del Espíritu y de poder" (versículo 4). No había trucos en la obra del apóstol Pablo. Continúa: "Que vuestra fe no esté fundada en la sabiduría de los hombres —en la inteligencia del hombre, en sus trucos y juegos—, sino en el poder de Dios" (versículo 5). Puedes conseguir partidarios, puedes conseguir que se añadan personas a tu iglesia, pero no los harás cristianos de ese modo. Solo el Espíritu Santo puede "convencer".

Después, en Juan 16, nuestro Señor sigue hablándonos de la forma en que el Espíritu Santo condena y convence. Siempre lo hace valiéndose de la Verdad. Los hombres y las mujeres que no saben lo que creen no pueden, por definición, ser cristianos. El Espíritu Santo siempre utiliza la Verdad, la Palabra de Dios, "su palabra". Y nuestro Señor nos dice lo que es: "Cuando él venga, [reprenderá] [condenará y convencerá] al mundo de pecado, de justicia y de juicio" (cf. Juan 16:8-11). Esas son sus premisas, y aún lo son en el día de hoy. Este es aún el mensaje del cristianismo: la Palabra, la Palabra de Dios, la Palabra que les disgusta a las autoridades y que tratan de prohibir. Es una Palabra que habla del pecado, de la desobediencia a Dios, de la terquedad, de ir por nuestro propio camino, de volver nuestras espaldas a Él y rechazar lo que nos dice.

No obstante, nuestro Señor especifica, si te das cuenta. Dice: "Convencerá al mundo de pecado —de esta manera— [...] por cuanto no creen en mí". Quiere decir que no hay nada que demuestre y pruebe el pecado y la ceguera del hombre como el no lograr reconocer al Hijo de Dios. Como Pablo nos recuerda, esto es cierto tanto en "los príncipes de este mundo", como en la gente corriente. El hecho de que hayas leído unos cuantos libros no te ayuda en absoluto a convertirte en cristiano. Te encuentras en la misma posición que la persona que no ha leído nada. El cristianismo no depende, de ninguna manera, de la sabiduría humana.

"Oh —dices—, pero creía que me habías dicho ahora mismo que no me dejase llevar".

Aún lo mantengo. Pero estoy diciendo que aunque tu lectura —la sabiduría que adquieres en los libros— no te ayude, el Espíritu Santo conduce la Verdad a tu mente y desea que la utilices: debes saber lo que crees.

Y en la ceguera que no logra reconocerle, el mundo es culpable de su pecado. La ceguera es la que no reconoce al niño en el pesebre. Charles Wesley dirige a él su mirada y dice:

Loor al Verbo encarnado,
en la humanidad velado.

Los sabios le reconocieron, trajeron sus presentes de oro, incienso y mirra. ¡Habían venido para reconocer al Rey! *Ellos* le conocieron, pero el mundo no lo hizo. Fue el mundo el que no tuvo habitación en la posada para su madre a punto de dar a luz, de tal modo que el niño tuvo que nacer en un establo entre el ganado y la paja.

El mundo no reconoció al niño en el Templo, ni al carpintero, a este hombre insólito, ni al joven que pugnaba por predicar a la edad de treinta años. Tenían que admitir que jamás habían oído de labios de nadie palabras tan misericordiosas y, sin embargo, no le reconocieron, y al final le crucificaron, rechazándole. La ceguera que no pudo reconocerle está motivada por el pecado. Y el Espíritu Santo convence a las personas de ello: "Por cuanto no creen en mí".

Y en segundo lugar, existe la ceguera que impide que las personas vean la necesidad que tienen de Él. Le miraron a la cara, le pusieron en entredicho, aun intentaron rebatir sus argumentos, atraparlo y tejer una red alrededor de él. Se creían inteligentes, pero se estaban enfrentando al Hijo de Dios. ¿Y tú? Si lo estás haciendo, eres el necio más grande del universo y, al mismo tiempo, el más grande pecador. El pecado no puede reconocerle porque jamás ha visto la necesidad que tiene de Él.

Los hombres y las mujeres autosuficientes juzgan a Dios y a Cristo, juzgan todas las cosas, ¡no pueden vivir sus propias vidas, por supuesto, pero no dudan en expresar sus magníficas opiniones! Oh, la ceguera, el pecado de la Humanidad que no ha visto su necesidad, que se encuentra en tal oscuridad que, cuando Él venga, no podrá caer a sus pies y decir: "Gracias a Dios, ha venido. ¡Ha llegado el Salvador!". "De pecado, por cuanto no creen en mí".

Y seguidamente, "de justicia". "De justicia —dice nuestro Señor—, por cuanto voy al Padre, y no me veréis más". Él afirmaba ser "el Justo". Dijo: "Yo y el Padre uno somos" (Juan 10:30). Y el sabio mundo le miró y dijo: "Este hombre es un blasfemo. Dice que es igual a Dios. Afirma haber venido de Dios. Ha dicho: 'Antes de que Abraham fuese, yo soy' (cf. Juan 8:58), 'Yo y el Padre uno somos', 'El que me ha visto a mí, ha visto al Padre' (cf. Juan 14:9)". Decían: "¡Este hombre es un impostor, un mentiroso! ¡Fuera con Él!".

Pero nuestro Señor dijo: Cuando venga, el Espíritu Santo probará que soy el Justo, el que afirmo ser.

Y, por supuesto, el Espíritu Santo lo hizo. La resurrección en sí misma dio prueba de ello. Pero después envió el Espíritu Santo, como había dicho que haría y, como hemos visto, esta es la prueba final y definitiva de que Él es el Hijo de Dios. Su Padre le había dado este don, y Él lo mostró a su pueblo. El Espíritu Santo "[convencería] al mundo [...] de justicia".

Pero hay un segundo sentido en estas palabras de Juan 16:8?11. Nuestro Señor está diciendo que el Espíritu Santo nos enseña y nos convence de que solo Él puede hacernos justos. Y eso es lo que necesitamos, ¿verdad? "¿Y cómo se justificará el hombre con Dios?" (Job 9:2) ¿Qué puedo hacer con mis pecados? ¿Cómo puedo librarme de ellos? ¿Cómo puedo comparecer ante Dios en el Juicio? ¿Cómo puedo orar a Dios mientras estoy aún en este mundo? ¿Puedo vivir una vida buena, limpia y pura; es posible? ¿Hay alguna justicia posible para un ser humano mortal? Conocemos el fracaso, el pecado y la degradación. ¿Puedo acercarme a Dios sin temor ni inquietud? ¿Puedo orar con santo denuedo al Santo que está sentado sobre el trono del universo? Y nuestro Señor está diciendo: Cuando venga el Espíritu Santo, Él convencerá a las personas de que hay un único camino por el cual pueden ser justificados, y es creyendo en mí.

Pablo escribió: "Al que no conoció pecado, por nosotros [Dios] lo hizo pecado, para que nosotros fuésemos hechos justicia de Dios en él" (2 Corintios 5:21). Y solo el Espíritu Santo nos capacita para verlo. Un hombre se levanta y dice: "Bien, estoy preparado para encontrarme con Dios. He vivido una vida buena. Jamás me he emborrachado, jamás he cometido adulterio. No soy culpable de asesinato. Siempre he vivido para hacer el bien y nunca he hecho ningún daño a nadie". Está de pie y será "como el tamo que arrebata el viento", como lo expresa el Salmo 1 (cf. Salmo 1:4). ¡Justicia! "Todas nuestras justicias —como dice el Antiguo Testamento— son como trapos de inmundicia" (Isaías 64:6). "Vosotros sois —le dijo nuestro Señor a los fariseos— los que os justificáis a vosotros mismos delante de los hombres; mas Dios conoce vuestros corazones; porque lo que los hombres tienen por sublime, delante de Dios es abominación" (Lucas 16:15).

Permitamos que sea Saulo de Tarso quien diga la última palabra. Él, como fariseo, se había gloriado en su justicia. Fue, dice: "Circuncidado al octavo día, del linaje de Israel, de la tribu de Benjamín, hebreo de hebreos [...] en cuanto a la justicia que es en la ley, irreprensible". Pero continúa entonces: "Pero cuantas cosas eran para mí ganancia, las he estimado como pérdida por amor de Cristo. Y ciertamente, aun estimo todas las cosas como pérdida —como basura y desechos— [para que pueda conocer] la justicia que es de Dios por la fe", la justicia de Cristo (Filipenses 3:5-9). ¿Qué le llevó a ver eso? El Espíritu Santo. El orgulloso fariseo tuvo que ser culpado, convencido y destruido. En el camino a Damasco gritó: "Señor, ¿qué quieres que yo haga?" (Hechos 9:6). Se rindió a la justicia del Justo, Aquel que murió para que sus pecados fueran borrados, quien le ofreció su propia justicia como vestido, y le capacitó para entender, siglos antes de que el Conde Zinzendorf y John Wesley nacieran:

Tu sangre y justicia, oh Jesús,
me cubren de gloria y honor;
de un mundo de fuego a la luz,
con gozo alzaré el corazón.

NICHOLAS LUDWIG VON ZINZENDORF
(Traducido al inglés por John Wesley)

El Espíritu Santo convencería de justicia porque nuestro Señor iba al Padre, para vivir allá para siempre e interceder a favor de quienes creyeran en Él, y garantizar su justicia por toda la eternidad.

Y, finalmente, el Espíritu Santo "convencerá al mundo [...] de juicio, por cuanto el príncipe de este mundo ha sido ya juzgado". El "príncipe de este mundo" es el diablo, y nuestro Señor está diciendo aquí que el Espíritu Santo, valiéndose de la Palabra, condenará y convencerá en lo relacionado con el Juicio Final. Y el Espíritu lo hará, dice nuestro Señor, demostrando que el diablo ya ha sido juzgado. ¿Cómo hace eso? Bien, si conoces los hechos, si conoces "las maravillas de Dios" (cf. Hechos 2:1), si conoces las cosas que Pedro, Juan y los otros Apóstoles habían visto y oído, conoces la respuesta. Es esta: la Cruz y la resurrección supusieron una completa derrota para el diablo. Nuestro Señor lo había dicho antes de morir: "Ahora es el juicio de este mundo; ahora el príncipe de este mundo será echado fuera" (Juan 12:31). Como lo expresa Pablo en Colosenses: "Y despojando a los principados y a las potestades, los exhibió públicamente, triunfando sobre ellos en la cruz" (Colosenses 2:15). Creían que lo habían vencido; esta fue su última conquista. Por fin habían atrapado a este impostor, y lo habían hecho maravillosamente. Por fin iban a ocuparse de Él, iban a matarle, y ese sería el fin. Y creyeron que lo habían conseguido.

Pero resucitó, envió su Espíritu y, de ese modo, los derrotó completamente, demostrando que todos se equivocaban y que Él está absolutamente en lo cierto. Lo que es más, su vindicación no solo se aprecia en la Cruz y en la resurrección, sino que también el hecho mismo de que una sola persona haya creído este Evangelio, es una prueba de que "el príncipe de este mundo" ha sido derrotado, abatido y juzgado.

"¿Cómo puedes justificar lo que dices?", alguien pregunta.

Es muy sencillo. ¿Por qué los hombres y las mujeres no creen este Evangelio? El apóstol Pablo da una de las respuestas. Dice: "Pero si nuestro evangelio está aún encubierto, entre los que se pierden está encubierto; en los cuales el dios de este siglo cegó el entendimiento de los incrédulos, para que no les resplandezca la luz del evangelio de la gloria de Cristo, el cual es la imagen de Dios" (2 Corintios 4:3-4). Las personas son incrédulas por una sola razón. El aprendizaje no les previene de serlo, ni sus títulos académicos; no es por la vasta ciencia del siglo XX. No, "el dios de este mundo" ha cegado sus ojos y sus mentes. Mantiene a todos en cautividad. Y el hecho de que un alma haya creído alguna vez este Evangelio es una prueba irrefutable en sí misma del juicio y de la caída del diablo.

Por eso los ángeles del Cielo cantan. ¿Recuerdas la parábola de la moneda perdida? Nuestro Señor dijo: "Hay gozo delante de los ángeles de Dios por un pecador que se arrepiente" (Lucas 15:10). ¿Por qué? Oh, ellos saben, ellos entienden. Ven cómo este demonio ha dominado el mundo, "el dios de este mundo" que ha apartado al hombre y a la mujer de Dios, que ha arruinado la creación y ha traído el desastre sobre toda la progenie de Adán. Ellos saben cómo ha mantenido cautivas a las personas. Pero aquí hay un hombre o una mujer que cree, y eso demuestra que el diablo ha sido derrotado completamente.

Y, por supuesto, finalmente, el Espíritu Santo prueba que el diablo ha sido derrotado liberándonos de su poder. Como hemos visto, todos somos esclavos del pecado y de Satanás desde nuestro nacimiento. Solamente una cosa puede hacernos libres de ello, y es el Evangelio predicado con la unción, la autoridad y el poder del Espíritu Santo. Nuestro Señor mismo le dijo esto a Saulo de Tarso cuando lo detuvo en el camino a Damasco. Dijo: "Levántate, y ponte sobre tus pies; porque para esto he aparecido a ti, para ponerte por ministro y testigo de las cosas que has visto, y de aquellas en que me apareceré a ti —escucha—, librándote de tu pueblo, y de los gentiles, a quienes ahora te envío —¿para qué?—, para que abras sus ojos, para que se conviertan de las tinieblas a la luz, y de la potestad de Satanás a Dios" (Hechos 26:16-18). Esa es la obra del Espíritu Santo, y siempre que un hombre o una mujer son liberados del poder del mundo, de la carne y del diablo, del poder del pecado y la maldad, es una victoria para Cristo. El Espíritu Santo lo hace y, de ese modo, muestra cómo Cristo ha derrotado a Satanás con todas sus artimañas y su poder.

Pero escucha una vez más a Pablo. Le está dando gracias a Dios por los colosenses, y dice: "Con gozo dando gracias al Padre que nos hizo aptos para participar de la herencia de los santos en luz; el cual nos ha librado de la potestad de las tinieblas, y trasladado al reino de su amado Hijo" (Colosenses 1:12-13). Eso implica la derrota del diablo en cada ocasión. Él no quiere perder ni un solo ciudadano, se asirá de ti, pondrá en ridículo este Evangelio, ridiculizará la predicación, te hará leer artículos que digan que todo son tonterías, pondrá científicos ante ti en la televisión, te dará grandes nombres que se oponen a él. No hay nada que no haga para mantenerte en cautividad.

Pero, gracias a Dios, "Mayor es el que está en vosotros, que el que está en el mundo" (1 Juan 4:4). El Espíritu Santo puede abrir los ojos de los ciegos; Él es Dios, recuerda. Él puede dar una vida nueva. Regenera al tiempo que condena. Puede dar poder y entendimiento. Puede darte "la mente de Cristo" (cf. 1 Corintios 2:16). Él puede revelarte las cosas escondidas, y tú las verás, las creerás y empezarás a regocijarte en ellas. "Cuando el hombre fuerte armado guarda su palacio, en paz está lo que posee. Pero cuando vienen otro más fuerte que él y le vence, le quita todas sus armas en que confiaba, y reparte el botín" (Lucas 11:21-22).

Aquí está el mensaje: el Espíritu Santo lo hará. Convencerá y condenará al mundo de pecado, de justicia y de juicio. ¡El diablo ha sido juzgado! El Espíritu da prueba de ello. Y tú y yo podemos ser libres; libres para creer en Dios, libres para gozar de Dios, libres para adorar a Dios, libres para orar a Dios, libres para vivir de una manera digna de la gloriosa libertad de los hijos de Dios. Esa es su obra.

15
Paz en la Tierra

Y la multitud de los que habían creído era de un corazón y un alma; y ninguno decía ser suyo propio nada de lo que poseía, sino que tenían todas las cosas en común [...]. Así que no había entre ellos ningún necesitado; porque todos los que poseían heredades o casas, las vendían, y traían el precio de lo vendido, y lo ponían a los pies de los apóstoles; y se repartía a cada uno según su necesidad".

(Hechos 4:32, 34-35).

Hemos visto que la Iglesia nació como resultado del mensaje apostólico, predicado e impartido en el poder del Espíritu Santo, y que tuvo una profunda influencia en hombres y mujeres. Hemos leído de los 3000 del día de Pentecostés, y de los 2000, probablemente, del día siguiente, y se nos dice que la Iglesia continuaba creciendo de día en día: "Y el Señor añadía cada día a la iglesia los que habían de ser salvos" (Hechos 2:47). Así es como Lucas lo resume en su historia. No obstante, ahora debemos considerar esta sociedad, la comunidad de personas que nació como consecuencia de todo esto.

Ya se nos ha dicho en el capítulo 2 que "perseveraban en la doctrina de los apóstoles, en la comunión unos con otros, en el partimiento del pan y en las oraciones" (Hechos 2:42). Se reunían en las casas los unos de los otros, comiendo pan, hablando de estas cosas, orando juntos y, sobre todo, regocijándose juntos y alabando a Dios. Esa es la Iglesia cristiana. No una poderosa institución con potentados, poderes y grandes eclesiásticos; no hay nada que se asemeje a eso en el Nuevo Testamento, esos son los añadidos que han propiciado los hombres, las mujeres y el transcurso de los siglos. No, aquí, en Hechos, vemos la Iglesia cristiana.

Y ahora, en este pasaje, se nos recuerda en particular, el carácter de esta comunidad, de esta sociedad, y lo que se nos dice es que "tenían todas las cosas en común". Es una imagen de paz maravillosa, una imagen de unidad, una imagen de fraternidad, de amistad. Y quiero tratar de mostrarte cómo esta amistad era, en sí misma y por sí misma, una evidencia del Evangelio, ya que nada ha dado lugar jamás, ni lo hará, a una situación como la que nos describen estos versículos.

"Pero —dice alguien— esto es una especie de comunismo primitivo. El comunismo da lugar a esto. Hace a todos iguales, de modo que todos comparten todos sus bienes. En Hechos capítulo 4, no vemos sino un experimento de comunismo fallido. Las personas han repetido este experimento de vez en cuando; algunos, los *Levellers* (*) y otros, lo intentaron en el siglo XVII, y la única esperanza para este mundo actual es que aceptemos este principio del comunismo y compartamos todo de esta manera".

¿Pero era esto comunismo? Yo sugeriría que no lo era y, de hecho, que es sorprendente que alguien haya podido imaginar que lo era. Quiero tratar de mostrarte que era exactamente lo contrario al comunismo, o a cualquier otro esfuerzo humano para dar lugar a ese tipo de comunidad. ¿Cuál es la diferencia entre los dos? Bien, hay una diferencia en este relato que es suficiente en sí misma y por sí misma para probar mi argumento. Puedes percibir que lo que aquí ocurría era totalmente voluntario. ¿Cuánto hay del principio de voluntariedad en Rusia[1] o en cualquier otro país comunista? No hay nada voluntario donde hay comunismo. Lleva a cabo sus propósitos con el poder de la

(*) Los *Levellers* son personas en pro de la igualdad de derechos (N.T.).

espada, por la fuerza. Si lo desafías, eres eliminado. El comunismo ha eliminado (para usar ese terrible término) probablemente más personas de las que eliminó aun el nazismo. No, esta comunidad cristiana era la antítesis del comunismo. El comunismo impone una igualdad. Aquí había una igualdad voluntaria y un regocijo en la misma. No se hacía nada con el temor de que la policía secreta estuviera vigilando y no se tuviera ninguna oportunidad. Era exactamente lo contrario a un sistema impuesto.

Te pido, pues, que te fijes en esto en esta tarde del domingo antes del día de Navidad. Año tras año, cuando llega la Navidad, los hombres y las mujeres hablan de paz, pero el mundo sigue hecho pedazos y en dificultades. Vemos conflictos en Rodesia, naciones que se dividen, relaciones diplomáticas endurecidas, lucha en Vietnam. No necesito recordarte el triste abanico. El mundo está enfermo y es infeliz, está destrozado por las contiendas, la guerra y el derramamiento de sangre.

A lo largo de su extensa Historia, la Humanidad ha estado buscando la paz, la unidad, la amistad y la fraternidad. Se habla mucho de la paz, se crean instituciones, una tras otra. Se les dan nombres diferentes: la Liga de las Naciones un tiempo, las Naciones Unidas en otro, pero todas vienen a ser lo mismo. El mundo siempre ha estado teniendo este sueño, y ha hecho todo lo posible por dar lugar a algún tipo de organización que verdaderamente se ocupara del problema de la Humanidad en conflicto. El mundo busca la paz en el día de hoy como no lo ha hecho nunca, pero es obvio que el mundo jamás podrá conseguirla. Si pudiera, lo habría hecho, pero no lo ha conseguido, y tampoco está consiguiéndolo ahora.

Con este trasfondo, consideraremos juntos esta descripción de la Iglesia primitiva. Aquí se encuentra exactamente lo que el mundo ha estado buscando y no ha podido encontrar, no obstante, esto es lo que siempre se tiene entre verdaderos cristianos. Hagámonos, pues, la primera y evidente pregunta: ¿Por qué el mundo carece de paz? ¿Por qué persisten las naciones en sus políticas de derramamientos de sangre, de divisiones y de construcción de estos terribles armamentos; cuál es la explicación? Nos vemos especialmente obligados a hacer esta pregunta en el momento presente porque los hombres y las mujeres, particularmente a finales del siglo XIX, estaban muy seguros de que iban a conseguir una situación de paz. Todos aquellos poetas de mediados y finales de la era victoriana simplemente expresaron lo que todos pensaban. No creo que en el conjunto de la Historia de la Humanidad haya existido algo más patético que la seguridad de aquella época: la fe en el parlamento del hombre, la federación del mundo y la Edad de Oro que se esperaba para el siglo XX.

Ahora bien, antes de que respondas a esa primera pregunta no tienes derecho a continuar adelante y, una vez más, mi propuesta es que solo hay una respuesta al problema: Es la respuesta que encuentras en este libro llamado "la Biblia". Si no tuviera otro motivo por el que creer en este libro, creería porque es el único libro que conozco que hace un diagnóstico preciso. Y puesto que el mundo nunca ha descubierto su verdadero problema, todos sus esfuerzos por lograr una mejora fracasan. Están abocados al fracaso. Si tu diagnóstico es incorrecto, tu tratamiento debe de ser incorrecto.

Debemos empezar, pues, por la explicación de la Biblia a estos problemas, y se puede expresar de una forma tan sencilla como esta: todos los problemas de la Humanidad se deben a su relación incorrecta con Dios. Ese es todo el problema. Los hombres de Estado, los delegados en las Naciones Unidas, están buscando, como alguien lo expresó, "horizontalmente". Se están mirando los unos a los otros, olvidándose de Dios, y por esa razón todos sus esfuerzos son vanos. El problema no es principalmente de carácter interpersonal, sino que es un problema entre la Humanidad y Dios. El profeta Isaías hace una extraordinaria declaración, la cual repite, y que es la clave para el problema moderno: "No hay paz para los malos, dijo Jehová" (Isaías 48:22; 57:21). Es una declaración tremenda, pero es cierta. Por muy avanzadas, por muy desarrolladas, por muy cultas, por muy ricas, por muy importantes que sean las naciones, jamás conocerán la paz mientras sean malas, y "[malas]" significa, obviamente, que tienen una relación incorrecta con Dios. Todos los problemas de los hombres y las mujeres son el resultado de su condición de pecadores y de su rebelión contra Dios.

Si examinas cualquier otra explicación que se haya ofrecido sobre el estado del mundo, te darás cuenta de que jamás se menciona la explicación bíblica, y por esa razón todos los intentos por solucionar el problema se quedan en nada. La verdad acerca de los hombres y las mujeres es que fueron creados para tener su centro en Dios, esa es su verdadera naturaleza y su ser. No se hicieron a sí mismos, no sucedieron simplemente, no son el resultado de un accidente. Fueron creados por Dios y fueron hechos de tal modo que únicamente pueden funcionar de verdad y de una manera satisfactoria y feliz, mientras obedezcan las leyes de Dios, las leyes de su naturaleza.

No hay necesidad de hacer objeciones sobre este punto, del mismo modo que no hay necesidad de hacerlas a la forma en que está hecho un reloj. Mi reloj funciona dándole cuerda. Funciona de acuerdo a las leyes de su manufactura. Con los seres humanos es exactamente lo mismo. Pero se oponen a ello, y por eso precisamente se meten en problemas. Están luchando contra su propia constitución, están luchando contra las leyes de su propia naturaleza y de su propia creación, y de ahí todo su problema. La felicidad del hombre y la mujer depende siempre de su relación con Dios. No alcanzo a comprender cómo alguien que jamás ha leído la Biblia puede discutir esto.

En la Biblia encontramos grandes personajes. Los vemos desesperados y después gozosos y felices; ¿a qué responde ese cambio? Siempre se trata de su relación con Dios. Piensa en un hombre como David. Leemos algunos de sus Salmos más destacados y le vemos gozoso. Clama a Dios: "Jehová es mi pastor; nada me faltará" (Salmo 23:1). Pero después, en el Salmo 51, le vemos en un estado de desgracia y tristeza. Clama: "Crea en mí, oh Dios, un corazón limpio, y renueva un espíritu recto dentro de mí" (Salmo 51:10). ¿Qué es lo que estaba mal? ¿Por qué la diferencia? La explicación es siempre su relación con Dios. Cuando obedece a Dios, canta el Salmo 23, y cuando desobedece y se rebela, está sumido en las profundidades del Salmo 51. Esta es la ley universal que discurre a lo largo de la historia del Antiguo Testamento. Y lo mismo ocurre en el Nuevo y en toda la Historia de la Humanidad.

Nunca se concibió al hombre para que fuera el amo, sino el

siervo obediente. Dios es el Señor, Él es el Amo, el Gobernador del universo, y el hombre fue creado para obedecer sus leyes. Si lo hubiera hecho, el mundo seguiría siendo el Paraíso y estaría en paz. Pero el hombre se rebeló y sintió que se le había robado parte de su grandeza. Ese fue el pecado original, la caída original, con un hombre que empezó a afirmarse a sí mismo, reclamando para sí el derecho a gobernar, a juzgar y a ostentar el poder para ordenar sus propios asuntos; el hombre, proclamándose a sí mismo un ser autónomo, sin reconocer ya más al Gobernador supremo de la ley final. Cada hombre haciendo de sí mismo un gobernador y una persona que imparte la ley. En otras palabras, el mundo tiene problemas porque el hombre, en vez de estar centrado en Dios, ha pasado a estar centrado en sí mismo. Y en el momento que esto sucedió, perdió la felicidad, lo perdió todo.

Los hombres y las mujeres se oponen a creer en Dios, se oponen a la Ley de Dios. El mismo término "ley" no les gusta y, hoy más que nunca, se oponen a la disciplina. Quieren ser libres —dicen— para vivir su vida a su manera. Sí, pero desgraciadamente para el individuo, cada individuo es exactamente igual. Todos nos hemos convertido en pequeños dioses. Todos, por naturaleza, estamos diciendo: "¿Por qué no? Tengo derecho a hacer lo que quiera y lo que crea que es mejor". Todos somos egoístas, todos nos tenemos en cuenta a nosotros mismos y a nadie más. Por eso hay tantos divorcios, con niños pequeños que sufren, y por eso hay tanta angustia y dolor en el mundo actual; es inevitable. Las personas solo piensan en lo que les va a hacer felices y en lo que les va a dar placer. Repito, jamás fuimos concebidos para gobernarnos a nosotros mismos, no estamos preparados para ello, no somos lo suficientemente grandes, no sabemos lo suficiente, no podemos ver lo suficiente. Nos encontramos en un universo que nos asombra; sin embargo, siempre estamos afirmando que podemos gobernarnos a nosotros mismos y nos enojamos y reñimos unos con otros, puesto que en un lugar donde todo el mundo está enojado, es inevitable que haya enfrentamientos.

Y, obviamente, al ensalzarnos a nosotros mismos, miramos a los demás y los juzgamos. Si creemos que están por encima de nosotros, tenemos envidia de ellos y queremos hacerles caer. Decimos: "¿Qué derecho tienen de estar ahí?". Pero si somos nosotros quienes estamos por encima, ¡despreciamos a los otros y decimos que su lugar se encuentra ahí abajo, porque no son como nosotros! El mundo entero está dividido así. Los hombres y las mujeres se dividen según su habilidad, o según el color de su piel, o según el dinero que tengan; por riqueza y posición, tradición y mil y una cosas. En ocasiones, los historiadores achacan el problema del mundo al problema de tener o no tener; sin embargo, esa es una sola manifestación del mismo. Todo es consecuencia de que los hombres y las mujeres no se ven a sí mismos de verdad, se sitúan por encima y, por tanto, miran a los demás en términos de su propia grandeza. El mundo, pues, está lleno de celos y envidia, lleno de malicia, rencor, amargura y odio.

Los políticos y los hombres de Estado, los filósofos y otros, nunca empiezan con la cuestión fundamental de la relación de los hombres y las mujeres con Dios. Por eso no hay paz, por eso no hay amistad, por eso no hay unidad, por eso existe un contraste tan grande entre el mundo y la Iglesia primitiva.

Pero permíteme ahora pasar a considerar un segundo principio. Ya he mostrado que la Humanidad fracasa porque no entiende el motivo de que el mundo se encuentre en su estado actual, pero examinemos el problema de otra manera. ¿No te ha llamado la atención que, en todos sus esfuerzos por lograr la paz, el mundo ha sido dramáticamente superficial? La gente parece pensar que es muy fácil, y se sorprenden y desilusionan cuando no lo consiguen. Creen que solo hay que convocar una conferencia. El Sr. Neville Chamberlain creyó que solo tenía que visitar a Hitler y hablarle como a un hombre de negocios que pone sobre la mesa todas las cuestiones. Parecen pensar que los conflictos y el derramamiento de sangre son solo un problema de la mente. Dicen: "Si puedes hacer que la gente venga a una conferencia, entonces, cuando pongas tus cartas sobre la mesa o cuando expongas tu parecer, bien, toda persona razonable tiene que estar, sin duda, de acuerdo con tus propuestas". El pobre y viejo H.G. Wells creía que la educación podría acabar con la guerra. Solo las personas primitivas luchan, decía. Las personas cultas tienen demasiado sentido común. Pueden pensar y darse cuenta de lo que están haciendo. Solo es cuestión de aplicar la dulce razón a nuestros problemas y perplejidades.

Otra característica de la forma no cristiana de intentar encontrar la paz es que siempre es muy negativa. Se cree que la paz es el cese de la guerra. Se dice que si todas las naciones destruyeran su armamento, entonces habría paz. Pero la destrucción de todas las armas —lo cual es imposible mientras el hombre siga siendo hombre— jamás daría lugar, en ningún caso, a que hubiera paz en los hogares, en las familias o entre clases sociales.

Bajo mi punto de vista, no hay nadie en el mundo cuya enseñanza sea tan opuesta a la fe cristiana como los pacifistas; me refiero a las personas que dicen que la guerra cesaría si se aplicaran la razón y la enseñanza. ¿Por qué están tan equivocados? Porque jamás han sido conscientes de que el motivo de todo tipo de enfrentamiento, bien sea una riña entre marido y mujer o entre otras dos personas, cualquier riña, cualquier lucha, cualquier falta de paz y amistad, siempre se debe, no a una mente equivocada, sino a un corazón equivocado. En último término, el problema radica en el corazón.

Ahora bien, no estoy menospreciando la mente al decir esto, simplemente estoy diciendo que un verdadero análisis psicológico de la persona concluye que la mente no es el factor dominante en la personalidad; las personas están gobernadas por su corazón. Una persona puede tener un vasto conocimiento, sabiduría y entendimiento, ¿pero significa eso, necesariamente, que esa persona vive una vida extraordinaria? ¡Por supuesto que no! Hay algo más profundo, algo elemental en el interior de cada uno de nosotros. Hacemos lo que condenamos en otros. Si se nos pide que demos nuestra opinión acerca de un caso objetivo, podemos emitir un juicio perfecto, pero no aplicamos la misma sabiduría a nuestras propias vidas. ¿Por qué? Porque cada uno de nosotros está gobernado por su corazón. Como lo expresa Santiago: "¿De dónde vienen las guerras y los pleitos entre vosotros?". Y responde a su propia pregunta: "¿No es de vuestras pasiones, las cuales combaten en vuestros miembros?" (Santiago 4:1). La guerra está en tu interior: deseo, lujuria. El corazón es la causa del problema.

O, para expresarlo de otro modo —y esto, de nuevo, es de suma importancia—, el pensamiento no cristiano nunca es consciente de que la paz no debería ser el principal objetivo. La paz siempre viene indirectamente. Podemos decir lo mismo de la paz que de la felicidad. La última persona en ser feliz es, en realidad, aquella que vive para la felicidad. Si te propones buscar la felicidad, jamás la encontrarás; nunca se debe buscar directamente la felicidad y, si no eres consciente de ello, te equivocarás acerca de la felicidad y de la paz. Establece la felicidad o la paz como tu meta y nunca llegarás a ella.

La paz es, pues, un subproducto de algo más, lo cual, según la Biblia, es la justicia. Veamos de nuevo una de las declaraciones fundamentales de toda la Escritura. Santiago expresa este tema con toda claridad, a mi modo de ver, al término de su capítulo 3. Abordando todo el tema de la guerra, dice:

¿Quién es sabio y entendido entre vosotros? Muestre por la buena conducta [comportamiento] sus obras en sabia mansedumbre.

Eso es: "sabia mansedumbre".

Pero si tenéis celos amargos y contención en vuestro corazón, no os jactéis, ni mintáis contra la verdad; porque esta sabiduría no es la que desciende de lo alto, sino terrenal, animal, diabólica. Porque donde hay celos y contención, allí hay perturbación y toda obra perversa. Pero la sabiduría que es de lo alto es primeramente pura, —"pura", fíjate, eso es lo que sitúa en primer lugar; es limpia, justa— *después pacífica, amable, benigna, llena de misericordia y de buenos frutos, sin incertidumbre ni hipocresía. Y el fruto de justicia se siembra en paz para aquellos que hacen la paz.*

(Santiago 3:13-18).

Santiago está diciendo que si los hombres y las mujeres siembran justicia, tendrán paz, porque la paz es el fruto de la justicia, de la pureza, de la santidad, de una correcta relación con Dios y de la obediencia a sus santas leyes y mandamientos. La tragedia del hombre de Estado y del mundo apartado de Cristo es que siempre está intentando sembrar paz, pero jamás la produce. Si comenzara a sembrar justicia, entonces tendría una esperanza para la paz.

Por tanto, el gran mensaje central de la Biblia es que los hombres y las mujeres no están en paz porque no son justos. Pueden ser inteligentes, cultos, sabios, pueden progresar en su conocimiento científico, pero no tienen paz. La paz es siempre el resultado de la justicia. El mundo se ha olvidado de Dios; por tanto, a pesar de estar tratando de encontrar la paz y de producirla, jamás lo hará. Los dirigentes del mundo están tratando de hacer las paces, están tratando de encontrar una fórmula, un compromiso. Llevan a sus oficiales con ellos y pasan el tiempo intentando elaborar un conjunto de palabras que agrade a todos, pero, como mucho, solamente consiguen una especie de armisticio, un cese temporal de la guerra. Aspiramos a la amistad y a la fraternidad, y esto es un asunto del corazón, de algo elemental y fundamental que siempre se basa en la justicia, la verdad y la santidad de Dios.

Hay una paz que es posible y que se describe aquí, al final de Hechos capítulo 4. ¿Cómo, pues, se obtiene? ¿Cómo nace? Bien, este es mi mensaje de Navidad para ti[2]: Solamente Cristo puede dar paz. Solamente en Él hay amistad y todas las demás cosas que el mundo está anhelando en vano. El mensaje de Navidad es que Él vino al mundo para poner paz y para dárnosla. Él es el Príncipe de Paz, pero ese no es su único título. También es el Rey de Justicia. Él siempre está ahí, como el salmista, ejerciendo de profeta, descubrió hace mucho tiempo. Dijo: "La justicia y la paz se besaron" (Salmo 85:10). Se han juntado en esta bendita persona, Jesús de Nazaret, que nació en un establo en Belén. Su pequeño cuerpo fue acostado en un pesebre, y Charles Wesley está en lo cierto cuando lo aclama con estas palabras:

Príncipe de paz eterna,
de justicia eres el Sol.

Siempre van las dos unidas.

El propósito completo de la encarnación del Hijo de Dios fue el traer este reino de Paz del cual Él es el Príncipe. Lo hizo por medio de su enseñanza y, como nadie jamás había hecho, enseñó a los hombres y las mujeres a amarse los unos a los otros. Pero no se detuvo en la enseñanza, y jamás debemos olvidar que su enseñanza sola nunca hubiera producido paz, porque, como hemos visto, el problema no está en la mente sino en el corazón. Ningún hombre que esté en sus cabales puede amar la guerra y, sin embargo, los hombres van a la guerra, en contra de su razón, en contra de su propia sabiduría y de su entendimiento. No, se necesita algo más. ¿Cómo, pues, hace la paz el Príncipe de Paz? La respuesta aparece a lo largo del Nuevo Testamento. Lo hace por medio de su muerte y de su resurrección. Es el único camino que conduce a la Paz. Toda la naturaleza del hombre, su relación con Dios, no es correcta; por eso no hay paz, y Cristo vino a ocuparse de ese problema fundamental. Pablo lo describe de esta manera:

Pero ahora en Cristo Jesús, vosotros que en otro tiempo estabais lejos, habéis sido hechos cercanos por la sangre de Cristo. Porque él es nuestra paz, que de ambos pueblos hizo uno, derribando la pared intermedia de separación, aboliendo en su carne las enemistades, la ley de los mandamientos expresados en ordenanzas, para crear en sí mismo de los dos un solo y nuevo hombre, haciendo la paz, y mediante la cruz reconciliar con Dios a ambos en un solo cuerpo, matando en ella las enemistades. Y vino y anunció las buenas nuevas de paz a vosotros que estabais lejos, y a los que estaban cerca.

(Efesios 2:13-17).

Cristo hizo la paz mediante la sangre de su Cruz. Esto significa que solamente al mirar a esta bendita persona, al observar sus milagros y escuchar su magnífica enseñanza y, sobre todo, al mirar a la Cruz, es cuando encontramos la solución a nuestros problemas. ¿Qué hace en la Cruz si es el Hijo de Dios? La única respuesta es que está allí por nuestra completa maldad, porque estamos alienados de un Dios santo y justo. Está allí por nuestra completa impotencia. Está allí porque los hombres y las mujeres son culpables delante de Dios y están bajo su maldición, en vez de su bendición. Por eso se sienten molestos e inquietos, y luchan tratando de buscar algo que no pueden hallar. Él ha venido para arreglar esa relación. Y allí, en la Cruz, y solamente allí, es donde la arregla. Allí vemos lo que somos, nuestra difícil situación y nuestra necesidad, y allí vemos que Él nos reconcilia con Dios y nos restaura, obteniendo nuestro perdón.

Un hombre o una mujer debe estar en paz con Dios antes de poder estar en paz consigo mismo o con cualquier otra persona y, dice Pablo, "justificados [...] por la fe, tenemos paz para con Dios por medio de nuestro Señor Jesucristo" (Romanos 5:1). Esto es maravilloso en sí mismo, pero Él no solamente obtiene el perdón de mi pecado y limpia mi culpa, me da también una nueva vida y una nueva naturaleza. Y, como te he venido mostrando, esta es nuestra necesidad fundamental. No necesitamos enseñanza. Ya hemos tenido suficiente a lo largo de los siglos; los filósofos griegos lo habían intentado, así como los escritores bíblicos, pero las personas no le prestaban atención y no la ponían en práctica. "Esta es la condenación: que la luz vino al mundo, y los hombres amaron más las tinieblas que la luz, porque sus obras eran malas" (Juan 3:19). ¿Crees que lo único que necesita el mundo es luz y enseñanza? Bien, aquí está. Si el mundo aplicara esto, sería de nuevo el Paraíso, aquí está el camino de la vida, el camino para vivir.

Pero el mundo está en su estado actual porque no le gusta este mensaje. Prefiere beber y ser indulgente con el sexo antes que estudiar el Nuevo Testamento. En realidad, el mundo desprecia a Jesús de Nazaret y el modo en que vivió; lo ridiculizan. Los hombres inteligentes de la radio y de la televisión satisfacen el paladar público. Quiere un poquito del picante que cree que le falta a la vida cristiana, no quiere nada de este cristianismo estirado y estricto. Al mundo no le interesa la pureza, la justicia ni la decencia y, sin embargo, se sorprende de que esté luchando y de que no haya paz, ni tranquilidad, ni amistad. Mi querido amigo, tienes que obedecer las leyes. Si amas estas cosas malas, recogerás las consecuencias: "Todo lo que el hombre sembrare, eso también segará" (Gálatas 6:7). Esa es una ley absoluta.

Los hombres y las mujeres necesitan corazones nuevos, corazones que amen la luz y odien las tinieblas. Hasta ese momento, jamás tendrán paz. Y en Cristo Jesús esto es posible. Cristo sabía que necesitábamos ser renovados; sabía que necesitábamos corazones nuevos, naturalezas nuevas, vidas nuevas. Por tanto, descendió y adoptó naturaleza humana para que, uniéndola a sí mismo, purificándola y uniéndola a la divina, pudiera devolvérnosla y comenzar, por tanto, una Humanidad limpia y purificada. Ese es el mensaje de la Navidad.

Y, además, Cristo nos da el Espíritu Santo. Estas personas que aparecen aquí, en Hechos, estaban todas llenas del Espíritu y empezaron a comportarse del modo en que lo hicieron porque el Espíritu produce cierto tipo de fruto. El apóstol Pablo describe ese fruto en su Epístola a los Gálatas: "El fruto del Espíritu es amor, gozo, paz, paciencia, benignidad, bondad, fe, mansedumbre, templanza" (Gálatas 5:22-23). Eso es lo que este viejo mundo de opuestos, con su infelicidad, su contienda, su dificultad y su tristeza, necesita en el día de hoy. No es enseñanza, ni aclaraciones, ni educación, ni conferencias, ni consultas, ni compromisos. Los hombres y las mujeres necesitan naturalezas de las cuales crezca el fruto del Espíritu y la habilidad para soportar a otros; aquí reside la paz.

Y cuando estas personas en Hechos empezaron a creer el mensaje, eso es lo que sucedió: "La multitud de los que habían creído era de un corazón y un alma". No habían estado siempre así; habían sido pendencieros y envidiosos. Pero ahora, aunque pertenecía a naciones diferentes y aunque, por naturaleza, eran como el resto de la Humanidad, estaban unidos en uno solo, y entonces hubo un sorprendente entendimiento, generosidad, amor y deseo de ayudarse unos a otros. Se daban a sí mismos y se sacrificaban los unos por los otros. Había paz y compañerismo. ¿Por qué? Porque eran personas nuevas. No eran personas que simplemente habían decidido empezar a aplicar la enseñanza de Jesús. Habían nacido de nuevo, estaban llenos del Espíritu, tenían naturalezas nuevas, corazones nuevos, y estaban sorprendidos de sí mismos. ¡Esto es el cristianismo! Esto consigue lo que el mundo está tratando de alcanzar en vano, y todo está en esta bendita persona, el Señor Jesucristo.

Esto es lo que ocurre: En el momento en que los hombres y

las mujeres nacen de nuevo, porque todos nacen del mismo Espíritu y heredan la misma naturaleza, todos se convierten en uno de una manera nueva y extraña. Cuando las personas nacen de nuevo, en primer lugar, se ven a sí mismos en una forma diferente. Solían pensar mucho acerca de sí mismos y estaban muy orgullosos de sí, pero cuando nacen de nuevo, todo eso cambia. Se dan cuenta de que eran unos necios ciegos e ignorantes, su peor enemigo. Solamente llegan a este conocimiento al enfrentarse a esta bendita persona que nació como un niño en el pesebre en Belén. Cara a cara con Él, se humillan y se avergüenzan. Como Saulo de Tarso, se dan cuenta de que son los más grandes de todos los pecadores. Son derribados. Se convierten en nada. Son conscientes de su egoísmo y su egocentrismo. Conocen la verdad de sí mismos por primera vez en sus vidas.

Pero no solamente tienen un nuevo concepto de sí mismos, también lo tienen de los otros. Son conscientes de que todas las demás personas son como ellos. ¡Solían creer que ellos mismos tenían la razón, mientras que todos los demás estaban equivocados! ¡Sin embargo, los cristianos ahora se dan cuenta de que todos están equivocados! Todos somos necios, todos yacemos indefensos en el polvo de la desesperanza. Se dan cuenta de que todos somos criaturas creadas por Dios, diseñadas para ser como aquel joven en Palestina. Esa fue la vida verdadera, y los cristianos se dan cuenta de que fueron creados para vivir de esa manera, que la vida es grande, extraordinaria y gloriosa, no algo por lo que tienes que pasar tratando de sacarle el máximo partido y olvidándote de todos los demás. No, no; sus ideas han experimentado una revolución. Los cristianos miran a los compañeros que están con ellos en el grupo y se dan cuenta de que ahora todos ellos son lo que son, no porque tengan algo dentro de ellos mismos, sino por la gracia de Dios. "Por la gracia de Dios soy lo que soy", escribió Pablo (1 Corintios 15:10).

No hay nada, por tanto, de lo que alardear, ¿no es cierto? Solíamos mirarnos unos a otros y pensar: "¿Tiene más cerebro que yo? ¿Es ella mejor que yo? ¿Tienen más dinero? ¿Cómo puedo sacar el máximo partido de ellos?". Sin embargo, ahora vemos que todos son pobres, sin nada de lo que alardear en absoluto, y juntos somos cristianos. ¿Por qué? ¿Por la vida que hemos vivido? ¡Nada de eso! Es porque todos hemos recibido la gracia de Dios. El alardear, pues, se desestima. Se nos ha dado la misma fortuna, todos somos uno y nos regocijamos en el mismo Salvador. Nos gusta cantar del mismo Salvador, nos gusta cantar los mismos villancicos, los mismos himnos, nos gusta leer las mismas Escrituras, nos gusta meditar en Él, Aquel que vino de la gloria y se humilló a sí mismo aun hasta la muerte en la Cruz para que nosotros pudiésemos ser ricos. "Conocéis la gracia de nuestro Señor Jesucristo —dice Pablo—, que por amor a vosotros se hizo pobre, siendo rico" (2 Corintios 8:9). Cuando cantas las mismas canciones con los demás, eres uno con ellos y empiezas a amarlos y a regocijarte junto a ellos en el mismo Salvador.

Pero, por encima de todo, estas personas ahora eran conscientes de que la vida entera es completamente diferente de lo que habían pensado. Solían pensar que la vida era simplemente un lugar donde comer y beber, reunir y gastar dinero. Con dinero se pueden comprar cosas, pero jamás la felicidad ni la paz. Ahora empiezan a darse cuenta de que no somos animales, sino peregrinos de la eternidad. Todos los cristianos han llegado al conocimiento de que esta vida no es sino un viaje, una peregrinación, y todos somos extranjeros y peregrinos, viajeros y oficiales. Vemos que este mundo es pasajero y también un mundo de maldad, un mundo del cual siempre se puede decir: "Cambio y decadencia en derredor veo". Nos estamos escapando de él, está pasando de largo —el mundo, sus reinos y su gloria—, todo se está desvaneciendo, y cualquiera que viva para este mundo es un necio.

Del mismo modo que nuestro Señor vino de la gloria a este mundo, pasó por él y volvió a la gloria, así también nos envía Dios a todos nosotros a este mundo. Pero no para detenernos aquí; estamos destinados a una herencia gloriosa, estamos haciendo juntos el mismo viaje. Los cristianos son personas que dicen juntas: "No tenemos aquí ciudad permanente, sino que buscamos la por venir" (Hebreos 13:14). Él ha ido delante de nosotros; ha ido "a preparar lugar para [nosotros]". Nos ha dicho: "En la casa de mi Padre muchas moradas hay; si así no fuera, yo os lo hubiera dicho" (Juan 14:2). Consideramos este mundo como un simple lugar de transición. ¿Por qué debería hacer alarde de mi riqueza? ¿Por qué debería tener muchas posesiones y otros muy pocas? Esta vida solo es temporal. Todos somos uno, todos estamos hechos para la misma morada eterna y todos anhelamos la misma herencia gloriosa.

Estos cristianos en Hechos fueron iluminados y fijaron su atención en la gloria a la cual se dirigían y para la cual Él, por medio del Espíritu, les estaba preparando. Era, pues, inevitable que: "La multitud de los que habían creído [fuera] de un corazón y un alma; y [que] ninguno [dijera] ser suyo propio nada de lo que poseía; sino que [tuvieran] las cosas en común". Sabían que estaba preparando lugar para ellos. Y, por tanto, en vez de mirarse los unos a los otros y llenarse de envidia o desprecio, se miraban y se amaban unos a otros. Pertenecían al mismo Dios, al mismo Padre, al mismo Salvador; estaban hechos para el mismo país y serían coherederos y participantes de la misma magnífica herencia. Y así como era cierto de aquellos creyentes en el principio, también es verdad ahora:

En el dolor y la duda,
los peregrinos irán,
con canciones de esperanza,
a la Canaán celestial.

Bernhardt Ingemann
(Traducido al inglés por Sabine Baring-Gould)

Tenían un pensamiento, una creencia, un regocijo y una bendita esperanza gloriosa y eterna que nunca falla.

¿Cuándo empezará a escuchar este mensaje este triste y viejo mundo? Escucha:

Por el pecado en aflicción,
el mundo ha de sufrir;
bajo el despótico opresor
siguió por años mil,
y el hombre, en guerra, no buscó
canción de amor oír:

no se oiga ya más fragor,
mas voz de serafín.

¿Qué están cantando? "¡Gloria a Dios en las alturas, y en la tierra paz, buena voluntad para con los hombres!" (Lucas 2:14).

Pues el tiempo pasa fugaz
(el profeta anunció);
con los años al discurrir
la Edad de Oro llegó:
Paz en toda la Tierra habrá
con todo su esplendor,
y el mundo entero entonará
la angélica canción.

EDMUND HAMILTON SEARS

Comencemos a cantar, preparémonos, hagamos un ensayo, que todos aquellos que creen en Él se unan y comiencen a cantarlo ahora.

Notas

1. La referencia es a la situación en 1965, cuando se predicó el sermón.
2. Este sermón se predicó el 19 de diciembre de 1965.

16
Poder y gracia

Cuando hubieron orado, el lugar en que estaban congregados tembló [...] y abundante gracia era sobre todos ellos.

(Hechos 4:31,33).

Te estoy presentando estas dos frases porque quiero intentar mostrarte que nos dicen, de una manera maravillosa, lo que podría describirse como los dos puntos focales del mensaje de toda la Biblia y del Evangelio cristiano. Estamos reunidos la última tarde de domingo de un viejo año. En cierto sentido, eso no importa, pero en otro, sí. Hay un propósito en todo esto, como lo hay en un cumpleaños. Todo cumpleaños es motivo de regocijo; sí, pero si tienes un mínimo de sentido común, también te darás cuenta de que eres más viejo de lo que lo eras hace un año y que, por tanto, tienes todo ese tiempo de menos para estar en este mundo. Y lo mismo ocurre con un viejo año como este, que está tocando a su fin[1]. El final de un año es, pues, una buena oportunidad para examinarnos a nosotros mismos a la luz del Evangelio cristiano y a la luz del destino, y comprobar cuál es nuestra posición en la vida.

Ahora bien, conozco a muchos que han estado escuchando este Evangelio a lo largo del año. ¿Cómo has reaccionado ante él? ¿Qué cambios, si es que los ha habido, ha producido en ti? ¿Gobierna tu pensamiento? ¿Gobierna, en particular, tu pensamiento acerca del final del año y del comienzo de otro, acerca de toda la vida, de la muerte y lo que hay después de ella? Esta es la finalidad del Evangelio. Es un completo error pensar que el cristianismo es solo un mensaje acerca de actividades específicas en las que la gente se complace. No estoy predicando acerca de lo que está sucediendo en Rodesia, ni en Sudáfrica, ni en América o Rusia, porque eso no sería predicar. Estoy aquí para predicarte a ti, estoy aquí para predicarme a mí mismo, y cualesquiera que sean las cosas que estén sucediendo en aquellos otros países y entre otras personas, tú y yo seremos responsables de lo que hemos hecho con nuestras vidas y con el tiempo que hemos pasado en este mundo.

El cristianismo es, principalmente, un mensaje muy personal, y la tragedia de los tiempos en que vivimos es que las personas se han olvidado de esto, o les disgusta, y piensan en el cristianismo y su mensaje solo en términos vagos y generales que nada tienen que ver con sus propias vidas y su manera de vivir. Por eso es posible tener hombres de Estado —y les hemos escuchado muy a menudo, ¿verdad?— que pueden hablar muy elocuentemente de la inviolabilidad de los contratos internacionales, pero que no son tan cuidadosos en observar los términos de sus propios contratos matrimoniales. Por eso se consigue tanto hipocresía nacional como personal.

El cometido, pues, de este mensaje es tratar con nosotros individual y personalmente. Nunca se consigue una buena nación hasta que no haya buenas personas en ella. La palabra "nación" es, en cierto sentido, una abstracción; la nación es un conjunto de individuos, y siempre debemos comenzar con el individuo. Terminamos, pues, este viejo año, examinando al individuo, así como los dos puntos focales de esta gran elipse que constituye el mensaje cristiano, la proclamación cristiana. Ambos se pueden observar en el pasaje que estamos estudiando. Son, en primer lugar: "el lugar [...] tembló", esto es, el poder de Dios; en segundo lugar: "abundante gracia era sobre todos ellos", esto es, la gracia de Dios.

El primer mensaje destacado de la Biblia siempre trata del poder de Dios. Aquí se sitúa en primer lugar; siempre viene en primer lugar. El Evangelio comienza con la proclamación de Dios, de la persona de Dios. No empieza por nosotros, no empieza por nuestras necesidades, ni nuestros problemas, ni por nuestras dolencias y males. No importa cuál sea nuestro estado, no importa lo que nos apetezca, hay un mensaje universal en la Biblia y comienza en Génesis capítulo 1 versículo 1: "En el principio [...] Dios"; el gran Dios, el Dios imponente, el Dios que puede hacer temblar un edificio, el Dios de poder, el Dios que, según la Biblia y, por tanto, según el Evangelio, porque la Biblia entera es todo el mensaje del Evangelio, es un Dios de poder infinito y enorme. Es un Dios omnipotente, y se sienta sobre el círculo del universo.

Por tanto, el Evangelio comienza declarando el poder de Dios. Aquí, en Hechos, vemos a la Iglesia reunida. Y lo primero que sucedió después de que los creyentes hubieran levantado sus oraciones fue que el edificio tembló. Ahora bien, esto no es una novela, es el relato de unos hechos. No se nos dice en qué forma tembló el edificio, puede que fuera un temblor de tierra, no lo sabemos. Pero lo que sí sabemos es que Dios lo provocó. Y los edificios pueden temblar. A menudo he señalado, predicando en otros lugares del país, que recuerdo cómo una mañana tembló este mismo edificio cuando una bomba aterrizó en la *Guard's Chapel*. Este edificio tembló, una de las paredes de aquel lado tembló y se desplazó 3,81 cm de su posición. El hombre tiene el poder de fabricar bombas que pueden hacer temblar un edificio como este, y la Biblia nos dice que Dios es todopoderoso.

Obviamente, el poder supremo de Dios lo vemos en el grandioso hecho de la Creación. ¿Conocías algo del poder de Dios? Bien, veamos: "Dijo Dios: Sea la luz, y fue la luz" (Génesis 1:3). Su palabra, su autorización fue suficiente. Esa es una señal del poder de Dios. El apóstol Pablo señala hacia este mismo argumento. Dice: "Lo que de Dios se conoce les es manifiesto, pues Dios se lo manifestó. Porque las cosas invisibles de él, su eterno poder y deidad, se hacen claramente visibles desde la creación del mundo, siendo entendidas por medio de las cosas hechas, de modo que no tienen excusa" (Romanos 1:19-20). El Dios poderoso que existe en la eternidad y que decide crear el mundo de la nada ¡lo hace con una palabra! Es incomprensible, por supuesto. Él es omnipotente. "Porque nada hay imposible para Dios" (Lucas 1:37). Y ha dado prueba de ello por la maravilla, la magnificencia y la perfección de la Creación.

No obstante, después, vemos también el poder de Dios en la providencia y en la Historia, lo cual se describe tanto en el Antiguo Testamento como en el Nuevo. Vivimos en un mundo sorprendente, un mundo que, como he dicho, fue creado de la nada. Sin embargo, después Dios decidió que destruiría ese mundo por causa del pecado, por causa de su maldad, por causa de su rebelión contra Él. Cuando vio que "todo designio de los pensamientos del corazón de ellos [de los hombres] era de continuo solamente el mal" (Génesis 6:5), cuando bajó su mirada y vio a los hombres y a las mujeres viviendo de forma parecida a como están haciendo ahora, no solo en inmoralidad sino en vileza y en perversiones innombrables, decidió destruir el mundo.

La segunda carta de Pedro nos recuerda esto (cf. 2 Pedro 2:5; 3:6). Allí estaba "la tierra anegada por el agua y saliendo de ella" y Dios decidió destruirla con un diluvio. Es el mismo poder. Él puede hacer que nazca un mundo y destruirlo con una inundación cuando quiera que Él lo decida.

Luego hizo que las aguas bajaran y Dios restauró el orden, y siguió sustentando y guiando el mundo. Lee tú mismo el Salmo 104, donde encontrarás que el salmista desarrolla, con todo detalle, no solamente la forma en que Dios lo hizo todo, sino también cómo lo sigue sustentando. Él lo controla, Él le da aliento y vida. Si retirase el Espíritu, todo se colapsaría. Esos son algunos de los relatos del Antiguo Testamento que narran el asombroso poder de Dios.

Vemos, además, el poder de Dios en la providencia, así como en los acontecimientos históricos. Los hijos de Israel descendieron a Egipto a causa de una hambruna y, mientras estuvieron allí, crecieron y se multiplicaron. Lo hicieron tan bien que los egipcios empezaron a estar celosos, los maltrataron y tomaron represalias contra ellos. Faraón era un gran dictador, uno de los hombres más poderosos del mundo, y tenía ejércitos, carros y caballos, mientras que los esclavos no tenían absolutamente nada. Sin embargo, eran el pueblo de Dios, y Dios se puso de su parte.

Puedes leer la historia en el Antiguo Testamento. Dios conduce fuera a su pueblo y ahí los tenemos, enfrentándose de repente con el mar Rojo; los ejércitos de faraón a sus espaldas, el mar Rojo frente a ellos, dos montañas, una a cada lado, Pihahirot y Baal-Zefón. ¿Qué pueden hacer? Nada, Pero Dios puede. Repentinamente abre el mar Rojo y ellos lo atraviesan. Los ejércitos de faraón intentan seguirlos, pero el mar se cierra sobre ellos y son destruidos: Faraón y todo su aclamado ejército derrotado y destruido. ¡El mismo Dios!

Y la historia continúa, a menudo recapitulada en los importantes Salmos de la colección del Antiguo Testamento. Al leer sobre el trato de Dios con las personas y las naciones, vemos su vasto poder. Se levantó otro dictador, un hombre llamado Nabucodonosor, el dictador de los babilonios, un hombre fuerte, un magnífico soldado y hombre de Estado. Sin embargo, como tantos hombres similares, se engrandeció y, al empezar a pensar que era un dios, ordenó a su pueblo que le adorara. ¡Qué necio ignorante! No conocía el poder del Dios que habita en los cielos. Este Dios le golpeó de repente, y ahí estaba, en el campo, comiendo hierba, con su cabello largo como el de un buey y sus uñas como enormes garras; Nabucodonosor se humilló, fue hecho un necio ante su propio pueblo.

Bien, simplemente te estoy proporcionando un resumen del Antiguo Testamento y de su historia. Nos dice, sencillamente, que estamos bajo la mirada de un Dios todopoderoso. "El lugar [...] tembló"; ¡el Dios todopoderoso! Vivimos en un mundo que está bajo su mano, creado por Él, controlado por Él, gobernado por Él, determinado por Él. Tú y yo estamos frente a frente con semejante Dios. Ese es el primer mensaje del Evangelio.

Y, evidentemente, en el Nuevo Testamento encontramos la misma verdad. Hemos estado meditando acerca del niño que nació en Belén en el establo, cuyo pequeño cuerpo acostaron en un pesebre. Cuando leemos las historias que hablan de Él en el Nuevo Testamento, nos damos cuenta de que siempre estaba sorprendiendo a la gente. Hacía obras impactantes, milagros, maravillas: "Los ciegos ven, los cojos andan, los leprosos son limpiados, los sordos oyen, los muertos son resucitados" (Lucas 7:22). ¿Quién era este? Podía calmar la tormenta, acallar la furia del viento, alimentar a 5000 personas con cinco panes y dos peces; ¿quién era este? Esa era la pregunta que todos hacían. "Hoy hemos visto maravillas", decía la gente (cf. Lucas 5:26). "¿Qué poder es este?".

¡Oh, es el poder de Dios! Estas son las confirmaciones de su persona. Estas cosas son las que nos dicen que Jesús de Nazaret, el niño de Belén, no es solo un hombre, sino que es Dios venido en carne, Él es Aquel por quien fueron creadas todas las cosas y a través de Él fueron creadas. "En el principio era el Verbo, y el Verbo era con Dios, y el Verbo era Dios. Este era en el principio con Dios. Todas las cosas por él fueron hechas, y sin él nada de lo que ha sido hecho, fue hecho" (Juan 1:1-3). ¡Dios! ¡El Creador todopoderoso! Y nuestro Señor lo manifestó en sus obras de poder. Por eso están recogidas para nosotros en los Evangelios. Para que podamos ser conscientes de quién es y de lo que vino a hacer a este mundo.

Pero, por supuesto, una de las más asombrosas demostraciones de poder que haya tenido lugar o que lo tendrá jamás, sucedió cuando fue apresado, juzgado, condenado y clavado a una cruz. Murió, y cuando un soldado atravesó su costado con una lanza, salió una mezcla de sangre y agua. Y entonces, sus amigos bajaron su cuerpo y lo llevaron a un sepulcro. Sus enemigos estaban todos triunfantes. Creían haber acabado con Él y que ese era el fin, pero estaban tremendamente equivocados. En la mañana del tercer día, la tumba se halló vacía. No quedaba nada, salvo las ropas con las que había sido sepultado. Había resucitado de entre los muertos: Dios le había resucitado de entre los muertos.

En su carta a los Efesios, el apóstol Pablo escribe sobre la resurrección. Quiere que los cristianos de Éfeso conozcan algo del poder de Dios para con ellos, y así es como lo describe:

Y cuál [es] la supereminente grandeza de su poder para con nosotros los que creemos, según la operación del poder de su fuerza, la cual operó en Cristo, resucitándole de los muertos y sentándole a su diestra en los lugares celestiales, sobre todo principado y autoridad y poder y señorío, y sobre todo nombre que se nombra, no sólo en este siglo, sino también en el venidero.

(Efesios 1:19-21).

Vemos aquí un poder que puede vencer la muerte, un poder que puede vencer el sepulcro. Vemos aquí un poder que puede vencer al diablo y el Infierno: "el poder de [la] resurrección" (cf. Filipenses 3:10), el poder de la vida eterna; "el postrer enemigo" (cf. 1 Corintios 15:26), la muerte, ha sido destruido por el poder de Dios.

Seguimos, después, leyendo en Hechos capítulo 2, lo que ocurrió en Jerusalén el día de Pentecostés. Estos creyentes expectantes, se nos dice, habían estado orando juntos durante diez días y, aquella mañana, lo estaban haciendo de nuevo. Entonces: "Cuando llegó el día de Pentecostés [...] de repente vino del cielo un estruendo como de un viento recio que soplaba, el cual llenó toda la casa donde estaban sentados; y se les aparecieron lenguas repartidas, como de fuego, asentándose sobre cada uno de ellos. Y fueron todos llenos del Espíritu Santo". "¡Un viento recio que soplaba!". Es el mismo poder. Y en nuestra historia de Hechos 4, encontramos otro ejemplo de ese mismo poder. Ahí estaban estas personas, en una situación desesperada, sin saber lo que hacer ni hacia dónde dirigirse; oraron, pues, a Dios y el edificio tembló. ¡Nuestro Dios!

Ahora bien, todas estas cosas no son sino anuncios de una manifestación más poderosa del poder de Dios que aún está por venir. Pedro escribe acerca de esto en su Epístola: "El día del Señor vendrá —dice— [...] en el cual los cielos pasarán con grande estruendo, y los elementos ardiendo serán deshechos" (2 Pedro 3:10). ¿Has visto en tu televisor la toma de las explosiones de las bombas atómicas? ¿Te has fijado en su intensidad, en cómo levanta la Tierra, elevándose hasta los cielos, haciendo que el mar se enarbole como si fuera una montaña? ¡Qué extraordinario poder hay en eso! Pero, mi querido amigo, no hay nada que pueda compararse con el tremendo cataclismo que tendrá lugar al final del tiempo, cuando "el día del Señor [venga]".

¿Qué es esto? Es el Juicio Final de Dios, cuando demostrará

que Él es el Gobernador del universo y el Juez de los confines de la Tierra. A lo largo la Historia Él ha mostrado su poder para prepararnos. Nos está enseñando, llamándonos para que estemos preparados, y por eso me estoy dirigiendo a ti sobre esta cuestión. Las autoridades condenaron a los Apóstoles, diciéndoles que se mantuvieran callados. Pero ellos le dijeron a Dios: No queremos estar callados, queremos seguir adelante. Dinos que nos capacitarás.

¡Y Dios hizo temblar el edificio! Dice: ¡Seguid adelante! Yo estoy con vosotros. Y les hace una advertencia a estos jueces, a estos concilios: llegará un día en el que tendrán que comparecer ante Él.

El autor de la Carta a los Hebreos advierte:

Mirad que no desechéis al que habla. Porque si no escaparon aquellos que desecharon al que los amonestaba en la tierra, mucho menos nosotros, si desecháremos al que amonesta desde los cielos. La voz del cual conmovió entonces la tierra, [está hablando de cuando Moisés recibió la Ley en el monte Sinaí, donde leemos que "todo el monte se estremecía en gran manera" (Éxodo 19:18) y que cualquier hombre o animal que tocara esa montaña moriría inmediatamente] pero ahora ha prometido, diciendo: Aún una vez, y conmoveré no solamente la tierra, sino también el cielo. Y esta frase: Aún una vez, indica la remoción de las cosas movibles, como cosas hechas, para que queden las inconmovibles. Así que, recibiendo nosotros un reino inconmovible, tengamos gratitud, y mediante ella sirvamos a Dios agradándole con temor y reverencia; porque nuestro Dios es fuego consumidor.

(Hebreos 12:25-29).

¿Has oído a este Dios? ¿Has oído hablar a este Dios? En primer lugar, el mensaje de este Evangelio proclama que el Dios todopoderoso es sobre todas las cosas, que todos nosotros estamos sometidos a Él y que mantenemos nuestras vidas, nuestro ser y nuestra existencia bajo su mano poderosa. ¡El poder de Dios!

Pero, gracias a Dios, el mensaje no se detiene ahí. Si lo hiciera, sería el mensaje más terrible que jamás se hubiera oído. Hay, sin embargo, un segundo ingrediente en este mensaje. Una proclamación de la gracia de Dios: "abundante gracia era sobre todos ellos". ¡Oh, qué palabra tan maravillosa esta de "gracia"! Por eso hay una Iglesia cristiana, por eso estas personas estaban orando en la habitación que tembló; fue por la gracia de Dios. Aquí vemos el otro cabo, el otro gran elemento en esta proclamación. El poder de Dios, sí; pero la gracia de Dios es igual a su poder.

¿Qué queremos decir con "gracia"? Gracia es "favor mostrado a las personas que no lo merecen en absoluto". Cuando el hombre pecó contra Dios merecía su aniquilación inmediata, él y su mundo merecían ser borrados. Pero no lo fue. ¿Por qué? Porque Dios es sufrido, lleno de misericordia y compasión, resumidas en la palabra "gracia". El mundo aún existe por esta asombrosa cualidad, esta gracia de Dios.

Nuestras definiciones humanas son insuficientes, evidentemente; no se puede describir la gracia de Dios. Es imposible definirla y describirla. Pero podemos verla en acción, y podemos verla, con toda claridad, en el Antiguo Testamento. Dios se había hecho una nación: los hijos de Israel. Les había dado sus leyes y les había prometido bendición. Pero ellos se rebelaron contra Él constantemente. Se volvieron a otros dioses e hicieron todo lo que pudieron para insultarle. Merecían el justo castigo, merecían la aniquilación. Sin embargo, lo que una y otra vez sucedió fue esto: como uno de ellos lo expresa, al haber "hecho neciamente" (1 Samuel 26:21), al haber vuelto sus espaldas a Dios y al haber ido por sus propios caminos, pensando que ese era el modo de encontrar vida, felicidad y placer, tropezarían con una pared de ladrillos. Lo perderían todo y sus enemigos los vencerían. Después, en total desolación y desesperación, se volverían a Dios y le pedirían que les ayudara. Y lo asombroso es que Él los escucharía y descendería de nuevo, podríamos decir, para ayudarles. Esa es la medida de su gracia, que una y otra vez estuvo dispuesto a perdonarlos, a tomarlos de nuevo y a darles otra oportunidad.

Y por eso estoy en este púlpito: por la gracia de Dios. Si Él solo fuera poder, yo no estaría aquí, ni tú tampoco lo estarías, no habría mensaje. Pero Dios es un Dios de gracia: "abundante gracia era sobre todos ellos".

Pero si de verdad quieres conocer la gracia de Dios, entonces debes ir a aquel mesón en Belén, tienes que entrar en el establo. Todas las habitaciones estaban reservadas y no había ninguna habitación libre en el mesón para una mujer embarazada. Nadie tuvo la amabilidad de dejar libre una habitación para ella. Es "mi habitación". "Estoy bien, hombre, déjalos que sigan. Es su problema, tenían que haber hecho la reserva". Nació, pues, en un establo, y lo acostaron en un pesebre.

¿Qué fue aquello? ¡Fue la gracia de Dios! "De tal manera amó Dios al mundo, que ha dado a su Hijo unigénito, para que todo aquel que en él cree, no se pierda, mas tenga vida eterna" (Juan 3:16). Amó al mundo, recuerda, el mundo que se había rebelado contra Él y le había ridiculizado, que le había escupido en la cara, creyendo saber más que Él. Y no solamente envió a su Hijo al mundo, sino que, por encima de todo, le envió también a la muerte en la Cruz, para que cargara con los pecados de los hombres y las mujeres, para soportar "duro escarnio", la vergüenza, la ignominia y todo aquello que hace daño. Esa es la gracia de Dios.

Pablo hace una extraordinaria declaración a este respecto en su carta a Tito: "Porque la gracia de Dios se ha manifestado para salvación a todos los hombres" (Tito 2:11). ¡La gracia de Dios! "Por amor a vosotros se hizo pobre, siendo rico" (2 Corintios 8:9); ¡y oh, cuán pobre! Aunque era Dios, Él "no estimó el ser igual a Dios como cosa a que aferrarse, sino que se despojó a sí mismo" (Filipenses 2:6-7). ¿Por qué? Para que tú y yo pudiéramos ser liberados, redimidos y restaurados para Dios. Eso es gracia. Dios lo ha hecho todo. No merecemos otra cosa que el castigo y el Infierno. Pero por la gracia de Dios existe este asombroso Evangelio y se nos ofrece a nosotros.

El poder y la gracia de Dios; esos son los dos cabos del Evangelio. Pero permíteme mostrarte cómo los ha expresado el poeta Isaac Watts en un maravilloso himno:

Al Señor una noble canción,
alma y lengua despertad ya;
¡Hosanna dad al Nombre eternal,
y su gran amor proclamad!

Escucha:

Brilla en el rostro de Jesús
la gracia con su resplandor.
Dios, en su persona y su cruz,
sus grandes obras excedió.

Seguidamente, lo discute a fondo. Empieza, como yo lo he estado haciendo, con el poder de la Creación:

De tierra y agua su extensión
proclama al poderoso Dios;
y tus ricas glorias, Señor,
en las estrellas dan fulgor.

Mas gloria hay en su mirar,
en sus manos noble labor;
de sus ojos el resplandor
eclipsa la hermosa creación.

El poder de Dios visto en los cielos y en las estrellas titilantes. Pero piensa en la gracia de Jesucristo. Watts dice que "el radiante brillo de sus ojos eclipsa las maravillas de los cielos".

La gracia es un tema gentil;
me gozo por siempre en Jesús:
¡Ángeles, pensad en su son;
que en la Tierra brille su luz!

ISAAC WATTS

Ahí lo tenemos, ¿no es cierto? ¡El poder de Dios! ¡La gracia de Dios!

Pero lo que en realidad quiero recalcar es esto: el Evangelio proclama el poder de Dios y la gracia de Dios, pero lo más maravilloso de todo es que proclama la *poderosa gracia* de Dios: une ambos conceptos. Y si no lo hiciera, no tendría ningún mensaje que presentarte. Antes de que tú y yo, o cualquier otra persona, podamos ser salvos, ¡necesitamos poder y gracia! Los dos deben actuar conjuntamente, y en Cristo lo hacen.

¡Poderosa gracia! Aquí vemos la paradoja del cristianismo, una paradoja que los hombres y las mujeres no entienden. El apóstol Pablo, escribiendo a Timoteo, dice: "No nos ha dado Dios espíritu de cobardía, sino de poder, de amor y de dominio propio [disciplina]" (2 Timoteo 1:7). ¡Poder y amor! Por supuesto. El mundo cree que son términos antitéticos, y lo son para un mundo de ideas pequeñas, pero no así para Dios. Poder y amor. Poder y gracia. Se convierten en uno, actúan juntos. Y en Cristo vemos esto llevado a la perfección. El milagro de la redención se hace posible porque Dios combina su poder y su gracia en su trato con nosotros.

¿Por qué es necesario esto? Porque solamente la gracia no puede salvarnos; se necesita el poder. Dios combina el poder con la gracia porque ningún hombre ni ninguna mujer pueden ser salvos a menos que primeramente "él [les dé] vida". Dice Pablo a los efesios: "Él os dio vida a vosotros, cuando estabais muertos en vuestros delitos y pecados" (Efesios 2:1). Como resultado de la Caída, todo aquel nacido en este mundo está muerto espiritualmente. Por eso el mundo no cree en el niño de Belén. El mundo está tan muerto que no sabe que está muerto. Ese es todo su problema. Los muertos no hacen nada, ni saben nada. Quienes están espiritualmente muertos no conocen a Dios, no conocen la verdad acerca de Él, no son conscientes de que viven en el universo que Dios creó, no saben nada del Juicio venidero. Por tanto, antes de que nadie pueda ser salvo, y levantado de la muerte del pecado, se necesita un poder que sea mayor que la muerte, un poder de resurrección, y todo se encuentra ahí, en Jesucristo. ¡Poderosa gracia! Él puede dar vida por su Espíritu Santo.

El mundo también necesita poder por otra razón, y quizá esta sea una de sus necesidades más importantes en el día de hoy. El mundo necesita "temblar", temblar por su seguridad, temblar por su indiferencia, temblar por su sensación de seguridad. ¿No es esa la verdadera maldición de este país nuestro en la actualidad? ¿No explica eso la mayoría de nuestros problemas? Verdaderamente, explica la impiedad, el vicio y la creciente inmoralidad. ¡Sociedad opulenta! "¡Nunca lo tuvo tan bien!". Un montón de dinero, un montón de todo, una Navidad memorable. Esta Navidad se ha gastado más dinero que nunca en comida, bebida, regalos y placeres de todas clases. Y la gente dice: "¡Todo está bien! No tenemos necesidad de pensar en un Evangelio. No queremos que nos prediquen. No queremos el cristianismo. Hemos hecho un mundo perfecto nosotros mismos". Oh, la seguridad del mundo de hoy; ¡la indiferencia, la poca atención, la sensación de seguridad! ¡Oh, la tragedia de hombres y mujeres viviendo en un volcán e inconscientes de ello! El mundo necesita conocer al Dios que puede hacer temblar, al Dios que hizo temblar el edificio donde los primeros creyentes estaban orando; un solo toque de su poder para hacerles saber que estaba allí y que Él es todopoderoso.

¿Puedo hacerte una sencilla pregunta: Cuántas veces has pensado en tu alma? ¿Cuántas veces has pensado en tu muerte? ¿Cuántas veces te has visto a ti mismo delante de Dios sometido a su baremo en el Juicio eterno? Necesitas que se te recuerde que comparecerás ante un Dios que es todopoderoso, un Dios potente, que es "el Juez de toda la tierra" (Génesis 18:25). Todos necesitamos que se nos haga temblar por nuestra seguridad, por nuestra irreflexión y nuestra indiferencia, y Él lo hace. Lo hace por la gracia que ha demostrado en su Hijo por medio del Evangelio.

Y necesitamos poder que nos convenza de pecado. Ningún argumento ni demostración puede hacerlo. "Lo hago lo mejor que puedo", dices; o: "Eso es lo que *Él* piensa". Solamente una cosa puede convencer a un hombre o a una mujer de pecado, y es el poder del Espíritu Santo, nada más. Pero Él puede hacerlo y lo hace. Lo hizo el día el Pentecostés. Pedro estaba predicando, explicando las Escrituras, tomando pasajes del Antiguo Testamento y reuniéndolos. Quizá digas: "Qué sermón tan pobre, no es elocuente, no tiene arte". Lo sé, pero él estaba lleno del Espíritu, y mientras predicaba: "Se compungieron de corazón, y dijeron [...]. Varones hermanos, ¿qué haremos?" (Hechos 2:37). ¡El poder de convicción! Si lees los relatos de los grandes avivamientos de la Historia, verás que los hombres y las mujeres no solo se convencían de pecado, también caían al suelo, volvían a casa tambaleándose de angustia, incapaces de conciliar el sueño, con problemas durante semanas. Es el poder de convicción, generado por el Espíritu Santo, este poder que hace "temblar", que inquieta y derriba todo en lo que habíamos confiado.

Y, además, este es el poder que necesitamos antes de poder situarnos en la posición correcta. Necesitamos ser nuevas criaturas. Nuestro Señor dijo: "Os es necesario nacer de nuevo" (Juan 3:7). No necesitas simplemente una idea nueva, una nueva enseñanza no es suficiente para ti, no necesitas solamente un ejemplo. Tienes que nacer de nuevo. Y solo hay un poder que lo hace posible: el poder de Dios. Un buen consejo, una pequeña y agradable charla sobre la Navidad, bonitas postales navideñas, emotivos pensamientos acerca del niño de Belén, todo esto jamás ha salvado a nadie, y nunca lo hará. Necesitamos una nueva naturaleza, una vida nueva, una nueva orientación. El poder y la gracia de Dios combinados —y solamente eso— puede hacerlo por nosotros.

Y, además, necesitamos ser liberados del poder de Satanás; del mundo, de la carne, del diablo. ¡Oh, qué poder! ¿Has podido mantenerte firme frente a él? ¿Puedes mantenerte firme frente a la mofa, la burla y las insinuaciones de tus amigos estando en la misma oficina o en la fábrica? ¿Puedes mantenerte firme ante el ridículo y el desprecio, las insinuaciones de la televisión y los periódicos, todas ellas en contra del Evangelio; puedes mantenerte firme? ¿Te has mantenido firme? Solamente hay un poder que puede abatir y derrotar el poder de Satanás, del pecado y la maldad: el poder del Señor Jesucristo, el poder de Dios y la gracia de Dios combinadas en esta bendita persona. Solamente Él puede librarnos de estos enemigos que nos hacen frente.

Piensa también en su obra de perfeccionamiento en nosotros, en cómo nos libra de la maldad y del pecado que hay en nosotros, cómo nos purifica, nos limpia y nos hace adecuados para comparecer ante su santa presencia. Solamente hay un poder que puede hacer eso, y Pablo lo menciona al final del capítulo 3 de su Epístola a los Efesios. "Y —dice— a Aquel que es poderoso para hacer todas las cosas mucho más abundantemente de lo que pedimos o entendemos, según el poder que actúa en nosotros, a él sea la gloria en la iglesia en Cristo Jesús por todas las edades, por los siglos de los siglos".

Y, finalmente, está también el poder que cada uno de nosotros necesitaremos cuando muramos y nuestros cuerpos sean depositados en una tumba, incinerados, sumergidos en el mar o esparcidos en el aire hasta convertirse en nada: el poder para volver a juntar, para levantar el cuerpo, glorificarlo, hacerlo perfecto y ponerlo ante la presencia de Dios. Solamente hay un poder que puede hacer eso: el poder de Dios. Y el poder de Dios combinado con la gracia de Dios tiene por objeto hacer esto. Lo ha hecho por millones de personas que están en la gloria en este momento y lo está haciendo también por nosotros, los que creemos. Ese es el mensaje del Evangelio. ¡El poder de Dios! ¡La gracia de Dios! ¡La poderosa gracia de Dios!

Podemos ver que este mensaje divide a la Humanidad. Lo hizo entonces, al principio. El Sanedrín odiaba este mensaje. Odiaba a Cristo y lo crucificó. Odiaba a sus discípulos, los Apóstoles. Los arrestó, los condenó y los amenazó con darles muerte. Esa es nuestra reacción.

Sin embargo, hay otra reacción y es esta: "Abundante gracia era sobre todos ellos". ¡Qué contraste! Y eso es lo que quiero dejarte ahora, como una pregunta decisiva y de suma importancia. Todos nosotros nos encontramos en una de estas dos posiciones, y no hay una tercera.

Hay personas que solo conocerán el poder de Dios que hace temblar. "Aún una vez, y conmoveré no solamente la tierra, sino también el cielo" (Hebreos 12:26). Hay hombres y mujeres —que Dios no permita que haya ninguno de ellos meditando en mis palabras en este momento— que no conocerán mas que el poder de Dios para hacer temblar, y cuando se presenten ante Él, serán conmovidos hasta no ser nada. Son como el hombre descrito en el Salmo 1: "Por tanto, no se levantarán los malos en el juicio, ni los pecadores en la congregación de los justos" (versículo 5). Serán barridos. "No así los malos, que son como el tamo que arrebata el viento" (versículo 4). El temblor conduce a la perdición eterna. Qué expectativa tan terrible, qué pensamiento tan horrible. Sin embargo, ese es el destino de todos aquellos que no creen el Evangelio, que prestan oídos sordos a las propuestas de la gracia de Dios, la poderosa gracia de Dios en Cristo Jesús. No verán más que el poder, la demostración de la fuerza, la atrocidad del desastre final, y entonces será demasiado tarde para cambiar.

Pero hay otros, gracias a Dios, que conocen la "abundante gracia". ¿No es asombroso? Vemos aquí un grupo de personas cristianas amenazadas por las autoridades, amenazadas aun de muerte y, sin embargo, esto es lo que leemos sobre ellos: "Abundante gracia era sobre todos ellos". Esto significa que el favor de Dios estaba sobre ellos de una manera poderosa e insólita. Por eso Dios hizo temblar el edificio. Era la forma en que Dios les estaba diciendo: "No os preocupéis. Habéis oído sus amenazas y las habéis puesto delante de mí. En su poder está el daros muerte si deciden hacerlo, pero todo está bien, yo estoy con vosotros. No tengáis miedo de ellos. Me conocéis, me habéis descrito mi poder, me habéis recordado que yo soy el Creador. Yo estoy detrás de vosotros. Yo os amo. Sois mi pueblo. Nunca os dejaré. Nunca os desampararé. Seguid adelante, todo va bien".

"Abundante gracia era sobre todos ellos". A pesar, pues, de estar amenazados, fueron llenos de un maravilloso espíritu de regocijo y alabanza, de amor los unos para con los otros y de amor a Dios.

¿Te gustaría saber en cuál de las dos posiciones estás tú? Lo puedes saber respondiendo a esta pregunta: ¿Hay "abundante gracia" sobre ti? ¿Sabes algo de ella?

"¿Cómo puedo saberlo?", alguien pregunta.

Que Dios no permita que haya alguien que no tenga claro esto. Quienes tienen "abundante gracia" sobre ellos no se preocupan por su pasado porque saben que ha sido limpiado. Saben que Dios, en su infinita y todopoderosa gracia, ha depositado todos sus pecados sobre Aquel que podía llevar el castigo y aun levantarse de entre los muertos, haciéndoles libres. ¿Lo sabías? Ese es el pasado.

¿Y el presente? ¿Estás descansando el Él? ¿Tienes vida en tu interior, la vida de Cristo? ¿Te has deshecho de la inquietud que es tan característica de este mundo? ¿Has hallado paz? ¿Has encontrado satisfacción? Considera, de nuevo, a estas personas de Hechos. Te los recuerdo una vez más. A pesar de las amenazas, jamás habían estado tan felices en su vida; "abundante gracia era sobre todos ellos".

Si todo está en mi contra
y me hace desesperar,
hay una puerta abierta,
un oído escuchará.

OSWALD ALLEN

Escucha cómo Pablo lo describe a los romanos. Dice:

Justificados, pues, por la fe, tenemos paz para con Dios por medio de nuestro Señor Jesucristo; por quien también tenemos entrada por la fe a esta gracia en la cual estamos firmes, y nos gloriamos en la esperanza de la gloria de Dios. Y no sólo esto, sino que también nos gloriamos [nos regocijamos, hacemos alarde] en las tribulaciones, sabiendo que la tribulación produce paciencia; y la paciencia, prueba; y la prueba, esperanza; y la esperanza no avergüenza; porque el amor de Dios ha sido derramado en nuestros corazones por el Espíritu Santo que nos fue dado.
(Romanos 5:1-5).

¿Eres capaz de regocijarte en las tribulaciones? ¿Eres feliz a pesar del mundo? ¿Tienes un profundo contentamiento en tu interior? ¿Eres independiente del mundo, de todo su ruido y su actividad, y su vano alarde de todo lo que en él suceda? ¿Tienes un lugar de descanso, de paz y tranquilidad, una calma, un gozo imperturbable, que el mundo no puede ni darte ni arrebatarte? Si lo tienes: "abundante gracia" es sobre ti, y es la gracia de Dios en Jesucristo. Ese es el presente.

¿Y el futuro? Vemos aquí a este pequeño grupo de personas; están amenazadas, pero están llenas de regocijo y de alabanza. ¿Por qué? Bien, porque tienen absoluta seguridad respecto al futuro. Cuando "abundante gracia" es sobre ti, no solo no tienes miedo de la vida, tampoco lo tienes de la muerte. Nada puede asustarte. Eres como el apóstol Pablo quien, desde la prisión, en una de sus últimas cartas, escribe: "Por lo cual asimismo padezco esto; pero no me avergüenzo, porque yo sé a quién he creído, y estoy seguro que es poderoso para guardar mi depósito para aquel día" (2 Timoteo 1:12).

¿Sabes algo de eso? ¿Tienes miedo al afrontar el futuro, te sobrecoge el terror? ¿Cómo reaccionas al mirar hacia delante y contemplar el final de la vida y tu propia disolución, fuera de este marco mortal? ¿Puedes mirarlo a los ojos? ¿Y si estalla una guerra, o vienen persecuciones, bombas; cómo te sientes ante esto?

Ahí están las preguntas que verdaderamente importan. ¿Y la respuesta de Pablo?

> *¿Quién nos separará del amor de Cristo? ¿Tribulación, o angustia, o persecución, o hambre, o desnudez, o peligro, o espada? [...] Antes, en todas estas cosas somos más que vencedores por medio de aquel que nos amó. Por lo cual estoy seguro de que ni la muerte, ni la vida, ni ángeles, ni principados, ni potestades, ni lo presente, ni lo por venir, ni lo alto, ni lo profundo, ni ninguna otra cosa creada nos podrá separar del amor de Dios, que es en Cristo Jesús Señor nuestro.*
>
> (Romanos 8:35, 37-39).

¿Puedes tú decir esto? Si puedes, te puedo asegurar que "abundante gracia" es sobre ti, la poderosa gracia de Dios. Sabes que eres suyo y que nada podrá jamás separarte de su amor, por tanto, eres "más que [vencedor]" frente a toda posible eventualidad.

Permíteme probarte, además, preguntándote si puedes decir algo como esto:

El Señor siempre me guía,
¿qué más puedo ya pedir?
¿Dudaría de la gracia
del que me ha guiado hasta aquí?
gran consuelo y paz divina
es morar por fe en Él,
porque pase lo que pase
Jesús hace todo bien.

FRANCES JANE VAN ALSTYNE

O consideremos las palabras de otro magnífico himno:

Su faz contemplaré,
su fuerza adoraré,
y de la gracia su loor
entonaré.

AUGUSTUS TOPLADY

¡"El lugar [...] tembló"! "Abundante gracia era sobre todos ellos". Para todo creyente, el poder que aquí aparece es un poder misericordioso. Es el poder que los salva, que los guarda, que los protege y que, finalmente, los llevará a la gloria eterna.

Mi querido amigo, el año viejo está llegando a su fin y la vida sigue. Me siento privilegiado y contento de poder decirte que el día de gracia no ha llegado a su fin aún: "He aquí ahora el día de salvación" (2 Corintios 6:2). Habrá un fin para el día de gracia. Pero aún no ha llegado, gracias a Dios. "He aquí ahora el tiempo aceptable" (2 Corintios 6:2). Recuerda a las diez vírgenes; las cinco prudentes y las cinco insensatas. La puerta de gracia se cerrará. Pero aún no, no es demasiado tarde. ¿Has entrado por la puerta de gracia? Entra ahora si no lo has hecho nunca. Clama ante Él. Dale las gracias por su gracia, por esta puerta abierta que aún sigue ahí. Dale las gracias por la invitación, y di:

Tal como soy, sin más decir
que a otro yo no puedo ir;
y Tú me invitas a venir,
bendito Cristo, heme aquí.

CHARLOTTE ELLIOTT

Notas

1. Este sermón se predicó el 26 de diciembre de 1965.

17
La realidad invisible

Y con gran poder los apóstoles daban testimonio de la resurrección del Señor Jesús, y abundante gracia era sobre todos ellos. Así que no había entre ellos ningún necesitado; porque todos los que poseían heredades o casas, las vendían, y traían el precio de lo vendido, y lo ponían a los pies de los apóstoles; y se repartía a cada uno según su necesidad. Entonces José, a quien los apóstoles pusieron por sobrenombre Bernabé (que traducido es, Hijo de consolación), levita, natural de Chipre, como tenía una heredad, la vendió y trajo el precio y lo puso a los pies de los apóstoles. Pero cierto hombre llamado Ananías, con Safira su mujer, vendió una heredad, y sustrajo del precio, sabiéndolo también su mujer; y trayendo sólo una parte, la puso a los pies de los apóstoles.

(Hechos 4:33-5:2).

Llegamos ahora al final del capítulo 4 del libro de Hechos, y hemos visto cosas maravillosas. Hemos examinado los acontecimientos históricos y hemos leído la enseñanza impartida, y todo ello ha sido muy emocionante. Pero llegamos ahora a un incidente destacado, que llega como una conmoción, especialmente después de lo que hemos venido considerando en los cuatro primeros capítulos. En ellos, consideramos el derramamiento del Espíritu el día de Pentecostés, vimos el nacimiento de la Iglesia y contemplamos esa idílica imagen del gozo y la felicidad de los creyentes al tener todas las cosas en común. Evidentemente, vimos la oposición, pero la Iglesia... ¡oh, qué maravillosa imagen!

Después, repentinamente, volvemos la página y nos topamos con este increíble incidente al comienzo del capítulo 5. Analizado desde cualquier punto de vista, este pasaje es extraordinario, y confieso abiertamente que lo abordo con considerable temor y temblor. Ningún hombre, según mi parecer, elegiría predicar acerca de un tema como este, pero no estoy aquí para ser melindroso a la hora de elegir. Estoy aquí para explicar el relato, y aquí lo tenemos; nos hemos acercado a él y debemos afrontarlo. Que Dios nos dé gracia para hacerlo; que Dios me conceda gracia para hacerlo de una manera correcta, adecuada y digna, y que Dios te dé de su gracia para escucharlo de esa misma manera.

Permíteme, entonces, empezar planteando unos principios generales acerca de este incidente. No podemos ocuparnos de él de manera exhaustiva ahora y, por tanto, únicamente lo introduciré. Es de vital importancia, y que Dios no permita que ninguno de nosotros se pierda su mensaje. Mi primer punto es que este incidente es un hecho, un trocito de Historia. Empiezo con eso porque hay algunos que dicen: "Obviamente, si eres psicólogo, te das cuenta de que no ocurren cosas como esta. La gente puede imaginar que sí, pero en realidad nunca suceden". Sin embargo, este es un episodio concreto de la Historia, es tan histórico como todo lo que hemos considerado hasta este momento. Es tan histórico como los relatos del nacimiento de nuestro Señor recogidos en los Evangelios, sus milagros, su muerte en la Cruz, su entierro, su resurrección, su ascensión y la venida del Espíritu Santo.

Te pido que te fijes, además, en cómo el testimonio expone, con toda claridad, que este es un incidente ampliamente utilizado en la expansión del Evangelio cristiano. Condujo a una especie de avivamiento descrito en el párrafo siguiente. Fue un incidente muy destacado en la vida de la Iglesia primitiva. Le dio un nuevo ímpetu a la Iglesia y nos ayuda a entender cómo fue que este mensaje, que fue impartido primeramente por uno que parecía ser un simple carpintero, este mensaje de este desconocido de la tierra de Palestina, pudiera, en un muy corto período, dominar el mundo civilizado. El autor fue guiado por el Espíritu para recoger esto, porque es un elemento tan fundamental en la comprensión de la gran historia de la Iglesia primitiva, como lo son el resto de cosas que hace constar para nosotros.

En segundo lugar, no se puede sino comentar la franqueza de este testimonio. Este es un hecho especialmente llamativo, lo cual es muy importante que tengamos presente. Afirmo que la Biblia es el libro más honrado del mundo; de hecho, estaría dispuesto a ir tan lejos como para decir que no hay ningún libro en el mundo, exceptuando la Biblia, que sea verdaderamente honrado, que nos diga realmente la verdad. Vemos aquí una descripción de la Iglesia primitiva, pero de inmediato se percibe que no se trata de una descripción idealizada, ni de Historia erudita. Lo malo se incluye, al igual que lo bueno. Hago hincapié en esto porque hay personas que parecen pensar que estamos afirmando que la Iglesia cristiana es una sociedad perfecta, que nunca ha habido en ella nada malo y que tampoco lo hay ahora. ¡Qué completa insensatez es eso! No, no; está todo anotado ante nosotros en este suceso terrible que ocurrió en la Iglesia casi tan pronto como nació.

La misma honradez encontramos en el Antiguo Testamento. Evidentemente, el crítico actual está tan confundido que se contradice a sí mismo. Por una parte, trata de decirnos que la Biblia es un conjunto de cuentos de hadas, de imágenes idealizadas, ficticias, y después, casi sin tomar aliento, dice que hay partes del Antiguo Testamento que no son adecuadas para que las lean los niños o las mujeres: las cosas tan impactantes que se nos dicen de David, por ejemplo, sus terribles actos de adulterio y asesinato, etc. Pero lo que estos críticos están diciendo, en realidad, aunque inconscientemente, es que ellos también piensan que la Biblia es absolutamente sincera. Nos dice la verdad de cada uno de sus personajes, con todas sus imperfecciones. Vemos que tienen defectos terribles, se nos presenta todo. Y aquí, en Hechos, encontramos la misma franqueza respecto a la Iglesia cristiana.

¿Encuentras honradez en los periódicos? ¿Crees lo que lees

en los periódicos? Los reporteros y los editores han perdido todo sentido de la medida. Lo mismo sucede en la televisión. ¿Qué es la grandeza? Es muy difícil de decir, a juzgar por lo que se cuenta cada semana. Todo está maquillado, idealizado, embellecido, y no se sabe la verdad. No se sabe la verdad de los hombres y las mujeres ni en los periódicos, ni, de hecho, tampoco en los libros seculares de Historia. Hay prejuicios, un encubrimiento, argumentos especiosos. Pero en la Biblia no hay nada semejante. La Biblia te dirá en contra de la Iglesia cristiana más de lo que jamás podrías imaginarte o pudieras pensar. Es un libro en el que puedes confiar. No está aquí para engatusarte. Está aquí para darte un mensaje que es de vital importancia para tu alma y para tu destino eterno.

Pero permíteme aclarar un punto más. Entendamos lo que este hombre, Ananías, y su mujer Safira habían hecho. A menudo la gente ha malinterpretado esto, y por esa razón hemos incluido esos pocos versículos del final del capítulo anterior. La situación era esta: nadie tenía la obligación de vender sus bienes y poner el dinero en un fondo común. Por eso, como ya he señalado, esto no tiene absolutamente nada que ver con el comunismo. El comunismo es un sistema obligatorio: no tienes elección. Sin embargo, aquí observamos exactamente lo contrario: esto era voluntario. Las personas ni estaban obligadas a vender sus propiedades ni se les ordenaba hacerlo. No obstante, algunos, como Bernabé, se sintieron llamados a hacerlo y obedecieron. Así pues, Ananías y Safira no hubieran tenido nunca necesidad de vender sus posesiones en absoluto. De hecho, aun después de haberlas vendido, como indicó Pedro a Ananías, nadie les estaba forzando a dar el dinero (Hechos 5:4). Si hubiera habido un mandamiento y todos hubieran tenido que obedecerlo, en ese caso se les podría disculpar o excusar de alguna manera, pero no lo hubo. Es esencial que subrayemos esto para que podamos entender exactamente lo que Ananías y Safira habían hecho. Vemos aquí a personas que vendieron voluntariamente una propiedad y que después, intencionadamente, engañaron a la Iglesia. Fue deshonesto, un caso de hipocresía.

Hay otro punto general: creo que debemos tener claro lo que

sucedió con Ananías y Safira. Es casi divertido comprobar la forma en que algunos comentaristas abordan este tema, tratando de evadir la enseñanza central y evidente. Algunos dicen que, en el momento en que Pedro confrontó a Ananías con el hecho de que había hecho algo malo, Ananías se sintió tan culpable y tan conmocionado que cayó muerto. Por supuesto, es posible que algo así suceda, ha ocurrido —a veces las personas caen muertas cuando escuchan una mala noticia—, pero me parece que no es una explicación adecuada en absoluto en este caso, aunque solo sea porque Pedro sabía perfectamente, antes de que ocurriera, que Safira también iba a morir. Dejó esto bastante claro por la forma en que le habló a ella, lo cual es un aspecto importante en todo el incidente, como te demostraré. Además, un suceso como este no pasa dos veces. No se trata, pues, de recibir una conmoción repentina que acaba con tu vida. No, debemos rechazar esta explicación.

En segundo lugar, algunos comentaristas dicen que Pedro emitió un juicio sobre Ananías y Safira. Es importante ser conscientes de que no lo hizo; no era ni la posición ni la función de Pedro hacer tal cosa. Creo que, como Apóstol, sí tenía ese poder. Los Apóstoles tenían el poder de dejar ciega o sorda a la gente, y no tengo ninguna duda de que también tuvieran el poder, si era necesario, de arrebatarle la vida a la gente, así como también podían resucitar a los muertos. Pero no hay ninguna señal aquí de que Pedro estuviera ejerciendo de juez. Simplemente culpó a Ananías y Safira de la verdad. Fue el portavoz de Dios para exponer la enormidad de su pecado. Parece claro que fue Dios mismo quien ejerció de juez. Aquí, al comienzo mismo de la vida de la Iglesia, Dios hizo algo para establecer un principio importante. Es como un gran monumento conmemorativo, podríamos decir, o un gran indicador. Se establece desde el principio. Dios mostró a su propio pueblo quién es y la forma en que actúa. Estaba enseñando a la Iglesia y enseñando a las personas, por medio de la Iglesia, una verdad fundamental respecto de sí mismos.

Y el último punto bajo este encabezamiento es este: quizá la gente pregunte: "¿Estás diciendo que Ananías y Safira fueron condenados y que fueron enviados inmediatamente al

Infierno?". Solamente hay una respuesta sincera que yo pueda dar, y es que no lo sé, ni tampoco nadie más lo sabe. En 1 Corintios 11, en relación con el pasaje de la Santa Cena, el apóstol Pablo escribe: "Por tanto, pruébese cada uno a sí mismo, y coma así del pan, y beba de la copa. Porque el que come y bebe indignamente, sin discernir el cuerpo del Señor, juicio come y bebe para sí. Por lo cual hay muchos enfermos y debilitados entre vosotros, y muchos duermen" (1 Corintios 11:28-30). "Enfermo", aquí, significa "muerto" y Pablo está enseñando que murieron antes de tiempo, con otras palabras, como parte del castigo por su pecado. Y es concebible que Dios acabara con las vidas en este mundo de Ananías y Safira sin que, necesariamente, tuvieran que ir al Infierno.

Las muertes de Ananías y Safira tampoco significan que el castigo por el pecado sea siempre la muerte repentina. Las personas han asumido todo tipo de conceptos erróneos a raíz de este incidente. Dicen que si se enseña que Dios causó la muerte de estas dos personas como castigo, entonces la conclusión tiene que ser que si alguien muere repentinamente, debe de ser castigo de Dios. Nada de eso; puede serlo, o puede no serlo. No hay nada en el relato que diga que esto es una ley universal.

Habiendo aclarado, pues, estas cuestiones preliminares, examinemos ahora las grandes lecciones que se enseñan en este pasaje. La primera es esta: aquí se nos muestra algo acerca de la naturaleza de la Iglesia y de todo el mensaje cristiano. La atmósfera misma de la historia, me parece a mí, nos dice que la Iglesia cristiana era algo nuevo y único en el mundo. Ahora bien, no es única si la comparamos con los hijos de Israel: aquella fue la Iglesia del Antiguo Testamento. Lo que estoy diciendo es que la Iglesia, el pueblo de Dios, constituye algo único en la Historia de todo el género humano.

La Iglesia no es solo una sociedad. Hay muchas sociedades en el mundo: sociedades políticas, sociedades culturales, sociedades literarias, sociedades científicas, etc. La gente se reúne, aborda un tema, lo discute, aprueba resoluciones y decide una acción conjunta. Hay personas que piensan lo mismo de la Iglesia cristiana, y no los culpo. Eso es lo que se les ha enseñado. Se les ha dado la impresión de que la Iglesia es solo una sociedad humana, una sociedad ética o aun política, pero una sociedad de carácter humano. Las personas que son religiosas se reúnen y meditan sobre temas religiosos. Cantan himnos y tienen una serie de ritos y ceremonias. Pero el punto fundamental es que la Iglesia es un lugar de reunión para quienes se preocupan por vivir una vida buena y moral, que tratan de ayudar a otras personas y de difundir un espíritu de buena voluntad y amistad en este mundo del tiempo.

Ahora bien, aunque no se nos enseñe nada más en esta historia de Hechos 5, eso, en cualquier caso, se desestima inmediatamente. La Iglesia no es eso. Hay algo más allá, otro elemento. Es cierto que la Iglesia es una agrupación de hombres y mujeres: es imposible leer la historia sin darse cuenta de que hay personas que se reúnen. Pero este incidente establece inmediatamente que va más allá de eso. Hay también otro elemento: el invisible. En cada "reunión" hay un poder que no es visible. Suceden cosas extrañas que no se pueden explicar en términos meramente humanos. Se traza una agenda, pero, a veces, algo irrumpe en esa agenda y todo se trastorna. Y eso es la Iglesia.

Ahora bien, este relato, este incidente que estamos examinando, se incluye en una serie que reúne todos los grandes acontecimientos y acciones de la Biblia. Si lees de nuevo el relato de la entrega de la Ley a Moisés en Éxodo 19, verás la montaña estremeciéndose con el fuego y el humo. Aquí, en Hechos, la gente se reunía, pero ese no es el factor importante. Lo importante es lo que pasaba cuando se reunía; es este otro elemento, el misterioso, esta extraña manifestación de poder. Ocurrió también el día de Pentecostés. Estaban allá, en la habitación. Habían estado allí durante diez días, y podían haber estado diez años o 100 años allí y no hubiera ocurrido nada si hubieran sido una sociedad corriente. Pero, se nos dice: ¡"De repente"! "De repente vino del cielo un estruendo como de un viento recio que soplaba". No fue que alguien hizo una proposición y que otro la secundó, no fue una decisión para seguir una línea de actuación. ¡No, algo sucedió, tuvo lugar, vino!

Las muertes de Ananías y Safira están también dentro de una serie, junto con lo que Pedro y Juan le hicieron al hombre en la puerta del Templo llamada "la Hermosa". Dos hombres que iban andando para entrar en el Templo ven a un cojo de nacimiento. No decidieron empezar una "Sociedad de beneficencia", ¿no es cierto? No decidieron hacer una colecta para él. Eso es lo que tú y yo podemos hacer, eso es lo que hacen las asociaciones humanas, y es correcto que lo hagamos. Lo único que estoy resaltando es que no es eso lo que ocurrió. Lo que ocurrió fue algo que los hombres y las mujeres jamás pueden hacer en sí mismos ni por sí mismos: ¡el hombre fue sanado! El hombre que jamás había caminado entró en el Templo "andando, y saltando, y alabando a Dios" (cf. Hechos 3:8).

Lo que es más, Hechos 5:1-11 forma parte de una serie que contiene ese otro incidente de Hechos 4 que hemos estudiado juntos. Ahí los tenemos, hombres y mujeres reunidos y hablando con Dios. Estaban expresando su veneración y adoración, y estaban trayendo sus peticiones delante de Él. Tú y yo podemos hacer eso, pero esa no era la cuestión más importante en relación con la vida de la Iglesia primitiva. Lo que era tan importante era que, cuando habían orado "el lugar en que estaban congregados tembló". Es este otro elemento lo que hace única a la Iglesia y, cuando la Iglesia no lo tiene, no es más que una sociedad humana, una institución sin ninguna singularidad. Es como los políticos y sus sociedades, sus clubes y sus reuniones sociales. No, no; "el lugar [...] tembló", eso es lo que hace la Iglesia. En otras palabras, lo primero que tenemos que saber de la Iglesia y de la Verdad que representa y que muestra ante las personas, es que lo que importa no es lo que las personas hagan, sino lo que les sucede.

Lo que importa por encima de cualquier otra cosa en el mundo, es la realidad del reino espiritual e invisible. Si asimilas esto realmente, transformará toda tu vida y experiencia. Esa es la segunda gran lección que nos enseña este incidente. El apóstol Pablo, como suele ser el caso, nos lo ha expresado todo en una afirmación memorable: "Esta leve tribulación momentánea produce en nosotros un cada vez más excelente y eterno peso de gloria; no mirando nosotros las cosas que se ven, sino las que no se ven; pues las cosas que se ven son temporales, pero las que no se ven son eternas" (2 Corintios 4:17-18).

Si hay un mensaje que se necesite más que cualquier otro en

este nuestro mundo actual, es precisamente este. Lo que ocurre fundamentalmente con el mundo y con esta generación es que se ha olvidado de lo invisible. Es la era del materialismo, de la sociedad opulenta, que jamás lo ha tenido todo tan fácil. Es la era de la prosperidad, la era de la maquinaria y los artilugios, la era de la comodidad y el ocio. Es una época ligada totalmente a lo terrenal con la ciencia y sus descubrimientos, la ciencia y su insistencia en lo visible, lo tangible y lo conmensurable. Ese es el reino de la ciencia, por supuesto que lo es. Pero lo que ha ocurrido es que la ciencia se ha vuelto Filosofía, y nos dice que no hay nada fuera de aquello que es visible, manipulado y medido.

En otras palabras, el hombre se ha convertido en la medida de todo. Solamente se puede creer en lo que el hombre puede entender, lo que el hombre conoce, lo que el hombre ha descubierto, lo que el hombre aprueba. Solamente lo que pertenece a este mundo de tiempo es real, y todo lo demás es poesía e imaginación. Si te presentas con algo que el hombre no puede abarcar con su mente, entonces se lo ridiculiza y se lo tacha de fantasía. Está bien —dicen—, puedes leer una novela o leer tu Biblia de vez en cuando, no importa cuál sea, son el mismo tipo de cosa, y lograrás un alivio momentáneo. Pero, evidentemente, no son reales, ni verdaderas; aún tendrás que volver y vivir en este mismo viejo mundo. Algunos psicólogos dicen que no se debe enseñar las Escrituras a los niños y que, por tanto, tampoco se le debe enseñar religión porque los violenta. Otros dicen que la religión altera el equilibrio emocional de una persona. El mundo invisible se niega y se desprecia de una manera activa y agresiva.

Por encima de todo lo demás, el mundo actual necesita oír que su falacia central es su negación de lo invisible y lo espiritual. ¿Harán caso, me pregunto, a Shakespeare, si no se lo hacen a la Biblia?

Hay más cosas en el Cielo y en la Tierra, Horacio,
de las que tu filosofía pueda imaginar.

(Hamlet)

Ese es, en cierto sentido, el gran mensaje de la Biblia, aunque lo expresa de una manera mejor. Lo que es más, como consecuencia, el mundo actual ni siquiera entiende la naturaleza de su problema. Los hombres y las mujeres de nuestros días están más sorprendidos de la naturaleza de su problema que de cualquier otra cosa. Lo falsifican todo porque creen —de verdad que creen, y lo han hecho durante mucho tiempo— que si se les educara, se les entrenara, y se les proporcionara un conocimiento y un entendimiento, sus problemas se solucionarían. Pero hemos hecho todo eso y las dificultades son mayores que nunca. Si las personas no entienden la naturaleza del problema, ¿cómo es posible que esperen encontrar una solución? Repito que este fracaso en el diagnóstico está motivado totalmente por el hecho de que la gente se ha olvidado de lo sobrenatural y ha hecho desaparecer todo lo que escapa a la comprensión humana.

Pero el cometido de la Biblia es declarar la realidad de lo invisible. No solo eso, es declarar la primacía, la absoluta importancia de lo invisible. "Las cosas que se ven son temporales, pero las que no se ven son eternas" (2 Corintios 4:18). Este no es el mundo real, es el fantasma pasajero, aquella otra es la real, aquella es el principio absoluto. Esta es la apariencia; aquella, dice la Biblia, es la gran realidad. Y no hay mayor metedura de pata que confundir la apariencia con la realidad, o lo temporal con lo permanente. Aquí está, pues, el postulado básico de la Biblia, y se nos presenta en esta historia de una manera impactante, la cual confío no se nos vuelva a olvidar nunca, a ninguno de nosotros.

Lo invisible es sumamente importante porque estamos en su mano. La Biblia nos presenta esto de muchas maneras. Está allá, en Génesis: "En el principio [...] Dios", y en toda la historia del Antiguo Testamento que viene después. Shakespeare y otros tantean esto, pero nunca lo llegan a alcanzar.

Hay una divinidad que moldea nuestros fines,
por más que nosotros los labremos a golpes.

(Hamlet)

Ese es un hombre que empieza a pensar profunda y seriamente. Requiere mucho tiempo llevar a la gente a ese punto. Todos son conscientes de lo que algunos han denominado "hado". Cuando los antiguos diseñaron sus filosofías y planes, siempre veían un elemento más: hado, sino, lo que guía nuestro destino y de lo que no somos sino juguetes. Existen otros poderes. El mundo se ha acercado mucho a esta idea. Lo tantea; tiene una vaga conciencia de nuestra pequeñez, de lo poco que sabemos, y de lo grandes que son esas fuerzas que están ahí, por encima, más allá y alrededor de nosotros. Y el mensaje de la Biblia y la enseñanza de la historia bíblica es lo verdaderamente importante de la realidad invisible que controla nuestras vidas.

La realidad del mundo invisible se aprecia, particularmente, en los libros proféticos de la Biblia. No hay otra explicación. Los profetas eran hombres capaces de predecir, unos 800 años antes del tiempo, las cosas que después sucederían; ¿cómo lo hacían? Creo en la imaginación poética, es algo maravilloso, pero ningún poeta ha sido jamás capaz de imaginar o predecir la Historia con los detalles minuciosos que encontramos en las profecías del Antiguo Testamento; es imposible. No, tiene que haber otra fuente que genere el conocimiento, la revelación. Los hombres tienen que haber estado en contacto con lo invisible, lo eterno, lo real, lo verdadero y lo imperecedero.

Y, obviamente, por encima de todo, en la venida de nuestro Señor a este mundo, vemos la irrupción de lo eterno en el tiempo. Él es el "Invisible" (cf. Hebreos 11:27), y el Invisible se hace visible; Él es el "Verbo [...] hecho carne [que] habitó entre nosotros" (cf. Juan 1:14); Él es Dios manifestado en la carne. Lo vemos en su nacimiento, lo vemos en la manifestación de sus poderes milagrosos, Él mismo lo dijo. Un día, cuando la gente estaba diciendo que estaba echando fuera demonios en nombre de Beelzebú, Él rebatió el argumento y después dijo: "Mas si por el *dedo de Dios* echo yo fuera demonios [...]" (Lucas 11:20). La gente estaba asombrada y decían haber visto cosas extrañas. Había un sentido del respeto y del temor. Eran conscientes de lo sobrenatural y lo eterno; "el dedo de Dios".

El poder de lo eterno se ve, sobre todo, en la resurrección de nuestro Señor, cuando todo fue sorprendente y se quebrantaron todas las leyes de la Naturaleza. Evidentemente, las personas inteligentes y actuales, aun aquellos que se llaman a sí mismos cristianos y líderes de la Iglesia cristiana, niegan una resurrección física. "No puedes esperar que personas de nuestros días crean eso", dicen. No espero que lo crean, pero les estoy diciendo que si no lo hacen, solamente hay un fin para ellos.

No espero que nadie crea estas cosas. Como hombre natural, yo mismo no las creo. "El hombre natural no percibe las cosas que son del Espíritu de Dios" (1 Corintios 2:14). ¿Por qué no? Porque es un hombre natural. Ese es todo su problema, está ciego. ¿Cómo puede el hombre mortal entender y recibir lo espiritual, lo invisible y lo eterno? No se puede hacer. Sin embargo, la Biblia afirma que ha sido hecho: "Dios nos las reveló a nosotros por el Espíritu" (1 Corintios 2:10). Esta es la historia que nos presenta. Un Evangelio que una persona de nuestros días pueda aceptar, no es, por definición, un Evangelio en absoluto; es política, Sociología o cualquier otra cosa. La verdadera base de este Evangelio es que nos sorprende, y solamente podemos apartarnos con Pablo y decir: "Grande es el misterio de la piedad" (1 Timoteo 3:16), e inclinarnos ante Él en humilde veneración, alabanza y adoración.

Estos son, pues, los acontecimientos del libro de Hechos de los Apóstoles: Pentecostés, milagros, edificios que tiemblan y después el conocimiento de Pedro de lo que iba a suceder con Ananías y Safira. Pedro no supuso que la noticia iba a matar a estas dos personas. No, no; le había sido revelado, por eso habló de la forma en que lo hizo, en particular a Safira. Prácticamente le anunció su muerte. La indicación que recibió Pedro fue parte de la irrupción en lo invisible y lo eterno. Y además, por encima de todo, estaban las dos muertes. Fueron lo que se denomina una obra de Dios. No se pueden explicar en otros términos.

Esta es, pues, la gran enseñanza de la Biblia: la realidad, la primacía de lo invisible, lo espiritual y lo eterno. Y, de una manera asombrosa, aquí se nos resume todo. ¿Es el mensaje del Evangelio solo un llamamiento para que nos reunamos y llevemos al mundo al equilibrio? ¿Es solo un llamamiento internacional que le dice a las naciones: "Acercaos ahora, resolvamos todo el problema del color y de la raza, seamos sensibles y encontrémonos en la mesa de conferencias"; es eso el cristianismo? Creo que es muy difícil entender cómo personas que alguna vez han leído la Biblia puedan pensar eso. No, este es el mensaje de la Biblia: Dios; y Dios en tres Personas. Aquel que sigue irrumpiendo. "¿Por qué llenó Satanás tu corazón para que mintieses al Espíritu Santo [...]? No has mentido a los hombres, sino a Dios" (cf. Hechos 5:3-4). Aquí está.

"Pero no puedo entender la doctrina de la Trinidad —dice alguien—, y, puesto que no puedo entenderla, no la creo".

¡Pequeño necio! ¿Alguna vez has tratado de entender la doctrina de la Trinidad? Detente un momento y trata de pensar en lo que estás intentando entender. Dios en tres Personas: Padre, Hijo, Espíritu Santo. Ese es el mensaje de la Biblia. No "el fundamento del ser", ni "el último", ni "el principio absoluto", ni un vago espíritu de buena voluntad, ni "un espíritu de amor". No, no; Personas que piensan, que actúan, que intervienen, que hacen cosas. Dios el Padre, creando en el principio: "En el principio creó Dios" (cf. Génesis 1:1). No una fuerza que hizo que surgieran las cosas, sino una Persona que decidió crear y que lo hizo y que, habiendo creado, continúa sosteniéndolo.

Dios el Hijo, activo, apareciendo en diversas formas angélicas en el Antiguo Testamento y, "cuando vino el cumplimiento del tiempo", nació como un niño en un establo en Belén (cf. Gálatas 4:4). Una persona, una persona viva. "El que me ha visto a mí —dijo—, ha visto al Padre" (Juan 14:9). "Yo y el Padre uno somos" (Juan 10:30).

Y aquí, en Hechos, se hace un enorme hincapié en el Espíritu Santo. "¿Por qué llenó Satanás tu corazón para que mintieses al Espíritu Santo? [...] No has mentido a los hombres, sino a Dios" (cf. Hechos 5:3-4).

Oh, no estoy aquí para decir que entiendo esto, y no te estoy pidiendo que lo entiendas. Simplemente estoy aquí para decirte que no te entiendes a ti mismo, que no entiendes la vida, que no entiendes la Historia, y que irás al Infierno a menos que creas este mensaje del Dios que es y que siempre fue, las tres Personas en esta bendita Divinidad, iguales, eternas en todos los aspectos, Dios actuando en este mundo de tiempo. No es nuestro mundo, no lo hicimos nosotros, no nos trajimos nosotros mismos a él. Estamos en manos del Dios viviente. Él es el autor de todo, Él es el que sustenta todas las cosas y bajo Él vivimos nuestras vidas, estas pequeñas vidas limitadas que tenemos en este mundo a medida que pasamos por él. Oh, el estúpido engreimiento de los hombres y las mujeres. No se pueden entender a sí mismos, ni a Dios, ni pueden entender nada sin esto. Solamente esto empieza a darles un entendimiento o una explicación.

Pero, a continuación, voy a mostrarte lo que para el hombre y la mujer actual es el súmmum de la necedad. Dijo Pedro: "Ananías, ¿por qué llenó Satanás tu corazón para que mintieses al Espíritu Santo [...]?". Ahora bien, sea lo que fuere lo que tú y yo queramos pensar, el mensaje, no únicamente de este incidente, sino de toda la Biblia, es que hay un diablo que es una persona: Satanás. Esto forma parte del reino espiritual. Aquí es donde, por otra parte, vemos la absoluta carencia del pensamiento actual. No solo no cree en Dios, tampoco cree en el diablo. Esto es bastante lógico, obviamente. Cuando los rusos fueron al espacio, dijeron que no habían visto a Dios por ninguna parte. Además de la blasfemia, ¡qué completa tontería, qué necedad tan absoluta y patética! Tampoco vieron al diablo y, obviamente, muchos dicen que, puesto que no han visto a Dios, no hay ningún Dios, y puesto que no han visto al diablo, no hay ningún diablo. Esa es la tragedia.

Sin embargo, forma parte del propósito de la Biblia tanto el enseñarnos la realidad y la personalidad del diablo, como el enseñarnos la personalidad y el ser de Dios. ¿Por qué está el mundo en su actual estado? ¿Por qué hay confusión? ¿Por qué hay dolor? ¿Por qué hay lujuria, avaricia, celos, envidia? ¿Por qué hay enfermedad? Solamente hay una respuesta: está ahí, en el capítulo 3 del libro de Génesis, y habla del diablo.

Dios creó un mundo perfecto: el Paraíso. Lo contempló todo y "vio [...] que era bueno" (cf. Génesis 1:25). Luego, el diablo, esta criatura que es más sutil que cualquier otra, vino y tentó al hombre y a la mujer, y cayeron. Hay un paralelismo extraño aquí. Al principio de la Creación original, el diablo entró y causó problemas; después vino la segunda creación, la Iglesia, y, una vez más, el diablo se puso en acción. Un hombre y una mujer al principio, un hombre y una mujer aquí de nuevo: la misma situación; el diablo es una persona.

Vayamos a 2 Corintios 4:3: "Si nuestro evangelio está aún encubierto —dice Pablo—, entre los que se pierden está encubierto; en los cuales el dios de este siglo cegó el entendimiento de los incrédulos, para que no les resplandezca la luz del evangelio de la gloria de Cristo". Como hemos visto, si la gente no cree el Evangelio, ahí tenemos una razón importante para ello: el diablo los ha cegado. Tomemos Efesios 2:1?2: "Él os dio vida a vosotros, cuando estabais muertos en vuestros delitos y pecados, en los cuales anduvisteis en otro tiempo, siguiendo la corriente de este mundo, conforme al príncipe de la potestad del aire, el espíritu que ahora opera en los hijos de desobediencia". Esa es la enseñanza del apóstol Pablo. Lo expresa de nuevo en Efesios 6:12: "No tenemos lucha contra sangre y carne". Ni siquiera es mi propia naturaleza humana lo que constituye el problema: "No tenemos lucha contra sangre y carne, sino contra principados, contra potestades, contra los gobernadores de las tinieblas, de este siglo, contra huestes espirituales de maldad en las regiones celestes". Ese es el problema.

Y el libro del Apocalipsis se ocupa del mismo tema, describiendo al diablo atado en un lago de fuego y a las bestias que influyen, controlan y afectan la vida entera. Y la misma enseñanza encontramos aquí, en Hechos 5: "¿Por qué llenó Satanás tu corazón para que [hicieses esto]?". Pedro, un hombre espiritual, como ahora era a consecuencia de su bautismo en el Espíritu, vio exactamente lo que había ocurrido. Y lo digo una vez más, esta es la enseñanza, la realidad del reino invisible. En este mundo estamos rodeados de poderes y fuerzas invisibles, tanto buenos como malignos, de principados y potestades, de gobernadores de las tinieblas de este mundo. Eso es lo que está organizando la maldad en este mundo en el día de hoy, eso es lo que lo hace tan perverso. No son meramente los seres humanos. A ellos los dirigen, son las víctimas, los esclavos, a los que engañan. El diablo tiene el control y entra en el corazón de los hombres y mujeres, como se nos dice aquí, y los gobierna y dirige.

Por eso el mundo está como está, ¡ay! Por eso la Iglesia está como está. Aquí, en Hechos 5, el diablo entra en el corazón de Ananías y Safira, quienes son miembros de la Iglesia, y hace en ellos esta maldad que los conduce a tan terribles consecuencias. Y aún está trabajando en la Iglesia cristiana. El diablo —dice Pablo— puede disfrazarse de ángel de luz (cf. 2 Corintios 11:14), y aún lo está haciendo. Encontramos, pues, en la Iglesia, hombres destacados que niegan los elementos mismos de la fe, negando la deidad del Hijo de Dios, aun algunos negando la existencia misma del propio Dios, y todo en el nombre del cristianismo. Ese es Satanás, ese poder invisible. Es demasiado listo, demasiado diabólico, demasiado retorcido y demasiado sutil para tener un origen meramente humano.

Todos estamos rodeados por estos poderes, y la Biblia enseña que está teniendo lugar una gran batalla cósmica: Dios y el diablo, el reino de la luz y el reino de las tinieblas, el Cielo y el Infierno. Y tú y yo, con todo nuestro enorme conocimiento científico y todos nuestros clubes y sociedades, nuestras instituciones y concilios, y con todos nuestros planes para hacer un mundo perfecto, estamos yendo de mal en peor porque no somos conscientes de que estos poderes nos están influyendo de una manera tan sutil. No siempre es malo; a veces es bueno. Pero lo bueno es, a menudo, el mayor enemigo de lo mejor. Los hombres y las mujeres morales, generalmente, han sido quienes se han resistido a la predicación del Evangelio más que ningún otro; no han sentido necesidad alguna de él. Los engañosos recaudadores de impuestos y los pecadores siempre están más dispuestos a escuchar que los fariseos y los escribas; ese es el problema, es el diablo.

Aquí, pues, continúa la gran batalla: el Espíritu Santo y

Satanás, y los dos operando en este mundo, operando en ti, operando en mí, intentando ganarnos. El diablo fue un ángel creado que se rebeló y cayó. Odia a Dios y arrastraría todo el universo a su propia perdición final. Eso es lo que estaba ocurriendo en la Iglesia primitiva. Eso es lo que aún está ocurriendo. No es tu portentoso cerebro el que hace que rechaces el Evangelio, es el diablo influyendo en tu corazón y haciendo que te sea imposible hacerlo.

Finalmente, debo advertirte —y solo lo puntualizo aquí— que el último mensaje general que se enseña aquí es el Juicio Final. No estoy hablando de algo teórico, remoto y académico. Esto no es solo un punto de vista, el cual te puede interesar o no; es la verdad acerca de nosotros, de cada uno de nosotros. Los hombres y mujeres son seres responsables, son responsables ante Dios, quien los creó, y ante Él tendrán que comparecer, ante ese Dios que todo lo sabe. Ananías y su esposa pudieron estar de acuerdo en quedarse un poco de dinero, diciéndose a sí mismos: "Los Apóstoles no lo sabrán, nadie lo sabrá. Daremos la impresión de ser personas muy espirituales, pero también estaremos cuidando de nosotros mismos, ¡y qué listos somos!". ¿Listos? Fue una completa locura. ¿Por qué lo hicieron? Porque se habían olvidado de lo invisible, se habían olvidado de lo espiritual, se habían olvidado de Dios. "Todas las cosas están desnudas y abiertas a los ojos de aquel a quien tenemos que dar cuenta" (Hebreos 4:13).

"Sí", dice el libro del Apocalipsis en el capítulo 20:12, llegará el día en que los libros sean terminados y sean abiertos, y tus obras estén allí. No hay nada que alguna vez hayas hecho, dicho o pensado, que no le sea conocido a Dios, y los hombres y mujeres no pueden escapar de Dios, no pueden evadirle. Pueden hacer muchas cosas mientras están en este mundo, pero todos sus tiempos están en sus manos (cf. Salmo 31: 15). Pueden ser golpeados en un segundo, en un momento. No crean sus vidas, no las controlan, ni, en último término, pueden acabar con ellas. Cuando piensan que todo está bien, viene la destrucción repentina. Este es el gran mensaje de nuestro Señor mismo. Vendrá el fin, y Dios juzgará a todos aquellos que hayan rechazado un conocimiento de Él, a todos aquellos que hayan permanecido víctimas de Satanás y que hayan rechazado la oferta de Dios en Cristo, su Hijo unigénito, a quien envió a este mundo "para que todo aquel que en él cree, no se pierda, mas tenga vida eterna" (Juan 3:16).

A la luz de esto, Dios nos llama al arrepentimiento, a que reconozcamos y confesemos nuestro pecado, nuestra vergüenza, necedad y nuestra ignorancia de Él, y que creamos su Evangelio. Ese es el primer gran mensaje que nos llega de la tragedia de Ananías y Safira. Que Dios abra nuestros ojos para verlo.

18
El corazón y sus enemigos

Pero cierto hombre llamado Ananías, con Safira su mujer, vendió una heredad, y sustrajo del precio, sabiéndolo también su mujer; y trayendo sólo una parte, la puso a los pies de los apóstoles. Y dijo Pedro: Ananías, ¿por qué llenó Satanás tu corazón para que mintieses al Espíritu Santo, y sustrajeses del precio de la heredad? Reteniéndola, ¿no se te quedaba a ti? y vendida, ¿no estaba en tu poder? ¿Por qué pusiste esto en tu corazón? No has mentido a los hombres, sino a Dios. Al oír Ananías estas palabras, cayó y expiró. Y vino un gran temor sobre todos los que lo oyeron. Y levantándose los jóvenes, lo envolvieron, y sacándolo, lo sepultaron. Pasado un lapso como de tres horas, sucedió que entró su mujer, no sabiendo lo que había acontecido. Entonces Pedro le dijo: Dime, ¿vendisteis en tanto la heredad? Y ella dijo: Sí, en tanto. Y Pedro le dijo: ¿Por qué convinisteis en tentar al Espíritu del Señor? He aquí a la puerta los pies de los que han sepultado a tu marido, y te sacarán a ti. Al instante ella cayó a los pies de él, y expiró; y cuando entraron los jóvenes, la hallaron muerta; y la sacaron, y la sepultaron junto a su marido. Y vino gran temor sobre toda la iglesia, y sobre todos los que oyeron estas cosas.

(Hechos 5:1-11).

Continuamos con la historia de Ananías y Safira, la pareja que decidió unirse a los demás miembros de la Iglesia primitiva en compartir sus posesiones. Sin embargo, modificaron su acción. Fingieron estar dando todo el dinero que habían recibido de la venta de una parcela de su propiedad, pero en realidad no lo hicieron. Los dos conspiraron juntos para quedarse parte del dinero. Y fue por causa de esa acción que Dios procedió con ellos de la aterradora manera que se describe en el relato.

Ahora bien, a través de esta historia, podemos ver que el primer gran propósito del mensaje del Evangelio es hacernos conscientes de que vivimos en un mundo espiritual, en un reino espiritual. La mentira más grande del diablo es el materialismo, cualquiera que sea la forma que adopte. El mundo, pues, se olvida de lo invisible, lo sobrenatural, lo eterno y, en último término, esa es la causa de todas sus tragedias. Aquí se nos recuerda eso. Los creyentes estaban reunidos y orando, cuando de repente Dios actuó y toda la situación cambió. No obstante, se nos recuerda, igualmente, la incesante obra de Satanás, quien, en su odio hacia Dios, está constantemente haciendo todo lo posible por echar a perder la obra de Dios, bien sea la Creación original o esta "nueva creación" llamada la Iglesia cristiana.

El mensaje, pues, del Evangelio, dice que todos somos responsables ante Dios, como lo eran Ananías y Safira, que todos nos encontramos en manos de Dios, lo sepamos o no. Ellos no eran conscientes de ello; sin embargo tuvieron que hacer frente a ese hecho, y lo mismo sucede con todos nosotros. ¡Cuán necios somos al no lograr darnos cuenta de que estamos en manos de poderes y fuerzas mayores que nosotros mismos!

Y es a un mundo como este al que se dirige el mensaje de la Iglesia, este Evangelio que los Apóstoles fueron enviados a predicar. El Señor les había dicho justo antes de su ascensión: "Y vosotros sois testigos de estas cosas [...] quedaos vosotros en la ciudad de Jerusalén, hasta que seáis investidos de poder desde lo alto" (Lucas 24:48-49). Dijo, con otras palabras: "Os voy a distribuir para que le habléis a la gente de mí, quién soy, por qué vine al mundo y lo que he hecho"; estas magníficas buenas nuevas de salvación, de liberación, que conducen a un "gozo inefable y glorioso" (1 Pedro 1:8).

¿Por qué, entonces, no cree todo el mundo este mensaje? Tal

y como está el mundo, con sus problemas, sin estar en sus cabales, con todo lo demás fracasando, ¿por qué los hombres y las mujeres desprecian el Evangelio sin siquiera considerarlo? Ya te he proporcionado parte de la respuesta: es Satanás, el diablo, el dios de este mundo, quien "cegó el entendimiento de los incrédulos" (2 Corintios 4:4), para que no crean el glorioso Evangelio de Cristo. Y lo hace como quiero mostrarte ahora. He preguntado: ¿Por qué el mundo no cree este Evangelio? Y la respuesta es que no ve que tenga necesidad alguna del mismo. Es tan sencillo como eso. Si tuviera necesidad, estaría dispuesto a escuchar. Es consciente de ciertas necesidades, pero no lo es de su verdadera necesidad, y eso es siempre el resultado de la obra del diablo.

Este sorprendente incidente nos dice que el problema de la Humanidad es que no sabe lo que está mal. Está equivocada respecto a la naturaleza de su problema, de su necesidad fundamental. Por eso no cree el Evangelio. Este problema fundamental de la necesidad se divide en dos partes principales. En primer lugar, la gente está equivocada respecto a su concepto de la naturaleza humana; quién es y cuáles son sus necesidades. En segundo lugar, está totalmente equivocada respecto a su tratamiento de las fuerzas que están en su contra.

Ahora bien, todo el mundo es consciente de que algo va mal, y se da cuenta de que en esta vida hay una lucha. Pero la cuestión fundamental es saber exactamente lo que está mal y conocer exactamente la naturaleza de las fuerzas contrarias. Si nos volvemos a los historiadores seculares, nos proporcionarán la historia de los intentos del mundo por tratar consigo mismo y con sus problemas. En la llamada "Historia de la civilización", vemos a hombres y mujeres esforzándose por resolver el problema. Han estado muy ocupados con esta cuestión, ¡no habría libros de Historia si no fuera por este hecho! Aun en sus guerras, han estado buscando la paz.

Pero a pesar de toda la energía que se ha consumido, el mundo no ha mejorado, ¿qué tiene, pues, el género humano que parece estar siguiendo sus huellas? ¿Por qué es que precisamente cuando crees que todo va a ir bien, tantas cosas van mal? ¿Cuántas veces ha sucedido esto en la extensa Historia del género humano; tantas que muchos historiadores creen que el mundo camina en círculos? Pareces estar alcanzando la cima, cuando de repente sientes que se encuentra en una curva, y de nuevo vuelve al fondo. Avanzas, retrocedes, y así una y otra vez. ¿Por qué sucede esto? Bien, por los dos grandes problemas que el mundo, necesariamente, tiene que afrontar, y quiero mostrártelos a la luz de esta historia de Ananías y Safira, puesto que aquí, bajo mi punto de vista, adquirimos una nueva percepción de la naturaleza de estos problemas.

¿Qué es lo que está mal en la idea actual del problema de la condición humana? En primer lugar, si leemos los escritos de las personas que intentan abordar todos los problemas morales y políticos a los que nos enfrentamos en el día de hoy, inmediatamente nos impacta el hecho de que todos ellos tienen una idea superficial. Se interesan, por lo general, únicamente en la conducta. Toman las estadísticas de delincuencia juvenil, de robos y atracos —creo que las últimas estadísticas han demostrado que, por primera vez, hemos superado la frontera del millón en delitos perseguibles, los delitos cometidos en este país—, y en ellas se interesan todos. Empiezan por examinar las acciones, y después piensan que se trata totalmente de un problema de conducta.

Preguntan: ¿Qué podemos hacer acerca del comportamiento de los hombres y las mujeres? No les interesan las personas en sí mismas, la forma en que reaccionan y la forma en que viven. Comienzan con lo que ellos llaman "sociedad", y luego "las relaciones interpersonales", y lo expresan de una manera culta e inteligente. Su pregunta es: ¿Cómo podemos hacer que estas personas que cometen delitos y alteran la sociedad se conviertan en buenos miembros de la misma? Pasan, pues, todo el tiempo, estudiando la superficie del problema.

De esto se desprende, casi necesariamente, una segunda falacia. Esto sugiere que los problemas a los que se enfrenta la sociedad son, totalmente, el resultado de una falta de conocimiento e instrucción, que la gente se comporta de la forma en que lo hace porque no conoce nada mejor, porque no ha recibido instrucción, porque no tiene comprensión intelectual. La conclusión es que para conseguir una sociedad armoniosa y feliz, solo se necesita educación. Las personas se extravían porque aún no han entendido que deben adaptarse a la sociedad y al resto de miembros de la misma. Cuando se les haya enseñado cómo acomodarse a lo que la sociedad requiere, los problemas serán eliminados.

Ahora bien, creo que estarás de acuerdo en que esa es una fiel representación de la idea que normalmente se tiene acerca de cómo tratar con los problemas a los que se enfrenta la sociedad. Sirve de base al enfoque de la educación en las escuelas, y es la teoría predominante que se esconde tras todo el concepto del castigo del delito y el tratamiento de los prisioneros, en el cual se hace hincapié en la "rehabilitación", como se la denomina; lo que significa instruir a la gente. Puede que tengas que pedir la ayuda de los psicoterapeutas, por supuesto, pero el propósito es conseguir que las personas piensen correctamente. Hay, pues, multitud de agencias que están pensadas para tratar la mente, impartir instrucción y mostrar un camino mejor.

Sin embargo, mi propuesta es que esta historia de Ananías y Safira es suficiente, en sí misma y por sí misma, para demostrar cuán superficial es todo eso. Piensa en estas personas y en lo que les ocurrió; ¡piensa en este suceso en el ámbito de la Iglesia cristiana! ¿Puedes explicar lo que les sucedió a Ananías y Safira como una mera falta de conocimiento, o de entendimiento; eso es todo? O tomemos una de las grandes ilustraciones del mismo principio que encontramos por toda la Biblia. ¿Puedes explicar la conducta de los hombres y las mujeres en términos meramente intelectuales? En el momento que acercas estas ideas actuales a la luz de la enseñanza de las Escrituras, te das cuenta de que son desesperadamente superficiales.

O, para expresarlo en sentido positivo, el verdadero fracaso es el no lograr ver que el problema esencial del género humano es el problema del corazón. Aquí es donde toda la Biblia hace hincapié. En este punto es donde, si se me permite expresarlo así, la psicología bíblica muestra su profundidad. Únicamente sobre esta base desestimaría toda teoría actual. La gente habla mucho de Psicología; sin embargo, es ahí donde se equivocan, porque la psicología significa sencillamente el entendimiento de las personas y su comportamiento en general. Aquí, en la

Biblia, y solo aquí, encontramos una verdadera valoración de la naturaleza humana y un análisis que revela un profundo entendimiento psicológico.

Pedro llegó a esta conclusión enseguida. "Dijo Pedro: Ananías, ¿por qué llenó Satanás tu corazón para que mintieses al Espíritu Santo?". Y lo mismo le dijo, con otras palabras, a Safira cuando llegó más tarde. Pero escucha de nuevo a Pedro. Desarrollando su argumento con Ananías, dijo: "¿Por qué llenó Satanás tu corazón para que mintieses al Espíritu Santo, y sustrajeses del precio de la heredad? Reteniéndola, ¿no se te quedaba a ti? y vendida, ¿no estaba en tu poder?". Con otras palabras, si recuerdas, Pedro estaba diciendo: "Para empezar, no tenías necesidad de haberla vendido, pero aun después de que lo hicieras y después de que recibieras el dinero, no había ninguna obligación, aun entonces, de dar ni medio céntimo. Podías habértelo quedado todo, aún estaba en tu poder. Decidiste engañar dos veces deliberadamente, ¿por qué lo hiciste?". Después continuó: "¿Por qué pusiste esto —¿dónde? ¿"en tu mente"? No— en tu corazón?". Y ahí está todo el problema al descubierto.

El problema, pues, de la perspectiva actual es que jamás se ha dado cuenta de que el problema está en los corazones de los hombres y las mujeres. No es un problema intelectual, ni un problema de conocimiento o de información. Es mucho más profundo. Hay elementos en la naturaleza humana que son más hondos y más fuertes, más profundos, que la mente. Son los factores predominantes, pueden destrozar y arruinar la vida entera de una persona. Pero aquí está el gran mensaje de la Biblia. Se nos dice del diablo —"Satanás", a quien se menciona aquí— que su caída original la motivó su levantamiento contra Dios. ¡Celos! Algo hondo y profundo. No estaba pensando solamente, había algo que deseaba: ser igual a Dios. Esto es lo que toda la Biblia subraya en relación con los hombres y las mujeres.

Ahora bien, he subrayado la honestidad de las Escrituras, y tomamos un notable ejemplo. Uno de los hombres más importantes del Antiguo Testamento es el rey David, ese "dulce salmista de Israel", ese apuesto joven, ese hombre que honró a

Dios y obtuvo una magnífica victoria sobre Goliat, ese hombre que estableció el reino y lo elevó a tan grandiosas y maravillosas alturas, alturas que después apenas logró alcanzar; míralo, ahí está. Pero la Biblia es honesta, nos dice la verdad acerca de él, nos dice que el rey David fue culpable de adulterio y asesinato. ¿Por qué hizo eso? ¿Fue falta de entendimiento? ¿Fue que no estaba familiarizado con la enseñanza? ¿Fue que no había sido instruido lo suficiente en el arte de cómo adaptarse a los demás en la sociedad? ¿Fue que necesitaba ser rehabilitado?

¡Tal sugerencia es tan superficial, es ridícula! El propio David, finalmente, descubrió la razón y la expone sinceramente en el Salmo 51 cuando clama en su dolor: "Crea en mí, oh Dios, un corazón limpio, y renueva un espíritu recto dentro de mí" (versículo 10). Él sabía dónde estaba el problema. Un hombre como David, con la percepción que tenía, que había recibido mensajes de Dios y sabía lo que era estar inspirado por el Espíritu Santo para escribir aquellos salmos incomparables, un hombre con un conocimiento de la Ley de Dios y de la Verdad de Dios, pudo hacer estas cosas. ¿Por qué? ¿Su problema estaba solo en la mente? Dios sabe que no lo estaba, y David descubrió que no lo estaba. No se trata de la mente, sino del espíritu, del corazón, esta parte más profunda de la naturaleza humana que causa el problema; eso es lo que se ha olvidado en nuestros días.

Nuestro Señor es igual de explícito. Los fariseos y los escribas estaban equivocados acerca de esto mismo, pero nuestro Señor se lo explicó de una manera muy clara. Sus propios discípulos tampoco lo entendían; así pues, dijo: "¿No entendéis que todo lo que entra en la boca va al vientre, y es echado en la letrina? Pero lo que sale de la boca, del corazón sale; y esto contamina al hombre. Porque del corazón salen los malos pensamientos, los homicidios, los adulterios, las fornicaciones, los hurtos, los falsos testimonios, las blasfemias. Estas cosas son las que contaminan al hombre; pero el comer con las manos sin lavar no contamina al hombre" (Mateo 15:17-20).

El corazón es el centro de la personalidad. No abarca únicamente los sentimientos y las emociones; los incluye, pero también algo mucho más profundo. Todos nosotros tenemos un centro, un centro importante, del cual sale todo y el cual controla todo, y ahí está nuestro problema. El problema no es meramente intelectual; si lo fuera, nuestro sistema educativo lo resolvería. No; hay algo en los hombres y las mujeres que es mucho más profundo que todo eso, que les hará contradecir su conocimiento, pisotearlo y violarlo, de tal modo que harán lo malo aunque sepan que está mal. Ese es el problema.

Tomemos de nuevo la forma en que lo expresa nuestro bendito Señor en el capítulo 3 del Evangelio según Juan: "Esta es la condenación: que la luz vino al mundo —¿por qué no lo creen todos, entonces? Y Él da la respuesta—, y los hombres amaron más las tinieblas que la luz, porque sus obras eran malas". Aquí está el problema, en el amor a las tinieblas. No es que la gente no sea consciente de la luz. Han tenido luz; a lo largo de los siglos, las civilizaciones han conocido la luz además de la revelación de Dios. Puedes leer a los filósofos y estudiar sus nobles ideas sobre la vida, sus exhortaciones a elevarse a un nivel superior. Han mostrado el mejor camino, han puesto en evidencia la necedad, la inutilidad y la locura de la guerra. No ha sido difícil tener luz, instrucción e información. Y nunca ha tenido el mundo más de lo que tiene ahora; sin embargo, nuestras cifras de crimen y violencia jamás han sido tan malas.

¿Cómo explicas estas cosas? Repito que solamente hay una respuesta; el problema de la Humanidad reside en el corazón, y cualquier opinión que no sea consciente de ello ya está abocada al fracaso. Santiago expresa esta enseñanza de una manera clara cuando escribe sobre la guerra en su Epístola. La gente está preocupada por esta cuestión. "¿Por qué —se preguntan— en esta era culta y en esta generación aún hay guerras?". "¿De dónde vienen las guerras y los conflictos entre vosotros?", pregunta Santiago. Dice después: "¿No es de vuestras pasiones, las cuales combaten en vuestros miembros? Codiciáis, y no tenéis; matáis y ardéis de envidia, y no podéis alcanzar; combatís y lucháis, pero no tenéis lo que deseáis, porque no pedís. Pedís, y no recibís, porque pedís mal, para gastar en vuestros deleites" (Santiago 4:1-3).

Pedro preguntó a Ananías y Safira: ¿Por qué habéis hecho esto? "¿Por qué pusiste esto en tu corazón?". Esta es la cuestión, y la respuesta sigue siendo la misma. Es la única respuesta. Los hombres y las mujeres no son solamente intelectos. Por mucho que sepan, lo que quieren y lo que desean los gobierna. No son únicamente los pobres, los ignorantes y sin letras los que son culpables de adulterio y los que pasan por los juzgados de divorcio. No, no; las personas que lo empezaron están en el extremo más alto de la escala, solo que ha ido descendiendo a los otros gradualmente.

Los profesores universitarios no son un dechado de virtudes. Un hombre o una mujer puede tener un vasto conocimiento y un gran cerebro y ser un vil fracaso en el arte de vivir. ¿Por qué? Porque los "impulsos", como los llaman ahora, las lujurias, los deseos, las pasiones, pueden ser igualmente grandes y son más profundos que la mente; ¡nacen del corazón! No es el conocimiento que entra lo que hace a una persona, sino lo que sale. Hay algo que vicia la fuente misma y el núcleo de la personalidad, de tal modo que todos los esfuerzos de purificación se quedan en nada. Puedes multiplicar el número de los psicoterapeutas en las cárceles y en cualquier otro lugar, puedes llevarlos a las escuelas, si quieres, y eso está ocurriendo, puedes gastar millones en educar a la sociedad para que se adapte, pero no funcionará, no te será de provecho. El mundo lo está probando. Repito que esos métodos son el resultado de un concepto superficial del problema de la Humanidad.

Pero permíteme pasar a mostrarte algo más que destaca de manera impactante en esta historia. El mensaje aquí no es solo que el problema está en el corazón, sino también que el corazón se encuentra en un estado terrible, que está pervertido y torcido.

"¡Oh —dice alguien—, imagínate tener que oír algo tan deprimente como eso!".

Pero, espera un momento, amigo mío, ¿qué quieres? ¿Para que estás aquí? ¿Estás buscando la Verdad o no? Si estás por entretenimiento, entonces te has equivocado de lugar. Si quieres entretenimiento, entonces quédate en casa viendo la televisión, y mira a las personas inteligentes que niegan el Evangelio y lo ridiculizan.

Allí no encontrarás la Verdad, encontrarás adulación y entretenimiento. Pero estamos aquí para examinar la Verdad, estamos aquí porque nos preocupamos por nosotros mismos, por nuestras vidas en este mundo, por nuestra muerte, por lo que hay después de ella. Estamos aquí porque estamos francamente preocupados por la situación del mundo.

La verdad es que el corazón humano está corrompido. Forma parte de la tarea de predicador decirte eso. Nadie más te lo dice, pero el Evangelio sí lo hace. Dice Jeremías: "Engañoso es el corazón más que todas las cosas, y perverso; ¿quién lo conocerá?" (Jeremías 17:9). Y eso es lo que la Biblia dice en todas partes acerca de los corazones de los hombres y las mujeres, tal y como son por naturaleza. A veces pienso que las personas en realidad no han empezado a vivir, hasta que han descubierto la verdad acerca de sí mismas y de sus propios corazones; lo que los antiguos maestros solían llamar "la plaga del propio corazón". Y esto aparece ejemplificado a la perfección en la historia de Ananías y Safira.

Pedro expresó su asombro: "¿Por qué pusiste esto en tu corazón?". ¿Qué te hizo a hacerlo? ¿Qué te impulsó a hacerlo? ¿Alguna vez te has sentido así? No te conoces a menos que lo hayas sentido. ¿No te has sorprendido de lo que haces y de lo que piensas, de los pensamientos que te vienen y se pasan por tu mente, de los pensamientos que aceptas y acaricias, de los pensamientos maravillosos, pensamientos horribles y sucios? ¿No te has dicho alguna vez a ti mismo: Qué es esta maldad que hay en mí?

Permíteme analizar eso solo un poco. El corazón humano se encuentra en un estado tan terrible que las personas se engañan a sí mismas. Son tan necias y tienen unos corazones tan engañosos que siempre piensan que son mejores de lo que son en realidad. Todos somos culpables de eso, todos lo hemos conocido. Podemos presentar una defensa magnífica. Otros son peores, mientras que nosotros, ¡siempre somos mejores!

Tal cosa es un engaño del corazón, que nos hace pensar que somos muy inteligentes. Ese es siempre el error fatal que todo criminal comete, ¿no es así? Se captura a los criminales porque se creen inteligentes, que han planeado el crimen perfecto, que todo está previsto. Pero siempre cometen un error. Nuestro gran error es creernos más inteligentes de lo que somos. Ananías y Safira creyeron que podrían conseguir lo mejor de ambos mundos. Ananías y Safira, marido y mujer, ambos acordaron que era un plan estupendo. Sí, Safira conocía cada detalle del mismo, estaban juntos en ello. Ambos dijeron: "Nos atribuiremos el mérito por haber dado este donativo, pero nos quedaremos también con esta parte para nosotros y viviremos de ello y disfrutaremos. ¡Estamos agradando a la Iglesia y a nosotros mismos; estamos sirviendo a Dios y a las riquezas! (cf. Mateo 6:24) Estamos consiguiendo todas las ventajas del sacrificio, el aplauso público y la aprobación, mientras recibimos lo que queremos pasando por la autosatisfacción".

Y todos nosotros creemos que podemos hacer esto y que somos extremadamente inteligentes. Pero nos engañamos a nosotros mismos. ¡Oh, la necedad de los hombres y las mujeres! Nuestro Señor miró a tales personas y dijo: "No podéis servir a Dios y a las riquezas" (Mateo 6:24). Sí, quieres ir al Cielo, pero también quieres sacar el mayor partido de este mundo, ¿verdad? Pero no puede ser, es una cosa o la otra. No puedes caminar por el camino ancho y por el angosto al mismo tiempo; es absolutamente imposible. No obstante, hay muchas personas que están intentando hacerlo, y están estirando sus piernas para abarcar ambos caminos. Se creen inteligentes: lo tienen todo; están dentro y fuera de la Iglesia; creen y no creen a su antojo.

Pero aún más, las personas no solamente se engañan a sí mismas, creen que también pueden engañar a otros. Ananías y Safira pensaron que estaban engañando a toda la Iglesia. No me quiero detener aquí: está muy mal, ¿verdad? Tan desagradable. ¿No te das cuenta de la falsedad de todo ello, la pretensión, el fraude, la hipocresía? ¡Oh, cuán detestable! ¿Pero no es acaso cierto en cada uno de nosotros? ¿Cuál es la impresión que tratamos de dar a otros? Esa es la deshonestidad que se filtra en la sociedad, la mentira del cumplido, la mentira de la apariencia. El hecho de que los hombres y las mujeres se pongan máscaras deliberadamente, forma parte de la tragedia del mundo. Ese es el significado de la hipocresía: están pretendiendo ser lo que no son. Y se creen inteligentes, que han salido airosos. "Engañoso es el corazón más que todas las cosas, y perverso; ¿quién lo conocerá?" (Jeremías 17:9).

Pero el colmo de la tragedia y de la necedad del corazón se ve en que está también totalmente convencido de que puede engañar a Dios. Este es el problema, esto es lo que nos ocupa. Lo que la gente necesita no es un poco de psicoterapia. Esta cosa que se esconde en las mismísimas profundidades engaña a la persona misma que está impartiendo la psicoterapia. Y persuade a los hombres y las mujeres, necios como son, de que ni aun Dios lo sabe, que son tan inteligentes, tan sutiles, unos manipuladores tan magníficos, que aun Dios puede ser engañado.

Esa es, pues, la verdad, y el mundo no es consciente de ella. Por este motivo, todas las medidas y remedios superficiales están condenados al fracaso aun antes de haber empezado. Ese es el primer gran error de lo que el género humano piensa de su condición.

Después, el segundo error continúa en esa línea; es la idea, fatalmente equivocada, acerca de los poderes que operan en nuestra contra. De hecho, el mundo no se da cuenta de que hay poderes en nuestra contra. Como he indicado anteriormente, no reconoce la existencia de Satanás, no entiende que la maldad es concreta, verdadera y objetiva. Una de las más grandes falacias del pensamiento actual es que la maldad se considera artificial, no real. La gente critica la enseñanza bíblica porque considera la maldad como algo verdadero, como algo concreto, porque nos dice que está encabezada por una persona llamada Satanás, el dios de este mundo, quien, por medio de sus potestades y emisarios, está ejerciendo una influencia maligna en las mentes de los hombres y las mujeres, en sus corazones, en sus cuerpos físicos —"[el] príncipe de la potestad del aire, el espíritu que ahora opera en los hijos de desobediencia" (Efesios 2:2).

Sin embargo, los hombres y las mujeres actuales ridiculizan el concepto bíblico. Dicen, como hemos visto, que el problema de la guerra es una mera cuestión de falta de conocimiento. ¿No nos han enseñado dos guerras? No, no; hay un poder que está decidido a mantener este mundo en un estado de perdición; esa es la explicación a la situación del mundo. Como he dicho muchas veces, el problema no son los Hitlers, ni los Mussolinis ni los Stalins. Si lo fueran, podríamos solucionar el problema. El problema es aquel que los gobierna, los utiliza, los levanta, les pone ideas, les da su diabólica astucia y osadía y les enseña sus golpes maestros.

Las cosas malas que suceden en el mundo dan prueba de la existencia de un poder maligno objetivo que está operando en el mismo, un gran controlador de las fuerzas del mal. No hay otra explicación para el recrudecimiento de la brujería y de la adoración al diablo. Estas cosas están pasando en nuestros días, están volviendo a pasos agigantados, junto con todo tipo de cosas ocultas, malignas y horribles. Y las personas cultas están entrando en ellas, dándose a ellas, tomando drogas para experimentarlas mejor.

¿Se debe todo esto a algunas cualidades negativas de la Humanidad? Eso es lo que se nos pide que creamos. Se nos dice que lo que consideramos enseñanza bíblica acerca de la maldad como algo verdadero, no es más que algo meramente negativo, la mera ausencia de ciertas cualidades buenas o el no lograr desarrollar estas cualidades. El trágico motivo del problema, pues, es que el mundo no reconoce el señorío de Satanás, ni la esclavitud del pecado. Pero repito que esa es la enseñanza bíblica. "El pecado no se enseñoreará de vosotros; pues no estáis bajo la ley, sino bajo la gracia" (Romanos 6:14). ¡Señorío! Esa es la tiranía, el poder, del pecado. O, de nuevo, como lo expresa Pablo en el versículo 17 de ese mismo capítulo: "Pero gracias a Dios, que aunque erais esclavos del pecado, habéis obedecido de corazón a aquella forma de doctrina a la cual fuisteis entregados". Los cristianos en Roma habían sido esclavos del pecado, pero ya no lo serían más. Ahora se habían convertido en los siervos de Dios y de la justicia. Y, una vez más, dice en Romanos: aquí está mi problema, que con mi mente reconozco la Ley de Dios, "pero veo otra ley en mis miembros" que me arrastra y "me lleva cautivo a la ley del pecado que está en mis miembros" (Romanos 7:23).

Esa es la enseñanza de la Biblia desde el principio hasta el final. "Yo soy carnal, vendido al pecado" (Romanos 7:14). Hay un poder mayor que yo, un poder que está organizando el pecado y la maldad, en mí y en todos los demás, por todo el universo. Además del corazón engañoso y no regenerado del hombre, hay un poder tremendo: "¿Por qué llenó Satanás tu corazón para que mintieses al Espíritu Santo? [...] ¿Por qué pusiste esto en tu corazón?". Es el diablo, aquel que entró en el huerto de Edén y dijo: "¿Conque Dios os ha dicho?" (cf. Génesis 3:1) Aún sigue susurrando y sugiriendo. Esta, según este incidente, y según toda la enseñanza de la Biblia, es la única explicación verdadera y apropiada al estado y condición del hombre. Empecé por preguntar: ¿Por qué no cree el mundo entero este Evangelio? Y te estoy dando la respuesta: "El dios de este siglo cegó el entendimiento de los incrédulos" (2 Corintios 4:4), a menos que crean en el glorioso Evangelio de Cristo.

Dice el diablo: No escuches lo que dice la Biblia. El problema está solo en tu mente, es solo una cuestión de conducta y lo único que necesitas es instrucción; el mundo está mejorando y puede mejorar. El diablo hace todo lo posible por hacer que el mundo no se dé cuenta de que el problema está en las profundidades, en los fundamentos y en el centro del ser de la persona, y que es él quien controla el mundo y la carne, y quien tiene este horrible poder. En el momento en que la Humanidad empiece a darse cuenta y a creerlo, será consciente de que su única esperanza es la esperanza que se ofrece en este Evangelio. El Evangelio dice: "Porque de tal manera amó Dios al mundo, que ha dado a su Hijo unigénito, para que todo aquel que en él cree, no se pierda, mas tenga vida eterna" (Juan 3:16).

¿Por qué el gran Dios eterno envió a su único Hijo a este mundo? ¿Por qué el Hijo de Dios nació como el niño de Belén? Porque el corazón es desesperadamente perverso y engañoso. Porque los hombres y las mujeres son los esclavos y las víctimas del diablo. Porque no había nada que pudiera arreglar la Humanidad. "Educación", dices. Dios la ha dado: los Diez Mandamientos, la ley moral, aquí está. "¿Quieres saber cómo vivir? —dice Dios—. Aquí está mi respuesta. ¿Quieres instrucción? Te daré un Moisés, te daré un Aarón, levantaré mis profetas". En el Antiguo Testamento vemos a Dios instruyendo a los hombres y mujeres sobre la manera de vivir. El conocimiento está ahí. Los filósofos griegos lo enseñaron.

Pero, de nuevo digo, el conocimiento no es suficiente. Puesto que el problema está en el corazón, las personas no se pueden salvar a sí mismas. Dios debe salvar, solo Dios puede salvar. Cuando te des cuenta de que lo que causa el problema en tu vida y en el mundo es la falsedad del corazón y el poder del diablo, verás que solamente hay una esperanza: que el Hijo de Dios viniera a este mundo, viviera una perfecta vida de obediencia a Dios, que se encontrara con el diablo y con la maldad en toda la intensidad de su poder y que los venciera y derrotara completamente. Y que después, una vez hecho esto, llevara sobre sí la carga de nuestro pecado y nuestra culpa. Todos hemos hecho lo malo ante los ojos de Dios, todos hemos vuelto nuestras espaldas a Él y todos lo hemos hecho deliberadamente. Como Ananías y Safira, sabíamos lo que estábamos haciendo, conocíamos la Ley de Dios. La conciencia habló y dijo: "Está mal, no debes hacerlo". Pero nosotros dijimos: "Lo haré. Me gusta. Lo quiero. Tengo que tenerlo". Esa es la historia de cada uno de nosotros. Hemos pecado contra la luz, contra el conocimiento, contra lo que sabemos que es verdad. Aun peor, algunos de nosotros quizá hayamos sido hipócritas que han fingido creer en Él y servirle, mientras vivíamos según nuestros propios deseos, pensando que podíamos engañarle.

Todos somos culpables y no podemos quitar esa culpa. No podemos deshacerla o cambiarnos a nosotros mismos. Podemos prometer vivir una vida mejor en el futuro —a menudo lo hemos prometido—, pero no podemos hacerlo. Nuestros propósitos de año nuevo se olvidan rápidamente y volvemos a donde estábamos. Hemos hecho eso miles de veces. No hay esperanza.

Y aquí es donde entra el Evangelio. Los hombres y las mujeres no ven su necesidad del Evangelio porque jamás se han visto a sí mismos, nunca han visto la naturaleza del problema, nunca han visto la negrura, la vileza, la perversión de sus propios corazones empedernidos, nunca han visto su podredumbre, su desesperanza final ante Dios. Nunca han visto que a la muerte le sigue el Juicio, y que en ese Juicio se pronuncia una sentencia, bien sea de felicidad eterna o de tristeza eterna; jamás lo han visto.

Pero, en el momento en que lo hagan, se volverán al Evangelio, volarán hacia Cristo, reconocerán que solamente hay uno que puede liberarlos de la condenación de la santa Ley de Dios y del poder del diablo y del Infierno. Solamente hay uno que puede crear un nuevo corazón en su interior y renovar un espíritu recto en el interior de ellos (cf. Salmo 51:10). Es el Hijo de Dios, Jesucristo, quien momentos antes de su ascensión dio a los discípulos una comisión, diciéndoles: "Me seréis testigos en Jerusalén, en toda Judea, en Samaria y hasta lo último de la tierra" (Hechos 1:8). Formó la Iglesia para llamar a los hombres y las mujeres a "huir de la ira venidera" (Mateo 3:7), para llamarles al arrepentimiento, a un enfrentamiento consigo mismos, no solamente en sus acciones sino en aquello que los conduce a esas acciones, sus corazones malignos, sucios, empedernidos y pervertidos, y para volverse al asombroso amor de Dios en Jesucristo.

Ananías y Safira murieron. Los creyentes envolvieron sus cuerpos en sus mantos y los sacaron. Perecieron en un sentido terrenal, perecieron, quizá, en un sentido más amplio. Y quienes mueren sin ser regenerados perecen no solo en vida y en muerte, sino por toda la eternidad. ¿Alguna vez te has percatado del estado de tu corazón? ¿Te has dado cuenta de que tu verdadera necesidad es un corazón nuevo que pueda amar la luz y odiar las tinieblas, amar a Dios y seguir a su querido Hijo con la certeza de que, en la eternidad, disfrutaremos de la visión beatífica? "Bienaventurados los de limpio corazón, porque ellos verán a Dios" (Mateo 5:8). Que esa sea la porción de cada uno de nosotros.

19
La necesidad del hombre y la provisión de Dios

Pero cierto hombre llamado Ananías, con Safira su mujer, vendió una heredad, y sustrajo del precio, sabiéndolo también su mujer; y trayendo sólo una parte, la puso a los pies de los apóstoles. Y dijo Pedro: Ananías, ¿por qué llenó Satanás tu corazón para que mintieses al Espíritu Santo, y sustrajeses del precio de la heredad? Reteniéndola, ¿no se te quedaba a ti? y vendida, ¿no estaba en tu poder? ¿Por qué pusiste esto en tu corazón? No has mentido a los hombres, sino a Dios. Al oír Ananías estas palabras, cayó y expiró. Y vino un gran temor sobre todos los que lo oyeron. Y levantándose los jóvenes, lo envolvieron, y sacándolo, lo sepultaron. Pasado un lapso como de tres horas, sucedió que entró su mujer, no sabiendo lo que había acontecido. Entonces Pedro le dijo: Dime, ¿vendisteis en tanto la heredad? Y ella dijo: Sí, en tanto. Y Pedro le dijo: ¿Por qué convinisteis en tentar al Espíritu del Señor? He aquí a la puerta los pies de los que han sepultado a tu marido, y te sacarán a ti. Al instante ella cayó a los pies de él, y expiró; y cuando entraron los jóvenes, la hallaron muerta; y la sacaron, y la sepultaron junto a su marido. Y vino gran temor sobre toda la iglesia, y sobre todos los que oyeron estas cosas.

(Hechos 5:1-11).

A medida que seguimos examinando la historia de Ananías y Safira, permíteme subrayar algo como asunto de principios. Esto va dirigido al hombre de nuestros días. Es totalmente consecuente consigo mismo; es totalmente lógico. Debemos reconocer que la fe y la incredulidad son sistemas de verdad y, del mismo modo que existe coherencia en la fe, también hay coherencia en la incredulidad. Mi acusación contra quienes no son cristianos no es que estén equivocados aquí y allá, o en ciertos puntos en particular, sino que lo están por completo. Y al examinar la enseñanza de este incidente en concreto, como lo expresa explícitamente el apóstol Pablo y como lo vemos demostrado en las obras, podremos ver que cada una de las partes de este cuadro encaja. La incredulidad es un sistema, y es totalmente incorrecto. La fe, por otra parte, es un sistema que es totalmente correcto. Al haber analizado estas cuestiones, ¿no has encontrado que no es solo en un punto donde existe el desacuerdo, sino que hay divergencias en toda la línea argumental?

Al seguir adelante, veremos que, una vez más, esto aparece ejemplificado para nosotros. Hemos dicho que los hombres y las mujeres rechazan el Evangelio porque no son conscientes de su necesidad verdadera. Siempre están dispuestos a aceptar que deberían ser mejores; están aun, quizá, dispuestos a decir que están deseando ser mejores. Están dispuestos a admitir que necesitan un cambio, una mejora y un avance. Te darás cuenta de que el mundo siempre está dispuesto a escuchar la exhortación y la instrucción. Hay muchos medios morales y culturales en el mundo; la gente tiene un gran interés por ellos y se apasionan con estas cuestiones. Sin embargo, rechazan el Evangelio con sorna.

Hay muchas personas que no solo están dispuestas a escuchar las filosofías pedagógicas y moralizantes en general, sino que están también dispuestas a escuchar la enseñanza acerca de Jesús. No tienen ningún problema con Jesús cuando se presenta como hombre únicamente, un gran hombre, por supuesto; de hecho, el mejor hombre que el mundo jamás haya conocido; no tienen ninguna dificultad a este respecto. Están dispuestos a leer acerca de Él y a escuchar de Él. Están dispuestos a admirarle y alabarle, están dispuestos a salir e intentar imitarle: Jesús, el maestro incomparable, el ejemplo perfecto. Podríamos decir que aspiran a eso.

De hecho, puedo ir más lejos y decir que tales personas, en cierto sentido, no ponen ninguna objeción a la religión. Al decir religión me refiero a intentar agradar a Dios, a tratar de adorarle e intentar vivir una vida buena y piadosa. No, pero sí se oponen al tipo de cosa que encontramos en este incidente: un Dios vivo que actúa; castigo, muerte e Infierno; la asombrosa verdad del nacimiento virginal, el misterio de las dos naturalezas en una persona, lo milagroso, lo sobrenatural y lo divino. Eso es lo que ellos rechazan.

Nos encontramos aquí frente a frente con el verdadero núcleo y nervio de este problema. ¿Por qué la oposición a lo sobrenatural? ¿Por qué la oposición a todo lo que encontramos constatado en la Biblia? ¿Por qué la oposición a estos acontecimientos descritos en los primeros capítulos del libro de Hechos; el derramamiento del Espíritu Santo, las señales milagrosas; por qué la oposición a estas cosas en particular? Y la única respuesta es que la Humanidad no es consciente de su verdadera necesidad. Ya hemos examinado parte de esto al mostrar que el problema se encuentra en el corazón humano; sin embargo, hay algo más y aparece aquí, en este incidente. Vemos aquí que los hombres y las mujeres se hallan enfrentados por cuatro enemigos principales. ¿Cuáles son?

El primero es el pecado: esta maldad que mora en el interior, este poder más grande que nuestras mentes que opera constantemente en nosotros, y que consideramos en el último sermón.

El segundo es Satanás: un poder, un poder invisible que trabaja en el mundo, removiendo, manipulando, conspirando. Es el antagonista y el adversario de todos los seres humanos.

En tercer lugar, y aquí se nos recuerda a la fuerza, se encuentra la muerte. La muerte, descrita por Pablo como "el postrer enemigo" (cf. 1 Corintios 15:26), entró inmediatamente después de Satanás. En el momento en que Adán cayó tras ser tentado por Satanás, hubo muerte —una muerte espiritual—, que también condujo a una muerte física. El hombre, tal y como fue creado originalmente, no tenía necesidad de morir; si hubiera seguido obedeciendo los mandamientos de Dios, jamás hubiera muerto. Pero Dios le había advertido: "El día que de él comieres, ciertamente morirás" (Génesis 2:17). La muerte es el castigo del pecado; la muerte, pues, es un enemigo, y siempre ha sido considerada como tal. ¡Oh, qué no haríamos si supiéramos que nunca íbamos a morir! Cuán espantosos son los pensamientos de muerte. Shakespeare lo ha expresado bien:

El país no descubierto de cuyo fuego
ningún viajero regresa.

(Hamlet)

La muerte es un enemigo odioso. Odiamos la muerte porque sentimos que la muerte nos odia a nosotros, y ahí está, avanzando continuamente hacia nosotros. Hagamos lo que hagamos, no podemos zafarnos de ella; se aproxima constantemente hacia nosotros con su enorme estatura, podríamos decir. La muerte; el enemigo, "el postrer enemigo". Puedes evitarla durante años, pero al final es inevitable, tendrás que encontrarte con ella.

Los senderos de la gloria no conducen sino a la tumba.

THOMAS GRAY

A lo largo de la extensa historia de la Humanidad, este gran enemigo se ha enfrentado al género humano. Nunca se sabe cuando vendrá. En el caso de Ananías y Safira se presentó de repente. Pensaron que habían sido muy sutiles. ¡Qué cosa tan estupenda habían hecho! Se habían hecho bien a sí mismos e iban a estar bien durante años. Serían alabados como santos y, sin embargo, tenían lo que querían para poder seguir viviendo. Después, sacaron a Ananías, muerto, y tres horas más tarde Safira cayó muerta. Ese es el mundo en el que estamos viviendo.

Luego, finalmente, detrás de todo esto, vemos la Ley. Estoy siguiendo una importante tradición cuando describo la Ley de Dios como nuestro enemigo. Puede que te sorprenda, pero desde los primeros días de Ireneo, pasando por Martín Lutero y hasta nuestros días, las personas han descrito la Ley de Dios como uno de nuestros enemigos. La Ley no se pensó para que fuera un enemigo; sin embargo, debido a nuestra condición, la Ley se convierte en nuestro enemigo. Si nunca hubiéramos pecado, la Ley hubiera sido nuestra amiga, nos hubiera enseñado lo que hacer y la forma en que vivir, pero, puesto que somos pecadores, la Ley está contra nosotros. Siempre nos vemos confrontados por sus santas demandas. Nos condena y no tiene misericordia alguna.

Ahora bien, según la Escritura, esos son los enemigos de la Humanidad, pero, obviamente, los hombres y las mujeres de nuestros días no saben nada de esto. Simplemente piensan que necesitan ser un poco mejores, hacer un poco más el bien y un poco menos el mal. Esa es su idea. Reforma, sin duda. Enseñanza, ¡por supuesto! Jesús como ejemplo, sin problemas hasta aquí. Y no creen que necesiten nada más allá de eso. Pero lo necesitan a causa de estos cuatro enemigos.

Estas son sus verdaderas necesidades. En primer lugar, cada persona necesita una nueva naturaleza, una naturaleza que, en vez de amar y recrearse en el pecado, lo odie. No estoy hablando, en este punto, de mejora, sino de algo fundamental y radical: un nuevo corazón. Esa es la primera gran necesidad.

Pero aun cuando exista una nueva naturaleza, el enemigo está siempre esperando, intentando, tentando, y la segunda gran necesidad es, por tanto, un poder que pueda vencer al diablo, gobernarlo y derrotarlo.

En tercer lugar, necesitamos un poder que pueda ocuparse de la muerte. Todo ser humano nace para morir. Se puede decir de un bebé que acaba de nacer hace un momento que es alguien que acaba de empezar a vivir; tengo el derecho a decir, igualmente, que es alguien que acaba de empezar a morir. Solamente tenemos un espacio de tiempo limitado, y allí permanece "el postrer enemigo" —la muerte—, y necesitamos poder para superar la muerte y la tumba.

Y, finalmente, necesitamos una respuesta a la Ley de Dios. Necesitamos la capacidad de satisfacer a Dios y presentarnos ante Él en el Juicio.

Ahora bien, el argumento que estoy estableciendo es que la

Humanidad rechaza este Evangelio, y, en particular, las partes más gloriosas del mismo, porque no es consciente de aquellas cuatro necesidades fundamentales. ¿No me estoy dirigiendo en este momento a alguien que nunca ha entendido el verdadero problema? ¿Has pensado alguna vez en tu corazón y en su estado? ¿Has pensado alguna vez en el pecado, ese enemigo que te desanima y te derrota constantemente? ¿Lo has observado, por así decir, objetivamente? ¿Has pensado alguna vez en Satanás y su poder maligno? ¿Has considerado alguna vez el hecho de la muerte? ¿Alguna vez has estado cara a cara con el Señor Dios? Esas son las grandes necesidades y todas ellas están aquí, en esta historia: la venida de Dios en juicio, la muerte, Satanás y el pecado. Ese es, pues, el primer gran principio. No espero que las personas que no se han dado cuenta de esto crean el Evangelio, por supuesto que no. No solo lo consideran innecesario, sino totalmente ridículo.

Mi segundo principio dice que, al no lograr ser consciente de que esos son los cuatro grandes problemas, aun cuando están señalados, las personas tampoco logran darse cuenta de su absoluta incapacidad para resolverlos. Estos son los pasos lógicos, y cada uno encaja en el otro. La Verdad es un todo, y todas estas facetas de la misma van unidas, son parte del mismo gran mensaje. Aun cuando les hables a los hombres y las mujeres de las cuatro necesidades fundamentales y aunque consigan un destello de entendimiento de ellas, caerán después en el error de pensar que son capaces de ocuparse de ellas. Digo esto sobre la base de la historia de Ananías y Safira. ¿Por qué sucedió un hecho como este? Como lo expresa Pedro: "¿Por qué llenó Satanás tu corazón para que mintieses al Espíritu Santo?", y: "¿Por qué pusiste esto en tu corazón?". O, de nuevo: "¿Por qué convinisteis en tentar al Espíritu del Señor?". Hay algo fatal que sigue la pista de todos nuestros esfuerzos por sobreponernos, por derrotar a nuestros enemigos y restablecernos.

Este fracaso es la gran historia de la Biblia y es la gran historia de toda la civilización. Es la historia que nos grita cada día de la semana desde nuestros periódicos, las pantallas de televisión y los aparatos de radio. El mundo está en el estado en que se encuentra porque no hemos logrado ocuparnos de nuestros verdaderos enemigos. El mundo actual está probando la propuesta de la Biblia de una forma tan clara, quizá, como nunca antes en su larga Historia. La demuestra ante nuestros ojos; sin embargo, el ciudadano medio no lo ve, el gobierno no lo ve, el sociólogo y el educador no lo ven. Solamente las personas cristianas lo ven y es, como siempre ha sido, el mensaje de la Iglesia a lo largo de los siglos.

Lo primero que las personas no pueden resolver es el problema de su propio ser, y es porque el mundo aún cree en su propia perfectibilidad. Los denominados "pensadores" no solo creen en la perfectibilidad humana como una posibilidad, creen que está sucediendo en realidad. La gente de nuestros días cree que es muy superior a sus antepasados, quienes creían en el Evangelio llevados por la ignorancia, y que lo que se necesita, por tanto, es la difusión de conocimiento. El gran eslogan actual es: "El conocimiento es poder". Hasta hace relativamente poco tiempo, se decía que los dos motivos principales del delito eran la falta de educación y la pobreza; esa era la explicación que proponían los políticos, los filósofos y los sociólogos. Sin embargo, a pesar de que estamos mejor educados y mejor también económicamente de lo que lo hemos estado nunca, el número de delitos se ha incrementado más que nunca.

Aquí está la verdadera esencia del problema. Las personas aún creen que la perfectibilidad está teniendo lugar de verdad, a pesar de los hechos que tienen ante sus propios ojos. La incredulidad tiene, en sí misma, una coherencia, como he dicho al principio, pero en el momento en que comiences a analizarla, comprobarás cómo empieza a derrumbarse. Las personas de nuestros días dicen que son realistas. Piensan que los cristianos cierran sus ojos a la vida, echan las persianas, toman el cuento de hadas, cantan los coros y se provocan un sentimiento de maravillosa felicidad, como la gente primitiva ha hecho siempre, sin conocer la Verdad ni afrontar los hechos del pecado, la maldad y el delito. Ellos —los incrédulos— son las personas del mundo que conocen los verdaderos problemas, mientras que nosotros somos quienes volvemos nuestras espaldas a los problemas o, quizá, somos tan ignorantes que ni siquiera conocemos la posibilidad de que la verdadera maldad exista; los santitos. Quizá hagan la concesión de que ahora empezamos a conocer la maldad a través de la televisión pero —dicen— que no sabíamos nada de ella. Esa es la situación, ¿no es cierto? Y, evidentemente, ¡no son más que tonterías! ¡Como si todo predicador hubiese sido siempre un santo, como si la historia de la Iglesia no nos mostrara hombres y mujeres que han pecado casi hasta las mismas puertas del Infierno, antes de ser rescatados y convertirse en predicadores del Evangelio!

Sin embargo, el hecho es que son los cristianos quienes son los realistas. Las personas que, frente a frente con los hechos y las estadísticas de esta hora actual, pueden pensar que la perfectibilidad ya está teniendo lugar, no son realistas. Son ellos quienes están viviendo en una fantasía. Quienes pueden creer que la Humanidad está avanzando son los románticos. Ellos son quienes no están afrontando los hechos. Están silbando en la oscuridad para conservar su coraje, fingiendo estar muy felices. Si afrontaran los hechos, se darían cuenta de que hay algo en este mundo —alguna influencia, algún poder— que está derrotando a la Humanidad y todos sus mejores y más entusiastas esfuerzos.

Y aquí, en este punto, se encuentra la mayor enseñanza de la Biblia. Simplemente nos dice, con toda claridad, que el mundo está lleno de falsos engañadores como Ananías y Safira. Nos dice que las personas levantan una fachada. Fingen ser agradables cuando hay crimen en sus corazones. ¡Qué afables son en un cóctel pero, oh, los puñales en el espíritu!

¿Por qué es esto así? Porque los hombres y las mujeres no pueden cambiarse a sí mismos, lo han estado intentando y aún lo siguen haciendo. Este ha sido todo el esfuerzo de la civilización. Pero la Biblia lo ha expresado por medio de esta famosa pregunta: "¿Mudará el etíope su piel, y el leopardo sus manchas?" (Jeremías 13:23). No se puede hacer. O, de nuevo, como leemos en Eclesiastés: "Lo torcido no se puede enderezar" (Eclesiastés 1:15). Los reformatorios no pueden cambiar a las personas, ni tampoco los psicoterapeutas. Si hay algo que se está haciendo muy evidente es el colapso de todo el sistema freudiano, con su análisis y su supuesta terapia. No ha logrado su objetivo, y se está reconociendo, cada vez más, como un fracaso. No, no; como nuestro Señor dijo a los fariseos: "Vosotros los fariseos limpiáis lo de fuera del vaso y del plato, pero por dentro estáis llenos de rapacidad y de maldad" (Lucas 11:39). Oh, sí, podemos dar lugar a una apariencia mejor. Ahora bien, quizá te sorprendas de oír decir algo así a un predicador, pero, para mí, ese era todo el problema de la época victoriana. La época victoriana tuvo éxito en cuanto al desarrollo de la respetabilidad, pero no lo tuvo en cuanto a cambiar la naturaleza del hombre. Sí, se puede generar respetabilidad; se puede hacer, en cierta medida, mediante los decretos del Parlamento, formando sociedades y ofreciendo incentivos, pero eso no cambiará a las personas. Las vestirá con un traje mejor, pero las dejará exactamente como estaban. Eso es "lo de fuera del vaso y del plato", pero el problema está en el interior, y allí están la "rapacidad y [la] maldad".

Pero hay una razón más por que los hombres y las mujeres jamás podrán cambiarse a sí mismos, y es la consecuencia de lo que estábamos considerando anteriormente. Jamás se podrán cambiar a sí mismos por esta razón: nunca saben la verdad acerca de sí mismos. Ananías y Safira no lo sabían; pensaron que eran inteligentes y que estaban engañando a los Apóstoles y a Dios mismo. Pero no se dieron cuenta de que, en realidad, se estaban engañando a sí mismos. El hombre es el necio más grande del universo porque se engaña a sí mismo. El hombre es, principal y esencialmente, deshonesto.

La Biblia nos proporciona algunos ejemplos tremendos de este engaño y falsedad. El rey David, uno de los mejores hombres que hay en la Biblia, cometió un pecado terrible: adulterio, encubierto con asesinato, y estaba bastante satisfecho; consiguió lo que quería, consiguió a la mujer. Pero se nos dice: "Mas esto que David había hecho, fue desagradable ante los ojos de Jehová" (2 Samuel 11:27). David no fue en absoluto consciente de esto hasta que Dios le envió al profeta Natán. Natán le contó a David una historia muy astuta que reflejaba exactamente lo que David había hecho. Trataba de un hombre rico que robó la corderita de un hombre pobre y la mató, en vez de matar una de las suyas. David era un hombre importante y noble, con un gran sentido de la justicia. Por tanto, cuando Natán le expuso el caso, David no dudó ni por un momento. Dijo: "Un hombre que haya hecho algo parecido, ha cometido una grave injusticia y debe ser castigado". Entonces Natán lo miró tranquilamente y dijo: "Tú eres aquel hombre" (2 Samuel 12:7). David había reconocido la injusticia en el caso de otra persona, pero no en el suyo propio. Y todos somos como David, cada uno de nosotros. Somos los que censuramos a Hitler, ¿no es verdad? Pero muchos de nosotros, en esencia, hemos hecho lo mismo que él hizo.

El apóstol Pablo, al escribir a los romanos, señala que no hay excusa para ninguno, porque todos tenemos un conocimiento del bien y del mal, pero que nunca nos aplicamos a nosotros mismos. Dice: "Mostrando la obra de la ley escrita en sus corazones, dando testimonio su conciencia, y acusándoles o defendiéndoles sus razonamientos" (Romanos 2:15). Vemos las faltas en otros, pero no en nosotros mismos. Siempre estamos a la defensiva, siempre podemos racionalizar lo que hemos hecho y darle una explicación, pero el otro tipo; ¡por supuesto, no tiene ninguna excusa! Y mientras seamos así, jamás cambiaremos. Siempre nos estamos protegiendo a nosotros mismos, de manera que nunca nos daremos cuenta de la Verdad y, por tanto, nunca la afrontaremos.

La segunda cosa que la gente no puede resolver es el problema del diablo. No podemos vencer al diablo. El Antiguo Testamento lo demuestra y, en realidad, no necesitamos ninguna otra prueba. Considera los grandes gigantes del Antiguo Testamento: cada uno de ellos fue derrotado por el diablo. Por ejemplo, Adán y Eva, en un estado de perfección en el huerto de Edén, fueron vencidos por el diablo. Un hombre perfecto, una mujer perfecta; derrotados. Si los perfectos fueron derrotados, no es sorprendente que los imperfectos hayan sido derrotados. El Señor enseñó lo mismo. Él describe al diablo como "el hombre fuerte armado" (Lucas 11:21), y nos dice que ese es quien nos confronta. "Vuestro adversario el diablo"— dice Pedro—, y lo describe como un "león rugiente [que] anda alrededor buscando a quien devorar" (1 Pedro 5:8). Pablo se refiere a él como el "príncipe de la potestad del aire" (Efesios 2:2), y "el dios de este siglo" (2 Corintios 4:4). Judas tiene la misma enseñanza. Nos dice que no hay que "[blasfemar] de las potestades superiores" (Judas 8) y nos recuerda que "el arcángel Miguel contendía con el diablo, disputando con él por el cuerpo de Moisés, no se atrevió a proferir juicio de maldición contra él, sino que dijo: El Señor te reprenda" (Judas 9). El arcángel conoce la fuerza y el poder del diablo, de manera que no habla a la ligera ni le reprende él mismo, sino que dice: "El Señor te reprenda".

Después, Juan nos recuerda en su primera Epístola que "apareció el Hijo de Dios, para deshacer las obras del diablo" (1 Juan 3:8). Y consideremos el último libro de la Biblia, el libro del Apocalipsis. Piensa en "el gran dragón, la serpiente antigua, que se llama diablo" (Apocalipsis 12:9). Considera ese poderoso ser que puede dar poder a las bestias, a los estados, a las Iglesias, y que puede manipularlas y utilizarlas para sus propios fines malignos e infernales. Ahí está, en el último libro de la Biblia, este extraño e intenso poder que nadie sino Aquel que monta el caballo blanco con la espada en su boca puede derrotar finalmente. Esa es la enseñanza de la Escritura.

Los seres humanos están indefensos al enfrentarse al diablo, y están igualmente indefensos al enfrentarse con "el postrer enemigo" (cf. 2 Corintios 15:26): la muerte. Haz cualquier cosa que te parezca; haz un estudio de la ancianidad, prolongarás la vida y eso está muy bien. Deberíamos hacerlo, y no estoy diciendo nada en contra de ello, pero no puedes tocar la muerte; todos tus sistemas, descubrimientos, tus proyectos de salud jamás acabarán con ella. Es "el postrer enemigo" que debe ser vencido.

Y, finalmente, por encima de todo lo que he estado diciendo y aún más importante, está esto: Los seres humanos no pueden satisfacer a Dios. Y eso es, repito, lo más importante de todo: "Está establecido para los hombres que mueran una sola vez, y después de esto el juicio" (Hebreos 9:27). ¿Y qué demanda Dios? Bien, aquí, en la historia de Ananías y Safira, se muestra, con toda claridad, que "Jehová mira el corazón" (1 Samuel 16:7). ¿No dijo eso nuestro Señor mismo? Dijo a los fariseos: "Vosotros sois los que os justificáis a vosotros mismos delante de los hombres; mas Dios conoce vuestros corazones; porque lo que los hombres tienen por sublime, delante de Dios es abominación" (Lucas 16:15). Oh, aquí vemos algo de lo que los hombres y las mujeres actuales no saben nada. David lo vio tras aquel terrible episodio en su vida del cual te he hablado. En el Salmo 51 dice: "Tú amas la verdad en lo íntimo" (versículo 6). Ante Dios, no puedes fingir; no puedes engañar a Dios. Ananías y Safira creyeron que podrían, pero Dios lo sabe todo de nosotros: "Todas las cosas están desnudas y abiertas ante los ojos de aquel a quien tenemos que dar cuenta" (Hebreos 4:13).

¿Me pide Dios solamente que sea un hombrecito bueno y agradable que no hace ciertas cosas? ¡Oh, que idea tan ridícula! ¿Sabes qué es lo que Dios demanda de todos nosotros? Es esto: "Amarás al Señor tu Dios con todo tu corazón, y con toda tu alma, y con toda tu mente y con todas tus fuerzas. Este es el principal mandamiento. Y el segundo es semejante: Amarás a tu prójimo como a ti mismo. No hay otro mandamiento mayor que éstos" (Marcos 12:30-31). Esa es la demanda de la santa Ley de Dios y, nos guste o no, esa es la demanda que todos debemos afrontar. El día en que se ajusten las cuentas se acerca; se está recopilando la información. Pero los hombres y las mujeres de nuestros días se están perdiendo en la palabrería, entreteniéndose, no saben; por eso el mundo está en su actual estado. No creen en la ley y el orden, ni tampoco creen en la disciplina. Son egoístas y egocéntricos, y provocan el caos en la sociedad simplemente porque no conocen esto.

La hipocresía jamás satisface a Dios. Él lo sabe todo de nosotros y nosotros estamos confrontados por Él y por su santa Ley. Permitamos que el apóstol Pablo lo exprese por nosotros en unas pocas palabras: "Pero sabemos que todo lo que la ley dice, lo dice a los que están bajo la ley, para que toda boca se cierre y todo el mundo —todo el mundo— quede bajo el juicio de Dios" (Romanos 3:19); "No hay justo, ni aun uno" (Romanos 3:10). ¿Y las personas que están haciendo mucho bien? ¿Y si la gente vive para hacer el bien en la sociedad? "No hay justo, ni aun uno". Ellos se encuentran en la misma situación que el mundo, que está absolutamente condenado delante de Dios. A los ojos de Dios no hay diferencia entre la persona más moral y el más vil pecador de Londres; ninguna en absoluto; ese es el Evangelio.

A Dios no le interesa la ropa, la apariencia externa, le interesa el corazón y sus demandas. Dios no pregunta cuánto bien has hecho. Dice: "¿Me has amado de todo tu corazón, y de toda tu alma, y con todas tus fuerzas" (cf. Deuteronomio 6:5)? En el Antiguo Testamento lo expresa de esta manera: "Todas nuestras justicias [son] como trapos de inmundicia" (Isaías 64:6). Y Saulo de Tarso, que pensó haberse vestido con unas ropas hermosas y haber acumulado un gran montón de justicia como fariseo, se dio cuenta de que no era más que "basura" (cf. Filipenses 3:8) y desechos. Todos estos comentarios acerca del bien y de todo lo que estamos haciendo son viles, son desechos a los ojos de Dios. Son bajos porque son comentarios egocéntricos y farisaicos, y carecen del más glorioso elemento de la santidad, la belleza, la abnegación y el olvido del yo.

Cuando los hombres y las mujeres se dan cuenta de que es esto lo que Dios demanda, están muy preparados para estar de acuerdo con Augustus Toplady cuando escribe:

Cumplir nunca yo podré
las demandas de tu Ley;
aunque el celo y el llorar
no me dejen reposar,
mi pecado no expiarán;
solo Tú puedes salvar.

Yo no puedo hacerlo. "¿Cómo se justificará el hombre con Dios?" (Job 9:2). "¿Quién morará en tu monte santo?" (Salmo 15:1). ¿Quién puede morar con el Señor, con fuego ardiente? Estas son las grandes preguntas. Y, puesto que los hombres y las mujeres no conocen nada de estas cosas, rechazan este Evangelio milagroso y sobrenatural. Es en este punto donde son un total y completo fracaso. No se pueden cambiar a sí mismos, no pueden luchar contra el pecado, no pueden enfrentarse al diablo, no pueden enfrentarse a la muerte, no tienen nada que decir delante del Señor Dios.

Y la última razón es esta: los hombres y las mujeres rechazan en Evangelio porque no son conscientes de lo que tiene que ofrecerles. No saben porque no les interesa saber, porque, como hemos visto, no han visto la necesidad. Creen que el Evangelio es una especie de exhortación o un tipo de socialismo o pacifismo glorificado. Pero eso es mentira. Eso no es el Evangelio. Prueba de ello es el Antiguo Testamento, donde leemos que Dios le dio al pueblo una Ley que decía que si la guardaba, lo salvaría; pero no pudieron guardarla.

En cuanto a la idea de que esa es la enseñanza del Nuevo Testamento: tú, que piensas que puedes arreglar tu situación y presentarte ante Dios, ¿has leído alguna vez el Sermón del Monte? Así es como tienes que vivir. Dices que vas a imitar a Jesús de Nazaret, ¿pero alguna vez has meditado en cómo es Él? ¿Has considerado alguna vez su vida? ¿Has considerado alguna vez sus acciones? ¡Tú, imitarlo! Desde este púlpito digo, en su santísimo nombre, que si Jesús de Nazaret viniera a este mundo solamente a enseñar, a decirme lo que debo hacer y a darme ejemplo, entonces me condenaría más que cualquier otra cosa que yo haya oído. Con los Diez Mandamientos ya es más que suficiente, ¡pero Jesucristo! Estoy completamente perdido. Si tuviera que vivir así para salvarme y poder presentarme ante Dios, ya estaría en el Infierno. No sé de nada que me condene más, que la persona y la vida de Jesús de Nazaret.

Pero, bendito sea el nombre de Dios, eso no es el Evangelio. ¿Qué tiene que ofrecer ese tipo de enseñanza a los que han fracasado? Piensa en las personas morales de nuestros días, viviendo sus "vidas buenas", como ellas dicen. ¿Qué le pueden dar a alguien que está en la cuneta? ¿Qué le pueden dar a alguien que ha echado a perder la castidad, la pureza, la honestidad? ¿Qué le pueden dar a alguien que ha perdido su carácter? Nada, absolutamente nada. Gracias a Dios, eso no es el Evangelio. Esto es el Evangelio, lo que predicaron los Apóstoles en el principio. Nuestro Señor mismo comenzó a predicarlo y los Apóstoles lo continuaron, siendo verificado por los poderes que les fueron dados.

¿Qué es este Evangelio? Oh, esto es lo glorioso. Es un Evangelio que nos dice que cada una de nuestras necesidades ha sido cubierta, cada uno de nuestros problemas ha sido resuelto, y que todo ha sido hecho en esta bendita persona:

Jesús de Nazaret. ¿Quién es Él? ¿Un hombre? No, no; Dios-hombre. Dios el Hijo que vino a este mundo, dos naturalezas en una sola persona. No es solo hombre. Es un hombre, pero es Dios en la carne: "[El] Verbo fue hecho carne, y habitó entre nosotros" (Juan 1:14). Adoptó nuestra naturaleza. Se enfrentó a nuestros problemas. Permaneció con nosotros. Pidió ser bautizado cuando no tenía necesidad de ser bautizado, poniéndose a sí mismo a nuestro nivel. Se encontró con los cuatro enemigos, se enfrentó a los cuatro problemas definitivos. Y jamás pecó, jamás desobedeció uno solo de los mandamientos de su Padre. Vivió una vida perfecta.

¿Y el diablo? Bien, podemos leer los testimonios. El diablo lo puso a prueba en todos los sentidos: lo tentó, lo probó. Pero nuestro Señor lo derrotó con facilidad. Nuestro Señor venció al diablo, lo dominó, lo subyugó, lo derrotó completamente.

¿Y la reconciliación con Dios? Somos culpables delante de Dios, todo el mundo lo es. ¿Y mi pecado? Yo no puedo hacer nada al respecto, pero Él lo ha hecho: "Quien llevó él mismo nuestros pecados en su cuerpo sobre el madero, para que nosotros, estando muertos a los pecados, vivamos a la justicia; y por cuya herida fuisteis sanados" (1 Pedro 2:24). Por tanto, Pablo pudo decirle a un desesperado carcelero filipense que estaba a punto de cometer suicidio: "Cree en el Señor Jesucristo, y serás salvo" (Hechos 16:31).

¿Y el problema de la maldad de nuestro corazón, el problema del pecador interior? Vemos aquí a uno que adoptó naturaleza humana para darte una nueva naturaleza humana, limpia y renovada, un nuevo nacimiento, un nuevo comienzo. Te hará partícipe de la naturaleza divina. No te puedes cambiar a ti mismo, pero Él puede cambiarte. Es la gloria del Evangelio, el poder de Dios para salvación. Él pondrá su Espíritu en ti para que puedas vencer al diablo, y Él estará contigo, socorriéndote, fortaleciéndote, apoyándote: "Pues en cuanto él mismo padeció siendo tentado, es poderoso para socorrer a los que son tentados" (Hebreos 2:18). Ha dicho: "He aquí yo estoy con vosotros todos los días" (Mateo 28:20), y te guiará hasta el final del camino.

Pero, espera, el cristiano aún tiene que morir; "Los senderos de la gloria no conducen sino a la tumba". Aún tenemos que enfrentarnos al "postrer enemigo" (cf. 1 Corintios 15:26), y estamos indefensos. Pero mira a Aquel que está contigo, Aquel que está de pie, a tu lado. Él ya ha vencido a la muerte. Él murió. Bajaron su cuerpo y lo llevaron a un sepulcro, haciendo rodar la piedra de la entrada, sellándola y poniendo soldados que la custodiaran. Pero Él salió de la tumba: "[Él] quitó la muerte y sacó a la luz la vida y la inmortalidad por el Evangelio" (2 Timoteo 1:10). "El postrer enemigo" que será conquistado es la muerte, pero Él lo ha hecho; podemos, pues, presentarnos ante ella y decir: "¿Dónde está, oh muerte, tu aguijón? ¿Dónde, oh sepulcro, tu victoria? ya que el aguijón de la muerte es el pecado, y el poder del pecado, la ley. Mas gracias sean dadas a Dios, que nos da la victoria por medio de nuestro Señor Jesucristo" (1 Corintios 15:55-57). Todos aquellos que creen en Jesús de Nazaret, el Hijo de Dios, han pasado de muerte a vida (cf. Juan 5:24), de juicio a vida. Son nuevas criaturas. Los cristianos no mueren, duermen, van a "estar con Cristo, lo cual es muchísimo mejor" (Filipenses 1:23).

Aquí está, pues, la respuesta. ¡Gracias a Dios por ello! La necesidad es tan profunda que solo hay una respuesta apropiada: es una respuesta sobrenatural, milagrosa y divina. Lo que las personas de nuestros días más rechazan, es lo que más necesitan. Puesto que, repito, nunca han visto la necesidad, no están abiertos a recibir las buenas nuevas de salvación, que "Dios estaba en Cristo reconciliando consigo al mundo" (2 Corintios 5:19). Vuela hacia Cristo, entrégate a Él, sé consciente de tu indefensión y desesperación y clama por misericordia. Serás escuchado, serás libertado. El problema es profundo, es tremendo, pero, gracias a Dios, el Evangelio es "poder de Dios para salvación a *todo aquel* que cree" (Romanos 1:16). Cualquiera que haya sido tu pasado, a todo aquel que cree es poder de Dios para salvación.

20
El gran conflicto

Cuando hubieron orado, el lugar en que estaban congregados tembló; y todos fueron llenos del Espíritu Santo, y hablaban con denuedo la palabra de Dios [...]. Y dijo Pedro: Ananías, ¿por qué llenó Satanás tu corazón para que mintieses al Espíritu Santo, y sustrajeses del precio de la heredad?

(Hechos 4:31; 5:3).

Volvemos, una vez más, a la historia de Ananías y Safira, y quiero hacerlo, ahora, a la luz de la pregunta que el apóstol Pedro le hizo a Ananías en Hechos 5:3, la cual, de alguna manera, repitió tres horas más tarde a la mujer de este, Safira. Tomo las palabras de Pedro y las sitúo junto a esa otra frase al final del capítulo 4, la cual describe algo que ocurrió, si recuerdas, después de que la joven Iglesia hubiera orado a Dios en medio de sus fatales circunstancias: "El lugar en que estaban congregados tembló; y todos fueron llenos del Espíritu Santo".

"Llenos del Espíritu Santo"; "¿Por qué llenó Satanás tu corazón?". Pongo estas dos frases juntas porque quiero tratar de mostrarte que compendian el mensaje de toda la Biblia. Con toda seguridad, centran la atención en el mensaje que, sin duda, se pretende que recibamos de este alarmante y aterrador incidente. Ya te he sugerido, y es importante que mantengamos esto en mente, que este incidente tuvo lugar en el principio mismo de la historia de la Iglesia cristiana, y que está recogido para que pueda ser una especie de indicador o de conmemoración para que, de una vez para siempre, dirija nuestra atención a ciertas verdades fundamentales. Evidentemente, todo lo que aparece en los primeros capítulos de Hechos lo hace. Como hemos dicho antes, estos capítulos se escribieron para que tú y yo conociéramos lo que es el cristianismo genuino. En cada período de reforma y avivamiento, la Iglesia ha vuelto a estos acontecimientos y los ha repetido, demostrando que esto, y solo esto, es el cristianismo verdadero.

Ahora bien, mi argumento principal y, de hecho, el argumento principal de toda la Biblia, es que la historia del género humano solo se entiende en realidad a la luz del hecho de que hay dos fuerzas que están operando sobre nosotros en este mundo. La Biblia es el testimonio de este extraordinario conflicto cósmico entre Dios y sus poderes y el diablo y sus poderes. Aquí se nos enseña el conflicto desde el principio hasta la consumación. Lo que es más, lo que nos ocurra a nosotros y al mundo depende únicamente de la preponderancia de uno u otro poder de los dos que existen. El mensaje de la Biblia, por tanto, puede expresarse de esta manera: quien llena nuestros corazones es, o bien Satanás, o bien el Espíritu Santo; es uno u otro. Eso es lo que hace el mensaje de este libro maravilloso y glorioso: simplifica el problema y nos lleva inmediatamente al punto crucial.

No obstante, como he estado intentando mostrarte, toda la tragedia de este mundo actual es que no empieza a darse cuenta de esto en absoluto. La gente seguirá tratando el problema del hombre en términos de entendimiento —lo que pensamos, lo que otras personas están pensando y diciendo—, pero siempre se considera un problema humano y, por tanto, solamente los seres humanos pueden solucionarlo. Sin embargo, vemos que está lejos de resolverse, y los problemas del mundo cada vez son peores. La gente no ve que, en realidad, están enfrentándose a un problema espiritual, a un conflicto extraordinario entre el poder de Dios y el poder de Satanás. Ahora bien, en este incidente en concreto, y de un modo muy dramático que no podemos olvidar nunca, se nos describe toda la situación.

Vemos las dos fuerzas, vemos su carácter, su naturaleza. Vemos lo que hacen, y los resultados a los que, invariablemente, dan lugar. No hay nada más importante para cada uno de nosotros que esta pregunta: ¿Está mi corazón lleno de Satanás, o está lleno por y del Espíritu Santo? Nada importa excepto eso, ese es el gran mensaje de la Escritura.

Nos hemos ocupado de muchos aspectos de la historia de Ananías y Safira; permíteme ahora, pues, concentrarme en estas dos fuerzas. Tomemos, en primer lugar, este poder al que Pedro se refiere cuando se dirige a Ananías: "Ananías, ¿por qué llenó Satanás tu corazón para que mintieses al Espíritu Santo?". Se nos dicen muchas cosas sobre Satanás en la Biblia. De hecho, no empezaremos a entender algo de la historia del género humano sin entender algo acerca de él. La enseñanza de la Biblia dice que el diablo fue creado como un ser perfecto, un radiante ser angélico, dotado de una insólita sabiduría y entendimiento, con gran poder y autoridad. Pero levantó su corazón, como lo expresa la Biblia, contra Dios; tuvo celos. Le ofendió el hecho de estar por debajo de Él, de ser un ser creado; quería ser un dios. Se rebeló contra Dios. Cayó, y desde entonces ha sido el enemigo implacable de Dios. Toda su ambición es echar a perder todo lo que Dios hace, desprestigiarlo y destruirlo.

Ahí está, pues, el enemigo de Dios. Ahora bien, si te das cuenta, Pedro se centra inmediatamente en la característica más destacada de Satanás: "¿Por qué llenó Satanás tu corazón para que mintieses?". Su característica predominante es que siempre miente. Decimos esto con la autoridad de nuestro Señor mismo. Un día, cuando estaba predicando, ciertos judíos discutían con Él sobre quién era, y nuestro Señor dijo, con otras palabras: "¿Qué os pasa? ¿Por qué sois así? Indagáis para matarme, un hombre que os ha dicho la verdad". Los judíos habían dicho que eran descendientes de Abraham y que Dios era su padre, y la respuesta de nuestro Señor fue esta:

Si vuestro padre fuese Dios, ciertamente me amaríais; porque yo de Dios he salido, y he venido; pues no he venido de mí mismo, sino que él me envió. ¿Por qué no entendéis mi lenguaje? Porque no podéis escuchar mi palabra. Vosotros sois de vuestro padre el diablo, y los deseos de vuestro padre queréis hacer. Él ha sido homicida desde el principio, y no ha permanecido en la verdad, porque no hay verdad en él. Cuando habla mentira, de suyo habla; porque es mentiroso, y padre de mentira.

(Juan 8:42-44).

Esa es la propia descripción que nuestro Señor hace de Satanás, y la Biblia habla de él constantemente en esos términos. En la Epístola a los Hebreos, leemos acerca del "engaño del pecado" (cf. Hebreos 3:13), y el apóstol Pablo recuerda a los cristianos en Corinto cómo "la serpiente con su astucia engañó a Eva" (2 Corintios 11:3). "Engañó"; él es un mentiroso y el "padre de mentira", es un engañador; es, como Pablo de nuevo dijo: un espíritu engañador que trabaja "con todo engaño" (2 Tesalonicenses 2:10). Esto se aprecia en todo lo que hace. Cambia sus tácticas; cualquier cosa para ajustarse a sus propósitos. Se contradirá a sí mismo. Dirá que algo que hace 100 años dijo que era verdad, ya no lo es. Cambiará aun de un día para otro. Puede transformarse, dice Pablo, en "ángel de luz" (2 Corintios 11:14). Puede citar las Escrituras, como hizo con nuestro Señor, como si las creyera y las tuviera en cuenta. No hay nada ante lo que no se incline para conseguir sus propios fines inicuos. Esa es su característica. Es mentiroso desde el principio. Los pobres Ananías y Safira fueron las víctimas de este maestro de la mentira.

¿Cuáles son, pues, las mentiras que el enemigo intenta que la Humanidad crea? Desgraciadamente, no es difícil responder a esa pregunta. Una vez que hemos entendido sus métodos, reconocemos sus mentiras por la experiencia. Pero también en la Biblia se nos presentan sus mentiras con toda claridad. La primera mentira, obviamente, es acerca de sí mismo. En muchos sentidos, la mentira más inteligente del diablo es persuadir a las personas de que el diablo no existe. Esa es su verdadera obra maestra. El arte de la pesca, según lo entiendo, reside en la habilidad del pescador para mantenerse oculto de manera que el pez no lo vea. Te escondes, te camuflas, y así es como se pesca. Bien, el diablo es un maestro en esto y, en la actualidad, está teniendo un éxito admirable porque el mundo piensa que es totalmente absurdo creer en un diablo que sea una persona.

Lo que es más, el diablo persuade a las personas de que no existe la maldad. Quizá hayas oído hablar del filósofo C.E.M. Joad quien, tras años de ateísmo, anunció que era cristiano. Y dijo que lo que le motivó a salir de su postura inicial fue el hecho de que, en la Guerra Civil española, vio cosas que le convencieron de la existencia de la maldad como un poder. Antes de eso, como filósofo, jamás había creído que la maldad fuera real, sino la mera ausencia de ciertas cualidades. Durante esa guerra, sin embargo, vio cosas que lo convencieron de lo contrario. Ese fue su primer paso.

Una vez descubierta la realidad de la maldad, el segundo paso es descubrir que, detrás de la maldad, existe un diablo, un poder personal rodeado de grandes fuerzas y mercenarios —si se los puede describir así— en su vasto ejército. El apóstol Pablo expresa todo esto en el capítulo 6 de su carta a los Efesios: "No tenemos lucha contra sangre y carne, sino contra principados, contra potestades, contra los gobernadores de las tinieblas de este siglo, contra huestes espirituales de maldad en las regiones celestes" (versículo 12). Ahí están, encabezadas por el diablo, estas fuerzas invisibles, perversas, malignas y espirituales. Pero el diablo persuade a las personas con sus mentiras de que no existen tales cosas: ni el diablo, ni espíritus malignos, ni demonios, absolutamente nada, nada de "trasgos", de los cuales escribió Juan Bunyan en su extraordinario himno. Todas esas cosas son tonterías, cuentos de hadas. Insinúa que este tipo de cosas las creía la gente en el pasado, no en el día de hoy. Esa es la primera gran mentira con la cual Satanás engaña al género humano.

La siguiente mentira es acerca de nosotros mismos. Aquí, de nuevo, encontramos una prueba de la maestría del diablo, de su sutil inteligencia. Nos hace pensar que estamos diciéndonos un cumplido a nosotros mismos cuando nos hace creer que los seres humanos son solo animales, que no existe el alma, que no existe el espíritu. Nos hace creer que estamos diciéndonos un cumplido cuando decimos que somos animales racionales, un poco más desarrollados que otros, pero animales al fin y al cabo, que la diferencia se encuentra en el grado, no en el tipo. Sir Arthur Keith dijo que, tras haber diseccionado muchos cuerpos, jamás se había encontrado con un órgano llamado "alma". ¡Gran carcajada entre la elite!

Después, el diablo pasa a engañarnos haciéndonos pensar que somos animales esencialmente buenos, que, en realidad, no hay nada malo en nosotros y que la doctrina bíblica del pecado no es cierta, más bien casi una calumnia. Evidentemente, no tienes que fijarte en el mundo y en lo que hacen los seres humanos, solo tienes que creer esta mentira; y los hombres y las mujeres están dispuestos a creerla. No tienen ni idea de que están respaldando una mentira, no son lo suficientemente sinceros como para enfrentarse consigo mismos; así pues, la creen. Y, además, creen que ellos son más bien los ofendidos que los ofensores. ¿Pero si la responsable de la situación del mundo no es la Humanidad, entonces quién lo es?

"No lo sé. Yo no tengo la culpa. La culpa debe recaer sobre otras personas; y, aun así, en cierto modo tampoco pueden ser ellas, porque son seres humanos como yo y, si yo soy bueno en esencia, también lo son ellas".

¿De dónde procede, pues, la maldad?

"Bien, no lo sabemos. Es solo que en algún sitio hay algo que no funciona con las cosas que se hacen, pero las personas son esencialmente buenas y son más ofendidas que ofensoras".

Como hemos visto, entonces, el diablo también hace que creamos que el mundo está mejorando. La Humanidad es más amable, más considerada y no soñaría con bombardear de repente miles, millones de personas hasta la muerte para nada. No, no; el diablo persuade a las personas de que hay una tendencia al alza. Ellas aún lo creen, a pesar de todo lo que hemos visto en este siglo XX. Creen que alcanzaremos la perfección como resultado del extraordinario proceso de evolución.

Y, además, evidentemente, Satanás miente acerca de Dios. En primer lugar, siempre intenta decir que no hay Dios. Esto no es nuevo. La gente cree que es una idea novedosa, pero no lo es. En el Salmo 14, leemos en el primer versículo: "Dice el necio en su corazón: No hay Dios". Este es un viejo truco, pero Satanás aún consigue que lo crea mucha gente.

Pero si el diablo falla con esa mentira, lo intenta con otra. Si un hombre cree en Dios, Satanás susurra: "Oh, sí, hay un Dios, pero es un demonio al que le gusta dominarte; es injusto. Sí, hay un Dios, ¿pero por qué permite que nazcan niños deformados? ¿Por qué permite la guerra? Hay un Dios, pero es un tirano, está contra ti". Esa fue la mentira que Satanás les dijo a Adán y Eva en la tentación original, y ellos la creyeron; y la Humanidad ha estado creyendo esa idea desde entonces, dispuestos a culpar a Dios siempre que las cosas van mal y sin pensar nunca en Él cuando todo va bien. Todo esto forma parte del engaño del diablo.

Y después, Satanás sigue persuadiéndonos de que si queremos ser verdaderamente libres y disfrutar de felicidad verdadera, lo único que tenemos que hacer es desafiar a Dios, volver nuestras espaldas a Él y no tener nada que ver con Él. Una vez más, es la tentación original: "¿Conque Dios os ha dicho?" (cf. Génesis 3:1). Dios solo se preocupa de dominarnos y de apartar este conocimiento de nosotros; si lo desafiamos y comemos de ese fruto, nuestros ojos serán abiertos, tendremos discernimiento y seremos como dioses. Seremos liberados y funcionaremos verdaderamente como seres humanos dignos de ese nombre. Haced eso y tendremos verdadera felicidad.

Aún más, el diablo sigue diciéndonos que no hay nada más allá de este mundo, que cuando muramos será el fin de nuestra historia; en realidad, pues, no importa demasiado lo que hagamos. "Recoged vuestras rosas mientras podáis". "Comamos y bebamos, porque mañana moriremos" (cf. 1 Corintios 15:32). No hay nada después de la vida, ni Juicio, ni futuro eterno. Nosotros, por tanto, no tenemos nada por lo que preocuparnos; no tenemos, pues, que escuchar a los predicadores que hablan acerca de la Ley, la condenación, el Juicio y reclaman nuestra responsabilidad. No, no; debemos sacar el mayor partido de todo, disfrutar, divertirnos.

En Israel, siempre hubo un gran conflicto entre dos tipos de profeta: el profeta verdadero y las personas descritas como los "falsos profetas". El mensaje de los falsos profetas siempre era el mismo. Jeremías lo dio a conocer al pueblo con estas palabras. Dijo: "[Estos profetas] curaron la herida de la hija de mi pueblo con liviandad, diciendo: Paz, paz; y no hay paz"

(Jeremías 6:14; 8:11). Y aún lo siguen haciendo. Un espíritu subyacente controla las mentes y los corazones de las personas que ocupan posiciones destacadas y, aunque el mundo se dirige al Infierno, aún dicen: "Todo está mejorando, no os alarméis ni os pongáis nerviosos. No hay Juicio, ni eternidad, ni castigo, todo está bien. Paz, paz; seguid adelante. Continuad bebiendo y bailando. Disfrutad, todo se solucionará, de alguna manera". Eso es lo que dicen aun a pesar de cómo está el mundo. Esa es la mentira del diablo. "¿Por qué llenó Satanás tu corazón para que mintieses?".

Y, finalmente, por supuesto, el diablo miente constantemente acerca del Señor Jesucristo. Era de esperar, ¿verdad? Dios le ha enviado al conflicto; el segundo Adán. Aquí vemos el acto supremo de Dios; el diablo lo sabe y ha elaborado mentiras al respecto. En la Biblia podemos encontrar muchos pasajes que hablan de esta cuestión; solo puedo resumirlos muy brevemente, pero lo puedes ver a la perfección en la tentación de nuestro Señor en el desierto. Estuvo allí durante cuarenta días y cuarenta noches tentado por el diablo, y esta es la forma que adoptó la tentación. El diablo, con toda su sutileza y astucia, dijo: "Si eres Hijo de Dios" (cf. Mateo 4:2); "si". Esa es la cuestión, en ese hecho se centraba siempre. Nuestro Señor aludió a ello al hablar con los fariseos (Juan 8), y Pablo dice: "Nadie que hable por el Espíritu de Dios llama anatema a Jesús; y nadie puede llamar a Jesús Señor, sino por el Espíritu Santo" (1 Corintios 12:3). Es el hombre que *no* habla por el Espíritu Santo el que llama anatema a Jesús.

De nuevo, dice Juan:

Amados, no creáis a todo espíritu, sino probad los espíritus si son de Dios; porque muchos falsos profetas han salido por el mundo. En esto conoced el Espíritu de Dios: Todo espíritu que confiesa que Jesucristo ha venido en carne, es de Dios; y todo espíritu que no confiesa que Jesucristo ha venido en carne, no es de Dios; y este es el espíritu del anticristo, el cual vosotros habéis oído que viene, y que ahora ya está en el mundo.

(1 Juan 4:1-3).

Esa fue la gran lucha en el mismo principio. En el momento que nació la Iglesia, podríamos decir, el maligno vino con sus mentiras, siendo su mentira suprema que Jesús de Nazaret no era nada más que un hombre, y que esa proclamación de ser el Hijo de Dios, de ser igual a Dios, era una blasfemia. Por eso dieron muerte a nuestro Señor. "¿Quién es este tipo —decían—, este carpintero, este hijo de José? Estas proclamas son mentiras —decían—. Este hombre es un impostor". Le odiaban, pues, y "crujían los dientes contra [Él]" (cf. Hechos 7:54), y finalmente lo crucificaron en aquella Cruz en el monte Calvario. Siempre lucharon muy tenazmente para perpetuar esta mentira. Pedro lo expresa así: "Hubo también falsos profetas entre el pueblo, como habrá entre vosotros falsos maestros, que introducirán encubiertamente herejías destructoras, y aun negarán al Señor que los rescató, atrayendo sobre sí mismos destrucción repentina" (2 Pedro 2:1).

Y el último libro de la Biblia, el libro del Apocalipsis, no es sino una representación gráfica y dramática de este gran conflicto, especialmente hacia el final del mismo. En el capítulo 12 se nos proporciona un resumen perfecto, al leer del intento del gran dragón, el diablo, por ahogar al niño y a su madre arrojando agua de su boca.

Las mentiras continúan hasta nuestros días. Oh sí, las personas están dispuestas a alabar a nuestro Señor como un gran hombre extraordinario y bueno, pero insisten en que fue solo un hombre, nacido como cualquier otro. Algunos son lo suficientemente necios como para decir, como se ha dicho recientemente, que era el hijo ilegítimo de Zacarías, el padre de Juan el Bautista. Pero aquel que dijo eso es un pobre siervo del diablo. No hay sutileza alguna en ello, se descubre por completo y hace la mentira evidentemente absurda. No debería haberlo dicho, y estoy seguro de que su maestro, el diablo, le ha reprendido por decirlo. No, no; el método sutil es alabar a nuestro Señor como hombre, porque mientras se piense que solo fue un hombre, lo sobrenatural, lo milagroso, lo divino y su asombrosa muerte, todo ello se puede despreciar; cualquier cosa para arrebatarle su gloria y su deidad. Esa es la enseñanza fundamental de este mentiroso, el diablo, quien ha estado convenciendo a la gente para que lo crea durante siglos.

¿Cuáles son, pues, los resultados de atender al diablo? Siempre son los mismos. Están aquí, en esta historia de Ananías y Safira. Su enseñanza siempre termina en esclavitud. El diablo promete libertad, pero jamás la proporciona. "El camino de los transgresores es duro" (Proverbios 13:15). Si el diablo dijera la verdad, no habría infelicidad en este mundo. No habría problemas, no habría sufrimiento, no habría dolor, ni amenaza de guerra. No, no; el diablo siempre produce esclavitud porque siempre da lugar a confusión. En el momento en que las personas le escuchan están bajo su poder, lo que la Biblia denomina la "esclavitud" (cf. Gálatas 4:3) del pecado y Satanás. ¿Qué ocurrió cuando el primer hombre creyó la mentira del diablo? Se convirtió en víctima del mundo, de la carne y del diablo. Y ese es todo el problema que hay en el mundo en nuestros días. Los hombres y las mujeres no son libres; ellos también son víctimas.

¿Por qué actúa la gente del modo en que lo hace? Porque todos los demás lo hacen. Sigue el camino del mundo, la rutina social, lo que hay que hacer, lo que los mejores están haciendo; no tiene ni idea de por qué, es solo esclava. Absorbe opiniones ya elaboradas de los periódicos populares, de la radio y la televisión. Nunca piensa, lo que la conduce a una horrible esclavitud.

Pero el aspecto sobre el que te pido que te fijes ahora es el egoísmo. Ese es siempre el resultado de escuchar las mentiras del diablo. "Ananías, ¿por qué llenó Satanás tu corazón para que mintieses al Espíritu Santo?". Egoísmo: finges estar dando a otros y ayudándoles, pero no lo estás haciendo. Te estás quedando gran parte para ti; no solo eres mentiroso, sino que además eres un mentiroso egoísta. Siempre estás pensando en ti mismo; te pones en primer lugar. ¿No se debe todo el problema del mundo, en cierta forma, al egoísmo? Todos buscan su beneficio: "Estoy bien, hombre. ¡Qué importa lo que el otro consiga o lo que le suceda si yo estoy bien!".

Por supuesto, hacemos alarde de nuestros donativos a la caridad y cosas semejantes, pero es una fachada. Un hombre no está satisfecho con su propia esposa, y codicia la mujer del otro. Los negocios y las profesiones hierven de celos, envidia, odio y malicia, y lo mismo sucede en las altas esferas de las clases sociales. Y lo encontramos aquí, en Ananías y Safira. Creer en la mentira del diablo siempre lleva al egoísmo y es la causa de la tragedia del género humano.

Pero consideremos, también, la miopía que siempre se genera. Cuando estás bebido eres feliz, pero a la mañana siguiente te sientes miserable. Te sientes feliz cuando escupes sobre la inviolabilidad de la santa Ley de Dios y la profanas, pero sufres remordimiento por ello después, y te sientes inferior y un canalla: satisfacción momentánea, felicidad temporal. El autor de la Epístola a los Hebreos dice de Moisés que "[escogió] antes ser maltratado con el pueblo de Dios, que gozar de los deleites temporales del pecado" (Hebreos 11:25). Y jamás duran más de una temporada, y esas temporadas son cada vez más cortas. La satisfacción nunca es permanente.

El diablo es un tramposo y un engañador; su programa engaña. Los placeres que ofrece siempre conducen al juicio. Crees haber sido inteligente, que has cubierto todos los imprevistos, pero, de repente, te confronta un Pedro, que dice: "No has mentido a los hombres, sino a Dios". Dijo Pedro a Safira: "¿Por qué convinisteis [...]?". "Dime, ¿vendisteis en tanto la heredad? Y ella dijo; Sí, en tanto". Una mentira descarada.

El juicio te alcanza. No te puedes librar de él, no puedes escapar. Al final estás prendido por el cuello. Te enfrentas al castigo y al destino que mereces: la perdición eterna a la que conduce. Esa es la verdad acerca de este mentiroso, el diablo, este Satanás, este que odia a Dios y a la Humanidad en último término, nuestro enemigo, nuestro adversario. Ese es su carácter, eso es lo que enseña y esos son los resultados a los que conduce el creer en su enseñanza.

¡Pero, oh, qué gozo, qué bendito alivio volvernos al otro lado! Y eso es el cristianismo. Escucha, te ruego, por tu vida; tengo algo maravilloso que decirte. Hay otro que está dispuesto a llenar el corazón: "Todos fueron llenos del Espíritu Santo". Empezamos a leer acerca de esto en el capítulo 2 de este libro de Hechos. Esto es lo que se prometió —la promesa del Padre—, esto es lo que nuestro Señor mismo prometió cuando dijo: "Os conviene que yo me vaya; porque si no me fuese, el

Consolador no vendría a vosotros; mas si me fuere, os lo enviaré" (Juan 16:7). Y lo envió el día de Pentecostés. Entonces nació la Iglesia, y todos los acontecimientos extraordinarios que hemos estado considerando juntos empezaron a tener lugar.

El Espíritu de Dios, el Espíritu Santo; ¿quién es? ¡Oh, qué contraste, qué carácter tan diferente! Se le llama el Espíritu de santidad, el Espíritu de verdad. Nuestro Señor dijo: "Él os guiará a toda la verdad" (Juan 16:13). Es la eterna antítesis del diablo en todos los sentidos, pero, principalmente, en que es el gran Espíritu de verdad. Y lo que es tan maravilloso es que, puesto que Él es el Espíritu de verdad, siempre es el mismo en todas las épocas. La Verdad que tengo el privilegio de predicar es "la verdad inmutable, que no cambia". Jesucristo es "el mismo ayer, y hoy, y por los siglos" (Hebreos 13:8).

¿Cuál es, pues, mi mensaje? No hay nada nuevo en ello; oh, que el Espíritu de Dios permita que yo desaparezca para que puedas escucharlo. Simplemente estoy repitiendo el mensaje que predicaron los Apóstoles. No estoy predicando algo que se haya descubierto de repente en los años 60. No estoy predicando lo que acabo de leer en el último libro de algún gran filósofo. Gracias a Dios que no lo estoy haciendo. Estoy predicando la Verdad eterna, el Evangelio eterno, el mensaje que, a lo largo de los siglos, han predicado santos, apóstoles, profetas y mártires.

¿Cuál es esta verdad que enseña el Espíritu Santo? Solo puedo ofrecértela de forma resumida. Nos dice la verdad acerca de nosotros mismos, y lo que nos dice es que no somos animales. "Hagamos al hombre a nuestra imagen [...], a imagen de Dios lo creó" (Génesis 1:26,27). Cada uno de nosotros tiene un alma, un espíritu; estamos pensados para relacionarnos con Dios. En nuestro interior lo sabemos; estamos insatisfechos; clamamos por "un éter más espacioso, un aire más divino" (Wordsworth). No hay nada más en el mundo, aparte de Dios, que pueda satisfacernos. Hay una sed, un hambre, una inquietud. Agustín lo examinó: "Tú nos has hecho para ti mismo y nuestros corazones no hallan descanso hasta que en ti lo encuentran". Lo había intentado con la bebida, con su amante, pero su alma era demasiado grande para estas cosas.

"Polvo eres, al polvo volverás"
no se dijo del alma.

H.W. LONGFELLOW

Hay un aspecto intangible en los hombres y las mujeres, ese aspecto que los diferencia de los animales. Esto es lo que leemos en la Biblia. Esto es lo que el Espíritu de verdad, el Espíritu Santo, nos dice y, además, nos dice que somos responsables ante Dios, que no somos solo animales irresponsables para que obedezcamos a nuestros vicios, pasiones y deseos, para que comamos y bebamos en exceso y seamos demasiado indulgentes con el sexo. No, no; somos seres responsables, destinados a ejercitar la disciplina, los señores de la Creación, los representantes de Dios en este universo.

Pero el Espíritu Santo no se detiene ahí, y, desgraciadamente, sabemos que esta es la verdad. Nos dice que, en su necedad, el hombre y la mujer escucharon al diablo y cayeron, trayendo el caos sobre todo su mundo y su descendencia. Nos dice que los hombres y las mujeres son ahora criaturas caídas y que todos sus sufrimientos son el resultado de aquello.

El Espíritu Santo pasa luego a hablarnos acerca de la verdad de Dios y de su gloria.

Tú eres el único Dios inmortal,
en inaccesible luz habitas sin par,
bendito y glorioso, eres Dios eternal,
potente e invencible, alabado serás.

WALTER CHALMERS SMITH

"Dios es luz, y no hay ningunas tinieblas en él" (1 Juan 1:5); Dios el Creador, Dios el Todopoderoso, Dios el Recto, el Justo, el Santo, que es de tan puro semblante que ni siquiera puede mirar el pecado; Dios el Juez de los confines de la Tierra, a cuyo recaudo se encuentra el gobierno moral del universo; Dios, quien nos hizo, bajo quien todos existimos y ante quien todos tendremos que comparecer y rendir cuentas.

Esa es la enseñanza del Espíritu Santo acerca de Dios tal y como la encontramos en la Biblia, pero no es toda la enseñanza,

¡gracias a Dios! No estaríamos aquí si lo fuera. No me atrevería a acercarme a Él, huiría, estaría aterrado. ¿Quién soy yo para hablar de tal persona, para intentar entrar en su presencia por mí mismo? Pero el Espíritu pasa a decirme que Dios es un Dios de amor y de bondad infinita, de misericordia y de compasión. Escucha cómo lo expresa el apóstol Pablo a los efesios: "Pero Dios, que es rico en misericordia, por su gran amor con que nos amó, aun estando nosotros muertos en pecados, nos dio vida juntamente con Cristo [...] —¿por qué?— para mostrar en los siglos venideros las abundantes riquezas de su gracia en su bondad para con nosotros en Cristo Jesús" (Efesios 2:4-5,7).

Los salmistas y profetas del Antiguo Testamento habían vislumbrado el amor de Dios por medio de la revelación y lo habían experimentado. El salmista pecó contra Dios y no sabía qué hacer de sí mismo. Pero tuvo que volver a Dios, puesto que no había nadie más, clamar, postrarse y balbucear: "Pero en ti hay perdón, para que seas reverenciado" (Salmo 130:4). Nos muestra, además, la bondad del Señor: "Cuanto está lejos el oriente del occidente, hizo alejar de nosotros nuestras rebeliones" (Salmo 103:12). Esa es la enseñanza del Espíritu Santo respecto a Dios. Lejos de estar contra nosotros, Dios nos ama, a pesar de ser lo que somos. Cuando Adán y Eva se rebelaron contra Él en la perfección del Paraíso, Dios no los desterró a la eternidad ni al sufrimiento eterno. Dios les informó de un plan de redención y restauración que ya había elaborado previamente. Dios, el Dios que es insultado, injuriado y contra quien los hombres y las mujeres, en su necedad, se han rebelado, este mismo Dios, ideó un camino para redimirlos, para hacerlos libres de sí mismos y de las consecuencias de escuchar las mentiras del diablo.

En el Antiguo Testamento, encontramos anuncios de la salvación de Dios. Él tomó a un hombre llamado Abraham, lo convirtió en una nación y lo utilizó como medio para dar a conocer su revelación. Considera luego la forma en que trató a aquellos Hijos de Israel; ¡qué grupo tan vil formaban! No peor que nosotros, si te das cuenta, pero pecaban contra Dios y después volvían a Él; rastrero. Él los perdonaba y los bendecía, después renunciaban a Él y volvían a pecar contra Él. Esta vez, no, no podía perdonarlos, ¡pero lo hizo! Oh, la resignación y la paciencia de Dios con este pueblo obstinado. Pero este es el Dios que el Espíritu Santo revela.

Sin embargo, por encima de todo lo demás, el Espíritu Santo fue enviado a la Iglesia para glorificar al Señor Jesucristo. Nuestro Señor mismo así lo dijo: "Él me glorificará" (Juan 16:14). Esta es la obra suprema del Espíritu Santo. Nos dice la verdad acerca de Jesús de Nazaret. ¿Quién es? Esa es la pregunta crucial. "¿Qué pensáis del Cristo?" (Mateo 22:42). Y el Espíritu Santo responde a esa pregunta por todo el sorprendente testimonio al que llamamos el Nuevo Testamento. Aquí lo tenemos, en un solo versículo: "Porque de tal manera amó Dios al mundo, que ha dado a su Hijo unigénito, para que todo aquel que en él cree, no se pierda, mas tenga vida eterna" (Juan 3:16). El niño de Belén, el eterno Hijo de Dios, el Verbo hecho carne. "Velada por la carne la Divinidad veo", dice Charles Wesley; y solo el Espíritu Santo revela tal cosa. Pablo dice, en 1 Corintios 2:8, que cuando Cristo venga: "Ninguno de los príncipes de este siglo [la] conoció; porque si la hubieran conocido, nunca hubieran crucificado al Señor de gloria". Las grandes personalidades del mundo lo rechazaron. Solo vieron a Jesús, un carpintero. Pero el Espíritu lo revela como Dios en la carne.

El Espíritu también revela la asombrosa vida de perfección de nuestro Señor, su bondad. A los fariseos y los escribas no les gustaba, no estaban seguros de que fuera una persona muy agradable: comía y bebía aun con recaudadores de impuestos y pecadores, permitió que una prostituta le lavara los pies con sus lágrimas y los enjugara con sus cabellos. "Ah —decían—, este tipo es un impostor". Pero Él estaba lleno de bondad y compasión, y dijo: "El que me ha visto a mí, ha visto al Padre" (Juan 14:9). Dijo: Dios es así. No atendáis a lo que los demás os han dicho acerca de Él. Él no está distante ni está contra vosotros. Él está por vosotros y yo he venido, el Hijo de Dios. "Porque el Hijo del Hombre vino a buscar y a salvar lo que se había perdido" (Lucas 19:10). "Yo he venido para que tengan vida, y para que la tengan en abundancia" (Juan 10:10).

Mientras nuestro Señor se acercaba a Jerusalén, donde pronto sería arrestado, dijo: "El Hijo del Hombre no vino para ser servido, sino para servir, y para dar su vida en rescate por muchos" (Mateo 20:28). Había venido a morir, y toda la enseñanza del Espíritu Santo acerca de Él dice que fue a la Cruz intencionadamente. ¿Por qué? Porque vio que este era el único camino mediante el que cualquiera podría ser libertado, perdonado y redimido. En la Cruz llevó el castigo de mis pecados. Llevó mi culpa sobre Él; por eso vino. Vino para que "gustase la muerte por todos" (Hebreos 2:9). Eso es lo que el Espíritu Santo nos enseña acerca de Él. Lo pusieron en un sepulcro, pero resucitó. La resurrección del cuerpo es un hecho, y prueba que su obra fue completa. Ascendió ante estos mismos Apóstoles que habían sido testigos de su vida y su muerte, y se sentó a la diestra de Dios en la gloria eterna. Envió al Espíritu Santo el día de Pentecostés para dar a conocer estas cosas, para dar poder a las personas, a los predicadores, para autentificar la verdad sobre sí mismo.

El apóstol Pablo resume el mensaje en su carta a los Romanos con estas palabras:

> *Cristo, cuando aún éramos débiles, a su tiempo murió por los impíos. Ciertamente, apenas morirá alguno por un justo; con todo, pudiera ser que alguno osara morir por el bueno. Mas Dios muestra su amor para con nosotros, en que siendo aún pecadores, Cristo murió por nosotros […]. Porque si siendo enemigos, fuimos reconciliados con Dios por la muerte de su Hijo, mucho más, estando reconciliados, seremos salvos por su vida.*
>
> (Romanos 5:6-8,10).

¿Qué nos ocurre cuando creemos esto? Oh, sabrás de inmediato que tus pecados son perdonados, que estás reconciliado con Dios. No tendrás temor del Juicio y tendrás paz con Dios. No solo eso: recibirás una nueva naturaleza, una nueva vida, un nuevo comienzo. Obtendrás liberación. Esto no es una filosofía. Esto no es enseñanza ética. El Evangelio no te exhorta a que te levantes y trates de vivir una vida buena, poniéndote, por tanto, a bien con Dios y resolviendo tus problemas. Sabe que no puedes hacer eso. No, no; el mensaje del Evangelio habla de una liberación sobrenatural y divina. Pablo lo expresa así: "No me avergüenzo del evangelio —¿por qué no?— porque es poder de Dios para salvación" (Romanos 1:16). Ni el poder de un sociólogo, ni el poder de una promulgación del gobierno, sino el poder de Dios. Es esto lo que nos libra del diablo, lo que nos transporta del reino de las tinieblas al reino del amado Hijo de Dios, lo que nos hace libres, dando lugar en nosotros a un nuevo tipo de carácter, un carácter ejemplificado aquí, en Hechos, en Bernabé y en otros. Estas personas vendieron sus bienes honesta y genuinamente, y dieron los beneficios obtenidos. Ya no vivían una vida egoísta, egocéntrica y pequeña, sino que se preocupaban por los demás.

Podría tenerte horas solamente recordándote los hechos que el diablo, oportunamente, ha hecho que la gente olvide. La mayor institución benéfica que este mundo ha conocido ha sido la Iglesia cristiana. Antes de que los políticos llegaran con sus reformas, la Iglesia prestaba ayuda a los pobres, había introducido la educación para los pobres, había empezado hospitales. La Iglesia, no una institución sino cristianos genuinos, ha sido la pionera en toda esta obra durante siglos. Estos son los hechos. En este país y en otros, los cristianos se han sacrificado por los demás. Aquí están, en Hechos, viviendo un nuevo tipo de vida, todos unánimes y evidenciando el fruto del Espíritu.

Si quieres saber cuál es la diferencia entre las dos vidas —la vida que escucha al diablo y la vida que escucha al Espíritu Santo—, entonces lee las palabras escritas por el apóstol Pablo en el capítulo 5 de su Epístola a los Gálatas: "Y manifiestas son las obras de la carne —esta es la vida de aquellos cuyos corazones están llenos de Satanás—, que son: adulterio, fornicación, inmundicia, lascivia, idolatría, hechicerías, enemistades, pleitos, celos, iras, contiendas, disensiones, herejías, envidias, homicidios, borracheras, orgías, y cosas semejantes a estas" (Gálatas 5:19-21). Es cierto en la vida del Londres de nuestros días y lo era entonces. Ese es el resultado de escuchar las mentiras del diablo.

¿Quieres conocer el resultado de escuchar al Espíritu Santo? "El fruto del Espíritu es amor, gozo, paz, paciencia, benignidad, bondad, fe, mansedumbre, templanza" (versículos 22-23). ¡Qué contraste! Lo maravilloso es que, si crees este mensaje, no estás solo para combatir contra imposibles, porque el Espíritu Santo está en tu interior. "Todos fueron llenos del Espíritu Santo". Una fuerza divina entra, eleva a las personas y las saca de sí mismas, capacitándolas para hacer cosas que antes eran imposibles.

¿A qué conduce eso? Bien, en medio de este mundo actual, que tiene una perspectiva tan materialista y mercenaria, y que está tan interesado en el dinero y en ganar las quinielas, tenemos aquí una vida que nos proporciona satisfacción sin necesidad de dinero. Estas personas estaban dispuestas a vender todas sus posesiones y poner el dinero en un fondo común. Se puede ser feliz sin dinero, no dependemos de él. Una de las primeras cosas que les ocurren a los hombres y las mujeres cuyos corazones están llenos del Espíritu, es que se vuelven independientes del mundo, de sus circunstancias y de todo lo que los rodea. Que todas esas cosas se levanten contra nosotros; no pueden tocarnos, somos salvos definitivamente. El Espíritu Santo nos da "gozo permanente y un tesoro sólido": "gozo inefable y glorioso" (1 Pedro 1:8). Nos da paz.

El Espíritu Santo nos quita el miedo a la muerte y a la tumba. El fin de los incrédulos es cierto; el enemigo ya está condenado, está viviendo de alquiler, podríamos decir. Recibió aquella herida mortal cuando Cristo murió en la Cruz, y su tiempo es limitado; por eso se está apresurando. Pero Cristo vendrá y con el aliento de su boca destruirá a ese astuto mentiroso, enemigo de Dios y de la Humanidad, y lo enviará a la destrucción eterna. No lo olvides cuando el diablo te acose con sus mentiras.

Considera el denuedo de los Apóstoles cuando desafiaron a las autoridades. Ya no tenían miedo a la muerte. Y los primeros mártires y confesores fueron con gusto a los leones en la arena, alabando a Dios y agradeciéndole que por fin los hubiera considerado dignos de sufrir de ese modo por el nombre de su bendito y amado Señor. "Murieron bien", como dice John Wesley. ¿Por qué? Porque tenían una esperanza de gloria, eran conscientes de que este mundo es pasajero. Este no es el mundo de la realidad, es el mundo de las apariencias. Pero hay un mundo que permanece.

Pura delicia es aquel lugar
do santos morarán.

ISAAC WATTS

Hay una gloria que aún no ha sido revelada. Viene un día en el que la gloria de los hijos de Dios será manifestada. Viene un día de coronación, un día de victoria definitiva y de triunfo, cuando Jesús reinará de polo a polo. Y es a la luz de eso que estos hombres y mujeres vivieron la vida que vivieron, y tuvieron un gozo que permaneció aun en medio de las tribulaciones.

Te he presentado las dos partes. Te he mostrado el carácter de Satanás y te he contado su mensaje. Te he hablado de los resultados de creer en ese mensaje. Te he contado algo acerca del Espíritu Santo y su carácter. Te he revelado su mensaje y te he hablado de los resultados de creer el mensaje del Espíritu Santo. Y ahora, te pregunto: ¿Qué llena tu corazón? ¿Está lleno de las mentiras de Satanás o del Espíritu Santo? Esto es lo que importa, y te estoy preguntando esto porque me preocupas tú y tu destino eterno. Veo la mentira, una vez yo mismo la creí, pero, gracias a Dios, el Espíritu abrió mis ojos. Pongo, pues, ambas cosas ante ti y te digo: Cree en el Señor Jesucristo, revelado por el Espíritu, y ríndete al Espíritu de Dios.

21
Señales y prodigios

Y vino gran temor sobre toda la iglesia, y sobre todos los que oyeron estas cosas. Y por la mano de los apóstoles se hacían muchas señales y prodigios en el pueblo; y estaban todos unánimes en el pórtico de Salomón. De los demás, ninguno se atrevía a juntarse con ellos; mas el pueblo los alababa grandemente. Y los que creían en el Señor aumentaban más, gran número así de hombres como de mujeres.

(Hechos 5:11-14).

Hemos estado examinando la dramática historia de Ananías y Safira y nos ha enseñado muchas cosas acerca de lo que es en realidad la Iglesia cristiana, de cómo nació, cómo empezó a crecer y cómo continuó extendiéndose el mensaje cristiano. Ahora bien, en los tres primeros versículos se nos habla del efecto que produjeron las muertes de Ananías y Safira: "Y vino gran temor sobre toda la iglesia, y sobre todos los que oyeron estas cosas". El relato pasa luego a decir que "por la mano de los apóstoles se hacían muchas señales y prodigios en el pueblo". Y eso, por otra parte, como quiero mostrarte, lo utilizó Dios con el mismo propósito. Se nos dice luego: "Estaban todos unánimes en el pórtico de Salomón. De los demás, ninguno se atrevía a juntarse con ellos; mas el pueblo los alababa [los glorificaba, les rendía honores] grandemente. Y los que creían en el Señor aumentaban más, gran número así de hombres como de mujeres".

En otras palabras, el testimonio nos dice que si queremos saber cómo fue que este puñado de personas se convirtieran en una fuerza semejante —cómo, de un comienzo tan pequeño, se extendieran tanto y tan lejos—, parte de la respuesta se encuentra en estos acontecimientos: el temblor del edificio, las muertes de Ananías y Safira, estas señales y prodigios, estos milagros que obraron los Apóstoles. Sin duda, esta es una parte fundamental de la explicación, y es la razón por la que se recogen estas cosas en este libro de Hechos, el cual es, al fin y al cabo, principalmente un libro de Historia para Teófilo. Ahora bien, Teófilo era un hombre capaz, culto, un gentil que quería saber lo que era el cristianismo, razón por la cual Lucas escribió, en primer lugar, el Evangelio según Lucas y ahora este libro. Esto es —dice Lucas— lo que pasó; esta es la explicación a lo que estás intentando entender.

Nos encontramos, por tanto, cara a cara con estos fenómenos, estos hechos; sin embargo, sé que muchas personas consideran todo esto difícil y sorprendente, y por eso estoy haciendo hincapié en ello. Muchos no creen que estos acontecimientos sucedieran en realidad. La Psicología nos enseña —piensan— que se pueden explicar de una manera muy sencilla. Las personas simples están siempre dispuestas a invocar lo milagroso y lo mágico, creerán cualquier cosa, y aquellos primeros cristianos eran personas muy simples. Ya te he comentado la forma en que los psicólogos explican el temblor del edificio. Estas personas niegan todos los milagros de nuestro Señor, niegan el hecho de la resurrección, niegan que enviara el Espíritu Santo el día de Pentecostés, niegan las muertes por juicio de Ananías y Safira, y niegan todos los testimonios relacionados con los milagros. Obviamente, sus explicaciones parecen inteligentes, pero ni responden ni resuelven el problema de la extensión de la Iglesia cristiana.

¿Por qué los psicólogos, entre otros, niegan estos acontecimientos? Porque empiezan dando por sentado el postulado que dice que los milagros no pueden ocurrir; por tanto —dicen— los milagros no han ocurrido. Evidentemente, eso es cierto si la primera afirmación es correcta. ¿Pero cómo sabes que no puede ocurrir un milagro; puedes probarlo? No puedes. A aquellos, pues, que insisten en no creer los acontecimientos de Hechos, lo único que les diría es que, a menudo, las personas han dicho eso de cosas que posteriormente han probado ser ciertas. Sabes a qué tipo de personas me refiero. Les dicen que los rusos han tenido éxito al lanzar un cohete y que está dando vueltas en el espacio exterior. "Ni lo creo ni lo creeré", dicen. Pero ahora tienen que hacerlo. De hecho, uno aun ha aterrizado en la Luna.

Esa es la respuesta inmediata para tales personas, pero tengo una respuesta mucho más importante: ¿Cómo explicas la Iglesia cristiana si niegas los hechos descritos en Hechos? ¿Cómo pudo suceder que un puñado de hombres sin letras fuera capaz de divulgar este mensaje que se extendió por todo el mundo civilizado? ¿Estás sugiriendo que unos hombres que dijeron las cosas que dijeron estos hombres fueron poco honestos, o que fueron tan primitivos que sus palabras son irrelevantes y no merece la pena considerarlas? Toda la historia de la Iglesia cristiana desmiente directamente cualquier argumento como ese, ya que la Iglesia ha sido la fuerza civilizadora más poderosa, y los cristianos los mayores benefactores que el mundo jamás haya conocido.

Pero algunas personas aún tienen una dificultad más seria. Dicen: "Está bien, lo acepto, pero lo que quiero saber es esto: Si es así como la Iglesia empezó, ¿por qué no suceden cosas como esas en nuestros días?". Esta pregunta es más seria, y digna de una cuidadosa consideración. La respuesta, según mi parecer, es que el hecho mismo de que exista variación es una prueba, en sí y por ella misma, de lo sobrenatural. Es una prueba de Dios y del Señor como cabeza de la Iglesia y como el que controla las actividades de la misma. Aquí es donde encuentro una prueba tan maravillosa del hecho de que la Iglesia no es una sociedad ni una institución humana. Para empezar, los seres humanos no podrían hacer cosas extraordinarias, maravillosas y milagrosas. Los Apóstoles, como ya hemos visto, tenían mucho cuidado al decirlo. Cuando el pueblo de Jerusalén estaba dispuesto casi a adorarles, Pedro y Juan dijeron: "¿Por qué ponéis los ojos en nosotros, como si por nuestro poder o piedad hubiésemos hecho andar a éste?" (Hechos 3:12). No hemos hecho esto nosotros. "Y la fe que es por él ha dado a éste esta completa sanidad" (versículo 16). No eran sino instrumentos y canales.

Además, el hecho de que existiera tal variación, prueba que el poder venía de Dios. Si la Iglesia pudiera haber hecho milagros cuando hubiera querido, toda la situación hubiera sido muy diferente; sin embargo, a pesar de que lo ha intentado muchas veces, no ha podido. No, esta variación es una prueba de que el poder está en manos de otro; y ese es el gran mensaje de la primera parte del libro de Hechos. Aquí, en los comienzos de la Iglesia, Dios les dio este poder a hombres incultos y sin letras para que pudieran decir con el apóstol Pablo: "Tenemos este tesoro en vasos de barro, para que la excelencia del poder sea de Dios, y no de nosotros" (2 Corintios 4:7). Nuestro Señor autentificó el mensaje de ellos. El autor de la Epístola a los Hebreos lo expresa exactamente igual en el capítulo 2 versículo 4: "Testificando Dios juntamente con ellos, con señales y prodigios y diversos milagros".

Aquí, pues, vemos el inicio, aquí fue el comienzo, aquí se demostró la autenticidad del mensaje, aquí vemos algo que llamó la atención de la gente. Al principio, es lógico esperar algo así. También lo es esperar que, al principio, quedaran bien asentados los grandes principios que gobernaban la vida de la Iglesia; y mi propuesta es que aquí quedan asentados. Si volvemos al Antiguo Testamento, vemos la misma diversidad. Los profetas Elías y Eliseo eran capaces de hacer milagros, pero no se nos dice que los demás profetas tuvieran el mismo don. ¿Por qué? Bien, estos dos fueron los primeros, el principio, el inicio, y su autenticidad se demostró con un poder sobrenatural. Después, cuando las personas estaban preparadas para escuchar, los profetas continuaron impartiendo el mensaje.

Te diré algo aún más interesante. Podemos ver la misma variación en estas manifestaciones de lo sobrenatural en la historia de la Iglesia cristiana que se sucedió en años posteriores. Si examinas la extensa historia de la Iglesia, te darás cuenta de que ha habido períodos excepcionales, los que denominamos avivamientos, y que en ellos ha habido una manifestación impactante del poder inmediato de Dios, no siempre milagros y señales, pero sí siempre una presencia del poder del Espíritu. A veces, los hombres y mujeres caían, literalmente, al suelo; hacía acto de presencia en una reunión una irresistible convicción, y la gente era casi arrollada. Esto era una manifestación directa del poder de Dios, el poder invisible del Espíritu Santo, lo mismo que tenemos aquí, pero manifestado de nuevo para librar a la Iglesia de la muerte, para ponerla en pie y llamar a los hombres y las mujeres a que escuchen su mensaje. Mi respuesta, pues, a la pregunta de por qué no tenemos esas cosas ahora es que, en realidad, no lo sé. Pero percibo que es la forma en que Dios ha actuado a lo largo de la Historia y que, lejos de preocuparme por ello, mi fe se fortalece. No podemos ordenar estas cosas, están en sus manos.

Pero hay una tercera dificultad que, a menudo, la gente encuentra en relación con los milagros, y es la que siento como más urgente e importante en la práctica para nosotros. Hay quienes sienten que el hecho de que ahora no ocurran milagros es injusto para nosotros. Dicen: "Si hubiéramos vivido en aquella época y hubiésemos visto aquellas cosas, hubiéramos creído". Quizá hayas sentido esto tú mismo. "¡Si —piensas— hubiera vivido cuando el Hijo de Dios estuvo en este mundo! Si pudiera haber visto su rostro y esos ojos, si pudiera haber escuchado esa palabras de gracia mientras salían de su boca, no hubiera tenido ningún problema en creer". Ahora bien, para mí, esta es la falacia más seria de todas, porque es un argumento que se basa en el supuesto de que tales sucesos dan lugar a resultados automáticos. Pero no es así.

Lee la afirmación de nuestro Señor en Lucas 16 acerca de Divas (el rico) y Lázaro. Habla de una discusión que tuvo lugar entre Abraham, en el Cielo, y Divas, en el Infierno. Cuando Abraham dejó claro a Divas que no hay tráfico entre el Cielo y el Infierno, entre el Paraíso y el Hades, Divas dice: "Si no puedo ir allí y si Lázaro no puede venir y liberarme, entonces, te ruego, envía a Lázaro a mis hermanos. Me quedan cinco hermanos en aquel viejo mundo y aún están viviendo como yo lo hacía. No conocen nada mejor. Envía, pues, a Lázaro para que les diga la verdad".

—Pero hijo —dice Abraham—, tienen el Antiguo

Testamento. Que tus hermanos escuchen la enseñanza de Moisés y los profetas.

—Oh, no, no ? —dice Divas—. Padre Abraham, si alguien de entre los muertos fuera a ellos, si tuviera lugar un fenómeno, si este pobre mendigo, a quien todos conocían, y de quien todos saben que ha muerto y ha sido sepultado, si él pudiera aparecerse en medio de ellos, resucitado de entre los muertos, ellos creerían.

—No, no lo harían —dice Abraham—. Si no creen a Moisés y a los profetas, tampoco se persuadirán aunque alguno se levantare de los muertos (cf. Lucas 16:31).

Esa es la respuesta completa. La gente siempre piensa como Divas: "Si hubiera visto estas cosas, entonces hubiera creído". Pero ese es un error de base.

O, permíteme dar otro ejemplo. Tomemos a Tomás, uno de los discípulos. Lo llamamos "Tomás el que duda". Nuestro Señor se había aparecido a sus discípulos un día, cuando Tomás no estaba con ellos y, cuando volvió, dijeron: "Al Señor hemos visto". Pero él dijo: "Si no viere en sus manos la señal de los clavos, y metiere mi dedo en el lugar de los clavos y metiere mi mano en su costado, no creeré". Entonces, más tarde, estando Tomás con ellos, nuestro Señor apareció de nuevo. Y se nos dice: "Luego dijo a Tomás: Pon aquí tu dedo, y mira mis manos; y acerca tu mano, y métela en mi costado; y no seas incrédulo, sino creyente. Entonces Tomás respondió y le dijo: ¡Señor mío, y Dios mío! Jesús le dijo: Porque me has visto, Tomás, creíste; bienaventurados los que no vieron, y creyeron" (Juan 20:24-29).

Esa es la enseñanza, y significa que estos fenómenos no producen resultados automáticos. Y aquí, en Hechos, el documento nos dice que muchos de los que vieron y oyeron estas cosas aún no creyeron. El siguiente párrafo empieza así: "Entonces levantándose el sumo sacerdote y todos los que estaban con él [...] se llenaron de celos" (versículo 17). No hay, por tanto, nada injusto en el hecho de que no veamos estas cosas. Lo importante es que las hemos oído: "Vino gran temor sobre toda la iglesia, y sobre todos los que oyeron estas cosas". Eso se repite aquí en varias ocasiones. En el versículo 5 de este capítulo leemos: "Al oír Ananías estas palabras, cayó y expiró. Y vino un gran temor sobre todos los que lo oyeron"; y de nuevo en el versículo 11: "Vino gran temor sobre toda la iglesia, y sobre todos los que oyeron estas cosas". Después, en el versículo 13, leemos: "De los demás, ninguno se atrevía a juntarse con ellos". Y nosotros estamos, también, en la situación de quienes han oído estas cosas.

Hay aquí un principio importante para todos nosotros. La gran pregunta para nosotros no es si hemos visto estas cosas, sino si hemos entendido su significado. El propósito de estos acontecimientos es hablarnos, llevar un mensaje. No es necesario, por tanto, haberlos visto. Los hemos oído, como las personas aquí, en Hechos, los habían oído. Aquí había diferentes grupos de personas que tuvieron reacciones distintas. La pregunta fundamental, pues, es: Al leer este testimonio de los primeros capítulos de Hechos, ¿cuál es tu reacción? ¿Qué efectos produce en ti?

Lo único que quiero hacer ahora es mostrarte la verdadera reacción, la reacción esperada ante estas cosas, y se presenta aquí, ante nosotros, con toda claridad. Y al decirte cuál es la verdadera reacción, obviamente, estaré describiéndote, al mismo tiempo, lo que hace que un hombre o una mujer sean cristianos. Vemos aquí este viejo mensaje que se ha predicado durante casi 2000 años y que, a lo largo de los siglos, ha producido el mismo efecto: dividir a la Humanidad. Hay quienes creen y hay quienes no creen, quienes son añadidos al Señor y quienes no lo son. ¿Qué les sucede a quienes se convierten en cristianos verdaderamente? ¿Cuál debería ser el efecto en nosotros al oír estas cosas? Las hemos oído, como las oyeron estas personas, ¿cómo, pues, reaccionamos?

Aquí vemos, pues, la verdadera reacción. En primer lugar, estos acontecimientos siempre deberían despertar temor. ¡Temor! "Vino gran temor sobre toda la iglesia, y sobre todos los que oyeron estas cosas". Evidentemente, he de decir, de inmediato, que en la actualidad la gente se opone a esto de una manera radical. Esta crítica al Evangelio y a mi propia predicación es, creo yo, la que más frecuentemente he oído, más que ninguna otra. "Está tratando de asustarme —dice—. Este tipo de predicación debería prohibirse. Está mal. Está tratando de que la gente entre en el Reino de Dios por medio del temor. Eso quizá haya funcionado en el pasado, pero ya no. Ahora está en el siglo XX, recuerde, y somos personas científicas. No puede asustarme y, en cualquier caso, no es justo y está mal intentar asustar a la gente para que crea su Evangelio".

Examinemos ahora esta crítica. Dice mi texto: "Vino gran temor sobre toda la iglesia, y sobre todos los que oyeron estas cosas". Y después leo esto: "Los que creían en el Señor aumentaban más, gran número así de hombres como de mujeres". Si te das cuenta, no dice solo mujeres y niños, sino hombres y mujeres en gran número. En respuesta, pues, a la acusación de que es injusto incluir el elemento del temor, solo necesitamos aplicar el sentido común, nada más. El objetivo primordial de contar y predicar estas cosas no es generar temor. El temor es siempre el resultado de algo más, y lo que me preocupa es el "algo más".

Pero, en primer lugar, permíteme decir, de una forma sumamente sencilla y honesta, que estoy de acuerdo en que tratar de coaccionar a alguien para que crea el Evangelio es insostenible. Es un completo error tratar de asustar a la gente para que haga algo. Es un modo de actuar injusto. Tratar de forzar a alguien, hacer que se derrumbe, podríamos decir, está mal, estoy de acuerdo al cien por cien. Y permíteme ir más lejos. Estoy dispuesto a estar de acuerdo en que, a menudo, en el pasado, muchos predicadores fueron culpables de este planteamiento y cayeron en esa trampa. Creo que hay dos explicaciones. Una es que, a veces, su preocupación misma por las almas de los hombres y las mujeres les hizo ir a los extremos. Su motivación era buena, pero en la práctica condujo a algo que no puedo defender. Pero había una segunda razón: creo que, a veces, se dejaron llevar por su propia elocuencia. Empezaban desarrollando una descripción y se dejaban llevar por ella. Se convertía en algo tan dramático que, al final, les interesaba más su ilustración que la verdad. Estoy dispuesto a admitir todo eso.

Pero la cuestión importante es esta: el objetivo del relato que tenemos aquí es presentarnos los hechos. Lucas fue llevado a escribir esto a su amigo Teófilo, y fue un historiador honesto. Sus hechos se han probado, como sabes. Los críticos han estado tras él durante unos 150 años y han hecho lo posible por demostrar que estaba equivocado, pero las cosas que escribió Lucas, que fueron desestimadas hace cincuenta y sesenta años, han demostrado ser ciertas. En los primeros años del siglo XX, Sir William Ramsay pudo demostrar que Lucas fue un historiador sumamente preciso. A Lucas solamente le interesaba una cosa. No estaba intentando asustar a Teófilo, sino narrar los hechos. Y cuando ocurren acontecimientos como los que sucedieron el día de Pentecostés, el deber de un historiador fiel es contarlos. Es, igualmente, el deber de un historiador fiel anotar lo que les ocurrió a Ananías y Safira. Lucas era un reportero. Simplemente estaba aportando hechos y presentándolos a su amigo, no asustándolo principalmente, sino, con toda seguridad, haciéndole reflexionar. Sí, aquí vemos el motivo; aquí vemos la razón. El propósito de estos hechos y acontecimientos es hacernos pensar, es hacer que meditemos y reflexionemos. Y el objetivo último es salvarnos; no meramente conseguir adeptos, sino liberarnos.

Ahora bien, en cuanto lo consideras de esta manera, el argumento en contra de relatar acontecimientos como estos se desploma por completo. Es bueno hacer advertencias a la gente. ¿Está haciendo algo malo el padre que advierte a su hijo acerca de poner el dedo en el fuego, es eso injusto? ¿Lo está coaccionando? ¿Están siendo injustas las autoridades de algunas playas de este país cuando ponen una señal advirtiendo: "¡Peligro: arena movediza! Es peligroso bañarse en esta zona de la playa"; es eso injusto? ¿Te opones a eso? Imagina que ponen una señal que dice: "¡Peligro!". No olvidemos nunca que la suficiencia y las bravuconadas se basan, generalmente, en la ignorancia. Un hombre dice: "No me importa, yo sigo". Pero no sabe lo que está diciendo, es un necio que no es consciente del peligro, y tienes que refrenarlo.

¿Está mal decir a las personas que no visiten una casa donde hay una enfermedad infecciosa aguda a menos que tengan que hacer algún negocio importante allí? Dime, ¿está mal convencer a una persona que tiene algún tumor o una inflamación aguda de que se opere de urgencia? Le dices al paciente: "Creo que es bastante serio y tendrías que operarte".

"No, no quiero una operación —dice el paciente—, estoy seguro de que mañana estaré bien".

Ahora bien, ¿está mal por parte del doctor decir: "De verdad insisto en que considere esto muy seriamente. Si lo deja para mañana por la mañana, quizá sea demasiado tarde"? Pero el paciente aún no está satisfecho. No ve que haya ninguna necesidad. No quiere la operación. Entonces, el doctor se pone un poco más serio y dice: "Si deja esto pasar, puede estallar y extenderse; puede tener septicemia. Es sumamente peligroso. Se lo ruego". Ejerce presión sobre él. ¿Está siendo injusto? ¿Le pondrías objeción a eso? ¿Crees que es coacción? ¡Por supuesto que no!

El mero temor, en sí mismo y por sí mismo, no tiene ningún valor. El temor no es más que el sonar de la campana para llamar la atención. Piensa en un hombre desesperadamente enfermo y que piensa que va a morir. Dice: "Si me quedo, voy a ser un santo". Después se recupera y se olvida de todo lo que se había propuesto. Vuelve a sus viejos caminos. Eso es lo que hace el mero temor. Es poco inteligente, irracional y no tiene ningún valor. El temor, generalmente, solo paraliza. Has conocido el resultado del temor: de momento estás paralizado y después te entra el pánico, y dices: "Voy a hacer esto, aquello y lo de más allá". Pero el temor desaparece, ¿verdad? Y te olvidas de todo, de modo que, en último término, no tiene efecto alguno sobre ti. Pero el temor, cuando lo entiendes de verdad, puede ser un gran indicador. Tiene significado en sí mismo, indica algo que tienes que hacer, algún sitio a donde tienes que ir. Y el propósito de estos testimonios de Hechos es hacernos afrontar ciertos hechos que hemos olvidado. El temor es el mero introductor del mensaje, la ayuda que se nos presta. El mensaje, pues, de este incidente es que es sabio conocer algo del peligro de seguir ciertas líneas de acción.

Pero fíjate, se nos dice aquí: "Vino gran temor sobre toda la iglesia, y sobre todos los que oyeron estas cosas". La Iglesia misma se llenó de temor, y yo recalcaría que el elemento del temor es una parte esencial de la verdadera experiencia cristiana. ¿Por qué crees en el Señor Jesucristo como tu Salvador? Algunos cristianos quizá digan: "Nunca he tenido miedo. Vine a Cristo, vine al Señor porque quería la salvación; nunca he sabido lo que es estar asustado".

Bien, solamente tengo una pregunta que hacerte: ¿Por qué llamas a nuestro Señor el Salvador? ¿De qué te salva? ¿Por qué acudiste a Él? ¿Por qué creíste en Él? Si te das cuenta, la palabra misma "Salvador" significa que tenemos que ser salvos de algo. ¿Y de qué necesitamos ser salvos? El relato del Evangelio nos da la respuesta: tenemos que ser salvos de la "ira venidera". Juan el Bautista dijo a los fariseos: "¿Quién os enseñó a huir de la ira venidera?" (Lucas 3:7). "Sed salvos de esta perversa generación", dijo Pedro, predicando el día de Pentecostés (Hechos 2:40). No sirve de nada decir que crees en un Salvador a menos que te des cuenta de que estás perdido, bajo la condenación de la Ley y abocado al Infierno.

No puedo, pues, reconocer una experiencia como una verdadera experiencia cristiana a menos que exista en ella un elemento de temor. No un temor que "lleva en sí castigo" (1 Juan 4:18), sino el temor que hace a los hombres y las mujeres huir de la "ira venidera", el temor que los hace correr hacia el Salvador. ¡Gran temor! No malinterpretes esto. No estoy aquí para asustarte, sino que estoy aquí para presentarte ciertos hechos históricos y pedirte que consideres lo que significan, cuál es su trascendencia, qué te dicen y qué deberías hacer al respecto. ¿Estoy tratando de coaccionarte? ¿No estoy razonando contigo? Algunas personas se quejan de que razono demasiado; bueno, no se pueden tener las dos cosas, ¿verdad? Te estás cansando —dices—, crees que debería parar, estás sufriendo fatiga mental. Si es así, es porque te estoy haciendo pensar. No estoy intentando asustarte o aturdirte. Estoy diciendo: Escucha, estas cosas sucedieron; ¿qué significan? ¿Qué me dicen a mí? ¿Qué te dicen a ti?

Esto me lleva a la segunda verdadera respuesta a estos acontecimientos. Un cristiano conoce el temor, pero no se detiene en esto. También responde con fe. "Y los que creían en el Señor aumentaban más, gran número así de hombres como de mujeres". Como hemos visto, los milagros que ocurrieron en los comienzos de la Iglesia primitiva fueron para ayudarnos. Al leer los testimonios, escuchamos el mensaje hacia el que señalan los milagros. Quienes se detienen en los milagros están tan equivocados como quienes se detienen en el temor. Los milagros son instrumentos para llevarnos a una confrontación y para creer la Verdad.

¿Y cuál es esa Verdad? ¿Por qué recogió Lucas estas cosas en su segunda carta a su amigo Teófilo? Ah, aquí vemos el propósito. Quería decirle a este hombre que la Iglesia no es una institución humana, que no se puede explicar como hombres y mujeres con una nueva idea, que han fundado una nueva sociedad y que son muy astutos al promocionarla. No, no; Lucas quería que le fuera posible a Teófilo conocer algo del poder de Dios, este Dios que está por encima de todas las cosas, este Espíritu invisible, poderoso y glorioso. Cuando lees los cuatro Evangelios, te das cuenta de que, constantemente, se resalta lo mismo en relación con los milagros que nuestro Señor y Salvador hizo. Cuando hacía un milagro, el resultado, casi invariablemente, era, en primer lugar, que la gente se llenaba de temor. Decían: "Hoy hemos visto maravillas" (cf. Lucas 5:26). Pero también vemos que, en otra ocasión, hacía un milagro y la gente le daba la gloria a Dios. Señalaba hacia el poder de Dios.

Un viejo puritano de hace unos 300 años describió lo que siempre hacía cuando se encontraba en presencia de la muerte. Decía: "Nunca me he visto en presencia de la muerte sin inclinar siempre mi cabeza en presencia de su majestad". ¡Dios! ¿No has hecho eso tú? Sabes que alguien ha muerto, de manera que entras en la habitación y allí no hay nada, excepto el cuerpo muerto. Entras con los parientes y todos habláis en susurros. ¿Por qué? El cuerpo está muerto, no puede oír. No es una mera costumbre o simple temor ante lo invisible. Oh, no. Eres consciente —permítaseme parecer paradójico—, inconscientemente, de estar en presencia de tu Hacedor y de tu Dios. Te das cuenta de que "en [su] mano están [tus] tiempos" (cf. Salmo 31:15). Como el viejo puritano, estás inclinando tu cabeza en presencia de su majestad.

Por esa razón están escritas estas cosas. Los primeros creyentes eran solo hombres y mujeres como nosotros, pero estaban en un mundo en el que empezaron a suceder cosas, donde el Espíritu descendió y los hombres fueron transformados, donde un edificio temblaba y donde las personas caían muertas. Se vieron obligados a pensar. ¿Qué soy yo? ¿Qué es este mundo? Hay alguien aquí, más allá de mí mismo, por encima de mí. Ese es el propósito de estos extraordinarios acontecimientos. Su propósito es recordarnos la persona de Dios, su grandeza y su gloria. Oh, este mundo actual nuestro, necio y superficial, que solamente reconoce lo que puede ver, y no conoce las cosas que no puede ver: el Dios que está gobernando y sosteniéndolo todo. El propósito de estas cosas es hacernos recordar que todos estamos bajo Dios y que somos muy pequeños, finitos y débiles. Están para dar lugar a lo que el Nuevo Testamento llama: "Temor y reverencia" (Hebreos 12:28); no un temor cobarde, ni un terror salvaje o una inquietud irracional, ni una especie de parálisis, no, "temor y reverencia" que lleva a la fe en Dios. Su propósito es hacernos conscientes de que estamos en un universo controlado por el siempre bendito Dios, quien está allí, sobre todas las cosas y que nosotros no somos, por así decir, sino pigmeos pavoneándonos en nuestra propia importancia, como nada delante de Él.

Además de señalar hacia Dios, estas maravillas están recogidas para hacerte reflexionar acerca de ti mismo. Te capacitan para ver que eres muy parecido a Ananías y Safira, que tienes la misma naturaleza torcida (cf. Eclesiastés 1:15). Todo tu alarde y tu sabiduría se ven huecos, un engaño perverso, cuando afrontas en realidad los verdaderos hechos de la vida. Estas cosas te hacen sentarte por un momento, apagar tu televisor y acallar todo el ruido. Dices: "¿Qué clase de ser soy yo? ¿Qué estoy haciendo en este mundo? ¿Cuál es mi propósito? ¿Soy solo un animal?". ¿Has examinado de verdad tu propio corazón y tu propia vida alguna vez? ¿Te has enfrentado alguna vez a la maldad que hay en ti? Está en todos los demás, por eso el mundo está como está.

El incidente te hace pensar: "Este es el tipo de universo en el que estoy, y debo afrontarlo. Ananías y Safira murieron de repente. Quizá viva hasta una edad muy avanzada y muera en mi cama, tranquilamente, lleno de días y honores, pero tengo que morir, tengo que encontrarme con Dios, como lo hicieron ellos. No puedo estar huyendo siempre. Al final me alcanzarán". "Sabed que vuestro pecado os alcanzará" (Números 32:23). Este tipo de acontecimiento debería hacerte pensar de ese modo. No decir simplemente: "No lo creo", o: "¿Por qué no sucede ahora?". No, no; decir: "Pero estoy en un mundo donde suceden cosas como esta. Esta es la vida. Quizá sea muy dramático, pero la muerte nos sucede a todos, y cuando muera tengo que rendir cuentas de mí mismo y de mis acciones, y enfrentarme a Dios en el Juicio".

Y después —y gracias a Dios por esto—, estos grandes acontecimientos nos conducen a afrontar el mensaje del Evangelio, el mensaje que estos Apóstoles estaban predicando. Considera a estos hombres, a estos hombres incultos y sin letras. Ahí estaban, haciendo milagros: "Por la mano de los apóstoles se hacían muchas señales y prodigios en el pueblo". Se nos dice que las personas: "sacaban los enfermos a las calles, y los ponían en camas y lechos, para que al pasar Pedro, a lo menos su sombra cayese sobre alguno de ellos".

"¡Superstición!", dices.

Quizá haya habido parte de eso, pero Pedro era capaz de sanar a la gente. Forma parte del relato e, indudablemente, ocurrió. Y la pregunta es: ¿Qué hizo posible que Pedro hiciera cosas como esta? Este pescador, este hombre que, cobardemente, negó a su Señor para salvar su propio pellejo, ¿qué lo capacitó para hablar como lo hizo y para hacer milagros, prodigios y señales?

Solamente hay una respuesta: Pedro te la dirá, los otros Apóstoles te la dirán. Los milagros son solo para captar tu atención. Escuchas las historias, los testimonios y escuchas el mensaje. Y el mensaje es que Pedro hacía estos milagros por causa de Jesús de Nazaret, esta persona que vino al mundo, que nació en Belén, que trabajó como carpintero y que a la edad de treinta años comenzó a predicar. Llamó a los Apóstoles, lo oyeron y vieron sus milagros. Al principio no entendían, estaban totalmente confundidos, y cuando lo vieron muriendo en la Cruz y lo llevaron a un sepulcro, perdieron toda esperanza. Pero entonces, de repente, se les apareció y les enseñó. Dijo: "Quedaos vosotros en la ciudad de Jerusalén, hasta que seáis investidos de poder desde lo alto" (Lucas 24:49). Y después lo vieron ascender al Cielo. Y vino el poder y allí estaban, haciendo estas cosas asombrosas.

Eso es lo que te dirían. Te dirían que son lo que son porque han sido transformados por completo. Él les había enseñado que eran pecadores, que estaban todos perdidos y condenados, pero que Él había venido al mundo a salvarlos. Les había dicho que iba a morir para que sus pecados pudieran ser perdonados, que había llevado su castigo en su propio cuerpo sobre el madero, que había resucitado para justificarlos y que había ido al Cielo para preparar un lugar para ellos. Y después añadirían: "Si crees estas cosas, Él hará lo mismo por ti. No harás milagros necesariamente, pero sabrás que tus pecados son perdonados. Sabrás que te amó y que murió por ti y por tus pecados. Sabrás que tienes una nueva vida en ti y que tienes el Espíritu de Dios en tu interior. Sabrás que eres una nueva persona y sentirás que estás en un mundo nuevo. ¡Y todo vendrá de Él!".

Estas personas de Jerusalén no estaban paralizadas por el temor ni la inquietud. No, lo que leemos es esto: "Los que creían en el Señor aumentaban más". Estos acontecimientos les hicieron plantearse preguntas y los Apóstoles les daban las respuestas. Tenemos sus sermones. Dicen: No somos nosotros, es este Jesús. Es glorioso. Es el Hijo de Dios. "Cree en el Señor Jesucristo, y serás salvo" (Hechos 16:31). ¡Creer! Oh, sí, el primer efecto era dar lugar a un elemento de temor. Estás convencido de tu pecado. Pero no te detienes ahí. Escucha, sigue el mensaje y te conducirá a esta gloriosa noticia que te dará la liberación que necesitas, y pasarás del temor a la fe.

Pero, en último lugar, se produjo un gran cambio en estas personas. ¿Te has fijado en la forma en que lo expresa Lucas aquí? "Los que creían en el Señor aumentaban más". No dice que aumentaba el número de creyentes que iba a la Iglesia; no, sino que "creían en el Señor". Esto es absolutamente fundamental. Significa que en estas personas se había producido un verdadero cambio en el corazón. Pero fíjate en la afirmación del versículo 13. Habiendo dicho que "estaban todos unánimes en el pórtico de Salomón", leemos: "De los demás, ninguno se atrevía a juntarse con ellos; mas el pueblo los alababa grandemente". ¿Quiénes son "los demás" que no se atrevieron a unirse al grupo de verdaderos creyentes? No sirve de nada decir que eran todos incrédulos, puesto que se nos dice que muchos de ellos creían. No, esto significa que había bastantes personas que solo se dejaron llevar por los acontecimientos y por una especie de curiosidad. Siempre ha habido personas así a lo largo de la historia de la Iglesia. Están los verdaderos creyentes y los parásitos.

A las personas siempre les atrae una multitud. Si está sucediendo algo extraño e inusual, la curiosidad siempre hará que se acerquen. Quizá den la impresión de ser verdaderos creyentes. Pero no lo son; aunque ellos piensen que lo son y puedan persuadir a los creyentes de que lo son. Son quienes son atraídos superficialmente, los meros curiosos. En Jerusalén, cuando estas personas vieron a Ananías y Safira cayendo muertos, dijeron: "No queremos nada de esto". Hasta entonces, todo había ido bien; se había formado un fondo y todos iban a compartir sus bienes con los demás. "Ah —habían dicho—, este es nuestro lugar". De manera que se adhirieron a la sociedad de cristianos. Aquí habían encontrado algo bueno. Como lo expresaríamos actualmente: se subieron al carro. Pero cuando Ananías y Safira cayeron muertos, se marcharon, aterrados. Decían: "¡Seremos los siguientes en caer muertos!". El poder de Dios es tremendo. Separa siempre lo verdadero de lo falso, los seudocreyentes de los verdaderos creyentes.

Debo resaltar —siento tener que hacerlo— que estas personas que habían tomado la decisión de unirse a la Iglesia sin sentir nada, no se encontraban entre esas personas que "creían en el Señor". No, no; cuando las personas "[creen] en el Señor", implica que alguien las ha llevado a hacerlo, y esa persona es el Señor, el Espíritu Santo mismo. Ya hemos oído esto en el segundo capítulo, ¿verdad? Pedro estaba predicando el día de Pentecostés, y leemos: "Al oír esto, se compungieron de corazón, y dijeron a Pedro y a los otros apóstoles: Varones hermanos, ¿qué haremos?" (Hechos 2:37). Y el versículo 47 dice: "Y el Señor añadía cada día a la Iglesia los que habían de ser salvos". Solo hay uno que pueda añadirlos a la Iglesia: el Señor mismo al hacer que las personas crean en Él. Nadie puede hacer a una persona cristiana, ni tampoco podemos decidir ni tú ni yo que vamos a creer en el Señor. Se trata únicamente del poder del Espíritu.

¿Cómo hace el Espíritu Santo que alguien sea cristiano? Ilumina la mente, abre el entendimiento, nos capacita para ver estas cosas, nos convence de nuestros pecados. Nuestro Señor dijo: "Cuando él venga, convencerá al mundo de pecado, de justicia y de juicio" (Juan 16:8). Él lo hace. Lo hizo el día de Pentecostés, lo hizo aquí, en Hechos 5. Algunos estaban enojados, algunos aterrados, y otros se apartaron porque pensaron que podían morir de repente. Pero en cuanto a estos otros, el Espíritu abrió su entendimiento, como más tarde abriría el corazón de Lidia "para que estuviese atenta a lo que Pablo decía" (Hechos 16:14). Solamente el Espíritu Santo puede hacer esto. Por eso es que nunca intento asustar a la gente para que entre en el Reino de Dios. Ni siquiera hago un llamado a pasar adelante al final de la predicación. Sé que cuando el Espíritu de Dios haya tratado contigo, te haya cambiado y te haya dado una mente nueva y un nuevo corazón, vendrás y me lo dirás, o se lo dirás a otra persona. No quiero una decisión inmediata porque sé que aun yo puedo dar lugar a que se tomen decisiones. La elocuencia de un hombre, o la utilización de luces y música, puede dar lugar a que se tomen decisiones. Pero yo no hago eso, ni quiero hacerlo. Simplemente estoy aquí para presentarte la Verdad, y solo el Espíritu de Dios es el que puede aplicar la Verdad, y lo hace.

Creyeron, pues, en el Señor, hombres y mujeres. No estaban aterrados por las muertes de Ananías y Safira, ni por el temblor del edificio. Sabían que se trataba del poder de Dios, pero ahora sabían, además, que el Evangelio "es poder de Dios para salvación a todo aquel que cree" (Romanos 1:16). Habían temido a las autoridades judías, pero ahora ya no tenían temor de los hombres. Tenían temor de Dios, pero era una especie de temor amoroso. Sentían reverencia y respeto. En vez de estar paralizados, fueron atraídos hacia Dios. Sabían que, detrás de todo lo que había ocurrido, había un corazón de amor, que "la justicia y la paz se [abrazaron]" (cf. Salmo 85:10), y que el Dios todopoderoso había enviado a su único Hijo a este mundo "para que todo aquel que en él cree, no se pierda, mas tenga vida eterna" (Juan 3:16).

El Espíritu de Dios se había valido de los fenómenos para dar luz a sus mentes y dirigir su pensamiento hasta que hubieran visto su propia impureza, su insignificancia y su pequeñez. Habían visto la verdad de Jesús de Nazaret, el Hijo de Dios, habían sentido la obra poderosa de su poder en su interior, renovando todo su ser, y habían volado hacia Él. "Los que creían en el Señor aumentaban más, gran número así de hombres como de mujeres".

Tú también has oído estas cosas. ¿Ha sido esa tu reacción? ¿Has experimentado el temor? ¿Has creído el mensaje? ¿Has sentido el poder de Dios en verdad, obrando en ti, cambiándote y haciendo de ti un creyente de este bendito mensaje, contento y dispuesto? Que así sea. Amén.

"Tengo un excelente matrimonio, muchas amistades buenas y una gran familia de la iglesia, sin embargo, a menudo me siento sola. Creo que nunca había leído nada sobre la soledad que llegara hasta el fondo del asunto y que estuviera lleno de verdadera sabiduría hasta que leí *Soledad redimida*. En lugar de presentar una respuesta meramente psicológica, social o práctica, Lydia Brownback da una respuesta profundamente bíblica a la soledad, que todos sentimos a veces, y lleva a los lectores a recorrer la historia bíblica para demostrar con eficacia cómo Dios obra en y a través de la soledad en la vida de aquellos que Él llama suyos".

Nancy Guthrie, maestra de la Biblia; autora de *Bendición* y *Santos y sinvergüenzas en la historia de Jesús*

"Solíamos saber quiénes eran las personas solitarias: los jóvenes solteros que vivían solos en pequeños apartamentos, los ancianos recluidos o los individuos aislados por sus enfermedades. Ya no es así. En un mundo de actividad frenética, la soledad es una epidemia que está afectando a todos. Por eso se necesita con urgencia este nuevo libro de Lydia Brownback: demasiadas personas, especialmente mujeres, se están asfixiando por la falta de amistades reales y significativas. A pesar de ello, los cristianos pueden marcar la diferencia, y *Soledad redimida* habla no solo del corazón solitario, sino también de aquellos que desean alcanzar, abrazar y llenar ese espacio. ¡Un libro extraordinario con un mensaje culturalmente oportuno!".

Joni Eareckson Tada, fundadora y directora de Joni and Friends International Disability Center

"En cierta medida, desde Génesis 3, todo ser humano experimenta el dolor del aislamiento y la soledad. Lydia aborda con franqueza diversas etapas y circunstancias de la vida que inducen a la soledad. Y nos ayuda a comprender que nuestro Amigo, que soportó la peor soledad por nosotros, puede redimir nuestra soledad y ungirnos con óleo de gozo mientras caminamos en unión y comunión con Él".

Nancy DeMoss Wolgemuth, escritora; anfitriona de *Aviva nuestros corazones*

"Tanto si eres joven como mayor, rico o pobre, casado o soltero, la soledad puede desanimarte y abatirte. Lydia Brownback escribe con compasión y perspicacia sobre las causas de la soledad y nos ayuda a comprender la obra redentora de Dios en medio de la soledad. Si estás luchando con la sensación de que eres el único que sufre, *Soledad redimida* es el libro para ti".

Melissa Kruger, coordinadora del Ministerio de Mujeres; editora, The Gospel Coalition; autora de *La envidia de Eva* y *Creciendo juntas*

"Brownback señala las causas de la soledad y anima a los lectores cristianos a apoyarse en Dios cuando se sienten solos. Ella sostiene que los lectores no pueden solucionar su soledad, una afirmación que podría decepcionar a quienes esperan consejos de autoayuda. Brownback presenta ejemplos cercanos de las diversas causas de la soledad, como el dolor, la pérdida del sentido del hogar y el hecho de ser diferente. Utiliza su propia experiencia de soltería y sus observaciones sobre los matrimonios de otras personas para elaborar un par de capítulos especialmente eficaces sobre la soledad del matrimonio frente a la soledad de la soltería. Brownback sostiene que las mujeres deben aprender a confiar en el plan y la bondad de Dios. Este alentador libro de Brownback es una súplica perspicaz y fácil de leer para los lectores que buscan gracia en medio de la soledad".

La revista *Publishers Weekly*

"Me encanta este libro. Está lleno de verdad. Independientemente de si eres casado o soltero, de ochenta o dieciocho años, hombre o mujer, rico o pobre, occidental u oriental, todo el mundo se enfrentará a la soledad en un momento u otro. Brownback nos explica que la razón principal por la que nos sentimos solos es porque todavía no hemos llegado a nuestro destino. Ella nos ayuda a ver que solo cuando encontremos significado, seguridad y consuelo en Cristo, nos daremos cuenta de que nunca estamos solos. Leer este libro detonó una bomba evangélica de gozo y esperanza en mi corazón. Insto a todos a leerlo de inmediato y meditar en estas verdades durante toda la vida".

Dave Furman, pastor principal de Redeemer Church of Dubai;
autor de *Being There: How to Love Those Who Are Hurting*

"En un momento u otro, todos experimentamos soledad, no solo aislamiento, sino soledad. En este estudio único y valioso, Lydia Brownback se basa en las Escrituras y la experiencia para descubrir los problemas del corazón y las respuestas que llevan a los cristianos solitarios en una dirección saludable o no. Sin restar importancia a la inevitable soledad de vivir en un mundo caído, *Soledad redimida* nos muestra la esperanza eterna en la amistad de Jesucristo".

Philip Graham Ryken, director de Wheaton College